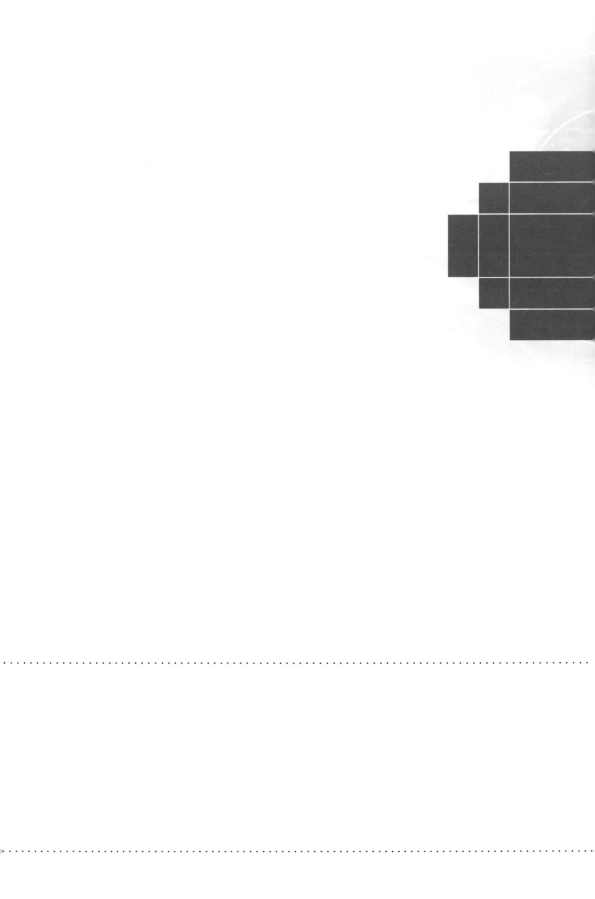

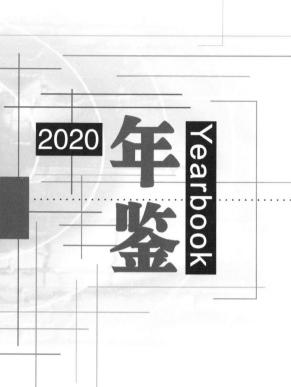

2020

年鉴

Yearbook

浙江大学校长办公室编

Seeking Truth Pursuing Innovation

ZHEJIANG UNIVERSITY PRESS

浙江大学出版社

图书在版编目（CIP）数据

浙江大学年鉴. 2020 / 浙江大学校长办公室编. —
杭州：浙江大学出版社，2021.6
ISBN 978-7-308-20900-7

Ⅰ. ①浙… Ⅱ. ①浙… Ⅲ. ①浙江大学－2020－年鉴
Ⅳ. ①G649. 285. 51-54

中国版本图书馆 CIP 数据核字（2020）第 246201 号

浙江大学年鉴 2020

浙江大学校长办公室　编

责任编辑	葛　娟
责任校对	高士吟
封面设计	刘依群
出版发行	浙江大学出版社
	（杭州市天目山路 148 号　邮政编码 310007）
	（网址：http://www.zjupress.com）
排　　版	浙江时代出版服务有限公司
印　　刷	浙江省邮电印刷股份有限公司
开　　本	710mm×1000mm　1/16
印　　张	29.75
插　　页	4
字　　数	723 千
版 印 次	2021 年 6 月第 1 版　2021 年 6 月第 1 次印刷
书　　号	ISBN 978-7-308-20900-7
定　　价	88.00 元

▲ 3月20日，中共中央组织部、教育部在浙大紫金港剧场召开的教师干部大会上宣布任少波任浙江大学党委书记。

▲ 11月11日，教育部在浙江大学召开新时代高校党建示范创建和质量创优工作推进会。

▲ 11月22日，材料科学与工程学院教授叶志镇（左）当选中国科学院院士，化学工程与生物工程学院教授任其龙（右）当选中国工程院院士。

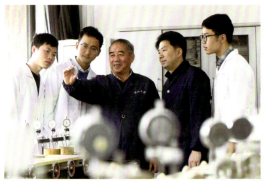

▲ 1月8日，建筑工程学院龚晓南院士（中）研究团队的"复合地基理论、关键技术及工程应用"项目获2018年度国家科学技术进步奖一等奖。

▲ 10月15日，中国教师发展基金会在浙江大学举行杰出教学奖、教学大师奖和创新创业英才奖颁发仪式。图为浙江大学吴晓波获得杰出教学奖。

◀ 7月15日，浙江大学医学院神经科学研究中心胡海岚（左三）获第12届国际脑研究组织凯默理（IBRO-Kemali）基金会国际奖，是首位欧洲及北美洲以外的获奖者。其主持的科研项目入选2018年度"中国科学十大进展"。

▲ 11月18日，由浙江大学作为法人单位承担建设的国家重大科技基础设施超重力离心模拟与实验装置（CHIEF）建设研讨会与启动仪式在杭州举行。

▲ 5月7日，浙江大学社会治理研究院成立揭牌仪式暨《"最多跑一次"改革：浙江经验，中国方案》首发式，在紫金港校区求是大讲堂举行。

▲ 5月20日，浙江大学艺术与考古学院在紫金港校区成立。

▲ 12月27日，浙江大学医学院脑科学与脑医学学院（脑科学与脑医学系）在紫金港校区成立。

▲ 3月31日，首届中法创新创业管理双硕士项目毕业典礼暨双学位授予仪式在紫金港校区举行。

◄ 10月26日，浙江大学竺可桢学院创新与创业强化班（ITP）20周年主题论坛在杭举行。

▲ 3月4日，浙江大学与爱丁堡大学、伊利诺伊大学厄巴纳香槟校区在浙大海宁国际校区分别签署合作谅解备忘录，并与伊利诺伊大学厄巴纳香槟校区签署了博士生合作培养协议。

▲ 12月24日，浙江大学在紫金港校区召开2019年全球开放发展大会，校党委书记任少波、校长吴朝晖为首批浙江大学"全球合作大使"颁发聘书。

▲ 4月18日，英国皇家内科医师学会联盟与浙江大学医学院附属第二医院在杭州签订教学合作协议。

▲ 9月11—13日，校长吴朝晖院士受邀率团访问位于日内瓦的世界经济论坛（达沃斯论坛）总部、国际电信联盟、联合国训练研究所，推动浙江大学与国际组织的深度合作。

◀ 5月22日，由浙江大学倡议，联合复旦大学、上海交通大学、南京大学、中国科学技术大学等高校共同发起的长三角研究型大学联盟正式签约成立。

▶ 10月12—15日，"建行杯"第五届中国"互联网＋"大学生创新创业大赛总决赛在浙江大学举行。

▲ 12月1日，由浙江大学牵头、联合全国高校和有志于大学生创业服务的社会组织机构共同发起的"中国高校众创空间联盟"成立大会在浙大紫金港校区举行。

◀ 2月28日，杭州市人民政府与浙江大学在杭州国际博览中心签署协议，共建浙江大学杭州国际科创中心。

▶ 4月1日，由浙江大学和雄安新区管理委员会共同指导的浙江大学雄安发展论坛在北京举行，浙江大学雄安发展中心同时揭牌。

▲ 5月15日，中国航天科工集团有限公司与浙江大学在紫金港校区签署战略合作协议，并举行"国企公开课"进浙大活动。

◀ 9月30日，浙江省国家区域医疗中心、重点培育专科建设项目目标管理责任书签订仪式在杭州举行。浙江大学和浙江省卫生健康委员会签订《浙江省卫生健康委员会 浙江大学战略合作协议》。

浙江晶盛机电股份有限公司向
浙江大学教育基金会
捐 赠 仪 式

◀ 12月19日，浙江晶盛机电股份有限公司向浙江大学教育基金会捐赠仪式在紫金港校区举行。

……德医智科技有限公司向浙江大学教育基
捐 赠 签 约 仪 式

▶ 6月21日，北京安德医智科技有限公司向浙江大学教育基金会捐赠签约仪式在浙大紫金港校区校友活动中心举行。

浙江大学 & 富春控股集团
战略合作签约仪式

◀ 12月26日，浙江大学与富春控股集团有限公司在杭州市余杭区签署战略合作框架协议，并成立浙江大学教育基金会富春专项基金，用于支持浙大医学及相关学科的发展和浙江大学医学院附属第一医院的学科建设与发展。

▲ 12月8日，首届浙江大学校友创新创业年度盛典暨第五届校友创业大赛颁奖仪式在海宁国际校区举行。

◄ 12月23日，浙江大学原创话剧《速写林俊德》在紫金港剧场首演。

▲ 3月27日，浙江大学在紫金港校区为2019届赴国防军工单位就业毕业生举行欢送会。

▲ 10月29日，由国家留学基金管理委员会和浙江大学联合举办的首届联合国机构宣讲咨询活动在紫金港校区举行。

▲ 9月9日，中国作家协会副主席、著名作家王安忆女士受聘为浙大"驻校作家"。

▲ 7月7日，"良渚文明丛书"在浙大紫金港校区首发。

▶ 9月26日，"我和我的祖国"浙江省青少年庆祝中华人民共和国成立70周年主题歌会在浙大紫金港校区举行。

《浙江大学年鉴 2020》编委会

编 辑 说 明

　　《浙江大学年鉴2020》全面系统地反映浙江大学2019年事业发展及重大活动的基本情况，包括人才培养、科学研究、社会服务、党的建设等方面的内容，为教职工提供学校的基本文献、基本数据、科研成果和最新工作经验，是兄弟院校和社会各界了解浙江大学的窗口。《浙江大学年鉴》每年一本。

　　一、《浙江大学年鉴》客观地记述学校各领域、各方面的建设发展情况。

　　二、年鉴分特载、专题、浙江大学概况、党建与思想政治工作、人才培养、科学研究与社会服务、规划与重点建设、学科与师资队伍建设、对外交流与合作、院系基本情况、财务与资产管理、校园文化建设、办学支撑体系建设、后勤服务与管理、校友与浙江大学教育基金会、附属医院、机构与干部、表彰与奖励、人物、大事记等栏目。

　　年鉴的内容表述有专文、条目、图片、附录等几种形式，以条目为主。

　　全书主体内容按分类排列，分类目、分目和条目。

　　三、选题基本范围为2019年1月1日至12月31日间的重大事件、重要活动及各个领域的新进展、新成果、新信息，依实际情况，部分内容时间上可有前后延伸。

　　四、《浙江大学年鉴2020》所刊内容由各单位确定专人撰稿，并经本单位负责人审定。本年鉴以分目为单位撰稿，撰稿人及审稿人在文后署名，但也存在少数以条目署名的情况。

《浙江大学年鉴》编委会

CONTENTS
目　录

人才培养/43

科学研究与社会服务/102

目　录

目 录

财务与资产管理/272

校园文化建设/280

校友与浙江大学教育基金会/312

人物 /391

大事记 /439

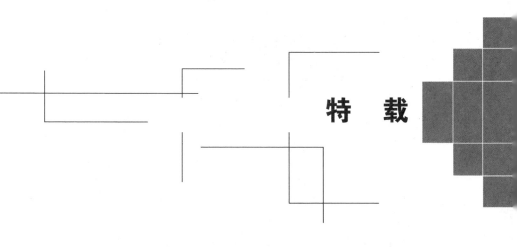

特 载

浙江大学 2019 年工作总结

（2020 年 3 月 16 日）

2019 年是新中国成立 70 周年，也是学校"双一流"建设决胜攻坚、推进"十三五"规划的关键之年。一年来，在党中央、国务院和教育部、浙江省委省政府的正确领导下，浙江大学坚持以习近平新时代中国特色社会主义思想为指导，坚决贯彻党中央决策部署，全面落实学校第十四次党代会精神，扎实推进"五大体系""五大布局""五大战略"，在"不忘初心、牢记使命"主题教育中淬炼升华思想认识，在贯彻落实党的十九届四中全会精神中完善现代大学制度，在建设更加卓越的创新型大学中明确战略路径，在铸魂育人中践行党的初心使命，在扎根大地中强化责任担当，在拓展全球中提升声誉影响，各项事业呈现蓬勃发展的良好态势，为加快建设中国特色世界一流大学奠定了坚实基础。

一、坚持办学正确政治方向，扎实开展"不忘初心、牢记使命"主题教育，牢固树立习近平新时代中国特色社会主义思想的根本指导地位

1.学懂弄通做实习近平新时代中国特色社会主义思想。全校上下自觉增强"四个意识"、坚定"四个自信"、做到"两个维护"，将习近平新时代中国特色社会主义思想作为办学治校的根本遵循。认真学习贯彻党的十九届四中全会和十九届中央纪委三次全会精神，学习习近平总书记在庆祝中华人民共和国成立 70 周年大会、纪念五四运动 100 周年大会、学校思想政治理论课教师座谈会等会议上的重要讲话精神，贯彻落实全国高校党的建设工作会议、教育部直属高校咨询会议和全省教育大会精神，结合学校实际提出了学习贯彻的具体举措,通过党委常委会、党委理论学习中心组学习会的形式专题学习研究习近平新时代中国特色社会主义思想 32 次。

2. 开展"不忘初心、牢记使命"主题教育。自觉将"不忘初心、牢记使命"主题教育作为一项重大政治任务,成立"不忘初心、牢记使命"主题教育领导小组及办公室并内设了 8 个巡回指导组。以学习贯彻习近平新时代中国特色社会主义思想为主线,充分发挥浙江"三个地"的优势,开展了集中学习研讨,推动党员校领导和中层干部为师生讲党课,建立了浙江大学党建馆,在全校上下形成了理论学习的热潮。坚持将主题教育与深化全国党建工作示范高校创建紧密结合,与铸魂育人和"双一流"改革攻坚相结合,抓实学习教育、调查研究、检视问题和整改落实。高质量召开了校领导班子和各中层领导班子主题教育专题民主生活会,明确党员领导干部重点对照 18 项问题进行查摆,推出 3 批共计 175 个自查问题整改任务,推进 8 个专项整治,下大力气解决师生关心的"十件实事"。中央主题教育办公室来校调研并召开座谈会,光明日报、人民日报、"学习强国"学习平台报道了学校扎实推进主题教育的情况。

3. 全面加强党的政治建设。将党的政治建设贯穿管党治党、办学治校全过程,在专项调研的基础上,研究制定了关于加强学校党的政治建设的若干意见。坚持和完善党委领导下的校长负责制,按照中央要求修订党委领导下的校长负责制实施办法以及党委全委会、常委会和校务会议议事规则。研究院级党委会的决策和议事规则,全面落实附属医院党委领导下的院长负责制。研究加强和改进院系党组织建设、贯彻落实支部工作条例的工作,进一步发挥各级党组织的政治功能。

二、聚焦铸魂育人,认真落实新时代人才培养目标,人才培养质量稳步提升

4. 思想政治教育改革创新不断强化。构筑全员全过程全方位的德育共同体,积极落实新时代思想政治教育创新计划,不断加强学生党建和思想政治教育,研究加强和改进学生党建工作的实施意见。深化思想政治理论课改革,制定深化新时代思想政治理论课改革创新的实施细则,开展党的创新理论在浙江的探索与实践系列教材编撰工作,打造思政课精品课程和特色课程,开设"习近平新时代中国特色社会主义思想概论"课程。加快专职思政课教师引进,拓展思政课教师兼聘渠道,优化了考核评价机制和专业技术职务晋升机制。坚持"五育"并举,开展体育课程改革,积极建设艺术专项课程和特色教材。开展革命传统教育、国情社情考察、社会实践锻炼,打造校内外联动的实践育人模式。学校入选教育部首批"一站式"学生社区综合管理模式建设试点,1 位教师获"全国模范教师"荣誉称号,1 位教师获评首届全国"最美高校辅导员"。

5. 一流本科教育行动计划深入实施。推进本科教学评估反馈意见整改落实,完成了本科专业的调整和培养方案的优化,申报国家一流本科专业建设"双万计划"的 36 个本科专业全部获批。构建形成"通、专、跨、国际化""四课堂融通"的新型课程体系,完成通识课程第一轮提质工作,建成 66 门通识核心课程,发布通识教育白皮书。初步制定覆盖所有本科课程、面向教与学各环节的教学质量标准,试点开展毕业论文(设计)盲审、末位审核。加强实践教学办学条件建设,制定了《2020—2022 年本科教学实验条件三年改善计划》。学校在"中国大学MOOC(慕课)"平台上线课程数居全国高校第一。本科生海内外深造率为61.56%,赴世界百强高校深造人数占海外深造总人数的59.31%。

6.卓越研究生培养计划扎实推进。进一步落实博士研究生教育综合改革十大行动计划,优化研究生教育的类型、层次、结构。深化专业学位研究生教育综合改革,推进以产学研融合为导向、项目制为特色的工程类专业学位教育。开展全日制学术学位研究生统筹选拔贯通培养试点改革,实质性推进研究生规模、结构和质量协同发展。出台研究生导师管理办法,建立导师培养质量表征指数,将导师是研究生培养第一责任人的要求落到实处。完成学位授权点合格评估,动态调整一级学科学位授权点。加强研究生招生、培养等关键环节监控,多渠道探索研究生国际化双向交流机制,全面推进多学科交叉人才培养卓越中心建设。完善学院(系)思政、培养、科研、管理"四位一体"协同育人机制,加强毕业环节教育,大力实施"致远"研究生海外社会实践计划,在服务人类命运共同体构建中体现浙大人的使命担当。

7.创新创业教育品牌进一步彰显。加强学生创新创业能力培养,强化"双创"育人支撑,牵头成立中国高校众创空间联盟,启动基于创新的创业教育(IBE)——"双创"实践基地建设规划。成功承办了第五届中国"互联网+"大学生创新创业大赛并获金奖总数第一,李克强总理在"全国双创周"期间观看大赛成果展并高度赞赏大赛取得的成绩,孙春兰副总理出席大赛、考察我校有关工作并给予了高度肯定。浙大学子频频在国际国内重大赛事上荣获最高奖,共获特等奖12项、一等奖62项,居全国高校前列。学校在2014—2018年中国高校创新人才培养暨学科竞赛评估成绩居全国高校第一。

8.招生与就业工作质量显著提升。全面落实招生队伍院系责任制,优化本科生招生政策和综合评价方式,实施新时代人才培养战略伙伴计划,建立了240余所新时代人才培养战略伙伴中学。优化研究生招生机制和招生计划分配机制,完善博士研究生"申请—考核"制,不断提高研究生招生质量。出台了《浙江大学就业工作中长期发展规划纲要(2020—2030年)》和《浙江大学毕业生高质量就业工作行动计划(2020—2021年)》,提供培训精准、校院联动的个性化辅导服务,大力引导毕业生到祖国最需要的地方建功立业,面向重要行业、重点领域的多层次就业格局不断完善。毕业生初次就业率达97.65%,其中选调生人数同比增长16.35%,赴西部就业毕业生人数突破400人。根据2020年度QS全球大学就业竞争力排名,学校名列全球第35位。

三、构建卓越学科生态体系,持续增强自主创新能力,高质量高水平发展的成效不断显现

9.学科生态体系进一步优化。落实医科、文科、涉农学科等学科大会精神,出台促进学科一流创新发展的若干意见。召开了工信、理学学科发展大会,研究制定加快推进工信学科、理学学科高质量发展的若干意见。加快顶尖学科、高峰学科、一流骨干基础学科建设步伐,实施优势特色学科发展计划。深入实施"创新2030计划",启动实施"量子计划""生态文明计划""设计育种计划"等专项计划,积极推进"双脑计划",建立了医学院脑科学与脑医学系,启动求是高等研究院系统神经与认知科学研究所二期建设。根据2020年1月的ESI(基本科学指标数据库)排名,学校进入前1‰的学科数为8个,居全国高校第一;进入前100位的学科数为7个,居全国高校第二;进入前50位和前万分之一的学科数分别为5个、1个,均居全国高校第三。

10.科研品质内涵不断提升。坚持高精尖导向,推进国家重大科技基础设施"十三五"项目建设,总投资21亿元的超重力离心模拟与实验装置项目正式开工建设,中央电视台《新闻联播》对此进行了报道。新增国家健康和疾病人脑组织资源库、国家临床医学研究中心、国家自然科学基金委基础科学中心等重大平台,推进教育部"新一代工业互联网信息安全技术平台"关键核心技术集成攻关大平台立项、省部共建人工智能协同创新中心工作。对接教育部珠峰计划,推进教育部脑与脑机融合前沿科学中心建设。深入服务军民融合发展战略,打造了一批重大任务和工程的科研项目群。全年科研经费达到53.50亿元,以通讯作者单位在《细胞》《自然》《科学》三大期刊主刊上发表论文12篇,其中9篇以第一单位发表;作为第一完成单位获国家技术发明奖二等奖2项、国家科学技术进步奖二等奖4项;获批国家自然科学基金893项;发明专利授权数居全国高校第一。

11.哲学社会科学进一步繁荣发展。加强中国特色新型智库建设,在国家高端智库培育上实现了关键突破,区域协调发展研究中心增选为国家高端智库试点单位。成立北京研究院(筹),并与国家制度研究院合署建设。推进长三角一体化发展研究中心、社会治理研究院等建设,7篇智库报告获党和国家领导人批示,80余份研究成果被中央部委或省委省政府采纳。深入实施哲学社会科学繁荣计划,高质量建设全国重点马克思主义学院,加快推进中国特色社会主义研究中心建设。成立艺术与考古学院,启用艺术与考古博物馆,推进与中国国家博物馆、故宫博物院等国家级文化研究机构的合作,不断提升人文高等研究院、中华译学馆等机构建设水平。启动"学术精品走出去"外译计划和英文学术著作出版资助及奖励计划,加快建设国别和区域研究机构。文科实到科研经费3.11亿元,SSCI收录论文数呈现较大幅度的增长,A&HCI收录论文数居全国高校第一,国家社科基金立项总数创历史新高,其中重大项目立项数居全国高校第三,经济与商业学科首次进入ESI全球前1‰。

四、引育并举打造人才高地,营造更加卓越的人才生态,学校核心竞争力不断增强

12.人才队伍建设取得新成效。坚持领军人才与青年人才并重,加快引育标志性人才和领军人才,加大对青年人才的培养力度,强化对高层次人才创新团队的支持。完善人才政策平台,深入推进学术大师汇聚计划、高层次人才培育支持计划、"百人计划"等重点工作,设立海外学术大师科学家联合工作室(C类)制度、求是特聘技术创新岗制度、海内外高水平大学长聘体系人才引进绿色通道制度、全球高被引学者引进和奖励制度,启动实施"百人计划(临床医学)"和创作实践类"百人计划"。推进人才工作目标责任制,强化院系主体责任,开展院系人才引进自主权下放试点工作,举办浙江大学"启真"青年论坛。强化人才评审、考核、激励和管理,发挥高层次人才示范引领作用。2019年学校共引育高层次人才、优秀青年人才254人,同比增长37%,新增院士3人,新引进文科资深教授3人,高层次人才和优秀青年人才新增数和总规模位居全国高校前列,其中国家自然科学基金委优秀青年基金项目获得者新增人数居 C9 高校第一,入选教育部"长江学者"奖励计划青年学者人数、国家"万人计划"青年拔尖人才人数和"千人计划"青年项目新增数均居 C9 高校第二,入选全国博士后"国际交流计划"引进项目人数居全国高校第一。

13.教职工事业发展环境持续优化。实施师德导师制,完善师德师风建设工作网络,建立健全师德师风建设长效机制。完善预聘—长聘教职评聘办法,开展首次长聘教职评聘工作,探索打造混编科研教学团队。深入推行特聘研究员岗位制度 2.0,将试点范围扩大至 23 个院系。加快推进"博千计划",设立专职研究员岗位。引导院系进一步完善高级职务任职条件,进一步突出立德树人等,强调同行影响力和国际影响力。组织开展教职工培养培训工作,提高教学科研、党政管理、实验支撑等各支队伍的素质能力。

五、扎根中国大地,优化办学格局,服务国家区域重大战略的能力进一步增强

14.办学体系进一步完善。优化各校区的空间规划,完善办学基础设施和支撑保障条件,2019 年紫金港校区在建建筑面积 62.35 万平方米,年内完成竣工验收建筑面积 28.56 万平方米,紫金港校区西区部分楼宇投入使用,人文学院、经济学院等院系实现顺利搬迁。提升舟山校区、海宁国际校区的异地办学能力,加快建设宁波("五位一体")校区,扎实推进工程师学院建设。支持城市学院、宁波理工学院转型升级,两所独立学院正式获批转设为公办独立设置的本科高校。推进继续教育高端化、品牌化、全球化,继续教育办学总收入为 10.84 亿元。

15.国内合作战略布局进一步优化。参与京津冀协同发展、长三角一体化发展、深圳先行示范区建设、海南自贸港建设,与中国疾病预防控制中心、海南省、雄安新区、天津市、厦门市建立了合作关系,成立雄安发展中心、长三角研究型大学联盟、海南研究院、山东(临沂)现代农业研究院等重大平台。构建新型的校企合作关系,与一批大型央企、国企和行业龙头企业签订了合作协议。与郑州大学、山西大学和云南大学签署部省合建对口合作协议,推进对口支援贵州大学、塔里木大学、滇西应用技术大学等工作。大力推进精准扶贫贵州台江,助力云南景东县脱贫攻坚,推进援藏援疆和帮扶金华武义等工作。

16.服务浙江经济社会发展的水平进一步提升。全面参与浙江省大湾区建设,落实服务浙江经济社会发展行动计划,与浙江省文化和旅游厅、浙江省出入境边防检查总站签署了战略合作协议,与浙江省商务厅共建"浙江省中国特色自由贸易港研究院"。作为"双核"之一参与之江实验室建设,出台并积极落实支持之江实验室建设的若干意见,为之江实验室输送了核心管理团队和高水平科研人员,共建了人工智能研究院等一系列面向未来的重大平台,联合启动建设了工业互联网安全等方面的大科学装置,牵头承担的之江实验室项目数量与外拨经费占比均超过 60%。与杭州市开启新一轮全面战略合作,形成了 93 项"2019—2020 两年行动计划"和 66 个"五年工作计划"。启动浙江大学杭州国际科创中心建设,建立工作联席会议制度、首席科学家制度等,在组织领导、体制机制、学科建设、基建工程、综合协调等方面取得了积极进展。加快推进宁波研究院、台州研究院、温州研究院、衢州研究院、工程师学院衢州分院、计算机创新技术研究院等建设。

17.服务国家区域卫生健康事业的能力进一步提升。完善区域优质医疗资源配置,支持附属医院高质量发展,牵头建设1个国家医学中心及6个区域医疗中心,稳步推进医学中心建设,成立我国首个脑科学与脑医学学院、浙江大学动物医学中心等,共建浙江大学智能创新药物研究院。与中国疾病预防控制中心开展了平台性、战略性、机构性的合作,扎实推进了健康医疗大数据国家研究院建设,加快了公共卫生预防医学发展步伐。分别与浙江省卫生健康委员会、浙江省医疗保障局建立了战略合作关系,完善了与省级政府、行业主管部门的定期商议联系和合作共建共享机制。提升了与杭州市卫生健康委员会的合作水平,共建了6家非直属附属医院。进一步加强合作医院专家工作站等管理,完成杭州、宁波、丽水、衢州等新一轮合作医院洽谈工作。围绕国家医改要求,持续推进三个高水平医联体建设,挂牌成立浙江大学新疆生产建设兵团第一师医院高水平医联体,打造了"三大两远程"医疗援疆新模式。

六、实施全球开放发展战略,构建立体化的国际合作网络,全球影响力和海内外声誉不断提升

18. 高水平国际合作网络进一步拓展。召开全球开放发展大会,制定了《浙江大学全球开放发展行动计划(2020－2022年)》,明确了六大专项任务和二十四项重点举措。大力提升全球合作层次,推进世界顶尖大学战略合作计划和一流学科伙伴提升计划,与世界一流大学新签和续签42份校级合作协议,与37所世界排名前50位的大学建立合作关系,与7所世界顶尖大学建立校级合作关系,与剑桥大学、斯坦福大学、哈佛大学、耶鲁大学和牛津大学等5所顶尖高校的学术交流初具规模,与多所世界一流大学互设国际合作种子基金。积极助力"一带一路"合作体系,启动"一带一路"国际医学院共建工作。加强与国际电信联盟、国际食物政策研究所等国际组织的合作,成为世界经济论坛全球大学校长论坛新成员。

19. 国际化办学水平持续提升。深化科研国际合作,获批的省部级国际科技合作基地/实验室数同比增长近30%,国际合作论文数同比增幅近12%。加快人才培养国际化步伐,启动实施了与世界顶尖大学联合招收优秀博士后计划,学校本科生海外交流率接近90%,研究生海外交流率稳步增长,其中博士研究生海外交流率达111.38%。积极探索全球治理人才培养及推送工作,成立学生国际化能力培养基地,持续推进"国际组织实习任职专项计划",选拔41位学生赴国际组织总部及各地办事处实习。承办第二届国际高等教育研讨会、发展中国家科学院理事会及科学论坛。学校在QS2020年世界大学排名中名列全球第54位,在QS2020亚洲大学排名中居亚洲第六位,在2019软科世界大学学术排名中名列全球第70位,在2020年1月的ESI排名中首进全球前100,与学校办学实力相称的国际声誉正在加快形成。

20. 海宁国际校区异地办学能力进一步提升。深化与爱丁堡大学、伊利诺伊大学厄巴纳－香槟分校的合作,已有2个国际联合学院和国际联合商学院(筹)的建设取得积极进展,《长江三角洲区域一体化发展规划纲要》明确提出要将浙江大学国际联合学院打造成为国际合作教育样板区。推行综合评价招生模式,并在部分省份实现了提前批招生。实施《国际科教资源开放创新圈核心区建设工作实施方案》,建设了工程生物学、生物医学与大健康转化等领域的国际联合创新中心,联合发起了"技术转移区块链联盟"。海宁国际校区图书馆和北教学楼成为全球首批通过 LEED V4.1 O+M 铂金级认证的教育项目,整体校园获得英国 Eco Campus 体系金奖认证。海宁国际校区的办学经验得到了全国教育外事工作会议的肯定。

七、推进攻坚善治,加快治理体系和治理能力现代化,争创一流的活力不断激发

21.综合改革向纵深推进。实施年度全面深化改革重点项目 15 项,一批标志性重点改革任务落地见效。新增 10 家"一院一策"改革单位,实现了七大学部改革全覆盖。在重大项目中试点建设了以重大需求为导向的科研特区,完成"16+X"科研联盟首个建设期考核评估。开展"双一流"建设中期评估,构建"双一流"建设成效评估体系,推动院系完成改进工作。深化学术治理体系改革,充分调动学术委员会和基层学术组织的积极性。

22.管理服务效能进一步提升。启动"服务院系、服务基层、服务师生"活动,试点设立教师事务服务专员岗位,探索"最多找一人"改革,设立"政策咨询流动岗",开通一号式总务服务热线,切实做到转作风、优服务。继续推进"最多跑一次"改革,完善校务管理信息导航系统,进一步优化办事流程、推行网上审批,50%以上的审批和服务事项实现部分或全程网络化办理。行政服务办事大厅成功创建"全国青年文明号",全年共受理各类师生服务事项 16 万余件,总体满意率继续保持在 99.99%,成为全国高校改革的标杆。

八、优化支撑保障条件,提高资源配置的科学化水平,一流的发展环境持续巩固

23.支撑保障条件进一步夯实。加快完善院系、部门、单位的预算管理机制,提升财务的精准使用水平和使用效益,学校全年实现总预算收入 140.04 亿元、总预算支出 121.82 亿元。不断提升公用房和住房资源配置效益,加强场馆的集约利用和共享。深入推进智慧校园、平安校园、美丽校园建设,构建一流的图书档案资源保障体系。积极推进紫金港西区文化建设、紫金港东区学生文化长廊二期建设,出台规范二级单位校园文化建设若干规定,全面提升办学空间的精神内涵。推进重点领域专项审计、经济责任审计、科研经费审计和工程审计等工作,共完成审计项目 1970 项,审计总金额 483.20 亿元。校医院公共卫生保障能力不断加强,医疗卫生服务水平持续提高。深化实验仪器平台共享机制改革,进一步加强公共实验平台建设,全年新增仪器设备共计 33874 台套,总值约 9.31 亿元。优化采购体制机制,全年共完成采购总金额为 11.33 亿元,共计节约经费 6664.59 万元。

24.后勤与产业改革进一步深化。大力推动互联网、大数据、人工智能与传统后勤服务的深度融合,创新管理举措,提高服务水平,加快推进一流后勤服务体系建设。深化学校所属企业体制改革,不断完善国资监管体制机制,加快推进经营性资产提质增效。控股集团全年收入约 33 亿元,净利润约 2 亿元。建筑设计研究院全年勘察设计合同总金额 10.27 亿元,总产值 8.01 亿元[均不含 EPC(工程总承包)项目]。出版社全年总收入 2.65 亿元。

25.凝心聚力的发展环境进一步巩固。深入实施"暖心爱心工程",专门增加 5000 万元预算办好师生关心的实事,推进紫金港校区东教学区学生流动供餐点建设、幼儿园办学设施和环境改善、青年教师公寓和后勤职工宿舍条件改善、校园网上百事通建设、老年大学办学条件改善等。加快紫金港校区一流学习社区建设，为师生提供更加优质的学习生活环境。推动杭州公益中学挂牌成为浙江大学附属实验学校，启动紫金港校区西区综合室内运动馆的立项研究。畅通师生与学校沟通渠道，全年开展"书记有约""校长有约""校领导接访日"13期。推进离退休工作智慧化管理服务，深入实施"乐龄"计划，做好老同志服务工作。进一步巩固母校与校友的发展共同体关系，着力打造与校友共融共享的创新创业平台，召开了校友总会第五届校友代表大会，举办了首届浙江大学校友创新创业年度盛典暨第五届校友创业大赛。学校全年社会捐赠到款 6.11 亿元，位列历史第二。教育基金会净资产规模31.78 亿元，稳居国内高校第三，同比增长 18%；理财收益 1.50 亿元，同比增长 23%，年化投资收益率 6.16%。

九、加强党的全面领导，不断夯实党建工作基础，推动全面从严治党向纵深发展

26.宣传思想工作不断开创新局面。扎实推进校院两级党委理论学习中心组学习，进一步加强和改进党支部理论学习工作，组建青年教师讲师团，构建多维分众的宣讲体系，讲深讲活习近平新时代中国特色社会主义思想。严格落实党委意识形态工作实施细则、责任清单，开展定期研判和专题督查，党委常委会专题听取意识形态工作情况报告，实施了意识形态风险点排查专项行动。开展庆祝新中国成立 70 周年"礼赞新中国、奋进新时代"主题教育活动，在中宣部、教育部指导下举办了"放飞梦想"青春歌会，大力宣传程开甲、林俊德、姚玉峰等先进典型，号召全体师生向 4 位获国家荣誉称号、6 位被评为新中国成立 70 周年"最美奋斗者"的浙大人学习。深化新一轮与省委宣传部共建传媒学院工作，加快校内外高水平传播平台和载体建设。入选首批教育部融媒体建设试点单位，新媒体综合影响力位列全国高校第一。

27.全国党建工作示范高校创建工作进一步深化。成立了学校党的建设和全面从严治党工作领导小组，定期研究加强党的领导、党的建设和全面从严治党工作。开展新时代基层党组织党建"双创"工作，推进"对标争先"建设计划，承办了新时代高校党建示范创建和质量创优工作推进会，培育建设了一批党建工作标杆院级党组织和样板支部，形成了新时代求是"马兰先锋"示范群、"红色基因库"示范群等一批特色品牌项目，"双带头人"党支部书记实现全覆盖。开展首批"全校党建工作样板支部"培育创建单位与学校机关部处、院系优秀党支部结对共建，推动全校党建质量全面创优全面提升。组织开展全国第二批和全省首批新时代高校党建示范创建和质量创优申报工作，1 个学院党委入选"全国党建工作标杆院系"培育创建单位，3 个党支部入选"全国党建工作样板支部"培育创建单位，1 个学院党委入选"全省高校党建工作标杆院系"培育创建单位，4 个党支部入选"全省高校党建工作样板支部"培育创建单位。加大对基层优秀党务工作者的激励，评选产生"党建先锋奖"获奖者 5 名。全年共发展党员 2530 余名，举办"先锋学子"培训班 260 余期，涵盖了全部学生正式党员。

28.领导班子和干部队伍建设进一步加强。实施进一步加强学校领导班子自身建设的意见，梳理形成任务清单并常态化落实。修订重大事项请示报告制度，实施领导干部岗位责任制及请示报告和外出报告(请假)制度。出台2019年校领导联系基层制度实施方案,印发了加强和改进领导干部深入基层联系学生工作方案。进一步加强各级班子和干部队伍建设,出台了《2018—2022年浙江大学干部教师教育培训规划》,启动修订中层领导干部选拔任用工作办法,不断强化党员干部的政治历练和实践锻炼。加强年轻干部培养,完成优秀年轻干部专题调研与对外推荐工作。强化与中央党校、中国井冈山干部学院等合作,推进建设浙江大学延安培训学院。全年新提任中层领导干部30人,轮岗交流35人,选派89名干部赴境外学习培训,举办"育人强师"培训班17期,培训学员946人次。

29.统一战线工作扎实推进。发挥学校党委统一战线工作领导小组作用,坚持和完善统一战线各项工作制度,落实党员校领导联系校级民主党派、统战团体制度,加强校院两级统战工作联动,进一步完善大统战工作格局。重视社会主义学院教育培训主阵地建设,拓展党外人士之家、政协委员会客厅等新平台新载体,加强党外知识分子政治引领。深入实施"111"党外代表人士队伍建设计划,强化对党外代表人士的发现、培养、选拔任用和政治吸纳,推进党外代表人士队伍建设。加强党派基层组织规范化建设,支持各党派做好组织发展和基层组织换届工作。关心来自港澳台地区师生的学习工作和生活,做好侨(留)联工作,不断提高统战工作水平。实施"石榴籽"工程,加强"民族团结一家亲"教育,促进各民族师生交往交流交融。

30.党对群团工作的领导进一步增强。召开了第八届教职工代表大会、第二十二届工会会员代表大会第二次会议,支持师生员工通过"双代会""团代会""学代会"等基本制度参与民主管理。深化群团改革,指导工会和团委围绕中心服务大局,开展精细化的服务师生工作,加强对学生会、研究生会、博士生会和学生社团的建设管理,推动形成学校共青团引领力、组织力、服务力协同作用的新局面。学校团委荣获团十八大以来共青团宣传思想文化工作先进单位,1位教师获"全国五一劳动奖章",1个集体获"全国三八红旗集体"。

31.校园安全稳定工作进一步抓实。强化底线思维,增强风险意识,建立安全稳定应急处置工作领导机构,定期开展校园安全稳定形势分析研判,构建上下联动、层层负责、分工协作的应急处置领导体系。加强对师生的马克思主义宗教观教育,筑牢抵御和防范宗教向校园渗透的思想防线。加强师生心理健康教育,进一步提升师生心理素质。规范师生自媒体管理,做好校园网络舆情监测,提升网络舆情防控和处置能力。扎实开展保密宣传教育,落实保密工作归口管理体系,巩固了学校保密防线。

32.良好的政治生态进一步巩固。持续抓好中央专项巡视整改的再深化,不断巩固巡视整改成果,贯彻落实58号文件精神,推进纪检体制改革,落实双重领导体制和工作机制,支持纪委聚焦主责主业,进一步深化"三转"。建立巡视巡察上下联动的工作机制,印发巡察工作办法,完成两批16个院系的校内巡察工作,抓好对2018年被巡察的20家单位的巡察整改和"回头看"工作。压实"两个责任",加强二级单位纪委建设,完善全面从严治党责任体系。严格落实中央八项规定及其实施细则精神,推动机关作风和效能建设。创新廉洁教育和廉政文化建设,综合运用监督执纪"四种形态",严明纪律和规矩。出台《教师职业行为准则实施办法》,以过硬的党风政风带动形成优良的师德师风和校风学风。

浙江大学 2019 年工作要点

（2019 年 3 月 19 日）

2019 年浙江大学工作的总体要求：坚持以习近平新时代中国特色社会主义思想为指导，深入学习贯彻党的十九大精神和全国教育大会精神，全面落实学校第十四次党代会精神，牢固树立一流意识，紧紧围绕一流目标，认真贯彻一流标准，全面实施"五大体系""五大布局"，统筹推进"五大战略"，扎实打好"双一流"建设攻坚战，努力开创中国特色世界一流大学建设新局面。

一、坚持将习近平新时代中国特色社会主义思想作为办学治校的根本遵循，全面贯彻党的教育方针，坚定不移走中国特色社会主义办学道路

1. 引导师生坚决践行"两个维护"。始终将政治建设摆在首位，全面落实《中共中央关于加强党的政治建设的意见》，团结带领广大师生树牢"四个意识"、坚定"四个自信"，坚决维护习近平总书记党中央的核心、全党的核心地位，坚决维护党中央权威和集中统一领导。坚持和完善党委领导下的校长负责制，发挥党委把方向、管大局、作决策、促改革、保落实的领导作用。加强对院级党组织的政治督查，保证党中央决策部署落到实处。

2. 坚持用习近平新时代中国特色社会主义思想武装师生。创新校院两级党委理论学习中心组学习的方式和内容，完善学习计划，提升学习实效。进一步推进习近平新时代中国特色社会主义思想的研究阐释，强化专项研究，持续推动习近平新时代中国特色社会主义思想进学术、进学科、进课程、进培训、进读本，出版一批有影响力的研究成果。高质量开展"不忘初心、牢记使命"主题教育，做好庆祝中华人民共和国成立 70 周年等有关活动。

3. 深入落实习近平总书记对浙江大学重要指示精神。认真贯彻全国教育大会精神，推动落实《中国教育现代化 2035》和《加快推进教育现代化实施方案（2018—2022 年）》。进一步落实省部共同推进学校"双一流"建设的支持政策，认真做好迎接国家"双一流"建设中期评估工作。组织开展"十四五"事业发展规划研究。

二、落实立德树人根本任务，深化教育教学改革，打造开环整合的人才培养体系

4. 加快落实新时代思想政治教育创新计划。进一步完善"三全育人"大思政工作格局，加强"一院一品"学生思政工作品牌建设，创新异地办学、跨单位培养背景下的思政教育模式。深化思政理论课改革，实行教学全过程考核和淘汰机制，建设"学科育人示范课程"，开展"课程思政"试点。强化实践教育环节，进一步建设学生思政与党建现场教学基地、海外实践基地。加强学生自我管理，制定学风公约，发挥优秀学生的榜样引领作用，强化学生骨干的政治历练,引导学生积极参与学校民主管理,注重开展朋辈教育。坚持"五育"并举,推动体育课程改革,建设艺术专项课程和特色教材,探索设置劳动教育必修课程。开展精准化的就业指导与服务,做好就业战略布局规划,深化与重点省市、领域和行业的人才合作,进一步引导毕业生服务国家战略。完善基于创新的创业教育体系,推进校内外创新创业实践基地建设,高水平承办好第五届"互联网＋"大学生创新创业大赛。提升思政队伍建设专业化职业化水平,构建梯队化的辅导员培养体系,推进全国高校思想政治工作队伍培训研修中心建设。

5.加快推进一流本科教育行动计划。做好教育部本科教学工作审核评估反馈意见的整改落实。创新招生工作机制,落实招生工作责任,深化与重点中学战略合作,进一步提升本科生生源质量。加快推进通识教育,发布通识教育白皮书,构建具有学校特色的通识教育模式。推进专业优化调整专项改革,对接一流专业建设"双万计划",探索跨领域复合型专业建设,推动学科、学位点、专业协同建设。加快推进基础课程提质增效,探索课程准入和退出机制,以慕课建设为抓手推动教育资源共享互通。进一步建设"智慧教室",加快推进"智慧课堂"教学。加强拔尖创新人才培养,发挥竺可桢学院的引领示范作用,推进"六卓越一拔尖"和新工科、新医科、新农科、新文科建设,探索本研贯通培养的有效模式。开拓与世界一流大学的本科生交流项目,推动更多本科生开展中长期交流。实施新入职教师开课准入制度,建设教师发展培训与专业课程评估专家库,推出个性化培训项目。加强园院协同,优化"1＋3"培养模式,推进一流学习社区建设。

6.加快实施卓越研究生培养计划。优化研究生招生机制,完善招生计划分配,进一步提高研究生招生质量。深化博士生教育综合改革,完善博士招生"申请—考核"制。加强研究生培养过程管理,强化素养与能力、全英文等课程建设,构建研究生教育教学质量预警和评价体系,推进研究生助教试点工作。进一步落实导师立德树人职责,出台《浙江大学研究生导师管理办法》,探索建立基于有关数据的研究生导师培养质量表征指数。创新学位评定委员会模式,成立若干交叉学科评定分委员会和专业学位评定委员会。拓展研究生对外交流渠道,进一步推进博士研究生学术新星培养计划等,加快建设高水平的国际化学位项目,扩大与世界顶尖大学的联合培养规模。以工程师学院"项目制"为试点,进一步推进专业学位培养模式改革,加快工程创新型师资队伍建设,扩大博士专业学位规模。

7.加快打造特色的继续教育。推进继续教育品牌化,开展首批教育培训品牌认定工作,进一步构建多层次继续教育师资库。加快继续教育高端化建设进程,推出对接国家和区域重大战略需求的高端示范性项目,加强与国外知名高校开展教育培训合作。完善质量监控机制,健全督导反馈、整改落实等工作制度,加强继续教育违规办学行为处理。

三、加强内涵建设,推动一流学科创新发展,打造人尽其才的人才高地

8.加快构建一流的学科生态体系。深入落实医学院附属医院深化改革内涵发展动员会、第四次文科大会、推进涉农学科发展大会等会议精神,适时召开理学、工学、信息等领域的学科发展会议。进一步推进顶尖学科建设,系统实施高峰学科建设支持计划、一流骨干基础学科建设支持计划,启动优势特色学科发展计划(自然科学类),开展国防特色学科群的规划与建设。做好会聚型学科领域的谋划布局,深入实施"创新2030计划",加快推进"双脑计划""量子计划""生态文明计划""设计育种计划"等。加强学科建设与人才培养的战略联动,健全学科设置与管理模式,建立学科建设权责体系。

9. 引育并举加快打造人才高地。深入实施学术大师汇聚计划,做好院士增选工作,加快引进国际著名大奖获得者、院士等标志性人才。强化对高层次人才的创新团队支撑,推进高层次人才引育支持计划,扩大特聘研究员2.0制度试行范围,完善"百人计划"岗位设置和总体规划。完善专职研究员岗位制度,统筹研究为主岗设置,推进"博千计划",持续提升博士后队伍规模与质量,推出与国际顶尖大学联合招收博士后计划。健全人才引进绿色通道机制,开展国际化学术评估,构建有吸引力的保障激励机制。

10. 加快形成具有竞争力的发展环境。拓展完善各类人员的发展渠道,试行管理辅助岗文员制、科研专技辅助岗委托评审职称等,优化劳务派遣人员管理模式,完善教师校外兼职管理。探索附属医院岗位分类管理,开设临床教学为主人员的晋升通道,完善卫生技术人员兼评教师高级职务的任职条件,支持和规范医学院及附属医院内部兼聘工作。开展院系薪酬自主权试点,探索根据考核结果核拨人力资源经费机制。完善教师荣誉奖励体系和师德教育培训体系,做好先进楷模选树和宣传工作。

四、对接国家区域重大战略需要,构建开放协同的创新生态系统,打造开源创新的思想文化高地

11. 提升科研品质内涵。做好科技规划预研工作,推进重大、重点、重要项目的组织凝练,做好"16+X"科研联盟建设考核评估。加快推进"超重力离心模拟与实验装置"建设,谋划新一轮国家重大科技基础设施项目。发挥国家重点实验室、工程实验室、工程(技术)研究中心等支撑引领作用,进一步推进前沿科学中心、协同创新中心、国家临床医学研究中心、医学中心等平台建设。布局若干国际科研合作基地,组织谋划国际大科学计划和大科学工程。探索完善标志性成果培育机制,不断取得高水平的国家奖励新突破。响应国家军民融合发展战略,打造面向国防重大任务和工程的科研项目群,加快军工领域关键核心技术研发突破。

12. 繁荣发展哲学社会科学。深入实施《面向2035:浙江大学哲学社会科学繁荣计划》和《浙江大学关于加快推进文科发展的若干意见》。加快推进全国重点马克思主义学院建设,提升中国特色社会主义研究中心建设水平。培育重大成果,做好国家级文科科研项目和教育部高校人文社会科学研究优秀成果奖申报工作。实施人文社会科学研究基地能力提升计划,提高人文高等研究院发展水平,加快艺术与考古学院、艺术与考古博物馆、马一浮书院、中华译学馆等机构建设。实施学术精品"走出去"计划和高水平期刊培育计划,进一步推进文科声誉提升与国际化专项,搭建与世界顶尖大学的科研合作平台。加快高端智库建设,提高服务中央决策的影响力和显示度。

13. 提高社会服务质量。主动对接乡村振兴、健康中国、雄安新区、粤港澳大湾区、长江经济带发展等国家重大战略,推进雄安发展中心、中原研究院等建设,进一步优化"两边两路、一个核心"的社会服务战略布局。提升扶贫工作的内涵和实效,助力景东县完成"脱贫摘帽",做好精准扶贫台江工作。深化全面帮扶武义和援藏援疆工作,推进对口支援贵州大学、塔里木大学、滇西应用技术大学等工作。积极落实部省合建对口合作工作要求,进一步帮助郑州大学、山西大学、云南大学培育优势特色学科群。优化创新研究机构和技术转移中心建设,提高产学研合作和成果转化的标准化服务水平。优化农业推广示范基地布局,进一步推进新农村发展研究院、农业试验站等建设。积极打造一流的附属医院,提升医疗卫生服务水平。

14. 加快融入长三角一体化发展。全面服务浙江省大湾区建设,深度参与城西科创大走廊发展,推动浙江大学杭州国际科创中心高起点建设,进一步落实服务浙江经济社会发展行动计划。强化"国际科技创新圈""国际海洋技术创新圈""国际科教资源开放创新圈""智能装备产业集群创新圈"联动,依托宁波研究院、台州研究院、温州研究院、衢州研究院等,积极落实数字长三角等重点任务,加快接轨长三角一体化,为提升区域发展能级作出新贡献。

15. 全力支持之江实验室建设发展。落实支持之江实验室建设的若干意见,在资源共享、智力投入和体制机制创新等方面继续发挥核心作用。出台人员互聘管理办法,加强干部交流。支持之江实验室博士后工作站建设。以信息学部为主要依托,联合筹划和申报国家项目。以相关国家重点实验室为核心力量谋划重大科学装置。以计算机科学与技术学院为主体,共建人工智能研究院。

五、实施全球开放发展战略,加快国际化办学步伐,大力提升国际声誉和影响力

16. 完善全球合作网络。主动对接国家教育对外开放战略及人文外交需求,深入推进全球开放发展战略,适时召开全球开放发展大会。推进世界顶尖大学战略合作计划,探索建设双边合作团队,构建多维度合作模式,开展跨学科、机制性的常态化交流。提升与海外一流学科伙伴的合作成效,推动合作成立国际学术联盟。实施国际合作区域拓展计划,延拓欧美一流大学合作平台,打造"一带一路"合作体系,提升与亚太国家和金砖国家高校、国际组织的合作实效。提高海外工作机构建设水平,加快建设浙江大学硅谷中心等,优化港澳台交流布局。实施海外声誉提升工程,加强内外宣协同,增强学校的国际知名度。开展院系国际化水平评价,进一步调动院系、学科、教师参与国际合作的积极性。

17. 加强国际联合学院(海宁国际校区)建设。深化学校与英国爱丁堡大学、美国伊利诺伊大学厄巴纳香槟校区在科技创新领域的合作,适度扩大浙江大学爱丁堡大学联合学院、浙江大学伊利诺伊大学厄巴纳香槟校区联合学院的研究生规模,进一步加快国际联合商学院(筹)的建设工作。强化书院作用,优化学生管理、服务模式。发挥中外合作办学的引领和溢出效应,引进海外优质育人资源,进一步推动海宁国际校区与其他校区开展育人交流。做好国际合作研究和技术转化平台的入驻工作。

18. 提升国际学生教育质量。推进国际学生教育管理体制改革试点工作,发挥院系在国际学生招生、培养和管理上的主体作用。打造特色来华留学项目,做好世界高水平大学交换生接收工作。完善国际学生招生体系,在国内的国际学校建立生源基地,在国外增强招生力量。探索对国际学生文化引领的有效模式,推进中外学生文化交流中心建设,加强国际学生文化体验基地建设,以更加开阔的视野讲好中国故事、传播中国声音。

六、全面深化改革,建立健全现代大学治理体系,充分激发办学活力和动力

19.落实年度全面深化改革实施方案。深化"一院一策"改革,根据院系自主发展需要分类授权、试点推进。开展重大任务导向的科研团队模式改革,完善团队聘岗政策和内部分配机制,赋予创新领军人才更大的人事、财务、科技路线的决策权。推进"预聘—长聘"教职制度改革,扩大改革试点学院,启动长聘教职评聘,探索建立长聘教职薪酬体系。优化机关职能改革,试点开展机关党政管理岗位定岗定编工作,探索实施新招录党政管理人员淘汰机制。深化学术治理体系改革,充分发挥学术委员会作用,建立健全专门委员会,规范基层学术组织运行。深化所属企业体制改革,通过优化治理结构、完善激励机制等提质增效,更好地支撑学校的一流发展。打造网上学习空间,加快形成大数据平台,推动数据共享和教育服务水平提升。深化实验仪器平台共享机制改革,加强公共实验平台建设,推进大型仪器设备的共享与有偿使用。

20.构建一流的办学体系。完善各校区的发展定位,推进紫金港校区基本建设,做好相关院系搬迁工作,提升舟山校区、海宁国际校区等异地校区的治理能力,加快建设宁波("五位一体")校区,支持城市学院、宁波理工学院转型升级并提高办学质量,继续办好工程师学院。

21.提高财力资源统筹水平。建立资源筹措激励机制,进一步提升校院两级资源拓展能力。做好增收节支工作,以全面实施政府会计制度为契机,加强各类经费的统筹,加大对重点发展领域的支持力度。继续推进院系和部门单位的预算管理机制改革,强化预算绩效管理,提升经费使用效益。

22.优化支撑服务保障。提高后勤管理的科学化水平,提升公用房和住房资源配置效益,建设一流的图书馆、档案馆。优化采购体制机制,落实政府采购制度改革方案,建立分级分类的采购体系。创新发展联络工作机制,构建学校—校友的发展共同体,进一步提升教育基金会的规模和运作水平。

23.构建师生为本的发展环境。持续深化"一流管理、服务师生"主题活动,提升管理服务的精细化水平。加快"最多跑一次"改革,全面推进院级协同办公系统建设,构建线上线下一体化服务体系。深化暖心爱心工程,推进"1250安居工程"建设和配套服务,强化师生的健康医疗保障。加强离退休干部工作,深入实施"乐龄"计划,提供精准的服务保障。进一步加强关工委建设,发挥离退休同志在育人上的重要作用。

七、全面从严治党,切实加强党的建设,为学校改革发展稳定提供坚强的政治保证

24.维护校园安全稳定。推动全校上下坚持底线思维,强化风险意识,进一步增强斗争本领,认真做好安全稳定和保密等工作。提高意识形态审查的针对性和有效性,加强意识形态定期研判和专题督查考核,层层抓好意识形态责任制落实。加强对师生的心理健康教育,全面开展风险排查,提升应急处置能力。提升网络安全防护能力,完善校园网络舆情预警和防控机制。

25.加强宣传思想工作。持续推进"两学一做"学习教育常态化制度化,提升"先锋学子""育人强师"全员培训计划实效,启动党校"四百精品"工程,办好浙江大学延安培训学院。凝练校园文化品牌,完善新生之友、事业之友以及"三育人"标兵、浙大好医生好护士评选等活动,营造良好的校园人文氛围。构建形态多样的媒体融合传播平台,创新网络文化产品,强化学校形象塑造和推广,讲好新时代的浙大故事。

26.狠抓领导班子和干部队伍建设。推动各级领导班子加强能力和作风建设,大兴调查研究之风,开展更多高质量的专题学习,着力提升形势研判和战略谋划能力。树立选人用人新风正气,完善干部选拔任用机制,大力建设高素质专业化干部队伍。加大年轻干部的培养使用力度,完善"一人一策"精准培养方案。加强校院两级管理干部交流,探索实施"双向选调"机制。做好校内外挂职工作,有计划选派优秀干部到基层一线、艰苦地区历练。

27.加强基层党组织组织力建设。推动全国党建工作示范高校创建工作,开展党建工作标杆院系和样板支部试点工作,建成一批党建工作示范点,形成一批特色项目和品牌项目。进一步发挥基层党组织政治功能,推进落实附属医院党委领导下的院长负责制。实施党支部"对标争先"建设计划,启动党建"一十百千"创建工程,健全党支部晋位升级机制。加强基层组织带头人队伍建设,实现"双带头人"党支部书记全覆盖。加强党务工作队伍建设,做好专兼职组织员聘任及考核工作。

28.做好统一战线工作。推进社会主义学院建设,加强与红船干部学院等合作共建。强化对党外人士的发现、培养、选拔任用和政治吸纳,推进"同心·知联"服务基地建设,实现党外知识分子培训全覆盖。做好侨留联工作,深化协同合作共促发展机制。

29.加强党对群团工作的领导。深化群团改革,加强对双代会、学代会的指导,增强工会和团委的政治性、先进性、群众性。引导学生会、研究生会、博士生会等学生组织充分发挥自我教育、自我管理、自我服务、自我监督功能,提升学生社团的规范化和制度化水平。

30.加强作风和纪律建设。严肃纪律和规矩,持之以恒贯彻落实中央八项规定精神。深化机关作风和效能建设,力戒形式主义和官僚主义。从严抓好师德师风、医德医风建设,强化师德考核和结果运用。落实中管高校纪检体制改革部署,建立健全双重领导体制和工作机制。抓实"两个责任",提高党风廉政建设情况分析会质量,支持纪委进一步做好"三转"工作,强化二级纪委作用发挥,完善常态化的监督制约与廉政风险防范机制。发挥内部审计建设性作用,加强内控制度建设。有效运用监督执纪问责"四种形态",强化廉洁教育和警示教育,严肃查处各类违纪违规问题。建立巡视巡察上下联动机制,持续做好巡视整改工作,探索常规巡察与专项监督协同,高质量推进内部巡察全覆盖,全力营造风清气正的办学环境。

专 题

中共中央组织部干部三局局长王维平 在浙江大学教师干部大会上的讲话

（根据录音整理，未经本人审阅）

2019 年 3 月 20 日

大家下午好！

受中央组织部领导委派，我们来宣布中央关于浙江大学党委书记任职的决定。

下面，我先宣读《关于任少波同志任职的通知》。

中央决定：任少波同志任浙江大学党委书记、副部长级。2019 年 3 月 18 日。

根据工作需要，去年 12 月，邹晓东同志交流任职。任少波同志担任浙江大学党委书记，是中央从中管高校领导班子建设全局出发，经过通盘考虑、慎重研究做出的决定。此前，组织上已与任少波同志谈话，少波同志表示坚决服从中央决定，不负组织重托，认真履行好党委书记职责。任少波同志一直在浙江大学学习和工作，我们大家都对他比较熟悉。下面，我们简要做个介绍。

任少波同志 1965 年 4 月份出生，浙江新昌人，浙江大学经济学院政治经济学专业毕业，曾任浙江大学党委宣传部副部长，校长办公室副主任、主任，校长助理，校党委组织部部长。2009 年 12 月，任校党委副书记。2016 年 1 月任副校长，同年 7 月任常务副校长。任少波同志政治坚定，大局观念强，经过学校党政多岗位锻炼，管理经验丰富，组织协调能力较强，处理复杂问题有办法，遇事周全，工作务实，有韧劲，能啃硬骨头，勤奋敬业，原则性强，谦和坦诚，包容性好，善于合作共事，严格要求自己。中央认为任少波同志担任浙江大学党委书记是合适的，希望大家把思想统一到中央精神上来，全力支持任少波同志工作，也相信任少波同志一定会不负重托,与吴朝晖同志以及校领导班子各位成员一道,团结带领全校师生员工扎实工作、奋力拼搏,不断开创学校发展新局面。

各位老师、同学们、同志们,今年是新中国成立70周年,是决胜全面建成小康社会的关键之年。以习近平同志为核心的党中央坚持把教育摆在优先发展战略地位,号召全党全国全社会为加快教育现代化,建设教育强国,办好人民满意的教育而努力。

浙江大学在120多年的办学历程中,始终扎根中国大地办大学,自觉与民族复兴同频共振,为党和国家事业培养了大批宝贵人才。当前,浙江大学正在快马加鞭,全力进行"双一流"建设,以勇攀高峰的姿态开始新征程。希望学校领导班子和广大全体师生员工高举习近平新时代中国特色社会主义思想伟大旗帜,牢固树立"四个意识",坚定"四个自信",坚决维护习近平总书记党中央的核心、全党的核心地位,坚决维护党中央权威和集中统一领导。要全面贯彻党的教育方针,牢牢把握党对教育工作的领导责任,坚持马克思主义指导地位,坚持社会主义办学方向。

要认真贯彻习近平总书记在全国教育大会、全国高校思想政治工作会议和刚刚召开的学校思想政治理论课教师座谈会上的重要讲话精神,坚决落实立德树人根本任务,不断深化教育教学改革,加强师德师风建设,改进思想政治工作,形成高水平人才培养体系,全力培养社会主义建设者和接班人。要紧紧围绕"五位一体"总体布局和"四个全面"战略布局,优化学校学科布局和各校区功能定位,集聚浙大人才优势,加强基础研究和关键核心技术攻关创新,切实履行好高等教育"四个服务"职责。

要加强和改进学校党建工作,落实全面从严治党各项要求,按照中央统一部署,组织开展好"不忘初心、牢记使命"主题教育,持续推进"两学一做"学习教育常态化制度化,切实加强基层党组织和干部队伍建设。要不断加强党风廉政建设,压实各级责任,以永远在路上的执着和韧劲,把全面从严治党在浙大向纵深推进,确保学校风清气正。

各位老师、同学们、朋友们,希望大家秉承"求是创新"的校训,切实增强责任感、使命感,以只争朝夕、时不我待的精神,奋力推动学校早日建成中国特色世界一流大学,为实现两个一百年奋斗目标、实现中华民族伟大复兴做出更大贡献。

中共教育部党组成员、副部长郑富芝 在浙江大学教师干部大会上的讲话

（根据录音整理，未经本人审阅）

2019 年 3 月 20 日

尊敬的各位老师，尊敬的浙大在座的老书记、老校长，同志们：

刚才中央组织部干部三局王维平同志宣布了中央关于任少波同志任命的决定，并对学校工作提出了要求。教育部党组完全拥护中央的决定。浙江大学是一所历史悠久、声誉卓著的百年老校，在我国高等教育布局当中具有举足轻重的地位。多年来，学校秉承"求是创新"的优良传统，不忘"以天下为己任，以真理为依归"的办学中心，认真贯彻落实党的教育方针，坚持社会主义办学方向，致力于传播与创造知识，弘扬与引领文化，服务与奉献社会，学校党的建设全面加强，人才培养质量稳步提升，科研创新成果不断涌现，社会服务能力持续增强，办学水平和影响力得到了明显提升，各项事业保持了良好的发展势头。这些成绩的取得离不开浙大历届领导班子和全体师生员工的艰苦奋斗、拼搏努力，也凝聚着邹晓东同志的智慧、心血和汗水。借此机会，我代表教育部党组，对邹晓东同志为高等教育事业和浙江大学改革发展所作出的贡献表示衷心的感谢。

任少波同志是浙江大学自己培养起来的优秀领导干部，大家对他都很熟悉。少波同志大学毕业后留校工作至今，历经党政多岗位锻炼，积累了丰富的管理工作经验，政治立场坚定，政治敏锐性强，具有较强的战略思维能力和全局观念，善于解决复杂问题，组织协调能力、应变处置能力、工作执行力都比较突出，敬业投入，工作务实，为人正派，有很好的群众基础。我们相信少波同志一定能够不负重托，和朝晖同志一道，团结带领班子成员和全校师生员工，上下一心，锐意进取，推动学校事业发展再上新的台阶。也希望同志们把思想和认识统一到党中央的决定上，全力支持少波同志的工作，支持班子工作。

下面，受宝生同志委托，我代表部党组对浙江大学工作谈几点意见。

一、坚持思想引领，用习近平新时代中国特色社会主义思想武装干部师生。习近平新时代中国特色社会主义思想是当代的中国马克思主义，是全党全国人民为实现中华民族伟大复兴而奋斗的行动指南。学校党委要深入学习习近平新时代中国特色社会主义思想，加强思想政治教育，推动学习教育往深里走、往心里走、往实里走。真正做到学深悟透融会贯通，真信笃行，筑牢信仰之基，补足精神之钙，把稳思想之舵。要坚定理想信念，牢固树立共产主义远大理想和中国特色社会主义共同理想，带领广大师生员工把思想和行动统一到中央的精神上来，真正做到用"四个意识"导航，用"四个自信"强基，用"两个维护"铸魂。要将贯彻落实习近平新时代中国特色社会主义思想，特别是习近平总书记关于教育的重要论述与解决学校实际问题、推动事业发展结合起来，明确新时代学校改革发展目标任务，统筹谋划，攻

坚克难，狠抓落实，写好教育改革发展稳定新的"奋进之笔"，建设"奋进之浙大"。

二、坚持正确方向，坚定不移走中国特色社会主义教育发展道路。习近平总书记强调，坚持社会主义办学方向是我们办教育要牢牢把握的政治源泉。学校党委要全面贯彻党的教育方针，始终坚持社会主义办学方向，坚持马克思主义指导地位，不断强化扎根中国大地办教育的自信自觉，坚持做到"四个服务"，真正做到"为党育人、为国育才"。要把立德树人的成效作为检验学校一切工作的根本要求，健全"三全育人"体制机制，着力在坚定理想信念、厚植爱国情怀、加强品格修养、增长知识见识、培养奋斗精神、增强综合素质上下功夫，培养堪当民族复兴大任的时代新人。要高度重视校园安全稳定工作。今年是政治大年，国际国内形势严峻复杂，学校党委要牢牢掌握意识形态工作的领导权、话语权，牢固树立底线思维、风险意识，及时发现总结研判各种风险隐患，旗帜鲜明反对和抵制各种错误观点，保持防范风险先手，拿出化解风险实招，确保校园安全和谐稳定。

三、坚持内涵发展，全面推动学校"双一流"建设。近年来，浙江大学各项事业发展迅速，在人才培养、学科建设、科学研究等方面取得了很好的成绩。学校党委要抓住"双一流"建设重大机遇，围绕一流大学和一流学科发展目标，坚持面向世界，勇于进取，树立自信，保持特色，不断增强自主创新能力，努力打造学科高峰，持续培育新的增长点。要高度重视教师队伍建设，紧密围绕学校建设重点，加快领军人才培养，改善人才成长和发展的环境。着力加强师德师风建设，努力打造一支政治素质过硬、业务能力精湛、育人水平高超的高素质教师队伍。要主动对接国家和地区重大发展战略，致力于解决关系国计民生的重大理论和现实问题，充分发挥学校的学科和人才优势，立足浙江、面向全国、走向世界，主动担当起驱动区域经济社会发展的人才泵、创新源、思想库，为"六个浙江""四个强省"建设做出更大的贡献。

四、坚持政治统领，加强党对学校的全面领导。党的政治建设是党的根本性建设。今年年初，中央召开全国高校党建工作会议，对新形势下加强高校党建工作进行了全面部署。前不久中央印发了《关于加强党的政治建设的意见》，进一步对新时代加强党的政治建设做出了明确要求。学校党委要坚决把思想和行动统一到党中央的决策部署上来，深刻领会加强党的政治建设的重大意义。始终把党的政治建设摆在首要位置，把准政治方向，坚持党的政治领导，夯实政治根基，涵养政治生态，防范政治风险，永葆政治本色，提高政治能力。在政治立场、政治方向、政治原则、政治道路上同以习近平同志为核心的党中央保持高度一致。以党的政治建设为统领，全面推进学校党的建设和各项事业的发展。要深入贯彻落实党委领导下的校长负责制，认真贯彻执行民主集中制，切实履行党委把方向、管大局、做决策、抓班子、带队伍、保落实的领导责任。要加强学校基层党组织建设，以提升组织力为重点，推进基层党建全面进步、全面过硬。要落实全面从严治党的责任。深入学习贯彻习近平总书记在十九届中央纪委三次全会上的重要讲话精神，按照教育系统全面从严治党的"六个再聚焦再发力"的工作要求，坚定不移地把全面从严治党引向深入，营造风清气正的良好政治生态和育人环境。

老师们、同志们，长期以来浙江大学的发展得到了各方面的大力支持。我想借此机会代表教育部向给予学校全方位支持的浙江省委省政府和社会各界表示衷心的感谢。

新时代开启新气象、新征程谱写新篇章。希望浙江大学领导班子,紧密团结在以习近平同志为核心的党中央周围,团结带领全校师生员工,不忘初心、牢记使命,以永不懈怠的精神状态和一往无前的奋斗姿态,推动学校各项事业在新的起点上再创新的辉煌。

中共浙江省委常委、组织部部长黄建发在浙江大学教师干部大会上的讲话

（根据录音整理,未经本人审阅）

2019 年 3 月 20 日

各位老师、同志们:

　　我受省委书记车俊同志委托,参加今天的全体大会,刚才中央组织部王维平局长宣布了中央关于浙江大学党委书记任职的决定,并做了讲话。教育部郑富芝副部长对浙江大学领导班子建设和学校的改革发展提出了明确要求。这次中央关于浙江大学党委书记的任命,体现了中央对浙江大学领导班子建设和学校改革发展的高度重视和充分肯定,也体现了教育部一直以来对浙江教育事业的关心和支持。省委坚决拥护中央的决定,希望浙江大学切实把思想认识统一到中央部署上来。

　　浙江大学是根植于浙江大地的一所百年名校,集聚了深厚的历史底蕴,涵养了丰富的文化特色。近年来,学校党政领导班子团结带领全校教职员工,大力弘扬"求是创新"精神,各项事业不断取得新的成绩,实现了新的跨越,正阔步迈向建设中国特色世界一流大学的宏伟目标。这一成绩的取得是党中央、国务院正确领导的结果,也是教育部和浙江省多年来省部共建的重要成果,凝聚着浙江大学历届党政领导班子和全体教职员工的辛勤和汗水。根据工作需要,邹晓东同志已于去年 12 月到中央统战部任职,这是中央对浙江大学的关心厚爱。刚才维平局长、教育部副部长对少波同志作了详细的介绍。少波同志大家都非常熟悉,他学在浙大,成长在浙大,毕业留校已有 30 个年头,是个老浙大人。他政治素质好,忠诚党的教育事业,经历多岗位锻炼,领导经验丰富,党务行政工作都比较熟悉,组织协调能力强,抓工作有韧性,作风务实,视野开阔,服务保障教学科研有思路、有办法;他待人真诚,处事公道,在教职员工中口碑较好。我们相信任少波同志一定会和吴朝晖校长紧密配合,精诚协作,带领学校党委领导班子不断开创浙江大学工作新局面,不辜负中央、省委和全校师生员工的期望。

　　下面,我代表省委提三点希望:

浙江大学年鉴

第一，切实加强政治建设，在办好中国特色社会主义大学中彰显浙大人的家国情怀。政治建设是党的根本性建设，加强高校政治建设事关学校发展方向，事关培养中国特色社会主义事业的建设者和接班人这一根本性的问题。一直以来，浙江大学高度重视党的政治建设，积累了很多好经验，也有好多好传统。尤其是习近平同志在浙江工作期间，亲自联系浙江大学，先后18次到学校指导工作，3次为师生作形势报告，到中央工作以后经常关心浙大的发展，这是我们浙大人的光荣。希望浙大要牢记习近平总书记的殷殷嘱托，认真学习贯彻习近平新时代中国特色社会主义思想，坚定办学方向，坚持教育为人民服务，为中国共产党治国理政服务，为巩固和发展中国特色社会主义制度服务，为改革开放和社会主义建设服务，确保在党的领导下办好中国特色社会主义大学，办好人民满意的大学。要充分发挥党总揽全局、协调各方的领导核心作用，落实好党委领导下的校长负责制，切实形成党委统一领导、党政分工合作的协调运行机制。认真贯彻习近平总书记在学校思想政治理论课教师座谈会上的重要讲话精神，推进新思想进学术、进学科、进课程、进培训、进读本，扎实开展"不忘初心、牢记使命"主题教育，实现知识传授与价值引领有效融合，引导广大师生增强"四个意识"，坚定"四个自信"，坚决做到"两个维护"。120多年来，一代一代的浙大人"以天下为己任，以真理为依归"，竺可桢、谈家桢、王淦昌、程开甲、叶笃正等一个个闪亮名字凝结成的求是精神，是浙大人宝贵的精神财富。我刚到浙江工作不久，到丽水龙泉调研时，瞻仰了浙大西迁途中建立的龙泉分校旧址，深刻感受到浙大人的家国情怀，这些都是学校立德树人、铸魂育人的丰厚养分，我们要发掘好、运用好，更好激发新时代浙大人奋斗追梦、砥砺前行的不竭动力。

第二，着力推进内涵发展，在加快建设世界一流大学中彰显浙大人的孜孜追求。坚持以质量为核心，以学科和人才队伍建设为重点，统筹推进学校各项事业协调发展，不断提升学校的办学层次和水平。瞄准建设世界一流学科，突出重点，集聚力量，推动优势资源向优势学科倾斜，全面提高学科建设质量，加快形成核心竞争优势和良好的学科生态。目前浙大入选一流大学建设高校，18个学科入选一流建设学科。根据最新的ESI排名，学校进入前1‰的学科数居全国高校第一，成绩可喜可贺。我们要围绕学校发展重点方向，坚持引进和培养两手抓，集聚更多的高层次人才，打造更多的高水平团队，努力造就一大批精英翘楚、名师大家。浙大是我省海外高层次人才创新创业的重要基地，希望浙大在这方面继续发挥平台优势，为我省引进更多的顶尖人才。立德树人始终是大学最核心、最本质的任务，只有培养出一流人才的大学，才称得上世界一流大学。要引导学生时刻牢记竺可桢老校长的"入学两问"，坚持知识、能力、素质培养相统一，坚持做人、做事、做学问相一致，重点培养学生的学习能力、创新能力、创业能力。要积极对接世界名校，以我为主，推进国际合作办学，办好国际联合学院，承办更多高水平的国际学术交流活动，在学术交流中讲好中国故事，传播中国文化，不断提升浙大的国际影响力。

第三，深深扎根浙江大地，在服务我省"两个高水平"建设中彰显浙大人的时代担当。国有成均，在浙之滨。浙江大学因浙江而名，浙江大学作为部省共建高校，这些年来始终坚持对接地方，服务发展，在助力国家重大战略实施、服务区域经济社会发展中发挥了重要作用。当前，浙江正自觉践行习近平总书记赋予的新希望，深入推进"'八八战略'再深化，改革开放再出发",我们对优质高等教育资源的需求比以往任何时候都更加迫切,对天下英才的渴求比以往任何时候都更加强烈。希望浙大立足学科优势,紧扣发展需求,全面提升科学研究、成果转化和社会服务水平,在广阔舞台上主动作为。要进一步服务国家战略,瞄准国际前沿,紧紧围绕创新驱动战略,加快高层次创新平台建设,努力在优势学科领域取得更多原创性成果,尽快掌握一批关键技术、核心技术。要对接服务浙江发展,围绕省委省政府提出的"八大万亿产业",全面服务我省大湾区、大花园、大通道、大都市区建设,深入参与城西科创大走廊发展,加快接轨长三角一体化,提高与区域经济发展的契合度。要依托我省作为国家科技成果转移转化示范区的优势,打通基础研究、利用开发、成果转移与产业化链条,推动健全市场导向、社会资本参与、多要素融合的成果应用转化机制,激发创新主体活力,促进产学研有机结合。发挥浙大人才出口作用,在师资培养、干部培训、人才输送、创新创业等方面带好头,特别是浙大作为中组部挂牌的全国干部培训基地,要把先进的办学理念和治校经验分享给省内的兄弟院校,在推动我省高教强省战略实施中发挥带头作用。要充分发挥师资力量雄厚、教学资源丰富的有利条件,为我省两个高水平建设培养更多高素质专业化干部人才。

浙江大学概况

浙江大学简介

浙江大学是一所历史悠久的国家重点高校,是首批进入国家"211工程"和"985工程"建设的若干所重点大学之一,并于2017年入选国家"双一流"一流大学建设高校(A类)。建校一个多世纪以来,浙江大学以民族振兴、国家强盛为己任,不断创新发展,已成为一所基础坚实、实力雄厚、特色鲜明,居于国内一流水平,在国际上有较大影响的综合型、研究型、创新型大学。浙江大学以"求是创新"为校训,现任校长是中国科学院院士吴朝晖教授。

浙江大学位于中国历史文化名城、世界著名的风景游览胜地——浙江省杭州市,杭州现有玉泉、西溪、华家池、之江、紫金港等5个校区,占地面积8551亩,分布于不同方位。另有分布在杭州以外的2个校区,分别是舟山校区(一期)占地面积约499亩,海宁国际校区(一期)占地面积约1000亩。校园环境幽雅,花木繁茂,碧草如茵,景色宜人,是读书治学的理想园地。

浙江大学的前身是建于1897年的求是书院,为中国人自己最早创办的新式高等学府之一。1928年,学校正式定名为国立浙江大学,是中国最早的国立大学之一。1936年,著名科学家竺可桢出任国立浙江大学校长,广延名师,实行民主办学、教授治校,使国立浙江大学声誉鹊起,逐渐崛起成为一所文、理、工、农、医和师范学科齐全,享誉海内外的著名大学。其间由于抗日战争全面爆发,浙江大学举校西迁,流亡办学历时九年,足迹遍及浙、赣、湘、桂、闽、粤、黔七省,谱写了"文军长征"的辉煌篇章。在遵义、湄潭等地艰苦办学的七年间,浙江大学弦歌不绝,以杰出的成就赢得了"东方剑桥"的美誉。20世纪50年代初期,在全国高等院校调整时,浙江大学曾被分为多所单科性学校,其中在杭的4所学校,即原浙江大学、杭州大学、浙江农业大学、浙江医科大学于1998年9月合并组建新的浙江大学,重新成为学科门类齐全的综合性全国重点大学。

在浙江大学的百年历史上,群星璀璨,

俊彦云集。马一浮、丰子恺、许寿裳、梅光迪、郭斌和、夏鼐、钱穆、吴定良、张其昀、张荫麟、马叙伦、马寅初、夏承焘、姜亮夫、李浩培、沙孟海等学术大师和著名学者曾经在这里任教。新文化运动的先驱、中国共产党的创办人之一陈独秀，北京大学校长何燮侯和蒋梦麟，著名教育家邵裴子和郑晓沧，我国新闻界的先驱邵飘萍，新文化运动和电影事业的先驱夏衍，"敦煌保护神"、著名画家常书鸿等著名历史文化名人，也在浙江大学留下了他们求学的身影。此外，陈建功、苏步青、谷超豪、胡刚复、束星北、何增禄、王淦昌、卢鹤绂、吴健雄、李政道、程开甲、钱三强、卢嘉锡、贝时璋、谈家桢、罗宗洛、谭其骧、陈立、竺可桢、叶笃正、赵九章、蔡邦华、王季午、钱令希、梁守槃等一大批著名科学家都曾在浙江大学求学或任教过。据统计，曾在浙江大学求学或任教过的中国科学院院士和中国工程院院士共有 200 余名，其中曾经在浙江大学求学的有 90 余名；以及 5 位国家最高科技奖得主、4 位"两弹一星"功勋奖得主和 1 位诺贝尔奖得主。

今天的浙江大学，学科门类齐全，涵盖了哲学、经济学、法学、教育学、文学、历史学、艺术学、理学、工学、农学、医学、管理学等 12 个门类，综合实力居全国高校前列。学校建有 7 个学部，下设 37 个院系；以及 1 个工程师学院和 2 个中外合作办学学院。现有 130 个本科专业，64 个一级学科硕士学位授权点，62 个一级学科博士学位授权点，59 个博士后流动站，另有博士专业学位类别 10 种，硕士专业学位类别 35 种；有一级学科国家重点学科 14 个，二级学科国家重点学科 21 个和国家重点（培育）学科 10 个；有国家重点实验室 10 个，国家工程研究中心（实验室）5 个，国家地方联合工程实验

室（研究中心 6 个，国家工程技术研究中心 4 个（其中 1 个为参与），普通高等学校人文社会科学重点研究基地 3 个，国家基础科学研究和教学人才培养基地 8 个，国家工科基础课程教学基地 4 个，国家战略产业人才培养基地 3 个，国家动画教学研究基地 1 个，国家级实验教学示范中心 14 个，国家大学生文化素质教育基地 1 个，全国大学生校外实践教育基地 23 个。

浙江大学师资力量雄厚，现有教职工 9377 人，其中专任教师 3946 人，专任教师中有正高职人员 1811 人，副高职人员 1350 人。教师中有中国科学院院士 26 人，中国工程院院士 25 人，文科资深教授 13 人，教育部"长江学者"奖励计划入选者（含青年学者）101 人，浙江省特级专家 55 人，国家杰出青年基金获得者 145 人，教育部高等学校教学名师奖获得者 10 人。

浙江大学坚持"以人为本、整合培养、求是创新、追求卓越"的教育理念，不断培养具有国际视野的未来领导者和大批杰出创新人才。学校现有全日制在校学生 54856 人（不含国际学生），其中博士研究生 12074 人、硕士研究生 21513 人、本科生 26041 人。另有国际学生 7131 人、远程教育 20400 人。

学校综合办学条件优良，基本设施齐全。校舍总建筑面积为 394.65 万余平方米，拥有计算中心、分析测试中心等先进的教学科研机构和科学馆、体育场、活动中心等各类公共服务设施。全校藏书量达 796.29 万余册，数字化图书资源的数量与支撑技术处于国际领先水平。学校还拥有 7 家设备先进、水平一流的省级附属医院以及 1 家出版社。高速计算机骨干网络以及特设的公交线路将各校区和附属医院连为一体。

"国有成均,在浙之滨。"今天的浙江大学,将坚持以习近平新时代中国特色社会主义思想为指导,秉承求是创新精神,按照学校第十四次党代会确立的目标任务,致力于传播与创造知识,弘扬与引领文化,服务与奉献社会,坚定不移地打造更高质量、更加卓越、更多尊重、更有梦想的大学,为加快进入中国特色世界一流大学行列、迈向世界一流大学前列而奋斗,为实现中华民族伟大复兴、促进人类文明进步作出卓越贡献。

【附录】

附录1　浙江大学 2019 年教职工基本情况　　　　（单位:人）

职称级别	总计	专任教师	行政人员	教学科研支撑人员	科研机构人员	其他人员
总计	9377	3946	1531	867	1810	1223
正高级	1976	1811	27	34	68	36
副高级	2370	1350	303	204	275	238
中级及以下	5031	785	1201	629	1467	949

附录2　浙江大学 2019 年各类学生数　　　　（单位:人）

学生类别	毕业生数	招生数	在校学生数	毕业班学生数
一、本科生	5538	6337（招办高基表数据）	26041	6408
二、研究生	6959	11047	33587	7904
其中:硕士研究生	5120	3322	21513	2569
博士研究生	1839	7725	12074	5335
三、留学生	3029	2691	7131*	—
其中:攻读学位留学生	645	1060	4747*	—
四、远程教育	11393	0	20400	11000

表中"一"、"二"项数字不包含外国留学生。

注:* 指 2019 年全年的留学生数。

机构简介

【学术机构】　校学术委员会秘书处/人文学部/社会科学学部/理学部/工学部/信息学部/农业生命环境学部/医药学部

【学院(系)】　人文学院/外国语言文化与国际交流学院/传媒与国际文化学院/艺术与考古学院/经济学院/光华法学院/教育学院/管理学院/公共管理学院/马克思主

义学院

数学科学学院/物理学系/化学系/地球科学学院/心理与行为科学系/机械工程学院/材料科学与工程学院/能源工程学院/电气工程学院/建筑工程学院/化学工程与生物工程学院/海洋学院/航空航天学院/高分子科学与工程学系/光电科学与工程学院/信息与电子工程学院/控制科学与工程学院/计算机科学与技术学院/生物医学工程与仪器科学学院/软件学院/生命科学学院/生物系统工程与食品科学学院/环境与资源学院/农业与生物技术学院/动物科学学院/医学院/药学院

【学校职能部门】 党委办公室、校长办公室(含国内合作办公室、保密办公室、信访办公室、法律事务办公室)/纪律检查委员会办公室/党委组织部/党委宣传部(含网络信息办公室)/党委统战部/党委教师工作部(与人事处合署)/党委学生工作部/党委研究生工作部/党委安全保卫部(与安全保卫处合署)/人民武装部(与党委学生工作部合署)/机关党委/离休党工委(与离退休工作处合署)/发展规划处/政策研究室/人事处/人才工作办公室(与人事处合署)/国际合作与交流处、港澳台事务办公室/本科生院/研究生院/科学技术研究院/社会科学研究院/继续

教育管理处/医院管理办公室/计划财务处(含经营性资产管理办公室、国有资产管理办公室、采购管理办公室、采购中心)/审计处/监察处(与纪律检查委员会办公室合署)/实验室与设备管理处/校综合治理委员会/总务处(含"1250安居工程"办公室)/基本建设处/安全保卫处/离退休工作处/新闻办公室(与党委宣传部合署)/工会/团委

【学校直属单位】 发展联络办公室(含发展委员会办公室、校友总会秘书处、教育基金会秘书处)/就业指导与服务中心/图书馆/信息技术中心/档案馆/艺术与考古博物馆/竺可桢学院/继续教育学院、成人教育学院、远程教育学院(合署)/全国干部教育培训浙江大学基地(办事机构与继续教育学院合署)/国际教育学院/公共体育与艺术部/中国科教战略研究院(办事机构与政策研究室合署)/工业技术转化研究院/先进技术研究院/新农村发展研究院(含农业技术推广中心)/校医院/出版社/建筑设计研究院/国家大学科技园管理委员会(与科技园发展有限公司、工业技术转化研究院合署)/农业科技园管理委员会、农业试验站(合署)/医学中心(筹)(归口医学院管理)/国际联合学院(海宁国际校区)/工程师学院/创新创业研究院/杭州国际科创中心

党建与思想政治工作

思想建设

【概况】 2019 年,浙江大学深入学习贯彻习近平新时代中国特色社会主义思想,不断增强"四个意识",坚定"四个自信",做到"两个维护",紧紧围绕立德树人根本要求,切实承担起宣传思想工作举旗帜、聚民心、育新人、兴文化、展形象的使命任务,努力为学校加快推进"双一流"建设、高质量建成中国特色世界一流大学提供强有力的思想保证、精神动力和文化支撑。

深化理论学习和思想武装,把学习宣传贯彻习近平新时代中国特色社会主义思想作为重中之重。浙江省委书记车俊以"认真学习贯彻党的十九届四中全会精神,高水平推进省域治理现代化"为主题为师生作形势报告。教育部党组书记、部长陈宝生出席学校党委理论学习中心组学习会,学习习近平总书记在纪念五四运动 100 周年大会上的重要讲话精神。学校党委发布《关于深入学习贯彻党的十九届四中全会精神的通知》等文件。校党委理论学习中心组学习 14 次,其中扩大会议 5 次。成立"启真先锋"青年教师讲师团,构建多维分众的宣讲体系。推进"新思想在浙江的萌发与实践"系列教材编撰工作,编印《习近平总书记对浙江大学重要指示精神资料汇编》。举办庆祝中华人民共和国成立 70 周年主题教育活动,建设浙江大学党建馆。开展意识形态工作责任制落实情况督查以及意识形态风险点排查专项行动。

紧扣中心任务,全面聚焦一流,讲好新时代的浙江大学故事。中央地方平面主流媒体报道浙大新闻 700 余篇,中央电视台《新闻联播》播出相关新闻 9 条。建设"不忘初心、牢记使命"主题教育专题网站,学校官方媒体平台报道主题教育进展 110 余篇次。深入打造品牌传播栏目"身边人的故事""有趣的浙大科学""大咖有约",宣传优秀师生榜样 100 余位,制作科学头条专题 41 个。获中国高校校报好新闻评选一等奖 3 项,中国高校电视奖一等奖 6 部,浙江省高校校报好新闻评选一等奖 9 项。

全面构建 20 余个新媒体平台在内的官方媒体传播矩阵。截至 2019 年 12 月 31 日,浙江大学官方微信订阅数 68 万,官方微博粉丝数 119 万,头条号订阅数 31 万,抖音号订阅数 116 万。建设官方哔哩哔哩号、快手号、央视频号等短视频平台,大力推进"学习强国"学习平台推广使用。学校获批教育部首批"教育融媒体建设试点单位",新媒体综合影响力蝉联全国高校第一。

深化文化校园建设,凝练推广校园文化品牌。推进紫金港西区文化建设,制定《校园景观雕塑设置与管理办法》等制度,立项"学生文化长廊二期"建设。承办由中宣部、教育部举办的"放飞梦想"浙江大学青春歌会和教育部举办的"青春告白祖国"网络拉歌活动。高质量完成第五届中国"互联网+"大学生创新创业大赛宣传推广及文化氛围创设工作。

【开展庆祝中华人民共和国成立 70 周年主题教育活动】 该活动于 3 月至 12 月举行,主要包括收看庆祝新中国成立 70 周年大会及阅兵式直播、师生代表座谈会、烈士纪念日公祭活动、"放飞梦想"浙江大学青春歌会、主题征文、党史知识竞赛等一系列形式多样、内涵丰富、广泛有效的宣传教育活动,唱响了礼赞新中国、奋进新时代的昂扬旋律,使广大师生员工进一步坚定理想信念,厚植爱国情怀,为加快推进"双一流"建设矢志奋斗。

【深入学习贯彻党的十九届四中全会精神】 中国共产党第十九届中央委员会第四次全体会议于 10 月 28 日至 31 日在北京举行。全会明确提出坚持和完善中国特色社会主义制度,推进国家治理体系和治理能力现代化的总体要求、总体目标和重点任务。浙江大学将全会精神作为"不忘初心、牢记使命"主题教育的重要学习内容,融入主题教育全过程,通过党委理论学习中心组学习会、宣讲会、报告会、讨论会、座谈会等多种形式广泛开展学习宣传贯彻活动,引导全校师生把思想和行动统一到全会精神上来,进一步攻坚善治、团结奋进,以钉钉子精神推动学校治理体系和治理能力现代化。

【建设浙江大学党建馆】 为高质量开展"不忘初心、牢记使命"主题教育,进一步深化"全国党建工作示范高校"创建工作,引领全校师生学党史、知党情、跟党走,学校策划筹建浙江大学党建馆。党建馆位于求是大讲堂负一楼,占地面积 800 多平方米,由"红船精神主题展"和"浙江大学党建工作主题展"构成。其中,"浙江大学党建工作主题展"分为薪火传燃铸党魂、旗帜鲜明把方向、立德树人育英才、攻坚善治创一流、固本强基担使命五个部分,集中展现了浙江大学在党的领导下传承发扬"求是创新"优良传统,扎根中国大地办世界一流大学的奋斗历程、卓越成就、宝贵经验。自 11 月开馆以来,共有 600 批次,6300 余人参观。

(江宁宁撰稿　应　飚审稿)

组织建设

【概况】 至 2019 年年底,全校共有院级党组织 60 个,其中党委 53 个、离休党工委 1 个、国际联合学院(海宁国际校区)党工委 1 个、工程师学院党工委 1 个、直属党总支 4 个、校党委派出机构 7 个;党总支(不含直属党总支)98 个;党支部 1596 个,其中在职教职工党支部 688 个、离退休党支部 176 个、学生党支部 708 个,等等。

全校共有中共党员37663人（其中2019年新发展2532人）。其中，学生党员15862人，占学生总数的26.86%（其中研究生党员13459人，占研究生总数的40.62%；本科生党员2403人，占本科生总数的9.27%）；在职教职工党员16475人（其中专任教师党员2213人，占专任教师总数的57.39%）；离退休党员4160人；因出国（境）等保留组织关系党员1166人。

全校共有中层干部550人。其中，正职201人、副职349人；女干部142人，占中层干部总数的25.8%；非中共党员干部62人，占11.3%。中层干部平均年龄为48.4岁，其中正职平均年龄为51.4岁、副职平均年龄为46.6岁；45岁以下中层干部166人，占30.2%。中层干部中具有硕士、博士学位的490人（其中博士学位271人），占89.1%；具有高级职称的434人（其中正高职称253人），占78.9%。

面向全校培育创建首批10个党建工作标杆院级党组织和141个党建工作样板支部，全校共有1个学院党委、3个党支部入选第二批全国党建工作标杆院系、样板支部培育创建单位，1个学院党委、4个党支部入选首批全省高校党建工作标杆院系、样板支部培育创建单位。优化2019年度院级党组织书记抓基层党建和人才工作述职评议考核指标，将党建、思政和人才工作成效纳入考评范围。强化示范引领作用，评选出2019年度"党建先锋奖"获得者，以及浙江大学优秀学生党支部、优秀学生共产党员和优秀学生党支部书记。全校共有5名党员、1个学院党委获浙江省高校"两优一先"表彰；2名党组织书记获评"浙江省担当作为好支书"；1名教师党支部书记获得全省高校第四届"最受师生喜爱的书记"表彰。

配合上级部门做好优秀年轻干部调研工作，推荐了一批优秀年轻干部，开展校内优秀年轻干部新一轮专题调研。加强优秀年轻干部培养，择优安排部分青年学术骨干、党外代表人士到校部机关挂职锻炼，组织推荐一批优秀党政管理干部在职报考博士研究生。探索开展面向北京大学等知名高校选调专职辅导员工作，共录用4人。推动调整优化10余个单位内设机构设置和若干学院下设学系设置。全年，共调整中层干部65人次，其中新提任正处13人、副处17人；调整科职干部173人次，其中新提任正科44人、副科63人。派出援藏、援疆、援青、对口支援滇西等挂职干部50人，在岗81人；接收校外挂职干部7人。人文学部、社会科学学部、理学部、工学部、信息学部、医药学部等6个学部以及控股集团党委、后勤集团党委、图书馆党委等3个院级党组织进行了换届。

印发《2018—2022年浙江大学干部教师教育培训规划》（党委发〔2019〕66号），突出政治素养和斗争精神，对全校干部教师培训作了系统规划。大力推进党校"四百精品"工程创建，面向全校选聘百名优秀党校教师、培育百门精品主题党课、组织百场党建工作示范班、建成百个精品党员之家。建成并验收"浙大党校·智慧党建"信息平台。深入推进"育人强师"全员培训，共举办培训班17期，培训学员946人次。培训结业发展对象3201名，举办"先锋学子"培训班260余期。选派89名干部赴美国UIUC等高校学习培训，积极拓展新的境外进修项目。

【扎实推进"不忘初心、牢记使命"主题教育】

2019年9月至12月，在中央主题教育领导小组办公室、中央第三指导组的指导下，浙江大学成立"不忘初心、牢记使命"主题教育领导小组及办公室,设置 8 个巡回指导组,及时研究、一体推进学校各级党组织学习教育、调查研究、检视问题、整改落实并贯穿主题教育始终。校领导班子累计开展集中学习研讨 9 次共 7 天半,举办专题报告会 2 场;确定 14 个调研主题,形成了 12 份调研报告。各中层班子成员围绕 639 个主题开展深入调查研究和成果交流,中层领导干部讲授专题党课 642 场,基层党支部组织支部书记讲授党课或开展学习交流近 2000场。学校坚持开门办教育,通过征求意见箱、短信、多媒体留言、电子邮件等方式覆盖全体师生,收集了 5000 余条次意见建议,确定了 8 个整治专项和 3 批自查问题整改任务分解清单,形成了 3 个方面,15 个类型,73 个具体问题,175 条整改举措。校领导牵头推进 42 项重点问题的整改,并针对师生关切的"急难愁盼"问题,推出主题教育整改"十件实事",专门增加预算 5000 万元推进整改。聚焦政治建设、铸魂育人、扎根大地、全球战略、服务师生五个方面,明确一系列制度举措,探索"不忘初心、牢记使命"长效机制。学校主题教育开展情况得到中央第三指导组的充分肯定,校党委书记在部分中管高校主题教育工作座谈会上发言,中央第三指导组工作推进会在浙大召开。建设主题教育专题网站,加强舆论引导,广泛宣传主题教育的典型做法、特色经验、整改成效、标杆人物,获中央新闻联播、教育部一线采风、人民日报、光明日报、学习强国等各类主流媒体或平台报道 20 余次。

【高质量创建"全国党建工作示范高校"】
学校党委入选首批全国党建工作示范高校培育创建单位以来,深入贯彻落实教育部有关文件精神,按照彰显政治统领、坚持问题导向、引领事业发展的基本原则,制定印发了《深化"全国党建工作示范高校"创建工作实施方案》(党委发〔2019〕27 号)。学校各级党组织坚持和加强党对高校的领导,牢牢把握办学正确政治方向,紧紧围绕立德树人根本任务,精准聚焦"双一流"建设工作主线,深入推进党建工作创新,有效提升基层党组织组织力,切实履行全面从严治党使命担当,全面推进实施"五大专项""十九项举措"。完成创建自评报告和每月建设信息报送,及时发布工作进展、经验成效情况。深入推进首批全国党建工作标杆院系和样板支部创建工作,建立定点联系制度。创建工作得到教育部的充分肯定,首次新时代高校党建示范创建和质量创优工作推进会在浙大召开。《中国教育报》专题刊发学校党委文章《让一流大学建设有方向有灵魂》。

(汤甜甜撰稿　包迪鸿审稿)

作风建设

【概况】 2019 年,浙江大学坚持以习近平新时代中国特色社会主义思想为指导,坚持稳中求进总基调,扎实开展"不忘初心、牢记使命"主题教育,聚焦主责主业,以政治建设为统领,压实"两个责任",用好监督执纪"四种形态",坚定不移推进全面从严治党向纵深发展,推动新时代学校纪检监察工作取得新成效。

抓好主题教育巡回指导和监督工作,组建 8 个巡回指导组,对全校 100 个中层领导班子从严督促指导。拟订《关于进一步加强政治监督的若干意见(试行)》,推进政治监督常态化、制度化。建立巡视巡察上下联动工作机制,出台《巡察工作实施办法》,巡察人文学院等 16 家学院(系),抓好对 2018 年被巡察的 20 家单位的巡察整改和"回头看"工作。强化日常监督、专项检查和政治巡察,加强对党章党规党纪执行情况和院级党组织贯彻落实党中央、学校党委决策部署情况等的监督检查,开展对违反中央八项规定精神等作风纪律问题进行专项整治,盯住中秋、国庆等重要时间节点,进行了明察暗访和督导检查。制定出台《浙江大学纪检监察与审计工作联动机制实施办法(试行)》等制度,综合运用党内监督、审计监督等方式,充分发挥好特邀监察员作用,增强监督合力。加强选人用人和各类评审评比审核把关,2019 年对选人用人出具廉政意见 62 人次,对各类人才项目、职称评审、荣誉奖励等出具廉政意见 1796 人次。强化重点领域监督,进一步突出对选人用人、科研经费、招生考试、财务管理、师德师风、附属医院、继续教育等廉政风险重点领域和关口部门单位的主体责任落实情况监督。

健全党委听取纪委工作汇报制度,加强对二级单位 4 张"责任清单"监督检查。推动二级单位贯彻落实《关于进一步发挥二级单位纪委作用的意见》,完善二级单位纪委书记例会和附属医院纪委书记联席会议制度。明确了学校纪委接受学校党委和浙江省纪委双重领导的体制和工作机制。进一步聚焦主责主业,校纪委书记只分管纪检监察和巡察工作,纪委退出校级议事协调和临时机构 29 个,只保留参加 7 个校级议事协调机构。

创新廉洁教育和廉政文化建设,分层分类抓好廉洁教育,2019 年已累计覆盖全校干部师生、附属医院医护人员共计 2 万余人次。举办第三届"清心正道"书画展,持续培育和凝练"一院一品"廉洁文化建设品牌,积极组织开展第七届全国高校廉洁教育活动。

2019 年,共办理来信来访来电、网络信访举报和上级转办问题线索 73 件,对违纪违规问题立案查处 15 件,综合运用"四种形态"处理 51 人次,其中,运用第一种形态批评教育、提醒谈话 36 人次;第二种形态纪律轻处分、组织调整 9 人次;第三种形态纪律重处分、重大职务调整 6 人次;第四种形态严重违纪涉嫌违法立案审查 0 人次。注重"一案双查",分 2 批对 20 起校内违纪违规问题进行通报。为 2 名经过核查确属被诬告的教职工在一定范围内进行公开澄清。

截至 2019 年年底,全校 54 家院级党委设立纪委,1 家党工委设立纪工委,全校专兼职纪检监察干部共计 256 人。

(许慧珍撰稿 叶晓萍审稿)

建立健全校院两级师德师风建设工作机制,制定《浙江大学纪委办(监察处)与党委教师工作部、人事处联动机制实施办法(试行)》,强化院级党组织在师德建设中的主体责任,建立院系师德建设工作联络员队伍,实施师德导师制,为 171 位青年教师配备 145 位师德导师。浙江大学入选教育部首批师德师风建设基地,制定实施《浙江大学教师职业行为准则实施办法(试行)》,通过制作宣传页、选编浙江大学教书育人典型案例、高校教师违反职业行为准则负面案例等,在全校范围内以多种形式深入宣讲《新时代高校教师职业行为十项准则》。强化师德师风教育培训和示范引领,着重抓好"关键节点"(新入职、新晋升)、"重点人群"(海外归国教师、优秀青年教师等)培训,加大"追寻文军长征足迹"等培训力度,培训教师约 1400 人次。组织了全国教育系统先进集体、全国模范教师、全国教育系统先进工作者、全国教书育人楷模、浙江省杰出教师、浙江省有突出贡献中青年专家、宝钢优秀教师等的评选推荐工作,全年推选教师约 260 人次。强化师德监督,全年累计在人才推荐、评奖评优、职称晋升、职员职级晋升等环节完成 39 批 2555 人次师德核查;接到反映师德师风问题共 46 起,正式受理 35 起,其中受通报批评、诫勉谈话和暂停评奖评优资格等处理 6 人次。教职工因违反学校规章制度和学术道德行为规范受政纪处分的共 5 人,其中记过处分 1 人,警告处分 4 人。

(蔡　娥撰稿　陈海荣审稿)

机关作风建设继续以服务院系为中心,以服务基层为纽带,以服务师生为根本,提升管理效能和服务水平,更好地为院系、基层、师生服务,助力学校治理体系和治理能力现代化。明确师生需求,开展面向校部机关和全校院系的作风建设大调研活动,分 10 组,调研座谈访问 512 人,汇总意见 140 多条,在此基础上开展以下工作:

针对机关干部宗旨意识、责任意识方面,出台《关于开展"服务院系服务基层服务师生"活动的工作方案》,提升机关服务意识和工作效能。在行政服务办事大厅设立机关部门党员政策咨询岗,安排党员领导干部为师生提供本部门业务咨询、政策解答及意见建议收集等服务。开展校院机关党支部共建活动,每个机关部处对接一个学院(系),促进校部机关更好地服务院系服务师生,共计组成 32 个机关支部、院系支部、学生支部的组合。围绕机关作风"十问"进行检视问题,切实加强整改针对性,牢固树立机关干部宗旨意识,切实提升服务院系、基层、师生的意识和水平。

针对机关各部门间协同方面,深化"最多跑一次"改革,推动进一步简化工作流程,加强集成和互联互通,加强多部门联合办事

的规范性、协同性,形成《浙江大学"最多找一人"工作方案》。推进校园网上百事通建设,开发网上联动的搜索功能。完善机关部门年终考核制度。

针对机关干部能力和信息化管理服务水平方面,制定了《机关干部成长支持计划》,共同搭建机关干部成长平台,进一步为机关干部成长成才提供多角度、全方位的支持,目前已开展提升机关干部工作技能的培训 2 期。

(陈　卫撰稿　刘艳辉审稿)

【《廉洁与腐败的 Tango》获国际反腐败公益广告大赛二等奖】　计算机科学与技术学院沈吕可晟、陆子仪、邢书婷、蔡愚 4 位同学的作品《廉洁与腐败的 Tango》作为我国视频类唯一推荐作品进入 2019 年国际反腐败公益广告大赛决赛,并获大赛短视频类二等奖。在 12 月 9 日"国际反腐败日",4 位同学参加了在俄罗斯莫斯科举办的颁奖典礼。中国政府网、新华网、《中国纪检监察报》等媒体都进行了报道。

(许慧珍撰稿　叶晓萍审稿)

【高校巡视巡察理论研讨会在浙江大学举行】　10 月 26 日,由中国高等教育学会廉政建设分会与浙江大学共同主办的高校巡视巡察理论研讨会在紫金港校区举办。浙大党委书记任少波致辞并作主旨报告。浙大党委副书记、纪委书记叶民参加会议并主持专家讲座。浙大求是特聘教授陈国权作专题报告。与会专家研讨问题、探究规律、分享经验,为切实提高巡视巡察工作的科学化规范化水平,推动全面从严治党向纵深发展贡献智慧和力量。

(许慧珍撰稿　叶晓萍审稿)

统战工作

【概况】 2019 年，浙江大学共有民主党派成员 2384 人，无党派人士 152 人。党外人士中，有两院院士 8 人，"长江学者"33 人；担任全国人大常委 1 人，全国政协委员 6 人；担任浙江省人大代表 3 人（其中副主任 1 人，常委 2 人）；担任浙江省政协委员 33 人（其中副主席 1 人、常委 12 人）。民主党派中，在职人员中具有高级职称的成员占比 80%，具有博士学位的成员占比 45%；担任民主党派中央委员 12 人（其中常委 3 人）；担任民主党派省委会委员 69 人（其中主委 3 人、副主委 10 人、常委 15 人）。

浙江大学统战工作秉承"不忘初心、维护核心、固守圆心、凝聚人心、服务中心"的"五心"宗旨，印发《浙江大学统一战线"同心颂祖国 建功新时代"系列活动实施方案》（浙大统〔2019〕2 号）、《关于在民主党派统战团体中开展"不忘合作初心、继续携手前进"主题学习调研活动的通知》（浙大统〔2019〕3 号），党内带动党外共同学习、共同调研、共同提高，举行理论读书会、主题座谈会、主题教育活动等专题学习活动 30 余场，参与人员达 1000 余人次。

高度重视党外知识分子队伍建设，进一步规范组织发展程序和做法，推进党派基层组织规范化建设。做好有关人选摸排、推荐等工作，共完成农工党浙江大学委员会、九三学社浙江大学委员会和 22 个基层组织换届工作。共举荐 34 名党外代表人士担任中华海外联谊会、浙江省欧美同学会、浙江省留联会、浙江省少数民族知识分子联谊会等

组织重要职务。

在浙江省政协第十二届三次会议期间，浙江大学政协委员们共提交提案 31 件，4 位政协委员先后作大会发言，3 项提案获省政协十二届二次会议以来优秀提案，2 位政协委员获 2018—2019 年度省政协履职成绩突出委员。利用浙江省高校首家"党外知识分子政协委员会客厅"，积极打造学习交流的新载体、联系群众的新纽带、协商民主的新路径、团结联谊的新平台，推动政协委员高质量履职尽责。

浙江大学各民主党派、统战团体共开展各类义诊活动 20 余场，涵盖省内多个市县，接诊人数 2000 余人；以结对共建、专家进乡村入学堂等形式，积极开展开明讲堂、扶贫助学、关爱儿童等系列活动，推动地方教育高质量发展；积极推动校地产学研一体化发展，助推地方经济、社会发展，共组织该类活动 10 余次，涵盖地方企业家、行业带头人 100 余人；积极参与脱贫攻坚，相关经验做法被《中国统一战线》杂志刊载。

重视马克思主义宗教观教育引导，加强课堂主阵地建设，开设"中国特色社会主义宗教理论与实践"选课。加强对院（系）级党委民族宗教工作指导，召开始业教育马克思主义宗教观集体备课会，教育宣传涵盖新教职工、新生并覆盖"四个课堂"。持续做好"石榴籽"工程，加强"民族团结一家亲"教育。

【开展统一战线"不忘合作初心、继续携手前进"主题教育】 该教育活动于 9 月起开展。为响应中央统战部在各民主党派、无党派人士中开展"不忘合作初心，继续携手前进"主题教育的要求，结合学校"不忘初心、牢记使命"主题教育相关要求，于 9 月 30 日印发《关于在民主党派统战团体中开展"不忘合

作初心、继续携手前进"主题学习调研活动的通知》,支持与协助各民主党派、统战团体结合自身实际,开展形式多样的主题教育活动,有效推动全校统一战线广大成员进一步深化对习近平新时代中国特色社会主义思想的理解,强化了共同致力于实现中华民族伟大复兴中国梦的使命担当。

【统一战线"同心颂祖国 建功新时代"系列活动】 为庆祝新中国成立70周年、人民政协成立70周年、中国共产党领导的多党合作和政治协商制度确立70周年,党委统战部印发《浙江大学统一战线"同心颂祖国 建功新时代"系列活动实施方案》,开展了浙江省高校党外知识分子宣讲团启动仪式、民主党派"风雨七十年、肝胆长相照"主题活动、党外知识分子理论读书会、浙江大学党外知识分子政协委员会客厅活动、统一战线庆祝新中国成立70周年座谈会、统一战线庆祝

新中国成立70周年成果图片展、"同心杯"羽毛球联谊赛等系列活动,推进各民主党派、统战团体自身建设,加强思想引领,广泛凝聚共识。

【浙江大学统一战线扶贫攻坚的经验被《中国统一战线》杂志刊登】 中共中央统战部主管的《中国统一战线》杂志,于2019年第5期以《高校统一战线参与脱贫攻坚的路径探索》为题,介绍浙江大学深入学习贯彻习近平总书记关于脱贫攻坚的重要战略思想,立足"三个坚持",做到"三个凝聚",引导广大统一战线成员把个人价值实现融入国家和民族发展之中,统筹协调全校统一战线成员积极开展脱贫攻坚工作,围绕"智力帮扶、人才帮扶、产业帮扶、项目帮扶",着力攻克"难中之难、坚中之坚"的经验做法,获得全国统一战线广泛好评。

【附录】

附录1 2019年浙江大学民主党派组织情况

党派名称	委员会/个	总支/个	支部/个	成员数/人
民 革	1		10	212
民 盟	1	5	20	583
民 建	1		4	68
民 进	1		15	455
农工党	1		9	354
致公党	1		5	126
九三学社	1		17	578
台 盟			1	8
合 计	7	5	81	2384

名称	姓名	职称	职务	所在单位
民革	段会龙	教授	主委	生物医学工程与仪器科学学院
民盟	唐睿康	教授	主委	化学系
民建	华中生	教授	主委	管理学院
民进	喻景权	教授	主委	农业与生物技术学院
农工党	徐志康（第四届）（2014.9—2019.12）	教授	主委	高分子科学与工程学系
	欧阳宏伟（第五届）（2019.12—　　）	教授	主委	国际联合学院（海宁国际校区）、医学院
致公党	裘云庆	主任医师	主委	医学院附属第一医院
九三学社	谭建荣（第七届）（2014.7—2019.7）	中国工程院院士	主委	机械工程学院
	方向明（第八届）（2019.7—　　）	教授	主委	医学院
台盟	陈艳虹	副主任医师	主委	医学院附属第一医院
侨联、留联会	唐睿康	教授	主席、会长	化学系
知联会	杨华勇	中国工程院院士	会长	机械工程学院

（黄昊辰编纂　楼成礼审稿）

安全稳定

【概况】 2019 年,安全保卫工作明确安全责任、深化专项整治、夯实安全教育、提升服务措施,有效维护校园正常秩序,确保新中国成立 70 周年大庆期间校园安全稳定和第五届"互联网＋"大学生创新创业大赛等大型活动顺利举行。

构建安全责任体系。与 106 家二级单位签订责任书,落实安全责任;维护政治稳定,配合公安、安全部门开展专项工作 110 余次;加强队伍建设,开展学习、培训和演练 193 次;强化接警求助,接到报警求助 4500 余次,做到每案必有反馈,发生案件 225 起,同比下降 20.5％,抓获嫌疑人 65 人;细化隐患排查,开展安全检查 387 次,整改隐患 1243 处;维护基础设施,完成玉泉校区部分大楼室内外消防管网贯通和华家池校区室外消防管网改造,更换消防器材 4470 具,更新交通设施 2080 件,重划标线 3000 平方米。

营造校园安全文化。新生安全教育前移,本科新生参加迎新 APP 安全教育考试,通过率 100%;多种形式宣传消防知识,开展消防安全讲座、演练 151 次,参加人员 4 万余人次,VR 安全屋培训 3000 名学生,模拟逃生帐篷有 7000 余名师生体验;开展了"安全生产月""心连心公益防诈骗""防范火灾风险、建设美好家园"和国家安全等综合宣传教育活动。同时通过图片展示、知识竞赛、视频播放、张贴海报等多种形式进行宣传。

维护校园正常秩序。加强外来人员管理,查验外来人员身份 143 万余人次;推行外来车辆预约进校制度,全年进出校园车辆 1309 万车次,比去年同期减少 6.6%;加强违规机动车管理力度,机动车超速违章行为比去年同期减少 71.0%;开展非机动车专项整治活动,对校内电动自行车超速予以警示;营造文明校园,劝阻不文明行为 5300 余次,维持上访秩序 26 起;改进紫金港东、西区安保格局,确保西区师生入住安全。

提升管理服务效能。推进简化办事流程,服务师生的 16 项办事事项全部实现"最多跑一次";联系共享单车公司,在紫金港校区投放 1200 辆共享单车,缓解师生用车难、停车乱的问题;改进紫金港校区龙宇街出入口,移除藕舫路隔离绿化带,增加交通设施,方便师生出入;开通外来车辆停车费预支付功能,提高机动车出校门通行速度;更新安全保卫处对外办事指南,以"二维码"的形式提供办理程序,保证师生及时准确获得最新的信息。

提升技防信息化水平。完成在杭五校区视频监控联网,新增 279 台高清监控摄像机;推进智慧消防建设,建成消防给水系统远程监测管理平台,完成西溪校区消防智能化预警平台建设;推进信息系统建设,优化协同办公系统,完成 APP 开发。

【平安护航第五届"互联网+"大学生创新创业大赛】 落实护航任务,过检参赛人员 2.3 万人次;加强校外人员、车辆进校管理,比赛期间共核查入校人员身份信息 1.6 万人次,进出车辆 9 万车次;加强重点人员防控,配合公安等部门,对参赛人员进行身份核查和动态管理,做好校内重点群体和人员管控;加强重点场所防控,对比赛场馆、就餐场所进行管理和巡查,开展安全巡查 5 次,安全督查 22 次,聘请专业公司对比赛场馆和搭建设施进行安全评估。教育部对比赛的安保工作给予了"安全保障周密可靠"的高度评价。该大赛于 10 月 12 日至 15 日在浙江大学举行。

(吴红飞撰稿　徐国斌审稿)

教代会与工会

【概况】 2019 年,浙江大学教代会、工会紧紧围绕学校"双一流"建设目标,依法履职,凝心聚力,改革创新,努力践行新时代的新使命。深入开展"不忘初心、牢记使命"主题教育,以研讨会、专题学习会、专题培训班等多种形式广泛开展学习研究,组织召开了代表团团长、工会主席、劳动模范、青年教授等不同群体的多场座谈会,广泛征求意见建议。积极筹备召开第八届教代会、第二十二届工代会第二次会议,认真做好提案征集和办理工作,为学校改革发展建言献策;积极搭建教代会闭会期间民主参与平台,组织教代会代表走进之江实验室,实施教代会代表校情通报会制度。

强化服务和维权,切实增强教职员工幸福感、安全感、获得感。牵头学校"不忘初心、牢记使命"主题教育为师生服务的"十件实事"清单中的"加强与相关中小学合作,有效解决教师子女入学问题"和"更好地关爱教职工身心健康,营造关心关爱的校园氛围"2件实事;牵头协调各部门多渠道、多形式关爱教职工身心健康,通过实施医疗保障工程、强身健体工程、文化素质提升工程、心理健康工程等营造关心关爱的校园氛围。关爱女性群体特殊权益,2019年新增院级妈咪暖心小屋2家,妈咪暖心小屋校级示范点1家,全校范围内已建成20家妈咪暖心小屋。继续实施好"遵法守法 携手筑梦"法律服务行动。浙江大学爱心基金教职工专项基金补助共收到教职工捐款约59万元,向55位教职工补助76.17万元。2.3万名教职工参加了第六期浙江省省级产业工会职工大病医疗互助保障,近8000人次教职工参加公共交通意外险,4200人次教职工参加重疾险和意外险。慰问困难教职工190人次,发放补助46.2万元。修订出台《浙江大学教职工疗休养规定》(浙大工〔2019〕17号),共组织近3000人次参加疗休养;组织面向会员的生日蛋糕、中秋和年终慰问品遴选、发放工作;牵头人才房工作委员会工作,和职能部门一道做好西湖区块人才房和余杭区块商品房的申购销售工作;组织举办教育部部分直属高校第二十五次工会工作会议,进一步提高浙江大学工会在全国高校工会中的影响力。

能源工程学院高翔获"全国五一劳动奖章"和"浙江省劳动模范"称号;机械工程学院柯映林获"浙江省劳动模范"称号;医学院附属第二医院护理部获"全国三八红旗集体"称号;女教授联谊会和医学院附属妇产科医院生殖内分泌科分别获"浙江省三八红旗集体"荣誉;药学院杨波获"浙江省三八红旗手"称号;管理学院魏江获"浙江省第六届师德标兵"称号;人文学院鲍永军副教授等10位教师获"浙江省第六届师德先进个人"称号;公共管理学院李艳等17人获浙江省教育系统"事业家庭兼顾型"先进个人称号。浙江大学求是"家+(plus)"文化之"浙大欢迎您""浙大祝贺您""浙大感谢您"等系列文化品牌共同体获评第四届浙江省高校教职工文化品牌。

【召开第八届教职工代表大会暨第二十二届工会会员代表大会第二次会议】 该会议于4月19日在紫金港校区剧场召开,共有500余名"双代会"代表参会。校党委书记任少波致开幕词,校长吴朝晖作《坚持师生为本 提升治理能力 为加快建成中国特色世界一流大学而奋斗》学校工作报告。会议听取和审议了一流本科教育建设工作汇报、学校财务工作报告和教代会、工会工作报告、教代会提案工作报告;审议了工会经费审查报告。会议进一步坚定了广大教职工对于建成加快中国特色世界一流大学的目标自信、路径自信和能力自信。

大会共收到教代会代表以提案形式提交的提案、意见、建议104件。经提案委认真审理,正式立案69件,其中综合类17件,占24.6%;队伍建设类8件,占11.6%;人才培养类17件,占24.6%;学科科研类4件,占5.8%;支撑保障类23件,占33.3%。11位校领导分别领办了16件教职工关注度高、影响面大的重点提案。截止到12月中旬,在各部门和代表的共同努力下,八届二次教代会提案全部办理完成,提案工作在提升国际学生的生源及质量、促进教职工身心健康、提升校园整体文化品位等方面取得了实效。69件提案里，代表对办理态度全部"满意"，对办理结果"满意"的58件，占84.1%；"基本满意"的11件，占15.9%，办理结果满意率有较大幅度提升。

【开展庆祝中华人民共和国成立70周年系列活动】 2019年5月至10月，组织开展为期6个月的庆祝中华人民共和国成立70周年系列活动。组织举办"我和我的祖国"庆祝中华人民共和国成立70周年浙江大学师生合唱比赛，54家院级工会的近5000名师生参赛，唱响爱国旋律，激发爱国爱校热情，向伟大祖国告白；校院两级工会联动举办"与新中国同生日"集体生日会活动近30场，策划组织拍摄了《我和新中国同生日》主题宣传片，不同年龄段的师生代表深情讲述"我与祖国共成长"的动人故事，宣传片得到央视、人民网等新闻媒体广泛传播，获得了好评；策划组织"翰墨庆七秩 礼赞新时代"庆祝新中国成立70周年浙江大学教职工书画展暨C9高校教职工书画巡回展，130余幅书画作品在西溪美术馆参展，获得书画爱好者的好评。

【组织浙江大学首届教职工"一院一品"文化品牌评选】 为进一步加强高校校园文化建设，丰富和引领教职工精神文化生活，充分激发基层工会内生活力，竭诚服务教职员工，组织开展首届教职工"一院一品"文化品牌项目创建。22个院级工会申报了23个品牌项目，经过10月至11月一个多月时间的申报评选，人文学院工会选送的"'温情人文'教职工集体生日会"等8个项目被评为浙江大学首届教职工文化品牌，传媒与国际文化学院工会选送的"'传媒有约'教职工系列沙龙"等15个项目评为浙江大学首届教

职工文化品牌建设项目。

（许诺晗编撰　林　俐审稿）

学生思政

【概况】 2019年，浙江大学继续强化学生党建工作龙头地位，制定《关于加强学生党建工作的意见》，进一步深化"全国党建工作示范高校"创建工作。优化分层分类分阶段的党员教育培训体系，培训预备党员5600余人、本科生党建骨干126人、研究生党支部书记595人。组织优秀学生党员近700人次，赴嘉兴南湖、安吉余村、秦山核电站等地开展现场教学。举办第三届"筑梦新时代"本科生党员党务知识技能大赛，12名本科生党员获奖。

围绕新中国成立70周年、"不忘初心、牢记使命"主题教育等重要节点，在"浙大微学工""浙大研究生"等新媒体平台开设"主题教育进行时"等专栏，报道院系主题教育典型做法，展示学生党支部开展主题教育的实效与成果，营造主题教育良好氛围；并发布优秀辅导员、竺可桢奖学金获得者等榜样人物和"文宣讲校史"等专栏报道60余篇；制作微党课等各类视频20余个；进一步加强"浙大微学工""浙大研究生"建设，总用户突破59万，基本实现在校生全覆盖。

完善"形势与政策"教育，创新视频连线、实地体验、走进展览馆、相关领域专业工作者进课堂等教学形式。组织开展"速写林俊德"话剧演出、马兰将军报告会、烈士纪念日公祭活动等，在2019级学生军训中进行136场理想信念宣讲。持续开展素质教育，深化11个大学生综合素质训练中心和10

个研究生思政教育特色平台建设,共立项709项大学生SQTP(大学生素质训练计划)项目和19个研究生思政教育特色项目。在杭州某空军基地挂牌设立国防教育基地,全校共32名本科毕业生参军入伍,浙大再次获"浙江省征兵工作突出贡献单位"荣誉称号。

创新"心理助人能力培训"中级课程全年滚动开班模式,开设"焦虑障碍及其他神经症识别与干预"和"抑郁障碍及其他情感障碍识别与干预"专题培训。举办"全国高校心理督导师实务技能督导培训",为来自全国40余家高校的心理咨询骨干进行培训。

对学生多维度的优秀表现予以肯定和鼓励,评选出2018—2019学年国家奖学金、浙江省优秀毕业生,以及浙江大学竺可桢奖学金、优秀毕业生、优秀学生、优秀学生干部、先进班级及文明寝室等荣誉称号;本科学生的评优率从14.70%提升至48.62%,并在后50%的学生中评选学习进步标兵系列荣誉称号,评选率占7.80%。全年共处理本科学生违纪47起,按规定解除处分45起;处理研究生违纪事件8起。

修订完善《浙江大学本科生资助管理办法》及5个实施细则,以及《浙江大学本科生勤工助学管理办法》,组织开展勤工助学劳动育人创新项目和经济困难学生境外研修项目,实施精准资助,助力学生更好发展。全年共发放国家奖学金、国家助学金、国家励志奖学金、基层就业代偿、应征入伍代偿等5项国家资助项目共计1810.27万元,临时困难补助、爱心基金等学校特色资助项目共计642.35万元,外设助学金共计667.91万元,以及校内勤工助学金共计1197.1458万元。

依托现有的研究生教育管理信息系统,与计财处数据实现对接,开发导师岗助发放查询功能,打通各类科研经费反哺研究生教育的渠道,切实保障研究生权益。完善研究生教育管理信息系统中经济困难生认定模块,提高对困难学生资助的精准性和实效性。全年共发放研究生岗位助学金学校部分31860.64万元(另外分发导师部分和助研津贴共31390.00万元)、学业奖学金18720.1万元、优秀博士生岗位助学金1061万元、研究生教育扶植基金474.67万元、困难补助264.08万元,以及外设助学金136.9万元。

2019年,修订了《浙江大学专职辅导员专项津贴发放办法》,举办辅导员论坛、辅导员沙龙、问学沙龙等各种辅导员培训工作,选派辅导员参加全国高校思想政治工作骨干示范培训班、浙江省名师辅导员成长引领计划,举办第七届研究生第81期"育人强师"学习培训班、研究生党支部书记素能大赛、辅导员素能大赛、优秀论文和优秀工作案例评选等多项活动,以提高思政队伍的综合素质。联动航天科工开展"国企领导干部上讲台、国企骨干担任校外辅导员"活动,举办专题报告会3场。评选出浙江大学优秀班主任、优秀辅导员、优秀德育导师及优秀"新生之友",以及研究生"五好"(尊师爱生好、教学相长好、同学互助好、文化传创好、团队发展好)导学团队并予以表彰。全校共有1人获首届全国最美高校辅导员,1人获全国高校辅导员年度人物提名,1人获首届全国高校思想政治理论课教学展示活动二等奖。

(詹美燕　卢　俏撰稿
金芳芳　张荣祥审稿)

【"一站式"学生社区综合管理模式建设试点】 该试点是2019年高校党建重点推进

的 10 项任务之一。浙江大学自入选教育部"一站式"学生社区综合管理模式建设首批试点高校以来，将试点工作与中心工作紧密结合，认真落实，系统推进，以低年级实体化建设为抓手，探索全面实现社区党建网格化管理，推动多学科交叉融合、高低年级学生融合、思政教育、通识教育与专业教育融合，着力形成学生社区党建工作的样板、管理服务的样板和思政工作队伍建设的样板，打造富有中国特色、体现思政要求、贴近学生实际的学习型、服务型、成长型的学生社区。

（詹美燕撰稿　金芳芳审稿）

【勤工助学劳动育人创新项目】 为更好地发挥勤工助学工作的育人功能，学工部在现有勤工助学岗位设置的基础上，增加强化"劳动育人"成效的岗位，围绕"创造条件让学生做事，在做事中教学生做人"的理念，设计有助于学生在实践中增长才干、有助于推进学校劳动育人工作的项目。2019 年 10 月，经用人单位申报、专家评审，确定了第一批 19 个勤工助学劳动育人创新项目，由 12 个院系、4 个机关部门（包括新增设勤工助学岗位的农业试验站）组织实施。19 个创新项目设立的勤工助学岗位包括学业辅导、课程助手、新媒体编辑、科研助理、专题调研等类别。

（詹美燕撰稿　金芳芳审稿）

【"三全育人"学生信息平台】 于 8 月正式上线。该平台为加强学生服务的针对性、时效性和规范性，针对不同角色类型定制个性化的服务与功能，包括但不限于学生、辅导员、班主任、学院领导、新生之友等，确保责权统一，全员参与。该平台已经实现家庭经济困难学生认定、助学贷款、勤工助学、学生评价、评奖评优等学生事务工作的标准化线上操作；实现与教务、团委、体艺、宿管等部门的信息互通，提供全方位的成长大数据，学生可在平台便捷查询自身的课表、二三课堂、体质健康测试、宿舍纪实等情况。

（詹美燕撰稿　金芳芳审稿）

【推进研究生朋辈理论宣讲机制】 加大力度支持研究生理论宣讲团，通过集体备课会、读书分享会、名师交流会、微党课大赛等形式，构建全方位的宣讲员培训体系，致力锤炼一支理想信念坚定、理论素质扎实、综合能力突出的学生宣讲队伍。2019 年，研究生理论宣讲团新增打造精品党课 26 门，培育学生骨干讲师 20 名，走进全校各个院系、百余个党支部、团支部、各类培训班及 2019 年新生军训连队开展党课宣讲 110 余场，累计覆盖一万余人次。宣讲团赴兄弟高校等校外单位开展宣讲 4 场，与清华大学博士生讲师团开展联合汇报公开课，与复旦大学博士生讲师团、武汉大学博士生讲师团研讨学习，增进交流互鉴。同时，启动实施研究生党员骨干"一人一课"朋辈宣讲计划，构建以朋辈宣讲和浸润教育为特色的研究生理论学习新模式。

（卢　俏撰稿　张荣祥审稿）

【制定出台《浙江大学跨单位合作培养研究生教育管理办法（试行）》】 服务学校开放式办学和开放式科研，制定出台《浙江大学跨单位合作培养研究生教育管理办法（试行）》，进一步规范校内培养单位与校外单位、校内跨单位之间的研究生培养合作，完善研究生工作体系。要求各单位明确责任主体和工作机制，将资格认定、备案登记、日常教育管理等工作落实落小落细，切实履行好主体责任单位的职责。启动跨单位合作培养研究生信息库建设工作，要求各院系进行全方位、全覆盖的细致梳理和摸排，建立底数清、数据准、情况明的工作台账，有针对性地跟进思政教育和日常管理。

（卢　俏撰稿　张荣祥审稿）

【强化研究生骨干系统培养】 依托第十五期研究生干部讲习所，以党性培养为龙头，以理论学习为中心，以实践历练为路径，通过理论与实践相结合、互助学习与教学相长相融合的方式，构建全方位的骨干培养体系。推出"弘毅计划"2.0版，拓展"经纬计划"内涵，组织研究生干部赴新疆、内蒙古、宁夏、甘肃等中西部地区和"一带一路"沿线省份开展主题调研和志愿服务，引导研究生深入基层治理一线，了解基层发展现状，毕业后到祖国最需要的地方和关键岗位上建功立业。经统计，讲习所2019届82名毕业生中已有22名选择基层选调岗位，1人入选中央选调岗位。

（卢　俏撰稿　张荣祥审稿）

团学工作

【概况】 至2019年年底，浙江大学共有基层团委56个(院系(学园)团委42个、青工系统团委14个)，团支部1984个(学生团支部1764个、青工团支部220个)，团员54031名(学生团员47545名、教职工团员6486名)，团干部386名(专职144名、兼职43名、挂职199名)。

聚焦组织力提升，探索制定基层团组织科学评价体系，制定《浙江大学共青团基础团务工作手册》。集中开展基层团组织建设月活动，举办党团知识竞赛、主题团日风采展示等活动3000余场。完善推优制度和工作流程，累计培训入党积极分子4911人、发展对象3233人。打造高素质专业化团干队

伍，探索团干培养方案，组织团干部赴遵义、延安培训，1名团干部获浙江青年五四奖章。完善青年马克思主义者(学生骨干)培养学院培养考核方案，强化学生骨干政治历练。验收通过校级"五四红旗团支部"94个、校级"青年文明号"11家，新培育校级"五四红旗团支部"争创单位100个。校团委获评"浙江省五四红旗团委"，1个团支部获"全省高校优秀百强团支部"称号，2家青工单位集体被评为国家级"青年文明号"。

把思政教育贯穿全过程，紧抓重要时间点，开展主题教育1000余场，选树优秀典型20余人，推出人物报道100余篇。加强对团属媒体的监督管理，签署工作责任书，落实新媒体审批备案、内容审查制度。启动校团委网站改版、共青团工作系统建设，以"最多跑一次"的标准做好服务青年的工作。打造"三大"思政金课：举办思政公开课·开学季活动，开创微访谈思政教育方式；举办我国首个以国家级人才计划入选者群体为主体的高端科普活动"青年科学家和他们的朋友们"6期；邀请团干部讲授"团团开讲"微团课4期，超过20000人次参与或线上收看系列课程。创新重大课题研究机制，协助团省委开展团中央"青年政治态度研究"重点课题研究。

指导校学生会、研究生会、博士生会召开学生委员会全体会议、研究生代表大会、博士生代表大会。6月22日，浙江大学第三十二届学生委员会第五次全体会议召开，选举产生第三十二届学生委员会第三任主席团，许堪鑫任执行主席，余郑霁、陈忆南(女)、曹郑、昝智飞、李津龙、张俊胡杰为主席团成员。10月21日，浙江大学第三十二次研究生代表大会召开，选举产生第三十二届研究生会主席团，陈相如任执行主席，许

鲍昕、李谷尧、李金城、高子钧（女）、章褚昀（女）为主席团成员。10月22日，浙江大学第十八次博士生代表大会召开，选举产生浙江大学第十八届博士生会主席团，胡楠任执行主席，王志得、李俊杰、杨晖、郁佳俐（女）为主席团成员。

【团中央书记处第一书记贺军科赴浙江大学调研】 3月29日，贺军科赴浙江大学调研，并参观浙江大学创新创业教育成果展。座谈会上，贺军科指出，高校共青团要聚焦培养德智体美劳全面发展的社会主义建设者和接班人这一根本任务，进一步健全和完善党领导下以共青团为主导的青年学生组织体系，更好形成工作合力，共同服务为党育人的工作目标。

【获评"团十八大以来共青团宣传思想文化工作先进单位"】 9月，共青团十八届三中全会对团十八大以来宣传思想文化工作先进单位进行了表彰，浙江大学团委获"团十八大以来共青团宣传思想文化工作先进单位"称号。团十八大召开以来，浙江大学团委把握新中国成立70周年、五四运动100周年等时间节点，从学深、悟透、做实三个维度层层推进，探索构建完善高校新时代宣传思想文化工作体系。

【推出基层团组织科学评价体系】 2019年，校团委对原有基层团组织评价体系的评价模块、流程等进行创新，通过量化考核、现场答辩等考评环节，最终确定了23家基层团组织为2019年度浙江大学"基层团组织建设先进单位"。科学评价体系采取定性与定量、评委打分与同行互评相结合的基层团组织考评方式，通过考核制度的更新为学校各基层团组织明确工作方向。

（叶盛珺撰稿　薄　拯审稿）

人才培养

本科生教育

【概况】 浙江大学设有本科生专业 130 个（不含中外合作办学机构设置的专业），涵盖哲学、经济学、法学、教育学、文学、历史学、理学、工学、农学、医学、管理学、艺术学等 12 大学科门类。其中，哲学类专业 1 个、经济学类专业 4 个、法学类专业 4 个、教育学类专业 4 个、文学类专业 15 个、历史学类专业 2 个、理学类专业 17 个、工学类专业 45 个、农学类专业 9 个、医学类专业 7 个、管理学类专业 16 个、艺术学类专业 6 个；建有 8 个国家基础科学研究和教学人才培养基地、4 个国家工科基础课程教学基地、4 个国家战略产业人才培养基地、14 个国家级实验教学（含虚拟仿真）示范中心和 23 个全国大学生校外实践教育基地，开设 16 门国家级精品视频公开课、50 门国家级精品资源共享课、13 门国家精品在线开放课程。

2019 年，浙江大学本科生实际招收

6337 人。截至 2019 年 12 月 31 日，2019 届毕业生 5538 人，授予学位 5537 人，获辅修证书 111 人，获第二专业证书 7 人，获辅修学士学位 191 人，结业生换发毕业证书 201 人。截至 2019 年 12 月 31 日，2019 届参加就业本科毕业生（含结业生）为 5606 人，其中就业人数为 5412 人（含国内升学 2232 人）；国外升学 1219 人；签订协议书就业 1553 人；灵活就业 168 人；其他 240 人），另有 194 人待就业，初次就业率达到 96.54%。

围绕国家战略和学校"双一流"建设目标，完成本科专业调整和优化专项改革工作。2019 年，获批人工智能、机器人工程 2 个新专业，并向教育部申报增设传播学、中国书画、艺术与科技、公共管理、动物医学和土木、水利与交通工程等 6 个新专业。全校共有 36 个本科专业入选首批国家级一流本科专业建设点，位居全国高校第一。

完成新一轮本科专业培养方案深度优化工作，新增"跨专业学习模块""国际化学习模块"，单独提出"专业基础课程"，与"通识课程"和"专业课程"构成"通专跨"三大类课程类型;在原有"通专跨融合""四课堂融通"的培养模式基础上,构建形成"通、专、跨、国际化""四课堂融通"的新型课程体系。

推进通识课程建设与改革,首次发布《浙江大学通识教育白皮书》,基本完成通识选修课程第一轮提质工作,共建成通识核心课程66门,推动通识必修课程改革,加强思政课程理论与实践融合,实现本科阶段体育课程全覆盖。继续加大优质课程引进力度,引进"创业启程"等优质MOOC课程,推出"创新管理"等特色课程,启动"科学精神"等跨校在线课程建设。加强系列"金课"建设,启动并首批立项31个校级"课程思政"建设项目,"中国大学MOOC"上线课程总数172门跃居全国第一。校级线上线下混合式教学模式改革项目共立项27个认定项目、79个培育项目,28门课程入选浙江省首批"互联网＋教学"优秀案例(线上线下混合式课程)。第一批校级虚拟仿真实验教学培育项目共立项27项,遴选9个项目申报2019年国家虚拟仿真实验教学项目。开展校内教材调研工作,推进高质量教材培育工作,共立项89个校级教材项目(含45本新形态教材)。

2018—2019学年本科生海外交流人次数5667,交流率达到87.7％,交流率提高13.4％。"一带一路"沿线国家及"金砖国家"的交流项目人次数1295,前往世界排名前10和前11～50高校交流比例分别达到12.8％和43.7％。

2019年,获大学生学科竞赛国际冠军1项、一等奖(金牌)29项,全国冠军2项、特等奖3项、一等奖31项,在2014—2018年中国高校创新人才培养暨学科竞赛评估中位居全国高校第一。

【承办第五届中国"互联网＋"大学生创新创业大赛】 第五届中国"互联网＋"大学生创新创业大赛总决赛于2019年10月12日至16日在浙江大学举行。大赛系列活动筹备历时近一年,共有124个国家和地区、457万名大学生、109万个团队报名参赛,共计15367人参与决赛现场活动。经过激烈角逐,来自清华大学的"交叉双旋翼复合推力尾桨无人直升机"项目获得冠军,来自浙江大学的"回车科技——未来全脑智能行业定义者"项目获得亚军,来自浙江大学的"智网云联——无限共算全球算力交易平台"项目和来自印度尼西亚泗水理工学院/浙江工业大学的"iHe@r"项目获得季军。大赛实现了"更全面、更国际、更中国、更教育、更创新"的办赛目标,得到了国务院总理李克强、副总理孙春兰的高度关注和充分肯定,教育部评价本次大赛:"百国千校、万人同台、盛况空前、令人难忘。"

附录 1 浙江大学 2019 年本科专业

学部	学院（系）	序号	专业代码	专业名称	授予学位
人文学部	人文学院	1	010101	哲学	哲学
		2	050101	汉语言文学	文学
		3	050105	古典文献学	文学
		4	050305	编辑出版学	文学
		5	060101	历史学	历史学
		6	060104	文物与博物馆学	历史学
		7	130401	美术学	艺术学
		8	130405T	书法学	艺术学
		9	130406T	中国画	艺术学
		10	130502	视觉传达设计	艺术学
		11	130503	环境设计	艺术学
	外国语言文化与国际交流学院	12	050201	英语	文学
		13	050202	俄语	文学
		14	050203	德语	文学
		15	050204	法语	文学
		16	050205	西班牙语	文学
		17	050207	日语	文学
		18	050261	翻译	文学
	传媒与国际文化学院	19	050103	汉语国际教育	文学
		20	050301	新闻学	文学
		21	050302	广播电视学	文学
		22	050303	广告学	文学
社会科学学部	经济学院	23	020101	经济学	经济学
		24	020201K	财政学	经济学
		25	020301K	金融学	经济学
		26	020401	国际经济与贸易	经济学

学部	学院(系)	序号	专业代码	专业名称	授予学位
社会科学学部	光华法学院	27	030101K	法学	法学
	教育学院	28	040101	教育学	教育学
		29	040201	体育教育	教育学
		30	040202K	运动训练	教育学
		31	040204K	武术与民族传统体育	教育学
		32	120212T	体育经济与管理	管理学
		33	120401	公共事业管理	管理学
	管理学院	34	120102	信息管理与信息系统	管理学
		35	120201K	工商管理	管理学
		36	120202	市场营销	管理学
		37	120203K	会计学	管理学
		38	120204	财务管理	管理学
		39	120206	人力资源管理	管理学
		40	120601	物流管理	管理学
		41	120901K	旅游管理	管理学
	公共管理学院	42	030201	政治学与行政学	法学
		43	030202	国际政治	法学
		44	030301	社会学	法学
		45	120301	农林经济管理	管理学
		46	120402	行政管理	管理学
		47	120403	劳动与社会保障	管理学
		48	120404	土地资源管理	管理学
		49	120503	信息资源管理	管理学
理学部	数学科学学院	50	070101	数学与应用数学	理学
		51	070102	信息与计算科学	理学
		52	071201	统计学	理学
	物理学系	53	070201	物理学	理学

浙江大学年鉴

学部	学院（系）	序号	专业代码	专业名称	授予学位
理学部	化学系	54	070301	化学	理学
	地球科学学院	55	070503	人文地理与城乡规划	理学
		56	070504	地理信息科学	理学
		57	070601	大气科学	理学
		58	070901	地质学	理学
		59	070903T	地球信息科学与技术	理学
	心理与行为科学系	60	071101	心理学	理学
		61	071102	应用心理学	理学
工学部	机械工程学院	62	080201	机械工程	工学
		63	080204	机械电子工程	工学
		64	120701	工业工程	工学
	材料科学与工程学院	65	080401	材料科学与工程	工学
	能源工程学院	66	080202	机械设计制造及其自动化	工学
		67	080206	过程装备与控制工程	工学
		68	080207	车辆工程	工学
		69	080502T	能源与环境系统工程	工学
		70	080503T	新能源科学与工程	工学
	电气工程学院	71	080601	电气工程及其自动化	工学
		72	080701	电子信息工程	工学
		73	080801	自动化	工学
	建筑工程学院	74	081001	土木工程	工学
		75	081101	水利水电工程	工学
		76	081802	交通工程	工学
		77	082801	建筑学	建筑学
		78	082802	城乡规划	工学

续表

学部	学院（系）	序号	专业代码	专业名称	授予学位
工学部	化学工程与生物工程学院	79	081301	化学工程与工艺	工学
		80	081302	制药工程	工学
		81	081303T	资源循环科学与工程	工学
		82	083001	生物工程	工学
	海洋学院	83	070701	海洋科学	理学
		84	081902T	海洋工程与技术	工学
		85	081103	港口航道与海岸工程	工学
		86	081901	船舶与海洋工程	工学
	航空航天学院	87	080102	工程力学	工学
		88	082002	飞行器设计与工程	工学
	高分子科学与工程学系	89	080407	高分子材料与工程	工学
信息学部	光电科学与工程学院	90	080705	光电信息科学与工程	工学
	信息与电子工程学院	91	080702	电子科学与技术	工学
		92	080704	微电子科学与工程	工学
		93	080706	信息工程	工学
	控制科学与工程学院	73	080801	自动化	工学
		94	080803T	机器人工程	工学
	计算机科学与技术学院	95	080205	工业设计	工学
		96	080717T	人工智能	工学
		97	080901	计算机科学与技术	工学
		98	080904K	信息安全	工学
		99	080906	数字媒体技术	工学
		100	130504	产品设计	艺术学
	软件学院	101	080902	软件工程	工学
	生物医学工程与仪器科学学院	102	080301	测控技术与仪器	工学
		103	082601	生物医学工程	工学

浙江大学年鉴

学部	学院(系)	序号	专业代码	专业名称	授予学位
农业生命环境学部	生命科学学院	104	071001	生物科学	理学
		105	071002	生物技术	理学
		106	071003	生物信息学	理学
		107	071004	生态学	理学
	生物系统工程与食品科学学院	108	082301	农业工程	工学
		109	082701	食品科学与工程	工学
	环境与资源学院	110	082502	环境工程	工学
		111	082503	环境科学	理学
		112	082506T	资源环境科学	理学
		113	090201	农业资源与环境	农学
	农业与生物技术学院	114	090101	农学	农学
		115	090102	园艺	农学
		116	090103	植物保护	农学
		117	090107T	茶学	农学
		118	090109T	应用生物科学	农学
		119	090502	园林	农学
	动物科学学院	120	090301	动物科学	农学
		121	090401	动物医学	农学
医药学部	医学院	122	100101K	基础医学	医学
		123	100102TK	生物医学	理学
		124	100201K	临床医学	医学
		125	100301K	口腔医学	医学
		126	100401K	预防医学	医学
	药学院	127	100701	药学	理学
		128	100702	药物制剂	理学
	国际教育学院	129	050102	汉语言	文学
	国际联合学院（海宁国际校区）	130	080909T	电子与计算机工程	工学

注：T 为特设专业；K 为国家控制布点专业。

附录2　浙江大学国家级一流本科专业建设点情况

序号	专业名称	专业代码	专业类
1	国际经济与贸易	020401	经济与贸易类
2	法学	030101K	法学类
3	汉语言文学	050101	中国语言文学类
4	英语	050201	外国语言文学类
5	新闻学	050301	新闻传播学类
6	数学与应用数学	070101	数学类
7	物理学	070201	物理学类
8	化学	070301	化学类
9	生物科学	071001	生物科学类
10	心理学	071101	心理学类
11	工程力学	080102	力学类
12	机械工程	080201	机械类
13	材料科学与工程	080401	材料类
14	能源与环境系统工程	080502T	能源动力类
15	电气工程及其自动化	080601	电气类
16	电子科学与技术	080702	电子信息类
17	光电信息科学与工程	080705	电子信息类
18	自动化	080801	自动化类
19	计算机科学与技术	080901	计算机类
20	软件工程	080902	计算机类
21	土木工程	081001	土木类
22	化学工程与工艺	081301	化工与制药类
23	海洋工程与技术	081902T	海洋工程类
24	农业工程	082301	农业工程类
25	环境科学	082503	环境科学与工程类
26	生物医学工程	082601	生物医学工程类
27	建筑学	082801	建筑类
28	农学	090101	植物生产类
29	植物保护	090103	植物生产类

人才培养

浙江大学年鉴

序号	专业名称	专业代码	专业类
30	农业资源与环境	090201	自然保护与环境生态类
31	动物科学	090301	动物生产类
32	生物医学(中外合作办学)	100102TKH	基础医学类
33	临床医学	100201K	临床医学类
34	药学	100701	药学类
35	工商管理	120201K	工商管理类
36	农林经济管理	120301	农业经济管理类

附录3　浙江大学国家教学基地

基地类别	基地名称	所在学院/系
国家基础科学研究和教学人才培养基地	中国语言文学	人文学院
	历史学	人文学院
	数学	数学科学学院
	化学	化学系
	心理学	心理与行为科学系
	生物学	生命科学学院
	物理学	物理学系
	基础医学	医学院
国家工科基础课程教学基地	化学	化学系
	力学	航空航大学院 建筑工程学院
	工程图学	机械工程学院
	物理	物理学系
国家战略产业人才培养基地	生命科学与技术	生命科学学院
	软件学院	软件学院
	大规模集成电路	电气工程学院 信息与电子工程学院
	动画	计算机科学与技术学院 人文学院 传媒与国际文化学院

附录 4　浙江大学国家实验教学(含虚拟仿真)示范中心

序号	中心名称	所在学院/系
1	化学国家级实验教学示范中心	化学系
2	力学国家级实验教学示范中心	航空航天学院、建筑工程学院
3	生物国家级实验教学示范中心	生命科学学院
4	电工电子国家级实验教学示范中心	电气工程学院
5	机械工程国家级实验教学示范中心	机械工程学院
6	工程训练国家级实验教学示范中心	机械工程学院、 信息与电子工程学院
7	农业生物学国家级实验教学示范中心	农业与生物技术学院
8	能源与动力国家级实验教学示范中心	能源工程学院
9	机电类专业国家级实验教学示范中心	电气工程学院、机械工程学院
10	计算机技术与工程国家级实验教学示范中心	计算机科学与技术学院
11	环境与资源国家级实验教学示范中心	环境与资源学院
12	化工类国家级虚拟仿真实验中心	化学工程与生物工程学院 化学系
13	医学国家级虚拟仿真实验教学中心	医学院
14	土建类国家级虚拟仿真实验教学中心	建筑工程学院

附录 5　浙江大学全国大学生校外实践教育基地

序号	基地名称	所在学院/系
1	浙江大学—浙广集团新闻传播学类文科实践教育基地	传媒与国际文化学院
2	杭州矽力杰半导体技术有限公司	电气工程学院
3	杭州中粮包装有限公司	电气工程学院
4	台达能源技术(上海)有限公司	电气工程学院
5	亚德诺半导体技术(上海)有限公司	电气工程学院
6	浙江省电力公司工程实践教育中心	电气工程学院

序号	基地名称	所在学院/系
7	浙江大学——杭州大观山种猪育种有限公司农科教合作人才培养基地	动物科学学院
8	浙江网新恒天软件有限公司	计算机科学与技术学院
9	广厦建设集团有限责任公司工程实践教育中心	建筑工程学院
10	浙江大学建筑设计研究院	建筑工程学院
11	中控科技集团有限公司工程实践教育中心	控制科学与工程学院
12	东方锅炉(集团)股份有限公司	能源工程学院
13	上海锅炉厂有限公司实践教育中心	能源工程学院
14	潍柴动力股份有限公司	能源工程学院
15	浙江盾安机电科技有限公司	能源工程学院
16	浙江银轮机械股份有限公司	能源工程学院
17	浙江大学农科教合作人才培养基地	农业与生物技术学院
18	浙江大学——金华市农业科学院金华水稻农科教合作人才培养基地	农业与生物技术学院
19	浙江大学——华东地区天目山—千岛湖—朱家尖生物学野外实践教育基地	生命科学学院
20	浙江大学——中国科学院上海药物研究所药学实践教育基地	药学院
21	浙江大学临床技能综合培训中心	医学院
22	浙江大学附属口腔医院口腔医学技能培训中心	医学院
23	浙江大学——浙江省第二医院临床技能综合实践基地	医学院

附录6 浙江大学国家级精品视频公开课

序号	所在学院/系	课程名称	主讲教师
1	人文学院	王阳明心学	董 平
2	农业与生物技术学院	茶文化与茶健康	王岳飞、龚淑英等
3	医学院	肝移植的过去、现在和未来	郑树森

续表

序号	所在学院/系	课程名称	主讲教师
4	生物系统工程与食品科学学院	食品安全与营养	李 铎、冯凤琴
5	公共管理学院	当代中国社会建设	郁建兴
6	材料科学与工程学院	新材料与社会进步	叶志镇、赵新兵
7	艺术与考古研究中心	西方视角的中国传统艺术	孟絜予
8	高分子科学与工程学系	绚丽多彩的高分子	郑 强
9	农业与生物技术学院	转基因技术:安全、应用与管理	叶恭银
10	人文学院	江南文人士大夫文化与西泠印社	陈振濂
11	人文学院	析词解句话古诗	王云路
12	数学科学学院	数学传奇	蔡天新
13	人文学院	孔子与儒学传统	何善蒙
14	传媒与国际文化学院	数字化生存	韦 路
15	人文学院	哲学与治疗:希腊哲学的实践智慧	章雪富
16	化学工程与生物工程学院	生物工程导论(专业导论类)	吴坚平等

附录7 浙江大学国家级精品资源共享课

序号	所在学系/系	课程名称	负责人
1	马克思主义学院	思想道德修养与法律基础	马建青
2	教育学院	教学理论与设计	盛群力
3	生命科学学院	植物生理学	蒋德安
4	机械工程学院	工程训练(金工)	傅建中
5	化学工程与生物工程学院	高分子化学	李伯耿
6	化学工程与生物工程学院	化工设计	吴嘉
7	能源工程学院	热工实验	俞自涛
8	能源工程学院	工程热力学	孙志坚
9	生物系统工程与食品科学学院	3S技术与精细农业	何 勇

序号	所在学系/系	课程名称	负责人
10	动物科学学院	动物营养学	刘建新
11	农业与生物技术学院	植物保护学	叶恭银
12	农业与生物技术学院	遗传学	石春海
13	医学院	外科学	郑树森
14	计算机科学与技术学院	C 程序设计基础及实验	何钦铭
15	计算机科学与技术学院	计算机游戏程序设计	耿卫东
16	电气工程学院	电力电子技术	潘再平
17	光电科学与工程学院	微机原理与接口技术	王晓萍
18	外国语言文化与国际交流学院	大学英语	何莲珍
19	人文学院	当代科技哲学	盛晓明
20	电气工程学院	电子技术基础	陈隆道
21	医学院	妇产科学	谢 幸
22	高分子科学与工程学系	高分子物理	徐君庭
23	机械工程学院	工程图学	陆国栋
24	机械工程学院	机械制图及 CAD 基础	费少梅
25	光华法学院	行政法学	章剑生
26	光华法学院	宪法学	余 军
27	农业与生物技术学院	环境生物学	陈学新
28	农业与生物技术学院	生物入侵与生物安全	叶恭银
29	环境与资源学院	环境微生物学	郑 平
30	环境与资源学院	环境化学	朱利中
31	计算机科学与技术学院	嵌入式系统	陈文智
32	计算机科学与技术学院	软件工程	陈 越
33	计算机科学与技术学院	操作系统	李善平
34	计算机科学与技术学院	用户体验与产品创新设计	罗仕鉴
35	生命科学学院	生命科学导论	吴 敏
36	生命科学学院	植物学	傅承新
37	生物系统工程与食品科学学院	生物生产机器人	应义斌
38	数学科学学院	数学建模	谈之奕

序号	所在学系/系	课程名称	负责人
39	经济学院	微观经济学	史晋川
40	物理学系	物理学与人类文明	盛正卯、叶高翔
41	电气工程学院	信号分析与处理	齐冬莲
42	药学院	药物分析	曾 苏
43	光电科学与工程学院	应用光学	岑兆丰
44	医学院	传染病学	李兰娟
45	医学院	生理科学实验	陆 源
46	公共管理学院	公共经济学	戴文标
47	电气工程学院	电力电子技术	潘再平
48	药学院	药物分析	姚彤炜
49	管理学院	网络营销	卓 骏
50	医学院	生理学	夏 强

附录8 浙江大学国家精品在线开放课程

序号	所在学系/系	课程名称	负责人
1	公共管理学院	博弈论基础	蒋文华
2	马克思主义学院	中国近现代史纲要	段治文
3	教育学院	课堂问答的智慧与艺术	刘 徽
4	教育学院	走向深度的合作学习	刘 徽
5	人文学院	唐诗经典	胡可先
6	传媒与国际文化学院	新媒体概论	韦 路
7	数学科学学院	概率论与数理统计	张帼奋
8	计算机科学与技术学院	程序设计入门——C语言	翁 恺
9	计算机科学与技术学院	零基础学Java语言	翁 恺
10	计算机科学与技术学院	数据结构	陈 越、何钦铭
11	管理学院	管理概论	邢以群
12	管理学院	创新管理	郑 刚
13	生物系统工程与食品科学学院	食品安全	郑晓冬、楼程富

附录 9　浙江大学 2019 年本科生招生情况

统计项目	内容	人数/人	比例/%	内容	人数/人	比例/%
性别	男	3807	60.08	女	2530	39.92
民族	汉族	5868	92.60	少数民族	469	7.40
政治面貌	党员	0	0	预备党员	0	0
	团员	5939	93.72	其他	398	6.28

附录 10　浙江大学 2019 年本科学生数分学科门类统计　（单位：人）

学科门类	毕业生数	在校生数	2019 级	2018 级	2017 级	2016 级	2015 级及以上
法　学	193	775	181	206	193	192	3
工　学	2718	12362	3006	3119	3016	2874	347
管理学	397	1466	371	371	331	344	49
教育学	72	427	122	103	103	96	3
经济学	252	956	197	258	261	240	0
理　学	599	3087	736	792	783	718	58
历史学	48	210	58	56	51	44	1
农　学	300	1556	369	366	422	375	24
文　学	437	1995	512	484	506	475	18
医　学	447	2840	614	607	582	580	457
艺术学	60	283	63	70	69	77	4
哲　学	15	84	21	24	19	20	0
总　计	5538	26041	6250	6456	6336	6035	964

注：不包含外国留学生。

附录 11　浙江大学 2019 年本科学生数分学院(系)统计　（单位：人）

学院(系)名称	毕业生数	在校生数	2019 级	2018 级	2017 级	2016 级	2015 级及以上
材料科学与工程学院	90	407	114	74	93	123	3
传媒与国际文化学院	136	607	146	143	162	148	8
地球科学学院	49	271	67	74	76	51	3

学院(系)名称	毕业生数	在校生数	2019 级	2018 级	2017 级	2016 级	2015 级及以上
电气工程学院	389	1349	274	333	405	312	25
动物科学学院	77	421	106	84	122	104	5
法学院	146	546	117	149	143	136	1
高分子科学与工程学系	87	331	81	72	75	97	6
公共管理学院	172	807	254	165	169	214	5
公共体育与艺术部		67		35	32		0
管理学院	184	583	135	152	145	146	5
光电科学与工程学院	90	474	96	122	115	116	25
海洋学院	184	807	193	190	193	203	28
航空航天学院	36	305	95	71	66	61	12
化学工程与生物工程学院	118	520	143	138	106	113	20
化学系	63	381	99	82	103	92	5
环境与资源学院	103	474	109	118	122	119	6
机械工程学院	220	782	177	219	176	208	2
计算机科学与技术学院	387	1624	255	388	457	471	53
建筑工程学院	249	1153	298	261	238	246	110
教育学院	136	514	121	121	117	112	43
经济学院	252	920	186	233	261	240	0
控制科学与工程学院	132	571	95	124	197	150	5
能源工程学院	242	911	241	222	215	222	11
农业与生物技术学院	178	882	190	209	246	220	17
人文学院	209	747	187	201	184	174	1
生命科学学院	97	395	74	84	114	119	4

浙江大学年鉴

学院(系)名称	毕业生数	在校生数	2019级	2018级	2017级	2016级	2015级及以上
生物系统工程与食品科学学院	114	448	100	115	110	114	9
生物医学工程与仪器科学学院	136	502	123	113	124	121	21
数学科学学院	192	810	129	167	265	248	1
外国语言文化与国际交流学院	191	812	212	190	201	199	10
物理学系	101	398	76	84	117	94	27
心理与行为科学系	56	275	57	69	74	70	5
信息与电子工程学院	275	1218	258	314	310	307	29
药学院	86	519	114	124	133	136	12
医学院	361	2086	412	415	387	426	446
艺术与考古学院		295	71	69	78	76	1
海宁国际校区	0	765	279	234	205	47	0
竺可桢学院		1064	566	498	0	0	0
总计	5538	26041	6250	6456	6336	6035	964

注：不包含外国留学生。

附录12　浙江大学2019年本科生参加国际大学生学科竞赛获奖情况（单位：项）

竞赛名称	国际一等奖	国际二等奖	国际三等奖
RoboCup机器人世界杯国际竞赛	1	1	
国际大学生程序设计竞赛（ICPC）亚洲区域赛	11		
国际基因工程机械大赛（iGEM）	1		
第十三届国际大学生机器人设计竞赛			1
美国ASCE中太平洋赛区土木工程竞赛	2	1	
德国红点设计红点奖		1	
2019年美国大学生数学建模竞赛	1	8	2
ASC2019世界大学生超级计算机竞赛	13	1	
合计	29	12	3

人才培养

浙江大学年鉴

附录 13　浙江大学本科生参加全国大学生学科竞赛获奖情况　　　（单位：项）

竞赛名称	国家特等奖	国家一等奖	国家二等奖	国家三等奖
"建行杯"第五届中国"互联网＋"大学生创新创业大赛		7	3	
"宝冶杯"第十三届全国大学生结构设计竞赛		1		
"东华科技—恒逸石化杯"第十三届全国大学生化工设计竞赛	1			
第十六届"挑战杯"全国大学生课外学术科技作品竞赛	1		2	3
中国大学生程序设计竞赛(CCPC)	1	1		
全国大学生数学建模竞赛		3	2	
"TI杯"第十四届全国大学生电子设计竞赛		2	1	
第六届全国大学生工程训练综合能力竞赛	1			
第十四届全国大学生"恩智浦"杯智能汽车竞赛		1		
第二十二届"外研社杯"全国大学生英语辩论赛			1	
中国农业机器人大赛		3		1
第十三届"三菱电机杯"全国大学生电气与自动化大赛		2		
国际刑事法院(ICC)模拟法庭中文赛			1	
第十二届全国周培源大学生力学竞赛		1		
第六届"创青春"中国青年创新创业大赛		1	1	
"首钢京唐杯"第十二届全国大学生节能减排社会实践与科技竞赛		3	3	4

竞赛名称	国家特等奖	国家一等奖	国家二等奖	国家三等奖
第七届全国大学生光电设计竞赛		3		
第十二届全国大学生信息安全竞赛		1	3	
第十一届全国大学生广告艺术大赛			1	
第十届中国大学生物理学术竞赛		1		
第三届全国大学生化工实验大赛	1			
全国大学生 GIS 技能大赛		1		
合　计	5	31	18	8

附录 14　2018—2019 学年本科生对外交流情况　　　　（单位：人）

序号	学院/系	派出人数	序号	学院/系	派出人数
1	材料科学与工程学院	112	19	教育学院	109
2	传媒与国际文化学院	146	20	经济学院	166
3	地球科学学院	35	21	控制科学与工程学院	204
4	电气工程学院	309	22	能源工程学院	234
5	动物科学学院	101	23	农业与生物技术学院	252
6	高分子科学与工程学系	71	24	人文学院	221
7	公共管理学院	154	25	生命科学学院	128
8	管理学院	134	26	生物系统工程与食品科学学院	74
9	光电科学与工程学院	84	27	生物医学工程与仪器科学学院	122
10	光华法学院	120	28	数学科学学院	211
11	海洋学院	158	29	外国语言文化与国际交流学院	204
12	航空航天学院	90	30	物理学系	99
13	化学工程与生物工程学院	129	31	心理与行为科学系	60
14	化学系	82	32	信息与电子工程学院	247
15	环境与资源学院	141	33	药学院	124
16	机械工程学院	281	34	医学院	359
17	计算机科学与技术学院	369	35	竺可桢学院	708*
18	建筑工程学院	226			

注：* 竺可桢学院的交流人次数包含主修专业确认到专业院系的人次数。

附录 15　浙江大学 2019 届参加就业本科毕业生按单位性质流向统计

单位性质	类别	比例/%
各类企业 （总计:88.06%）	国有企业	12.36
	三资企业	8.19
	其他企业	67.51
事业单位 （总计:7.10%）	科研设计单位	0.72
	医疗卫生单位	1.34
	中等、初等教育单位	1.13
	高等教育单位	2.52
	其他事业单位	1.39
政府、部队 （总计:4.84%）	部队	0.41
	党政机关	4.43

附录 16　浙江大学 2019 届本科毕业生就业流向按地区统计

单位地区	本科人数/人	比例/%	单位地区	本科人数/人	比例/%
浙江	1191	61.33	贵州	8	0.41
上海	163	8.39	山西	13	0.67
广东	163	8.39	辽宁	13	0.67
北京	68	3.50	吉林	12	0.62
江苏	44	2.27	西藏	23	1.18
四川	46	2.37	河北	9	0.46
山东	32	1.65	天津	4	0.21
湖北	9	0.46	新疆	12	0.62
福建	23	1.18	云南	10	0.51
安徽	10	0.51	黑龙江	4	0.21
湖南	11	0.57	宁夏	3	0.15
陕西	10	0.51	内蒙古	1	0.05
河南	15	0.77	海南	2	0.10
江西	9	0.46	甘肃	4	0.21

单位地区	本科人数/人	比例/%	单位地区	本科人数/人	比例/%
重庆	16	0.82	青海	9	0.46
广西	5	0.26			
总计	1942	100			

（马静宇撰稿　张光新审稿）

研究生教育

【概况】　浙江大学是目前国内学科门类最齐全的综合性大学之一,可在哲学、经济学、法学、教育学、文学、历史学、理学、工学、农学、医学、管理学和艺术学等 12 个学科门类授予学术性学位。截至 2019 年 12 月 31 日,浙江大学拥有博士学位授权一级学科 62 个,硕士学位授权一级学科 64 个,博士专业学位类别 10 种,硕士专业学位类别 35 种。全校拥有 14 个一级学科国家重点学科、21 个二级学科国家重点学科和 10 个国家重点(培育)学科,7 个农业部重点学科,50 个浙江省一流学科。截至 2019 年 12 月 31 日,各学科申请并获得研究生招生资格的教师共 4389 人,其中获博士生招生资格的教师有 2930 人;申请并获得专业学位硕士生招生资格的教师共 1739 人,其中获专业学位博士生招生资格的教师有 314 人;副教授获得博士生招生资格的有 589 人。

2019 年,浙江大学共计招收研究生 11047 人,其中全日制博士生 3202 人(含八年制医学本博连读生 63 人,留学生 206 人);非全日制博士生 120 人;全日制硕士生 5909 人(含七年制口腔医学本硕连读生 36

人,港澳台硕士生 13 人,留学生 312 人);非全日制硕士生 1816 人。2019 年招收多学科交叉培养博士研究生 103 人。截至 2019 年 12 月 31 日,在校研究生总数 33587 人,其中博士研究生 12074 人(其中非全日制博士研究生 191 人)、硕士研究生 21513 人(其中非全日制硕士研究生 4772 人)。2019 年博士研究生教育参加中期考核人数为 2453 人,其中不合格(含分流或退学)为 89 人;未参加考核 169 人。

2019 年,毕业研究生 6959 人,其中博士毕业生 1839 人、硕士毕业生 5120 人;结业研究生 225 人,其中博士研究生结业 129 人、硕士研究生结业 96 人。其中,授予博士学位 1928 人(含以同等学力申请博士学位 79 人),授予硕士学位 6408 人(含以同等学力申请硕士学位 508 人,在职攻读硕士专业学位 780 人)。

截至 2019 年 12 月 31 日,2019 届参加就业硕士毕业生为 4625 人,其中就业人数为 4576 人(含国内升学 350 人;海外升学 172 人;签订协议书就业 3728 人;灵活就业 172 人;其他应聘就业等 111 人),另有 49 人待就业,初次就业率达到 98.94%。2019 届参加就业博士毕业生为 1717 人,其中就业人数为 1677 人(含国内升学 211 人;海外升学 114 人;签订协议书就业 1194 人;灵活就业 93 人;其他应聘就业等 65 人),另有 40

人待就业,初次就业率达到 97.79%。

2019 年继续实施各类研究生国际合作研究与交流项目,全校共选送 4447 名研究生公派出国(境),比上一年度增长 34.3%。其中获得"国家建设高水平大学公派研究生项目"资助 298 人;"赴境外短期学术交流项目"选派 1437 人,其中参加高水平国际学术会议 1032 人,比上一年度增长 18.9%;"博士研究生开展国际合作研究与交流项目"选派 190 人;"博士研究生学术新星培养计划项目"选拔 81 人。此外,推动签署了与多个国际知名高校的联合培养协议。6 个项目获得国家留学基金管理委员会"创新型人才国际合作培养项目"资助。

2019 年持续推进 KAQ2.0 课程体系建设。深化"课程思政"教育教学改革,2019年开展全校研究生课程思政建设项目申报并立项建设;在 2018 年 13 个学科立项基础上,2019 年在 5 个学科启动第三批整建制全英文课程建设;启动第三批共 16 项研究生素养与能力培养型课程的建设项目,发文《关于立项建设浙江大学研究生素养与能力培养型课程(第三批)的通知》(浙大研院〔2019〕16 号);按照《教育部办公厅关于进一步规范和加强研究生培养管理的通知》(教研厅〔2019〕1 号)文件要求,在 2019 级及以后增设研究生必修课程研究生论文写作指导;启动首批 50 门研究生 MOOC 课程建设完成制作并上线,其中 40 门课程被浙江省教育厅认定为 2019 年浙江省优秀研究生课程;完善公共课程研究生助教配备和激励机制,推出浙江大学研究生教学能力提升证书项目。

2019 年继续实施研究生院各职能部门负责人和各学院(系)党政班子成员听课制度,构建研究生院和学院(系)两级、教学相关职能部门、督导、学生多方参与的教学评估、反馈、跟踪机制。2019 年共有 4 项成果获第二届浙江省学位与研究生教育学会教学成果奖,其中特等奖 1 项、一等奖 3 项。2019 年资助"全国化学工程前沿博士生学术论坛""全国临床医学西湖博士生论坛"等7 个全国博士生学术论坛项目,共资助经费130 万元。2019 年继续实施争创优秀博士学位论文资助工作,根据《浙江大学争创优秀博士学位论文资助办法》(浙大发研〔2010〕6 号),经学院推荐或自荐,研究生院组织专家对申请者进行答辩评审,共评出44 名延期博士生,并对其进行资助。

【实施全日制学术学位研究生统筹选拔贯通培养改革试点】 为加快博士生教育高质量内涵式发展,以推进博士生教育综合改革向纵深发展为契机,率先在物理学系等 4 个学院(系)开展全日制学术学位研究生统筹选拔贯通培养试点改革,改革招录方式,畅通分流渠道,制定"以生为本"和"质量优先"相结合的分流选择方案,试点学院(系)设置一定的分流比例,提高学生资助待遇水平,实质性推进研究生规模、结构和质量的有机融合。

【获浙江省高等教育"十三五"第二批教学改革研究项目】 2019 年 12 月,浙江省教育厅发文公布浙江省高等教育"十三五"第二批教学改革研究项目,浙江大学研究生教育共有"厚植家国情怀的机械工程研究生培养模式改革"等 14 个项目被立项,每个项目资助经费 3 万元,研究周期为 2 年。同时,学校配套立项"跨学科导学团队与历史学人才培养过程改革与实践"等 32 个浙江大学"十三五"第二批教学改革研究项目,每个项目资助经费 1 万元,研究周期为 2 年。

【成立"理学+X"多学科交叉人才培养卓越

中心】 深入推进多学科交叉人才培养计划,新成立"理学＋X"学科交叉人才培养卓越中心。积极深化多学科交叉人才培养卓越中心模式,2019年共录取103人,实行交叉中心年度质量报告制度、出台《浙江大学交叉学科学位评定委员会工作规程(试行)》等措施实质性促进科教协同育人机制。充分发挥理学的基础科学研究作用,推进理工交叉、理农交叉、理医交叉及理文交叉,面向未来科技、产业和社会重大需求,聚焦国家战略目标和国际学术前沿,培养复合型高层次创新人才。

【稳步推进专业学位研究生培养模式改革】

服务国家重大战略需求,深化专业学位研究生教育综合改革,全方位构建高水平产教融合的生态体系。建立健全学校、学部、院系三级专业学位评定委员会体系,新增电子信息等11个工程类专业学位评定委员会(学部级)、9个专业学位研究生教育指导委员会。探索"校内导师＋行业导师"的双导师制引育跨专业的导师团队,先行先试"订单式"人才培养形式。开展人工智能等8个创新领军人才培养项目,校企共建高水平的实践教学课程体系,与华为、施耐德电气等知名企业联合建设了15门品牌课程,贯通工程类专业学位研究生培养与行业职业资格评审机制,以工程师职称改革倒逼专业学位研究生培养质量提升。

【附录】

附录1　浙江大学2019年博士、硕士学位授权学科

学科门类	学科名称	授权级别
哲学	哲学	博士学位授权一级学科
经济学	理论经济学	博士学位授权一级学科
	应用经济学	博士学位授权一级学科
法学	法学	博士学位授权一级学科
	社会学	博士学位授权一级学科
	马克思主义理论	博士学位授权一级学科
教育学	教育学	博士学位授权一级学科
	心理学	博士学位授权一级学科
	体育学	博士学位授权一级学科
文学	中国语言文学	博士学位授权一级学科
	外国语言文学	博士学位授权一级学科
	新闻传播学	博士学位授权一级学科
历史学	考古学	博士学位授权一级学科
	中国史	博士学位授权一级学科
	世界史	博士学位授权一级学科

学科门类	学科名称	授权级别
理学	数学	博士学位授权一级学科
	物理学	博士学位授权一级学科
	化学	博士学位授权一级学科
	大气科学	硕士学位授权一级学科
	海洋科学	博士学位授权一级学科
	地质学	博士学位授权一级学科
	生物学	博士学位授权一级学科
	生态学	博士学位授权一级学科
工学	力学	博士学位授权一级学科
	机械工程	博士学位授权一级学科
	光学工程	博士学位授权一级学科
	材料科学与工程	博士学位授权一级学科
	动力工程及工程热物理	博士学位授权一级学科
	电气工程	博士学位授权一级学科
	电子科学与技术	博士学位授权一级学科
	信息与通信工程	博士学位授权一级学科
	控制科学与工程	博士学位授权一级学科
	计算机科学与技术	博士学位授权一级学科
	建筑学	博士学位授权一级学科
	土木工程	博士学位授权一级学科
	化学工程与技术	博士学位授权一级学科
	船舶与海洋工程	硕士学位授权一级学科
	航空宇航科学与技术	博士学位授权一级学科
	农业工程	博士学位授权一级学科
	环境科学与工程	博士学位授权一级学科
	生物医学工程	博士学位授权一级学科
	食品科学与工程	博士学位授权一级学科
	软件工程	博士学位授权一级学科

浙江大学年鉴

学科门类	学科名称	授权级别
工学	网络空间安全	博士学位授权一级学科
	人工智能	博士学位授权交叉学科
	海洋技术与工程	博士学位授权交叉学科
农学	作物学	博士学位授权一级学科
	园艺学	博士学位授权一级学科
	农业资源与环境	博士学位授权一级学科
	植物保护	博士学位授权一级学科
	畜牧学	博士学位授权一级学科
	兽医学	博士学位授权一级学科
医学	基础医学	博士学位授权一级学科
	临床医学	博士学位授权一级学科
	口腔医学	博士学位授权一级学科
	公共卫生与预防医学	博士学位授权一级学科
	药学	博士学位授权一级学科
	护理学	博士学位授权一级学科
管理学	管理科学与工程	博士学位授权一级学科
	工商管理	博士学位授权一级学科
	农林经济管理	博士学位授权一级学科
	公共管理	博士学位授权一级学科
艺术学	艺术学理论	博士学位授权一级学科
	设计学	博士学位授权一级学科

附录 2 浙江大学 2019 年博士、硕士专业学位授权点

序号	代码	专业学位类别名称	授权级别
1	0451	教育	博士
2	0854	电子信息	博士
3	0855	机械	博士

序号	代码	专业学位类别名称	授权级别
4	0856	材料与化工	博士
5	0857	资源与环境	博士
6	0858	能源动力	博士
7	0859	土木水利	博士
8	0861	交通运输	博士
9	1051	临床医学	博士
10	1052	口腔医学	博士
11	0251	金融	硕士
12	0253	税务	硕士
13	0254	国际商务	硕士
14	0351	法律	硕士
15	0352	社会工作	硕士
16	0451	教育	硕士
17	0452	体育	硕士
18	0453	汉语国际教育	硕士
19	0454	应用心理	硕士
20	0551	翻译	硕士
21	0552	新闻与传播	硕士
22	0651	文物与博物馆	硕士
23	0851	建筑学	硕士
24	0853	城市规划	硕士
25	0854	电子信息	硕士
26	0855	机械	硕士
27	0856	材料与化工	硕士
28	0857	资源与环境	硕士
29	0858	能源动力	硕士
30	0859	土木水利	硕士
31	0860	生物与医药	硕士
32	0861	交通运输	硕士

序号	代码	专业学位类别名称	授权级别
33	0951	农业	硕士
34	0952	兽医	硕士
35	0953	风景园林	硕士
36	1051	临床医学	硕士
37	1052	口腔医学	硕士
38	1053	公共卫生	硕士
39	1054	护理	硕士
40	1055	药学	硕士
41	1251	工商管理	硕士
42	1252	公共管理	硕士
43	1253	会计	硕士
44	1256	工程管理	硕士
45	1351	艺术	硕士

附录3　2019年浙江大学在岗博士生指导导师

一级学科	二级学科名称	导师姓名
哲　学	马克思主义哲学 中国哲学 外国哲学 逻辑学 伦理学 美学 宗教学 科学技术哲学 休闲学	包利民　曾劭恺　陈　强　陈亚军　陈越骅 丛杭青　董　平　范　昀　高　洁　何欢欢 何　俊*　何善蒙　黄华新　金　立　孔令宏 李恒威　廖备水　林志猛　刘慧梅　倪梁康 潘立勇　彭国翔　盛晓明　苏振华　唐孝威 王国平*　王建刚　王　杰　王　俊　王礼平 王晓朝　王志成　王　婧　王　佚　徐慈华 徐　岱　徐向东　杨大春　章雪富 Davide Fassio　　Kristjan Laasik

一级学科	二级学科名称	导师姓名
理论经济学	政治经济学 经济思想史 经济史 西方经济学 世界经济 人口、资源与环境经济学	曹正汉　陈　凌　陈叶烽　陈勇民　董雪兵 杜立民　方红生　顾国达　黄先海　金祥荣 金雪军　陆　菁　罗德明　罗卫东　马述忠 潘士远　沈满洪*　史晋川　宋顺锋*　汪　炜 王汝渠*　王维安　王义中　王志坚　熊秉元 叶　兵　张文章　张自斌　赵　伟　郑备军 朱希伟　朱燕建
应用经济学	区域经济学 财政学 金融学 产业经济学 国际贸易学 劳动经济学 统计学 互联网金融学	巴曙松*　曾　涛　陈菲琼　陈建军　陈勇民 戴志敏　董雪兵　杜立民　方红生　高淑琴 葛　赢　龚　勋　顾国达　郭继强　洪　鑫 黄先海　黄　英　蒋岳祥　金祥荣　金雪军 李建琴　李金珊　李　培　李新刚　陆　菁 罗德明　骆兴国　马述忠　钱　滔　钱雪亚 石敏俊　史晋川　宋华盛　汪　炜　王维安 王义中　王志凯　熊艳艳　许　奇　杨　华* 杨柳勇　姚先国　易艳萍　余林徽　张海峰 张俊森*　张自斌　赵　伟　周　戈　周默涵 朱柏铭　朱希伟　朱燕建　Lee Tae-woo
法　学	法学理论 宪法学与行政法学 刑法学 民商法学 诉讼法学 经济法学 国际法学 中国法 海洋法学 司法文明	毕　莹　陈信勇　陈长文*　葛洪义　巩　固 何怀文　何香柏　胡建淼　胡敏洁　胡　铭 黄　韬　霍海红　贾　宇　焦宝乾　金彭年 金伟峰　李永明　李有星　梁治平*　刘铁铮* 钱弘道　苏永钦*　王　超　王冠玺　王贵国 王敏远　王泽鉴*　翁晓斌　夏立安　叶良芳 余　军　张　谷　张文显　章剑生　赵　骏 郑春燕　周　翠　周江洪　朱庆育　朱新力 邹克渊

续表

一级学科	二级学科名称	导师姓名
社会学	人口学	曹　洋　　曹正汉　　范晓光　　高力克　　耿　曙 贺巧玲　　菅志翔　　郎友兴　　郦　菁　　李昂然 梁永佳*　刘　珍　　罗莎莎　　马　戎*　毛　丹 米　红　　钱力成　　孙艳菲　　吴桐雨　　尤怡文 余逊达　　张国清　　赵鼎新*　周沐君　　朱天飚 Cole Carnesecca　　Jaap Nieuwenhuis Philipp Demgenski
马克思主义理论	马克思主义基本原理 马克思主义发展史 马克思主义中国化研究 国外马克思主义研究 思想政治教育 中国近现代史基本问题研究 党的建设	包大为　　成　龙　　程早霞　　段治文　　冯　刚* 韩庆祥　　黄　铭　　刘同舫　　马建青　　牟成文 潘恩荣　　庞　虎　　任少波　　王永昌*　张　盾 张　彦
教育学	教育学原理 课程与教学论 教育史 比较教育学 学前教育学 高等教育学 成人教育学 职业技术教育学 特殊教育学 教育技术学	陈娟娟　　耿凤基　　顾建民　　韩双森　　黄亚婷 阚　阅　　李　艳　　刘　超　　刘海峰　　刘正伟 欧阳璠　　商丽浩　　宋永华　　眭依凡　　孙元涛 田正平　　王莉华　　工树涛　　魏贤超　　吴雪萍 肖龙海　　徐小洲*　叶映华　　赵　康　　张应强 Lorraine Pe Symaco
心理学	基础心理学 发展与教育心理学 应用心理学	蔡永春　　陈　辉　　陈善广*　陈树林　　戴俊毅 高晓卿　　高在峰　　龚梦圆　　何贵兵　　何　洁 胡玉正　　李　峙　　李　纾　　卢舍那　　马剑虹 聂爱情　　钱秀莹　　沈模卫　　唐孝威　　王伟(医) 王重鸣　　卫　微　　吴昌旭*　徐　杰　　张　萌 张　宁　　张　琼　　张智君　　钟建安　　周吉帆 周　宵　　周欣悦

一级学科	二级学科名称	导师姓名				
体育学	体育人文社会学	高 莹	胡 亮	黄 聪	林小美	彭玉鑫
		邱亚君	司 琦	王 健	王 进	温 煦
	体育教育训练学	于可红	张 辉	郑 芳	周丽君	邹 昱
中国语言文学	文艺学	曹锦炎	陈 洁	陈玉洁	池昌海	董 平
	语言学及应用语言学	方一新	冯国栋	关长龙	胡可先	黄华新
	汉语言文字学	黄 擎	贾海生	金 进	李旭平	李咏吟
	中国古典文献学	梁 慧	林晓光	刘海涛	龙瑜宬	楼含松
	中国古代文学	罗天华	盘 剑	彭利贞	沈松勤*	史文磊
	中国现当代文学	束景南	苏宏斌	孙敏强	陶 然	汪超红
	中国少数民族语言文学	汪维辉	王德华	王小潞	王 勇	王云路
	比较文学与世界文学	吴 笛	吴秀明	吴义诚	咸晓婷	肖瑞峰*
		徐 岱	徐永明	许建平	许志强	姚晓雷
		叶 晔	于 文	张广海	张文冠	张涌泉
		周明初	周启超	朱首献	庄初升	邹广胜
		祖 慧				
外国语言文学	英语语言文学	陈新宇	程 工	程 乐	董燕萍	方 凡
	俄语语言文学	高 奋	郭国良	郝田虎	何辉斌	何连珍
	德语语言文学	胡 洁	蒋景阳	乐 明	李 媛	梁君英
	外国语言学及应用语言学	刘海涛	刘慧梅	马博森	聂珍钊	隋红升
		孙培健	孙艳萍	汪运起	王 永	吴义诚
		许 钧	赵 佳	庄 玮	Esther Pascual	
		David Machin		Gwen Bouvier		
		Matthew Reeve		Reinhard Kohler*		
		Will Greenshields				
外国语言文学	英语语言文学	陈宏亮	范志忠	高芳芳	洪 宇	胡晓云
	俄语语言文学	黄广生	黄 清	纪盈如	李东晓	李红涛
	德语语言文学	李 杰	李思悦	刘于思	罗 婷	王可欣
	外国语言学及应用语言学	王 婧	韦 路	吴 飞	吴 赟	徐群晖
		闫文捷	张 婵	章 宏	赵 瑜	赵瑜佩
		周睿鸣				
考古学	考古学及博物馆学	安 婷	白谦慎	曹锦炎	陈 虹	单霁翔*
		傅 翼	郭 怡	项隆元	严建强	张 晖
		张颖岚	郑 霞	庄孔韶		
中国史	中国古代史	陈红民	杜正贞	冯培红	龚缨晏*	梁敬明
	中国近现代史	刘进宝	陆敏珍	桑 兵	孙竞昊	孙英刚
		吴艳红	吴铮强	肖如平	杨雨蕾	尤淑君
		张 凯				

一级学科	二级学科名称	导师姓名				
世界史	世界史	陈 新	董小燕	龚缨晏	乐启良	李 娜
		刘国柱	吕一民	沈 坚	汤晓燕	王海燕
		吴 彦	张 弛	张 杨		
数 学	基础数学	包 刚	蔡天新	陈 豪*	陈 明*	陈叔平
		程晓良	翟 健	董 浙	方道元	冯 涛
		高 帆	胡贤良	黄正达	蒋杭进	孔德兴
	计算数学	赖 俊	李 冲	李 方	李奇睿	李胜宏
		李 松	林俊宏	林 智	刘东文	刘 刚*
		刘康生	刘克峰*	卢涤明	鲁汪涛	罗 锋
	概率论与数理统计	骆 威	庞天晓	齐 治	丘成栋*	丘成桐
		阮火军	邵启满*	盛为民	苏中根	谈之奕
		王成波	王 梦	王 伟	王伟(理)	王晓光
	应用数学	吴庆标	吴志祥	武俊德	徐 浩	徐 翔
		许洪伟	杨海涛	叶和溪	尹永成	张国川
		张立新	张庆海	张荣茂	张 挺	张 奕
	运筹学与控制论	张振跃	赵永强*	郑方阳	仲杏慧	郗传厚
		蔺宏伟				
物理学	理论物理	曹光旱	曹新伍	陈飞燕	陈 骝	陈启瑾
		陈庆虎	陈一新	仇志勇	渡边元太郎	
	粒子物理与原子核物理	方明虎	冯 波	傅国勇	何丕模	黄凯凯
		金洪英	景 俊	康 熙	李海洋	李宏年
	原子与分子物理	李敬源	李有泉	刘 洋	刘 钊	鲁定辉
		陆璇辉	路 欣	罗孟波	罗民兴	吕丽花
		马志为	宁凡龙	潘佰良	阮智超	沙 健
	等离子物理	盛正卯	谭明秋	唐孝威	万 歆	汪 玲
		王大伟	王浩华	王 凯	王立刚	王 森
	凝聚态物理	王晓光	王业伍	王兆英	王宗利	吴 栋
		吴惠桢	吴建澜	武慧春	肖维文	肖 湧
		肖 朦	谢燕武	许晶波	许祝安	颜 波
	声学	叶高翔*	尹 艺	应和平	游建强	袁辉球
		袁 野	张德龙	张 宏	张剑波	张俊香
		章林溪	赵道木	赵学安	郑 波	郑大昉
	光学	郑 毅	周如鸿	周 毅	朱国怀	朱华星
		朱诗尧	Lim Lih King		Michael Smidman	
	无线电物理	Stefan Kirchner				

续表

一级学科	二级学科名称	导师姓名				
化 学	无机化学	陈红征	陈万芝	陈卫祥	丁寒锋	杜滨阳
		范 杰	方 群	方文军	冯建东	傅春玲
		傅智盛	高 超	高长有	郭永胜	洪 鑫
		侯昭胤	胡吉明	黄飞鹤	黄建国	黄 晶*
	分析化学	黄小军	黄志真	计 剑	金一政	孔学谦
		李昌治	李寒莹	李 昊	李浩然	李 伟
		李 扬	林贤福	林旭锋	凌 君	刘建钊
		刘志常*	陆 展	吕久安	吕 萍	麻生明*
		马 成	孟祥举	倪旭峰	潘慧霖	潘远江
	有机化学	彭笑刚	邱化玉*	邱利焱	任广禹	商志才
		邵海波	施敏敏	史炳锋	苏 彬	孙景志
		汤谷平	唐睿康	万灵书	王 本	王从敏
		王建辉*	王建明	王 立	王利群	王林军
		王 敏	王 鹏	王 齐	王 琦	王彦广
	物理化学	王 勇	吴传德	吴 刚	吴 健	吴 军
		吴 起	吴庆银	吴 韬	伍广朋	
		西蒙杜特怀勒		肖丰收	徐君庭	徐利文*
		徐旭荣	徐志康	许宜铭	许 震	张其胜
		张 涛	张兴宏	张玉红	张 昭	郑 强
	高分子化学与物理	周仁贤	朱宝库	朱海明	朱利平	朱龙观
		朱蔚璞	朱 岩	邹建卫*	邹建敏	
		Shao Fangwei				
地质学	矿物学、岩石学、矿床学					
	地球化学	鲍学伟	毕 磊	曹 龙	陈汉林	陈宁华
		陈生昌	陈阳康	程晓敢	初凤友*	戴金星*
	古生物学与地层学（含古人类学）	邓起东*	翟明国	丁巍伟	杜震洪	高金耀
		龚俊峰	韩喜球*	何 丁	贾承造	贾晓静
		金平斌	金翔龙	李家彪	李卫军	李小凡
	构造地质学	李正祥	厉子龙	励音骐	林秀斌	林 舟
		刘丹彤	刘仁义	龙江平	楼章华	毛志华
	第四纪地质学	潘德炉	饶 灿	饶 刚	阮爱国*	沈晓华
		沈忠悦	石许华	孙永革	陶春辉	田 钢
	海洋资源与环境	汪 新	王 琛	吴 磊	吴仁广	夏江海
	资源环境与区域规划	夏群科	肖安成	肖 溪	徐义贤	杨经绥
		杨树锋	杨文采	杨小平	叶 瑛	张宝华
	资源勘查与地球物理	张德国	张 丰	张 舟	章凤奇	章孝灿
		朱 晨*	邹乐君			
	遥感与地理信息系统					

一级学科	二级学科名称	导师姓名
生物学	植物学 动物学 生理学 水生生物学 微生物学 神经生物学 遗传学 发育生物学 细胞生物学 生物化学与分子生物学 生物物理学 生物信息学	白常、戈海、陈静、陈祥、陈杜、陈艺、方马、冯友、甘、龚、管敏鑫、韩家淮*、胡、纪、蒋、柯、李永、林世、刘琬、陆华、罗、马、牛田、邱、邵、史、宋、唐、汪、王、王、吴、谢、徐、许、杨、叶、应、余、张、章、赵、周、周、祝赛 陈宝、陈晓、程段、盛、冯高、龚、管、韩、贾、金、赖、李、刘、柳、陆、罗、毛、潘、邱、沈、宋、田、汪、王、王、吴、邢、徐、杨、詹、张、赵、周、周 良惠军、冬磊、方宇、春峰、文佩、跃建、蒽相、月建、宇驰、立爽、霞梅、冽朗、东星、光磊*、仲丰、魏富、坚彪、康斌、鹏明、平巍 民勇、铭欣、卉、一江、国晔、利、古、何、黄、金勇、晓洪、永根、燕红、明明、雄立、贵伟、本健、祥鹏、明兵、军升、超丹、通波、建鸿、遑超 爱、陈、陈、崔、樊、龙、卫、方、高、高、何、黄、向、金、金、梁、刘、娄、罗、裴、沈、孙、王、王、吴、徐、杨、杨、余、张、张、周、周、佟 包、陈、陈、丁、范、兰、全、津、福、严、荣、逸、金、艾、新、福、严、逸、尘、青、化、敏、瑜、帆、瑜、阳、路、兴、烨、勇、琦、东、炜 劲、陈、陈、丁、方、冯、管、郭、黄、李、李、林、吕、莫、彭、任、沈、孙、汪、王、王、吴、徐、许、杨、余、张、周、邹 松岗、伟新、平宇、衡钰、华岩、建平、超蓉、明逸、金小、洁炜、青化、敏生、娟帆、聪阳、兴继、勇琦、煜 曹家、陈学忠、方冯、新万、坤江、海峻、利学、盛镇、鲁马、牟钱、茹沈、宋启、海孙、福志、息王、王吴、肖正、建杨、易余、张永、周朱永 劲东、伟群、杰、东华、新忠、良涛、岚芳、明军、飞坤、达伟、荣梅、欢颖、颖海、明燕、佀崎、萍凤、睦飞、平立、隽文*、杰龙、岩超、杰青、群 Chan Kuan Yoow　Daniel Henry Scharf Dante Neculai　Hisashi Tanigawa James Whelan*　Stijn van der Veen Toru Takahata

一级学科	二级学科名称	导师姓名
生态学	生态学	常　杰　　陈才勇　　陈　军　　陈　铭　　陈　欣 程　磊　　丁　平　　方盛国　　冯明光　　高海春 葛　滢　　江　昆　　金勇丰　　吕镇梅　　毛传澡 齐艳华　　邱英雄　　王根轩　　杨建立　　杨卫军 应盛华　　于明坚　　张舒群　　章晓波　　周　琦
力　学	一般力学与力学基础 固体力学 流体力学 工程力学	陈　彬　　陈伟芳　　陈伟球　　崔佳欢　　崔　涛 邓　见　　邓茂林　　干　湧　　高　琪　　郭　宇 胡国庆　　宦荣华　　黄永刚*　　黄志龙　　季葆华 贾　铮　　金晗辉　　金肖玲　　库晓珂　　李德昌 李铁风　　李学进　　林建忠*　　罗佳奇　　孟　华 钱　劲　　曲绍兴　　邵雪明　　宋吉舟　　陶伟明 王高峰　　王宏涛　　王惠明　　王　杰　　王　泉 王　永　　吴　禹　　夏振华　　肖　锐　　熊红兵 修　鹏　　徐　彦　　杨　卫　　叶青青　　应祖光 余钊圣　　张春利　　张凌新　　张　帅　　赵　沛 郑　耀　　周昊飞　　朱林利　　朱位秋　　庄国志
机械工程	机械制造及其自动化 机械电子工程 机械设计及理论 车辆工程 工业工程 海洋工程	曹衍龙　　曹彦鹏　　陈家旺　　陈文华*　　陈　鹰 陈远流　　陈章位　　陈子辰　　程年生　　董辉跃 方　强　　冯毅雄　　傅建中　　傅　新　　甘春标 高洋洋　　龚国芳　　顾临怡　　何　闻　　贺　永 贺治国　　胡　亮　　胡　鹏　　胡伟飞　　黄豪彩 纪杨建　　蒋君侠　　焦　磊　　焦鹏程　　金　波 居冰峰　　柯映林　　雷　勇　　冷建兴　　黎　鑫 李德骏　　李基拓　　李江雄　　梁　旭　　林勇刚 刘　涛　　刘振宇　　刘震涛　　陆国栋　　梅德庆 欧阳小平　　　　阮晓东　　宋小文　　谭建荣 唐任仲　　陶国良　　童水光　　童哲铭　　汪久根 王　峰　　王林翔　　王　青　　王庆丰　　王宣银 王义强*　　魏建华　　魏燕定　　吴世军　　谢海波 谢　金　　徐　兵　　徐敬华　　杨灿军　　杨　赓 杨华勇　　杨将新　　杨量景　　杨克己　　杨世锡 姚　斌　　尹　俊　　余忠华　　俞小莉　　张大海 张树有　　赵　朋　　赵西增　　周　华　　邹　俊 邬义杰　　Kok-Meng Lee*

一级学科	二级学科名称	导师姓名				
光学工程	光通信技术	白　剑	车双良	陈杏藩	戴道锌	狄大卫
		丁志华	方　伟	冯华君	高士明	郭　欣
		郝　翔	何建军	何赛灵	胡慧珠	胡　骏
		黄腾超	金　毅	匡翠方	李海峰	李林军
		李　鹏	李　强	李晓彤	林　斌	刘　承
		刘　崇	刘　东	刘华锋	刘　旭	刘雪明
		刘智毅	罗　明	马耀光	马云贵	钱　骏
	信息传感及仪器	邱建荣	沈建其	沈伟东	沈亦兵	沈永行
		时尧成	舒晓武	斯　科	唐龙华	童利民
		汪凯巍	王立强	王　攀	吴　波	吴　兰
		吴仍茂	吴兴坤	徐海松	徐之海	许贝贝
		严惠民	杨　柳	杨　青	杨　旸	叶　辉
		余飞鸿	张彩妮	张冬仙	张　磊	张紫阳*
		郑臻荣	Anna wang Roe			
		Ribierre Jeancharles		Rui Q. Yang*		
材料科学与工程	材料物理与化学	姜　宏*	暴宁钟*	曹庆平	陈邦林*	陈红征
		陈立新	陈湘明	陈长安*	陈宗平	程继鹏
		程　逵	崔元靖	邓人仁	丁新更	杜滨阳
		杜　宁	杜丕一	杜　淼	樊先平	范修林
		方彦俊	方征平*	高　超	高明霞	高长有
		谷长栋	郭兴忠	韩高荣	韩伟强	何海平
	材料学	洪樟连	黄富强*	黄靖云	黄少铭*	黄　宁
		计　剑	姜银珠	蒋建中	蒋利军*	金传洪
		金　桥	李　斌	李昌治	李东升	李寒莹
		李吉学	李　雷	李　翔	凌国平	凌　君
		刘宾虹	刘嘉斌	刘建钊	刘小峰	刘小强
		刘　毅	刘永锋	刘　涌	楼雄文*	陆赟豪
		罗仲宽*	罗文华*	吕建国	马　列	马向阳
	材料加工工程	毛传斌	毛峥伟	潘洪革	潘新花	彭华新
		彭　懋	彭新生	皮孝东	钱国栋	乔旭升
		秦发祥	任科峰	任召辉	上官勇刚	
		申乾宏	施敏敏	宋义虎	孙景志	孙　威
		唐本忠*	田　鹤	仝维鋆	涂江平	万灵书
		王慧明	王江伟	干义新	干小祥	王晓东
		王新华	王秀丽	王　勇	王幽香	王征科
		王智宇	王宗荣	韦　华	魏　晓	翁文剑
		吴　琛	吴　刚	吴浩斌	吴进明	吴勇军
		吴子良	伍广朋	夏新辉	肖学章	谢　健
	高分子材料	徐　刚	徐君庭	徐志康	严　密	杨德仁
		杨杭生	杨　辉	杨士宽	杨　雨	叶志镇
		余　倩	余学功	张　辉	张启龙	张溪文
		张兴宏	张　泽	赵高凌	赵新宝	赵新兵
		赵　毅	郑　强	支明佳	朱　旸	朱宝库
		朱丽萍	朱利平	朱铁军	朱蔚璞	朱晓莉
		左　敏	Bei Hongbin			

续表

一级学科	二级学科名称	导师姓名			
动力工程及 工程热物理	工程热物理 热能工程 动力机械及工程 流体机械及工程 制冷及低温工程 化工过程机械 能源环境工程 新能源科学与工程	薄　拯　岑可法　陈　东　陈光明　陈玲红 陈志平　成少安　程　军　程乐鸣　池　涌 樊建人　范利武　方梦祥　甘智华　高　翔 顾大钊*　韩晓红　何　勇　洪伟荣　黄群星 黄钰期　蒋旭光　金　涛　金　滔　金志江 李　伟　李　蔚　李文英*　李晓东　刘洪来* 刘建忠　刘　科　刘震涛　陆胜勇　罗　坤 骆仲泱　马增益　倪明江　欧阳晓平* 邱利民　施建峰　史绍平　苏义脑*　孙大明 王　飞　王海鸥　王　凯　王凯歌　王　勤 王勤辉　王树荣　王　涛　王伟烈　王秀瑜 王玉明*　王智化　吴大转　吴　锋　吴学成 吴迎春　肖　刚　肖天存　徐象国　许世森 许忠斌　宣海军　严建华　杨卫娟　姚　强 叶笃毅　余春江　俞小莉　俞自涛　岳光溪 张凌新　张小斌　张学军　张彦威　张玉卓 赵　阳　赵永志　郑成航　郑传祥　郑津洋 郑梦莲　郑水英　周　昊　周劲松　周俊虎 周志军　朱祖超*　Yi Qiu			
电气工程	电机与电器 电力系统及其自动化 高电压与绝缘技术 电力电子与电力传动 电工理论与新技术 电气信息技术	陈国柱　陈恒林　陈　敏　陈　敏　陈向荣 邓　焰　丁　一　方攸同　福义涛　甘德强 郭创新　郭吉丰*　韩祯祥　何奔腾　何湘宁 胡斯登　黄　进　黄晓艳　冀晓宇　江道灼 江全元　金孟加　鞠　平　李超勇　李楚杉 李武华　厉小润　林振智　卢琴芬　吕征宇 马　皓　马伟明*　年　珩　彭勇刚　齐冬莲 沈建新　盛　况　石健将　史婷娜　宋永华 孙　丹　万　灿　汪　涛　汪　震　韦　巍 文福拴　吴立建　吴新科　夏长亮　项　基 辛焕海　徐德鸿　徐　政　许　力　颜钢锋 杨　欢　杨家强　杨　强　杨仕友　杨　树 姚缨英　于　淼　张军明　张森林　赵荣祥 郑荣濠　郑太英　钟文兴　周　浩　诸自强* 祝长生　Philip T. Krein Rajashekara, Kaushik*			

浙江大学年鉴

一级学科	二级学科名称	导师姓名
电子科学与技术	物理电子学 电路与系统 微电子学与固体电子学 电磁场与微波技术	车录锋　陈红胜　陈文超　程志渊　储　涛 丁　勇　董树荣　杜　阳　高　飞　高　翔 郝　然　何乐年　何赛灵　胡　欢　皇甫江涛 黄科杰　吉　晨　金潮渊　金　浩　金　韬 金小军　金晓峰　金心宇　金仲和　李尔平 李　凯　李兰娟　李宇波　林宏燊　林时胜 刘　旸　刘　峰　马慧莲　蒙　涛　潘　赟 冉立新　沙　威　沈海斌　沈会良　沈继忠 史治国　谭年熊　谭述润　谭志超　汪小知 王浩刚　王华萍　王慧泉　魏兴昌　吴昌聚 吴锡东　夏永祥　熊晓燕　徐明生　徐　杨 杨冬晓　杨建义　叶德信　叶　志　尹文言 应迪清　余　辉　余显斌　俞　滨　虞小鹏 郁发新　张　明　张培勇　张　睿　章献民 赵　博　赵梦恋　赵松睿　赵　毅　郑　斌 郑史烈　周柯江　卓　成　Lee Choonghyun
信息与通信工程	通信与信息系统 信号与信息处理 海洋信息科学与工程 飞行器测量信息工程	蔡云龙　陈惠芳　陈晓明　陈　正　单杭冠 宫先仪　龚小谨　韩　军　胡　冰　乐成峰 李　旻　李春光　李建龙　李英明　刘　安 刘而云　刘　鹏　刘　英　潘　翔　瞿逢重 王德麟　于　匡　于　玮　王晓萍　吴嘉平 项志宇　徐　敬　徐　文　徐志伟　于慧敏 余官定　虞　露　张朝阳　张宏纲　张　明 张仲非　赵航芳　赵民建　钟财军 Mark David Butala

续表

一级学科	二级学科名称	导师姓名
控制科学与工程	控制理论与控制工程 检测技术与自动化装置 系统工程 模式识别与智能系统 导航、制导与控制	陈积明　陈　剑　陈　征　陈　曦　程　鹏 戴连奎　邓瑞龙　冯冬芹　葛志强　贺诗波 侯迪波　胡瑞芬　黄志尧　李超勇　李　光 李　平　厉小润　梁　军　刘妹琴　刘兴高 刘　勇　刘之涛　卢建刚　毛维杰　孟文超 牟　颖　倪　东　潘　宇　彭勇刚　齐冬莲 邵之江　沈学民　宋春跃　宋开臣　宋执环 苏宏业　孙铭阳　孙优贤　王保良　王　宁 王　西　王　智　韦　巍　吴均峰　吴　俊 吴维敏　吴争光　项　基　谢　磊　熊　蓉 徐金明　徐文渊　徐正国　徐祖华　许　超 许　力　颜钢锋　颜文俊　杨春节　杨　强 杨秦敏　于　淼　张光新　张宏建　张森林 张　涛　张　宇　张育林　赵春晖　郑荣濠 周建光　朱豫才　Biao Huang King Yeung YAU
计算机科学与技术	计算机系统结构 计算机应用技术 数字化艺术与设计 空天信息技术	鲍虎军　卜佳俊　蔡　登　蔡　铭　陈　纯 陈　刚　陈华钧　陈建军　陈　岭　陈　为 陈文智　陈延伟*　陈　焰　陈左宁*　邓水光 丁险峰*　董　玮　冯结青　高曙明　高　艺 高云君　耿卫东　韩劲松　何钦铭　何水兵 何晓飞　侯启明　黄　劲　纪守领　江大伟 金小刚(CAD)　李　明　李飞飞*　李善平 李　玺　廖备水　林　峰　林　海　林兰芬 刘海风　刘　建　陆　全*　刘新国　刘玉生 鲁东明　陆哲明　罗仕鉴　苗晓晔　潘　纲 潘云鹤　潘之杰　蒲　宇　钱　徽　钱沄涛 秦　湛　任　重　邵天甲　申文博　沈荣骏* 寿黎但　宋广华　宋明黎　孙建伶　孙凌云 孙守迁　孙贤和*　汤斯亮　汤永川　唐华锦 唐　敏　童若锋　王　锐　王新宇　王跃明 干跃宣　王志宇　魏宝刚　巫英才　吴　超 吴朝晖　吴春明　吴　飞　吴鸿智　吴　健 伍　赛　项　阳*　肖　俊　徐仁军　许端清 许威威　杨建刚　杨建华　杨双华　杨　洋 尹建伟　应放天　应　晶　于金辉　俞益洲 郁发新　张东亮　张东祥　张　帆　张国川 张克俊　张　磊　张三元　张鹿鸣　张　寅 张　岳*　赵　洲　郑扣根　郑能干　郑小林 郑　耀　郑友怡　周　昆　周晓巍　周亚金 朱建科　庄越挺　邬江兴*

一级学科	二级学科名称	导师姓名				
建筑学	建筑设计及其理论	陈淑琴	樊一帆	葛　坚	韩昊英	贺　勇
		华　晨	李王鸣	裘　知	沈　杰	王　晖
		王　洁	王　竹	吴　越	徐　雷	杨建军
土木工程	岩土工程 结构工程 市政工程 供热、供燃气、通风及空调工程 防灾减灾工程及防护工程 桥梁与隧道工程 道路与交通工程 水资源与水环境工程 水工结构与港口工程 河流与滨海工程	巴　特 曹志刚 陈水福 邓　华 龚顺风 黄铭枫 金南国 李宾宾 刘海江 罗尧治 冉启华 孙红月 万五一 王奎华 王振宇 肖　岩 谢　旭 许　贤 姚忠达* 曾　强 张科锋* 张学军 赵　阳 周燕国 Simon Juan Hu	白　勇 陈根达* 陈喜群 董石麟 龚晓南 黄志义 金伟良 李庆华 刘　炜 吕朝锋 尚岳全 孙志林 汪玉冰 王立忠 韦娟芳 谢海建 徐日庆 许月萍 叶苗苗 詹良通 张可佳 张　燕 赵　宇 朱　斌	包　胜 陈光明 陈云敏 段元锋 郭　宁 江衍铭 金贤玉 李育超 柳景青 吕　庆 邵益生 唐晓武 王殿海 王乃玉 魏新江* 谢霁明 徐荣桥 杨贞军 叶肖伟 詹树林 张　磊 张仪萍 赵羽习 朱志伟	边学成 陈　驹 陈祖煜* 高博青 洪　义 姜　涛 柯　瀚 凌道盛 楼文娟 马克俭* 邵　煜 童根树 王海龙 王　勤 夏唐代 谢康和 徐世烺 杨仲轩 俞亭超 张大伟 张　帅 张永强 郑飞飞 朱廷举	蔡袁强* 陈仁朋 程伟平 弓扶元 胡春宏 蒋建群 孔德琼 刘国华 罗　雪 钱晓倩 舒江鹏 万华平 王　浩* 王亦兵 项贻强 谢新宇 徐长节 姚　谏 袁行飞 张　鹤 张土乔 赵唯坚 周　建 闫东明

续表

一级学科	二级学科名称	导师姓名				
化学工程与技术	生物化工	柏　浩	包永忠	鲍宗必	曹　堃	柴之芳*
		陈丰秋	陈纪忠	陈建峰*	陈圣福	陈新志
		陈英奇	陈志荣	成有为	崔希利	程党国
		戴黎明*	戴立言	单国荣	范　宏	冯连芳
		傅　杰	高　翔	关怡新	何潮洪	何　奕
	化工过程工程	和庆钢	侯立安	侯　阳	胡国华	黄　和
		黄　磊	蒋斌波	介素云	金志华	雷乐成
		李伯耿	李浩然	李素静	李　伟	李　希
		李中坚	李洲鹏	连佳长	梁成都	廖祖维
		林东强	林建平	林贤福	林跃生	凌　敏
	化学产品工程	刘平伟	刘祥瑞	刘　振	陆盈盈	罗英武
		吕秀阳	毛加祥*	梅乐和	孟　琴	欧阳平凯
		潘鹏举	钱　超	任其龙	申屠宝卿	
		申有青	施　耀	孙　琦	唐建斌	汪燮卿*
		王靖岱	王　立	王　亮	王文俊	王正宝
	生态化工	温月芳	吴坚平	吴林波	吴素芳	吴忠标
		夏黎明	肖成梁	谢　涛	邢华斌	徐志南
		严玉山*	杨　彬	阳永荣	杨立荣	杨启炜
		杨双华	杨亦文	姚善泾	姚思宇	姚　臻
		叶丽丹	于洪巍	俞豪杰	詹晓力	章鹏飞
	制药工程	张安运	张才亮	张　林	张其磊	张庆华
		张兴旺	张　懿*	张治国	赵　骞	赵俊杰
		赵迎宪	周少东	朱世平	周珠贤	闫克平
		Nigel K H Slater*		Steven J. Severtson*		
航空宇航科学与技术		陈建军	陈伟芳	陈　征	崔　涛	金仲和
		黎　军	刘尧龙	陆哲明	罗佳奇	孟　华
		曲绍兴	宋广华	吴昌聚	夏振华	徐　彦
		张　帅	朱林利	庄国志		
农业工程	农业机械化工程	岑海燕	成　芳	崔　笛	丁冠中	傅迎春
	农业水土工程	韩志英	何　勇	蒋焕煜	李建平	李晓丽
		林宏建	林　涛	刘德钊	刘　飞	刘湘江
	农业生物环境与能源工程	泮进明	平建峰	裘正军	饶秀勤	盛奎川
		王　俊	王一娴	韦真博	吴斌鑫	吴　坚
	农业电气化与自动化	谢丽娟	徐惠荣	叶章颖	应义斌	于　勇
	生物系统工程	张玺铭	周振江	朱松明		

一级学科	二级学科名称	导师姓名				
环境科学与工程	环境科学	陈宝梁	陈 红	陈雪明	成少安	褚驰恒
		翟国庆	方雪坤	甘剑英 *	官宝红	何 若
		胡宝兰	江桂斌 *	雷乐成	李 伟	梁新强
		林道辉	刘 璟	刘维屏	刘 越	逯慧杰
		骆仲泱	沈超峰	施积炎	施 耀	史惠祥
		田光明	童裳伦	王海强	王金南 *	王 娟
	环境工程	王 玮	王志彬	翁小乐	吴伟祥	吴忠标
		徐向阳	徐新华	闫克平	严建华	杨方星
		杨京平	杨 坤	杨 武	俞绍才	张志剑
		赵和平	郑 平	朱利中	朱 亮	庄树林
生物医学工程	电子信息技术及仪器	白瑞良	陈 岗	陈 杭	陈卫东	陈祥献
		陈晓冬	陈 星	陈耀武	邓 宁	丁 蕭
		段会龙	封洲燕	高利霞	高长有	何宏建
		黄正行	赖欣怡	李劲松	李 晔	刘华锋
		刘济全	刘清君	吕旭东	宁钢民	牛田野
		欧阳宏伟		潘 杰	斯 科	宋开臣
		宋雪梅	孙 煜	田景奎	王 平	王书崎
		吴 丹	夏 灵	夏顺仁	许科帝	许迎科
		叶学松	余 锋	余雄杰	张 琳	张明曈
		张孝通	张韶岷	张 祎	钟健晖 *	周 泓
		Anna wang Roe		Hisashi Tanigawa		
		Toru Takahata				
食品科学与工程	食品科学	陈健初	陈启和	陈士国	陈 卫	丁 甜
	粮食、油脂及植物蛋白工程	冯凤琴	冯 杰	郭鸣鸣	胡福良	胡亚芹
		李 莉	林星宇	刘东红	刘松柏	陆柏益
	农产品加工及贮藏工程	罗自生	茅林春	任大喜	汪以真	王敏奇
	水产品加工及贮藏工程	王 奕	吴建平	肖 航	叶兴乾	余 挺
	食品安全与营养	张 辉	张兴林	章 宇		
食品科学与工程	食品科学	卜佳俊	陈 纯	陈 刚	陈 岭	陈华钧
	粮食、油脂及植物蛋白工程	陈文智	邓水光	董 玮	高曙明	高云君
		何钦铭	江大伟	李善平	林兰芬	潘 纲
	农产品加工及贮藏工程	潘云鹤	寿黎但	宋明黎	孙建伶	唐 敏
	水产品加工及贮藏工程	童若锋	王新宇	魏宝刚	吴春明	吴 健
		尹建伟	应 晶	俞益洲	张 微	郑扣根
	食品安全与营养	郑小林	周 昆	庄越挺		

续表

一级学科	二级学科名称	导师姓名
网络空间安全	网络空间安全	陈　刚　　陈积明　　陈文智　　陈　焰*　　程　鹏 冯冬芹　　韩劲松　　何钦铭　　贺诗波　　黄　劲 纪守领　　江大伟　　林　峰　　林　海　　刘　健 刘兴高　　刘　勇　　刘之涛　　倪　东　　潘　纲 秦　湛　　任　奎　　申文博　　沈昌祥*　　史治国 宋执环　　孙优贤　　王　锐　　王文海　　邹江兴* 吴春明　　张秉晟　　项　阳　　徐文渊　　张　帆 赵春晖　　赵民建　　周亚金　　Whitfield Diffie
作物学	作物栽培学与耕作学	包劲松　　陈仲华　　程方民　　戴　飞　　都　浩 樊龙江　　方　磊　　甘银波　　关雪莹　　关亚静 蒋立希　　金晓丽　　潘荣辉　　钱　前*　　舒庆尧 宋士勇　　王一州　　邹飞波　　吴殿星　　武　亮 徐海明　　徐建红　　曾凡荣　　张国平　　张天真 周伟军　　祝水金
作物学	作物遗传育种	
作物学	种子科学与技术	
园艺学	果树学	白松龄　　柴明良　　陈昆松　　陈利萍　　陈　萍 高中山　　郭得平　　何普明　　黄　鹏　　李传友* 李　鲜　　刘仲华*　　卢　钢　　陆建良　　师　恺 孙崇德　　滕元文　　屠幼英　　汪俏梅　　王校常 王岳飞　　吴　迪　　夏晓剑　　夏宜平　　徐昌杰 杨景华　　殷学仁　　余小林　　喻景权　　张　波 张明方　　周　杰　　周艳虹　　Donald Grierson Harry Klee　　　　Ian Ferguson* Michael F. Thomashow　　　Mondher Bouzayen
园艺学	蔬菜学	
园艺学	茶学	
园艺学	观赏园艺学	
农业资源与环境	土壤学	曾令藻　　陈丁江　　邓劲松　　邱洪杰　　何　艳 黄敬峰　　金崇伟　　李保海　　李廷强　　梁永超 林咸永　　刘杏梅　　卢玲丽　　卢升高　　罗安程 罗忠奎　　吕志江　　马　斌　　倪吾钟　　史　舟 田生科　　汪海珍　　王宏全　　王　珂　　吴劳生 吴良欢　　徐建明　　杨肖娥　　张奇春　　章明奎 郑绍建　　Philip C. Brookes
农业资源与环境	植物营养学	
农业资源与环境	农业遥感与信息技术	
农业资源与环境	水资源利用与保护	

一级学科	二级学科名称	导师姓名				
植物保护	植物病理学	鲍艳原	蔡新忠	陈剑平*	陈学新	陈 云
		方 华	郭逸蓉	何祖华*	黄 佳	黄健华
		蒋明星	李 斌	李 飞	李红叶	李 冉
	农业昆虫与害虫防治	李正和	梁 岩	林福呈	刘树生	刘小红
		娄永根	马忠华	莫建初	沈星星	沈志成
		时 敏	宋凤鸣	陶 增	王蒙岑	王晓伟
		王政逸	吴建祥	谢 艳	徐海君	叶恭银
	农药学	尹燕妮	虞云龙	张传溪	章初龙	赵金浩
		郑经武	周文武	周雪平	祝增荣	
畜牧学	动物遗传育种与繁殖	陈玉银	单体中	杜华华	冯 杰	韩新燕
		胡彩虹	胡福良	胡松华	靳明亮	李卫芬
	动物营养与饲料科学	刘广绪	刘红云	刘建新	鲁兴萌	彭金荣
		邵庆均	邵勇奇	时连根	孙会增	汪海峰
		汪以真	王华兵	王佳堃	王敏奇	王新霞
	特种经济动物饲养	王争光	吴小锋	吴跃明	杨明英	占秀安
		张才乔	张 坤	郑火青	邹晓庭	
兽医学	预防兽医学	杜爱芳	方维焕	何 放	黄耀伟	乐 敏
		李 艳	鲁兴萌	米玉玲	孙红祥	张才乔
		郑肖娟	周继勇	朱 书	庄乐南	
基础医学	人体解剖与组织胚胎学	蔡志坚	曹雪涛*	曾 浔	陈静海	陈 伟
	免疫学	陈 晓	程洪强	刁宏燕	董辰方	冯 晔
		冯友军	高 福*	谷 岩	郭国骥	韩 曙
	病原生物学	韩晓平	胡 虎	黄 河	黄雯雯	纪俊峰
		金洪传	柯越海	来茂德	梁 平	刘 冲
	病理学与病理生理学	刘云华	柳 华	鲁林荣	孟卓贤	闵军霞
		欧阳宏伟		潘冬立	钱鹏旭	邵吉民
	法医学	沈 静	汪 洌	王 迪	王建莉	王青青
		王晓健	吴晶晶	夏大静	徐素宏	徐恩萍
	放射医学	姚雨石	茴 梓	余 红	张丹丹	张红河
		张 进	张晓明	张 雪	章淑芳	赵经纬
		郑 敏	郑小凤	钟 贞	周 韧	周天华
	航空、航天与航海医学	朱海红	邹晓晖	Dante Neculai		
		Stijn van der Veen				
	干细胞和再生医学					

续表

一级学科	二级学科名称	导师姓名
临床医学	内科学 儿科学 老年医学 神经病学 精神病与精神卫生学 皮肤病与性病学	白雪莉、曹倩祥、陈功善、陈维瑜、陈程京、丁克峰、杜立中、方向前、高莹、古新汉、何荣汛、胡进宇、黄虹、姜洁君、金李、梁廷波、楼巍、罗民、吕志华、毛建铭、潘宏、曲凡、邵一鸣、沈炜亮、孙继红、汤灵玲、王保红、王建伟、王爽、王兴祥、吴华连、吴育浩、肖幸文、谢键、徐骁、徐定、薛琪、严伟克、姚可、应云松、俞锐、章宏、张茂、张园、郑芬、郑树森、周民、朱永坚、邹晓晖、蔡秀军、曾浔、陈鸿霖、陈祥华、陈志东、程晓东、丁美萍、范顺武、冯利锋、高韩春茂、胡红志、黄曼、蒋晨金、李兰辉、林茂、卢宠依、罗宏、马超、倪志菁、潘菁形、任超、申屠鹏、史南、孙晓劲、唐松、王本凯、王伟(医)、王秀君、吴志安、谢承宏、徐靖、徐严、杨仕玉、姚颂、虞朝辉、张鸣嵘、张建敏、郑良、周嘉强、朱永良、佟红艳、军浔、陈志、陈戴、丁范伟、冯宇、戈万、韩胡、黄品、蒋李、李凌、陆林、罗永、马闵、钱建、阮舒、孙滕理、王观宇、王良静、吴义斌、谢立、徐凯、许严、杨小娟、于晓、袁丹、张英东、赵凤、周坚红、朱海、主鸿、佟健敏、真峰、陈健晓宁、陈敏宁、陈戴、丁忠、方国、傅龚少荷、金季、李历有、刘陆远、吕马倪、钱沈阳、宋谈田、王杭祥、王林南、王伟、吴美洁、谢小福、徐许严、杨叶英红、余袁、张苏朝、赵敏、周建、朱建华、祝胜美、曹红钢华、陈江、陈新智松、陈雪祥、丁忠红、方国、傅戚伟华、龚韩胡风帆、胡季名、金厉宝、李先强、刘卫国、吕胜一、马倪文、钱沈华、宋朋伟、谈梅、王波林跃、王南屏香、王伟、吴南美、谢洁波毅、徐清森、许晓辉、杨瑛力、余根生、袁展、张朝娅、赵敏、周建华、朱胜美、翠华、陈新、陈雪、方傅、龚韩、胡黄、金李、刘吕、马钱、沈宋、谈王、王王、吴谢、徐许、杨余、袁张、赵周、朱祝、利平、高昕定、陈其浩、陈益燕、程宏岳、丁旻明、董向芬、方君华、傅渭东、龚卫建、韩新文、胡江、黄洪、金江、李梁红燕、刘本勇、罗满中孝、欧阳宏吉、裴云晔、邵法民、宋永钧、汤万安、王书崎、王魏启春、吴瑞娴、谢永红、徐建友、许世益、严益招、杨日仁雅、余仁、詹鸿坤、张林琦、赵信美、郑永超、朱依敏、邹朝春、Babak Javid*

一级学科	二级学科名称	导师姓名				
口腔医学	口腔基础医学	傅柏平	顾新华	何福明	李晓东	林　军
	口腔临床医学	王慧明	谢志坚	杨国利	朱慧勇	
公共卫生与预防医学	流行病与卫生统计学	陈光弟	陈　坤	丁克峰	董恒进	高向伟
	劳动卫生与环境卫生学	管敏鑫	焦晶晶	金明娟	金永堂	李兰娟
	营养与食品卫生学	李　鲁	罗　驰	那仁满都拉	孙文均	
	卫生毒理学	王福俤	王建炳	王林波	吴息凤	夏大静
		许正平	许志宏	叶元庆	余运贤	袁长征
		周　春	周　舟	朱善宽	朱益民	
药学	药物化学	曾　苏	陈建忠	陈枢青	陈学群	陈志华
	药剂学	陈　忠	程翼宇	崔孙良	戴海斌	丁　健*
		丁　玲	董晓武	杜永忠	段树民	范骁辉
	生药学	甘礼社	高建青	龚行楚	龚哲峰	韩　旻
		何俏军	侯廷军	胡富强	胡薇薇	蒋惠娣
	药物分析学	蒋　晞	蒋华良	李　雯	李　新	李方圆
		李洪林	连晓媛	廖佳宇	林能明	凌代舜
		刘龙孝	楼　燕	卢应梅	陆晓燕	罗沛华
		马忠俊	那仁满都拉		潘利强	彭丽华
		平　渊	戚建华	钱玲慧	邱利焱	申屠建中
			沈华浩	沈　逸	沈　颖	孙秉贵
	微生物与生化药学	孙翠荣	孙莲莉	汤慧芳	王秀君	王　毅
		翁勤洁	吴　斌	吴希美	吴永江	徐　晗
	药理学	徐金钟	许均瑜	许学伟*	杨　波	杨　帆
		杨　巍	杨晓春	应美丹	应颂敏	游　剑
		余露山	俞永平	袁　弘	章国林	张海涛
	海洋药物学	张翔南	周　民	周煜东	朱丹雁	朱　峰
		朱　虹	邹宏斌	裘云庆	瞿海斌	
护理学	护理学	冯素文	韩春茂	金静芬	王　薇	徐鑫芬
		叶志弘	余晓燕			
管理科学与工程	技术与创新管理	陈德人	陈发动	陈明亮	陈　熹	杜　健
		郭　斌	华中生	黄　灿	黄鹂强	霍宝锋
		金　珺	金庆伟	孔祥维	刘南(管)	
		刘　渊	马　弘	马庆国	毛义华	瞿文光
		寿涌毅	苏　星	童　昱	汪　蕾	王明征
	工程管理	王求真	卫　军*	温海珍	吴　东	吴晓波
		徐仁军	杨　翼	袁　泉	章　魏	张　宏
		张　政	郑　刚	周伟华		

一级学科	二级学科名称	导师姓名
工商管理	会计学 企业管理 旅游管理 技术经济及管理 创业管理	宝贡敏　贲圣林　蔡　宁　陈　俊　陈　凌 董　望　窦军生　郭　斌　韩洪灵　华中生 黄　灿　黄　英　霍宝锋　贾生华　林珊珊 刘起贵　刘　涛　刘　洋　莫申江　吕佳颖 沈　睿　寿涌毅　斯晓夫　孙怡夏　王端旭 王丽丽　王婉飞　王小毅　王重鸣　魏　江 邬爱其　吴　东　吴茂英　吴晓波　肖炜麟 谢小云　熊　伟　徐维东　徐晓燕　颜士梅 应天煜　张　钢　张惜丽　周　帆　周宏庚 周玲强　周伟华　周欣悦
农林经济管理	农业经济管理 林业经济管理	陈　帅　龚斌磊　郭红东　韩洪云　洪名勇* 黄祖辉　金少胜　金松青　梁　巧　陆文聪 茅　锐　钱文荣　阮建青　史新杰　汪笑溪 卫龙宝　杨万江　叶春辉　张晓波*　张跃华 张忠根　周洁红　鄢　贞 H. Holly Wang（王红） Zhigang Chen（陈志钢）
公共管理	行政管理 社会医学与卫生事业管理 教育经济与管理 社会保障 土地资源管理 社会管理 公共信息资源管理 非传统安全管理 城市发展与管理 国际事务与全球治理	巴德年*　蔡　宁　曹　宇　陈国权　陈建军 陈　劲　陈丽君　陈　智　仇保兴*　董恒进 范柏乃　方　恺　谷保静　顾　昕　郭苏建 郭夏娟　韩昊英　何文炯　胡税根　胡小君 黄敬峰　黄　萃　靳相木　郎友兴　李　江 李金珊　李　鲁*　李　实　李晓明　李　艳 李莹珠　林成华　林　卡　刘国柱　刘卫东 刘　渊　罗建红　米　红　苗　青　任少波 邵　立　沈永东　石敏俊　史　舟　孙艳菲 谭　荣　谭永忠　田传浩　汪　晖　王红妹 王诗宗　魏　江　吴　超　吴次芳　吴结兵 吴金群　吴宇哲　肖　武　徐　林　徐小洲 徐　欣　杨廷忠　姚　威　姚先国　叶艳妹 余潇枫　余逊达　俞晗之　郁建兴　岳文泽 张国清　张　炜　张蔚文　张跃华　张　宁 赵鼎新*　赵正言　周　萍　周旭东　朱　凌 庄孔韶　邹晓东　邹永华　Therese Hesketh Peter Ho　　　　　SongHa Joo

浙江大学年鉴

一级学科	二级学科名称	导师姓名
艺术学理论		白谦慎　陈谷香　陈振濂　黄河清　黄厚明 金晓明　缪　哲　王　杰　王瑞雷　吴小平 谢继胜　薛龙春　余　辉*　张　晴*
设计学		柴春雷　胡小军　罗仕鉴　潘恩荣　潘云鹤 孙凌云　孙守迁　汤永川　王　健　王小松 应放天　于金辉　张东亮　张克俊　张三元

注:按一级学科代码升序排列,导师姓名按拼音顺序排列,姓名后加"*"者为兼职导师。

附录4　2019年浙江大学分学位类型研究生数　　　　　　（单位:人）

专业名称	毕业生数	授予学位数	在校学生数				预计毕业生数
			总计	一年级	二年级	三年级及以上	
总计	6959	8336	33587	10820	10272	12495	7904
学术型学位博士生	1716	1748	11059	2795	2457	5807	2440
学术型学位硕士生	2545	3028	8649	3022	3072	2555	2091
专业学位博士生	123	180	1015	452	282	281	129
专业学位硕士生	2575	3380	12864	4551	4461	3852	3244

附录5　2019年浙江大学分学科门类研究生数　　　　　　（单位:人）

学科门类	研究生	毕业生数	授予学位数	在校学生数				预计毕业生数
				总计	一年级	二年级	三年级及以上	
总计	博士生	1839	1748	12074	3247	2739	6088	2569
	硕士生	5120	3028	21513	7573	7533	6407	5293
哲学	博士生	11	12	142	30	27	85	53
	硕士生	19	20	72	30	32	10	11
经济学	博士生	22	22	228	39	45	144	58
	硕士生	205	187	559	286	252	21	186
法学	博士生	47	45	286	82	69	135	83
	硕士生	217	126	757	284	294	179	222
教育学	博士生	40	34	276	70	50	156	81
	硕士生	152	87	462	172	188	102	104

学科门类	研究生	毕业生数	授予学位数	在校学生数				预计毕业生数
				总计	一年级	二年级	三年级及以上	
文学	博士生	68	73	394	79	77	238	142
	硕士生	252	224	578	240	243	95	181
历史学	博士生	18	18	116	22	22	72	43
	硕士生	44	33	129	60	59	10	7
理学	博士生	326	336	1933	550	492	891	396
	硕士生	364	377	1658	577	564	517	316
工学	博士生	744	748	5265	1440	1172	2653	995
	硕士生	2403	1169	9985	3368	3442	3175	2473
农学	博士生	155	154	805	205	189	411	197
	硕士生	286	144	1183	380	404	399	279
医学	博士生	324	227	1843	555	450	838	328
	硕士生	517	455	2116	716	738	662	463
管理学	博士生	84	79	750	148	143	459	190
	硕士生	629	203	3863	1407	1270	1186	1012
艺术学	博士生	0	0	36	27	3	6	3
	硕士生	32	3	151	53	47	51	39

附录6　2019年浙江大学分专业学位类别研究生数　　　　　　（单位：人）

专业学位类别	研究生	毕业生数	授予学位数	在校学生数				预计毕业生数
				总计	一年级	二年级	三年级及以上	
总计	博上生	123	180	1015	452	282	281	129
	硕士生	2565	3380	12864	4490	4461	3852	3244
教育	博士生	6	6	74	19	15	40	20
	硕士生	12	95	131	45	43	43	38
临床医学	博士生	116	171	547	218	143	186	78
	硕士生	232	260	953	300	317	336	234
口腔医学	博士生	0	2	7	5	2	0	0
	硕士生	33	32	147	45	60	42	29

浙江大学年鉴

学科门类	研究生	毕业生数	授予学位数	在校学生数				预计毕业生数
				总计	一年级	二年级	三年级及以上	
工程	博士生	1	1	387	210	122	55	31
	硕士生	1208	1679	5797	2028	2015	1754	1480
法律	硕士生	86	106	491	152	172	167	128
体育	硕士生	11	31	22	10	11	1	8
汉语国际教育	硕士生	45	45	66	25	28	13	26
艺术	硕士生	16	16	89	30	28	31	22
农业	硕士生	123	148	515	163	176	176	123
兽医	硕士生	11	23	55	17	20	18	12
风景园林	硕士生	13	22	88	22	35	31	22
公共卫生	硕士生	0	17	28	23	5	0	0
工商管理	硕士生	326	426	1686	626	534	526	435
公共管理	硕士生	68	89	929	306	291	332	230
建筑学	硕士生	21	31	151	35	78	38	27
金融学	硕士生	106	106	314	170	143	1	97
税务	硕士生	15	15	27	13	14	0	10
国际商务	硕士生	36	36	97	43	39	15	37
应用心理	硕士生	12	12	35	14	17	4	3
新闻与传播	硕士生	33	33	57	27	28	2	21
文物与博物馆	硕士生	18	18	66	32	28	6	4
会计	硕士生	28	28	87	27	26	34	24
翻译	硕士生	18	18	45	15	27	3	20
药学	硕士生	27	27	151	52	53	46	32
城市规划	硕士生	0	0	54	20	17	17	12
社会工作	硕士生	28	28	50	22	28	0	19
工程管理	硕士生	39	39	733	289	228	216	151

学院（系）名称	在校生数	博士生数	硕士生数
人文学院	573	346	227
外国语言文化与国际交流学院	340	103	237
传媒与国际文化学院	312	108	204
经济学院	720	205	515
光华法学院	698	130	568
教育学院	395	182	213
管理学院	2070	307	1763
公共管理学院	1601	368	1233
马克思主义学院	163	87	76
数学科学学院	415	159	256
物理学系	368	218	150
化学系	525	273	252
地球科学学院	290	128	162
心理与行为科学系	205	72	133
机械工程学院	1172	457	715
材料科学与工程学院	705	324	381
能源工程学院	1071	488	583
电气工程学院	972	365	607
建筑工程学院	1286	473	813
化学工程与生物工程学院	812	287	525
海洋学院	799	224	575
航空航天学院	438	203	235
高分子科学与工程学系	334	170	164
光电科学与工程学院	653	254	399
信息与电子工程学院	1018	298	720
控制科学与工程学院	668	233	435
计算机科学与技术学院	1534	517	1017
软件学院	754	0	754
生物医学工程与仪器科学学院	508	217	291

浙江大学年鉴

人才培养

学院(系)名称	在校生数	博士生数	硕士生数
生命科学学院	692	411	281
生物系统工程与食品科学学院	476	212	264
环境与资源学院	767	283	484
农业与生物技术学院	1097	425	672
动物科学学院	498	175	323
医学院	3952	1883	2069
药学院	464	202	262
国际教育学院	1419	774	645
工程师学院	2381	230	2151
国际联合学院	75	25	50
艺术与考古学院	152	43	109
浙江大学—西湖大学联培项目	215	215	0
所有院系	33587	12074	21513

附录8　浙江大学2019届参加就业研究生毕业生按单位性质流向统计

单位性质	单位性质流向	硕士比例/%	博士比例/%
各类企业	国有企业	14.64	9.89
	三资企业	15.40	6.84
	其他企业	45.32	22.75
事业单位	科研设计单位	0.99	5.72
	医疗卫生单位	7.86	17.03
	中初等教育单位	1.56	0.15
	高等教育单位	2.05	31.15
	其他事业单位	2.08	2.16
政府、部队	部队	0.20	0.37
	党政机关	9.91	3.94

附录9 浙江大学2019届参加就业研究生毕业生就业流向按地区统计

单位地区	硕 士		博 士	
	人数/人	比例/%	人数/人	比例/%
浙江	2413	59.65	706	52.49
上海	494	12.21	121	9.00
广东	355	8.78	126	9.37
江苏	130	3.21	66	4.91
北京	182	4.50	62	4.61
山东	36	0.89	32	2.38
四川	67	1.66	21	1.56
安徽	32	0.79	12	0.89
湖北	54	1.33	23	1.71
湖南	28	0.69	14	1.04
福建	35	0.87	19	1.41
陕西	18	0.44	18	1.34
江西	14	0.35	20	1.49
河南	31	0.77	18	1.34
山西	14	0.35	2	0.15
河北	14	0.35	6	0.45
重庆	14	0.35	9	0.67
贵州	20	0.49	19	1.41
新疆	8	0.20	7	0.52
广西	24	0.59	7	0.52
辽宁	3	0.07	7	0.52
天津	13	0.32	11	0.82
云南	7	0.17	4	0.30
吉林	15	0.37	3	0.22
西藏	/	/	/	/
海南	1	0.02	3	0.22
内蒙古	5	0.12	/	/
宁夏	8	0.20	1	0.07

浙江大学年鉴

单位地区	硕　士		博　士	
	人数/人	比例/%	人数/人	比例/%
甘肃	8	0.20	3	0.22
青海	1	0.02	/	/
黑龙江	1	0.02	5	0.37
合计	4045	100	1345	100

（张雨迪撰稿　叶恭银审稿）

继续教育

【概况】 2019年，全校继续教育办学总收入为10.84亿元，比上年增长0.32亿元；其中教育培训收入10.40亿元，比上年增长0.94亿元，首次突破10亿元；远程教育收入0.44亿元，处于平稳收尾阶段。整体上交学校管理费2.59亿元，比上年增长0.22亿元。

全年，培训人数30.95万余人次，比上年减少5.10%，其中党政管理人员占67.35%、企业经营人员占17.73%、专业技术人员占12.17%、其他人员占2.75%。培训项目5257项，比上年减少5.74%；发放培训证书30.42万余份，其中高级研修班证书2022份、继续教育结业证书30.22万余份。

2019年，远程学历教育在籍学生数20400人，比上年减少15381人，减少42.99%，其中专科起点本科16804人（含本科及以上层次修读本科2655人）、高中起点专科3596人。毕、结业生11393人，其中本科8691人；授予学士学位3085人，学位授予率约为35.50%。学习中心数67个。根据办学定位调整，2019年1月1日起已全面停止远程学历教育招生。

自学考试主考专业19个（含已停招尚在主考的8个），其中专科起点本科13个、专科6个。命题6门课程；阅卷2次共103门课程、20855课次；完成考试大纲编写3门；组织实践性环节（含毕业论文）培训1160人次、实践环节考核190人次、毕业论文答辩321人。主考专业毕业生217人，其中本科212人、专科5人，授予学士学位41人。

按照浙江大学"高水平、高质量""高端化、品牌化、全球化"和"一流特色"继续教育办学目标，各办学单位举办高端化项目取得突破。国际联合学院面向金融行业高管，举办首个全球化项目"ZIBS剑桥金融科技研修班"；管理学院与阿里巴巴战略合作，面向IT高管举办"浙江大学数字商业高管研修班"，开展松下电器全球高管创新战略管理主题研修班；建工学院依托学科面向建筑工程领域企业高管，研发由多位院士领衔教学的"求是巨匠高级研修班"。

【认定首批继续教育品牌项目】 品牌项目建设与认定是2019年继续教育工作的重点任务，从顶层设计上加强政策引导、以评促建，推动学校继续教育"高水平、高质量"发展。经过校内各办学单位申报、学校评议审定,于12月6日认定制造业企业转型升级与持续成长战略高级研修班、农业农村发展振兴与浙江经验推广专题研修班等51个继续教育品牌项目,涉及科技、教育、医疗、农业、创新创业等高层次人才培养,体现了特色发展、交叉融合的继续教育人才培养新路径。

【主办第二十届海峡两岸继续教育论坛】
该论坛于10月30—31日在南京召开,由南京大学承办。来自海峡两岸暨香港、澳门的22所会员高校和18所特约高校约130人参加,本届论坛主题为"高质量特色化——新时代继续教育发展愿景"。副校长严建华作为论坛秘书长单位代表在论坛上致辞,浙江大学在大会上作题为"定位:大学继续教育品牌与特色"的主题发言。

【附录】

附录1　2019年浙江大学教育培训情况

招生对象	班次/次	人次/人
党政管理人员	3492	208478
企业管理人员	1053	54872
专业技术人员	555	37681
其他人员	157	8518
总计	5257	309549

附录2　2019年浙江大学远程教育学生情况　　　　　　（单位:人）

毕业生数				招生数		在校生数		
合计	本科	专科	授予学士学位数	招生数	注册数	合计	本科	专科
11393	8691	2702	3085	0	0	20400	16804	3596

附录3　2019年浙江大学自学考试主考专业

层　　次	专业名称	
专升本	金融	国际贸易
	经济学	法律
	心理健康教育	汉语言文学
	新闻学	电力系统及其自动化
	计算机通信工程	建筑工程
	道路与桥梁工程	检验
	英语语言文学	

层　次	专业名称	
专科	档案管理	电力系统及其自动化
	房屋建筑工程	道路与桥梁工程
	农业推广	护理学

（郑英蓓撰稿　陈军审稿）

留学生教育

【概况】　2019 年,共有来自 157 个国家的 7131 名国际学生在浙江大学学习,其中攻读学位国际学生 4747 人,比上年增长 7.7%。在稳定规模的基础上,国际学生国别分布更加广泛,结构层次进一步优化。

共有来自 121 个国家的 2691 名国际新生报到,其中博士生 150 人、硕士生 205 人、本科生 705 人。实施六个“首次”(首次在前一年的第四季度即启动新一年的招生工作,首次举办本科国际学生招生说明会,首次举办“国际学生招生宣传大使”活动,首次举办国际研究生招生工作会议,首次全面改革中国政府奖学金国别奖的商榷录取流程,首次实施汉语言本科新生视频面试),完善招生制度,优化招生流程。新增全英文全球传播博士项目、全英文电气工程研究生项目和国际 MBA 等特色项目,争取到国家留学基金委“中非友谊”和“中国—东盟菁英”奖学金项目;“技术创新与领导力国际高端人才培养”“丝绸之路”项目被评为优秀项目。

录取交流生 194 人,其中语言生 47 人,本科层次交流生 101 人,研究生层次交流生 46 人。制定《院系层级交流生招生指南》,启用新系统进行入学报名。开展 20 多个短期项目和暑期短期汉语言进修班,共接收 553 人。

成立汉语言(留学生)专业建设委员会和教师教学发展委员会,修订 2019 级培养方案,并进行专业自查自评工作。承办“短期汉语课堂教学案例分析交流会”,举行第一届“国际教育学院青年教师教学竞赛”。“杭州历史文化漫游”获浙江大学重点慕课项目资助,并登陆中国大学 MOOC(慕课)平台＝承办 3 次汉语水平考试(HSK),累计考生人数达 434 人,比上年增长 32%。作为首批高校被授予医学汉语水平考试(MCT)考点资质,完成首次医学汉语水平考试。

修订完善《浙江大学国际学生教育管理实施办法(试行)》,汇编《浙江大学国际学生工作手册》。国际学生英语支教团获“浙江大学 2019 年暑期大学生社会实践活动十佳团队”称号;创新创业俱乐部国际学生创业团队获浙江省外国留学生创新创业大赛一等奖 1 项、优胜奖 1 项,第五届互联网＋创新创业大赛浙江省赛区金奖 5 项。组织梦行浙江、感知中国等活动 60 余项,组织国际学生参加“中俄青年同走 70 年友谊路”“杭州全球旗袍日”等大型活动。国际学生获第三届全国来华留学生征文大赛二等奖 1 项和浙江省“融情中华、热爱中国”演讲比赛二等奖、三等奖各 1 项。澳大利亚籍学生江添文入选"新时代杭州十大青年英才"。

派出海外孔子学院中方院长 2 人、对外汉语教师和志愿者 24 人，招收孔子学院奖学金学生 55 人，承办日本立命馆亚洲太平洋大学(APU)大学生夏令营和西澳州中学生春令营孔子学院团组。西澳大学孔子学院第 3 次获得全球"先进孔子学院"称号。

2019 年共有 59 个"一带一路"沿线国家的 3128 名国际学生在浙江大学学习，占比 43.9%；比上年增加近 200 人，增加 2 个生源国家。马来西亚籍本科生 TEO SENG KAI 在"互联网＋"大学生创新创业大赛国际赛道组校赛获得冠军。

推动中澳高校科研合作大学联盟创立。参与第二十届中国国际教育年会专题研讨会筹备工作，承办专题研讨。参与第二十届中国国际教育年会"国际化与学生流动·中外合作办学·新聚合研讨会"板块组织策划。

【中国教育国际交流协会"双一流"建设高校国际交流分会一届二次会员大会暨一届二次理事大会】 于 12 月 27 日在北京理工大学中关村校区举办，"双一流"分会理事长、浙江大学副校长何莲珍作了 2019 年分会工作总结报告和 2020 年分会工作计划报告。

此次会议由"双一流"建设高校国际交流分会秘书处和北京理工大学国际交流合作处共同承办，北京大学、清华大学等共 50 余所高校 70 余名代表参加会议。

【西澳大学孔子学院获全球"先进孔子学院"称号】 12 月 9 日，2019 年国际中文教育大会在长沙开幕，会议主题是"新时代国际中文教育的创新和发展"。中共中央政治局委员、国务院副总理孙春兰出席会议并作主旨演讲。在 12 月 10 日的大会闭幕式上，中国教育部副部长田学军、湖南省副省长何报翔等共同为西澳大学孔子学院等全球 20 多所先进孔子学院颁奖。

西澳大学孔子学院自 2005 年创办以来，不断适应当地不同层次中文学习者的需求，积极开展各类汉语教学实践，组织多姿多彩的中华文化活动，同时还举办了各类大型研讨会和论坛，为中澳之间的教育文化交流与合作做出了重要贡献，至此，第三次获得"先进孔子学院"称号。

【获"浙江大学 2019 年暑期大学生社会实践活动十佳团队"称号】 11 月 1 日，国际学生赴贵州湄潭暑期社会实践英语支教团以第 3 名的成绩获该称号。该支教团是浙江大学首支全部由国际学生组成的大学生暑期社会实践团队，是国际学生人才培养和加强国际学生思想教育的一个有益尝试和重要探索。10 名团队成员分别来自美国、澳大利亚、俄罗斯等 9 个国家。国际学生发挥英语语言优势，以浙大西迁办学场所、反映当地经济社会发展和人文历史的窗口为课堂，以夏令营的形式，与湄潭求是高级中学学生结对子开展英语支教活动。

【附录】

附录 1　浙江大学 2019 年外国留学生数　　（单位：人）

博士研究生	硕士研究生	本科生	高级进修生	普通进修生	汉语生	短期生	合计
913	902	2932	185	244	1402	553	7131

人才培养

浙江大学年鉴

附录2　浙江大学2019年分学科门类外国留学生数　　　　　（单位：人）

序号	学科	博士研究生	硕士研究生	本科生	高级进修生	普通进修生	语言生	短期团组	合计
1	文学	51	320	916	26	16	1402	477	3208
2	工学	305	82	401	30	157	0	76	1051
3	医学	77	77	655	4	1	0	0	814
4	经济学	15	91	574	37	10	0	0	727
5	管理学	93	159	202	59	42	0	0	555
6	理学	126	45	76	9	5	0	0	261
7	农学	152	24	24	6	0	0	0	206
8	法学	49	82	49	9	2	0	0	191
9	教育学	20	11	7	0	2	0	0	40
10	历史学	11	7	10	4	5	0	0	37
11	艺术学	5	2	11	0	4	0	0	22
12	哲学	9	2	7	1	0	0	0	19
共计		913	902	2932	185	244	1402	553	7131

附录3　浙江大学2019年分院系外国留学生数　　　　　（单位：人）

院系	博士研究生	硕士研究生	本科生	高级进修生	普通进修生	语言生	短期团组	合计
人文学院	59	52	118	7	20	0	0	256
外国语言文化与国际交流学院	8	6	272	10	2	0	0	298
传媒与国际文化学院	9	88	371	4	1	0	0	473
经济学院	12	90	489	20	12	0	0	623
光华法学院	33	23	13	0	1	0	0	70
教育学院	20	8	13	0	2	0	0	43
管理学院	54	94	267	73	37	0	0	525
公共管理学院	58	120	46	12	3	0	0	239
马克思主义学院	0	2	0	3	0	0	0	5
数学科学学院	9	2	17	2	0	0	0	30

续表

院系	博士研究生	硕士研究生	本科生	高级进修生	普通进修生	语言生	短期团组	合计
物理学系	11	1	5	0	1	0	0	18
化学系	11	1	2	0	0	0	0	14
地球科学学院	11	1	6	0	0	0	0	18
心理与行为科学系	9	11	28	2	2	0	0	52
机械工程学院	6	12	63	1	1	0	5	88
材料科学与工程学院	27	4	6	0	0	0	0	37
能源工程学院	17	5	10	2	9	0	0	43
电气工程学院	26	2	39	4	2	0	0	73
建筑工程学院	44	14	80	6	3	0	0	147
化学工程与生物工程学院	33	5	28	0	40	0	40	146
海洋学院	46	43	3	0	1	0	0	93
航空航天学院	9	0	2	0	3	0	0	14
高分子科学与工程学系	12	0	2	2	0	0	0	16
光电科学与工程学院	11	1	0	1	17	0	16	46
信息与电子工程学院	23	3	18	2	2	0	0	48
控制科学与工程学院	10	5	9	2	0	0	0	26
计算机科学与技术学院	20	11	69	5	18	0	0	123
软件学院	0	1	0	1	0	0	15	17
生物医学工程与仪器科学学院	9	2	8	0	1	0	0	20
生命科学学院	17	3	17	2	0	0	0	39
生物系统工程与食品科学学院	52	0	14	1	0	0	0	67
环境与资源学院	37	2	10	0	1	0	0	50
农业与生物技术学院	108	23	12	6	0	0	0	149
动物科学学院	13	1	9	4	0	0	0	27

院系	博士研究生	硕士研究生	本科生	高级进修生	普通进修生	语言生	短期团组	合计
医学院	66	73	639	4	1	0	0	783
药学院	19	4	6	0	0	0	0	29
国际教育学院	0	0	209	0	0	1402	477	2088
国际联合学院（海宁国际校区）	4	189	32	9	0	0	0	234
工程师学院	0	0	0	0	20	0	0	20
国际设计研究院	0	0	0	0	44	0	0	44
合计	913	902	2932	185	244	1402	553	7131

附录4　浙江大学2019年分经费来源外国留学生数　（单位：人）

中国政府资助	浙江省政府资助	中国学校奖学金	本国政府资助	校际交流	企业奖学金	自费	合计
1497	200	610	4	368	33	4419	7131

附录5　浙江大学2019年主要国家留学生数　（单位：人）

韩国	马来西亚	泰国	巴基斯坦	美国	日本	印度尼西亚	意大利	德国	英国
1788	512	446	411	257	228	209	198	171	154

附录6　浙江大学2019年分大洲外国留学生数　（单位：人）

亚洲	欧洲	美洲	非洲	大洋洲	合计
4821	1219	516	469	106	7131

附录7　浙江大学2019年毕业、结业外国留学生数　（单位：人）

博士研究生	硕士研究生	本科生	高级进修生	普通进修生	语言生	短期团组	合计
110	235	300	185	244	1402	553	3029

（朱　旸撰稿　唐晓武审稿）

科学研究与社会服务

科学技术研究

【概况】 2019 年,浙江大学科研工作者坚持以习近平新时代中国特色社会主义思想为指导,坚持"建设世界一流大学"的总目标,对接国际学术前沿,围绕国家发展战略和"双一流"建设的主体目标,秉承"国际视野、融合创新、内涵发展、质量优先"的发展理念,牢记使命、勇毅笃行,科研事业稳步推进,为国家区域创新发展做出了积极贡献。

到款科研经费 53.50 亿元,首次突破 50 亿元大关,比上年增长 7.90 亿元,其中纵向经费 39.01 亿元(占 72.92%),横向经费 14.49 亿元(占 27.08%)。

重大项目承载力稳定增强。全年新增三重项目 149 项。新增牵头承担科技创新 2030——重大项目 2 项,课题 5 项,总经费 0.54 亿元;承担国家重点研发计划项目 17 项,其中千万级项目 11 项,承担课题 89 项,国拨总经费 5.76 亿元;新增立项国家基金重点项目 34 项,创近年新高。

加速推进高端科研平台建设,超重力离心模拟与实验装置国家重大科技基础设施项目已开工建设;加快推进教育部"新一代工业互联网系统安全技术"集成攻关大平台及"脑与脑机融合"教育部前沿科学中心建设,并以此为依托,探索建设以国家重大需求及前沿基础研究为导向的"科研特区";发挥浙江大学的核心作用,持续推进之江实验室重大项目和重大科学装置建设方案论证、人员双聘等工作,重点推进人才队伍建设及合作机制探索工作,使之江实验室建设迈出了坚实步伐。

科研人才类项目稳健发展,全年共有 10 人获得国家杰出青年科学基金资助、24 人获得优秀青年科学基金项目资助、10 人入选科技部创新人才推进计划,共获批科技创新团队(先进技术)1 个、1 人获得卓越青年科学基金资助,2019 年科睿唯安(原汤森路透)全球高被引科学家上榜 23 人次。截至 2019 年底,浙江大学共获批国家杰出青年科学基金项目 138 项、国家优秀青年科学基金项目 148 项、国家自然科学基金创新研究群体 14 个、农业部科研杰出人才及其创新团队 11 个、科技部创新人才推进计划重点领域创新团队 12 个、科技创新团队(先进技术)3 个。

浙江大学作为第一单位获 2019 年国家科学技术二等奖 6 项,其中技术发明二等奖 2 项,科技进步二等奖 4 项,总数稳居全国高校前列;作为第一单位获 2019 年度高等学校科技奖一等奖 9 项(全国高校第二),获高等学校青年科学奖 1 项;作为第一单位获社会力量设奖一等奖(包括特等奖)共 15 项;获 2019 年何梁何利基金 1 项;2018 年度浙江省科技奖 44 项。

截至 2019 年 12 月 15 日,全校被 SCI 收录第一单位论文 8230 篇(比上年全年增加 10.5%),其中两类(article 和 review)论文 7013 篇;以第一单位在 Cell、Nature、Science 主刊发表 Article、Review 两类论文 9 篇、子刊 83 篇,其中 Science 3 篇、Nature 5 篇、Cell 1 篇,Science 子刊 12 篇、Nature 子刊 50 篇、Cell 子刊 21 篇。根据中信所 2019 年 11 月公布的数据,2018 年度,浙江大学被科学引文索引扩展版(SCI)收录论文篇数位居全国高校第二、中国卓越科技论文收录篇数位居全国高校第三,2009—2018 年 10 年论文被引次数、作为第一作者国际合著论文篇数位居全国高校第一。

推进现有国家和省部科创基地优化整合,组织优势力量提前谋划、有序推进新建国家和省部科创基地。全年共获批国家健康和疾病人脑组织资源库、国家感染性疾病临床医学研究中心(病毒性肝炎)、国家儿童健康与疾病临床医学研究中心 3 家国家级科创基地,以及国家基金委多相介质超重力相演变基础科学中心、教育部"新一代工业互联网系统安全技术"集成攻关大平台、教育部海洋感知技术与装备工程研究中心等 5 家国家部委科创基地。同时,积极推进"系统医学与精准诊治"等浙江省实验室筹建工作,获认定省级重点实验室 8 家。截至 2019 年底,浙江大学已建有国家科创基地 37 家和省部级科创基地 201 家,其中国家重点实验室 10 家、国家工程技术研究中心 6 家、国家(地方联合)工程研究中心(实验室)11 家、国家临床医学研究中心 2 家、国家科技资源共享服务平台 1 家、自主设立校设研究院 11 个、研究所 184 个,另有校地科技合作平台 28 个,这些都为科研发展提供了强大平台支撑。

先进技术创新发展取得重要突破,获批民口高校唯一的国家级"创新特区试验示范区"、教育部首批"示范高校"以及教育部唯一的"战略研究基地",全年先进技术研究院科研新上项目 540 项,实际到款经费 7.75 亿元,比上年增长 67.4%。坚持改革创新,大力推进试验示范区建设。11 月,浙江大学第十四届党委常委会第 63 次会议讨论并原则通过了先进技术研究院有关示范区建设方案,打造以"一个平台、一个智库、四大任务"为核心的创新生态体系。加强组织管理,谋划重大项目,形成了 6 个亿级科研项目和项目群,重特大任务承载能力显著提升。依托开放平台,打造创新战略智库,探索人才、科技的双向流动与融合发展新模式。积极促进成果转化,加快推动产业基地建设,实现服务科技强国和促进区域经济高质量发展共赢。强化科研育人,夯实学科管理及人才培养体系,制定出台《中共浙江大学委员会 浙江大学关于加强先进技术特色学科建设的若干意见》。加快建设先进技术研究院舟山海洋分院,全方位推进涉海渠道建设,高质量狠抓涉海重特大任务,高水平建设涉海重点团队,高效能发挥涉海平台作用,2019 年涉海到款经费同比增长约 210%。

进一步落实全球化战略,持续推进以实质性合作项目为牵引的国际科研合作。2019 年,共获批科技部政府间国际科技创新合作重点专项 21 项、国家自然科学基金国际(地区)合作与交流项目 37 项、浙江省各类国际科技合作专项 3 项。获批浙江省国际科技合作基地 8 家,以及信息与控制科学创新引智基地 2.0。与荷兰埃因霍温理工大学共建浙江大学—荷兰埃因霍温理工大学光电、传感及设计联合研究中心。校内布局国际科技合作专项 19 项,资助国际热核聚变实验堆计划(ITER)、大型强子对撞机计划(LHC),校内参与团队开展国际科技合作,支持科技部和浙江省国际科技合作基地的开放运行。

不断完善科研管理政策体系,相继出台《浙江大学科学技术奖励办法》(浙大发科〔2019〕4 号)、《浙江大学自然科学研究机构分类考评指导意见(试行)》(浙大发科〔2019〕5 号)、《浙江大学科技成果知识产权管理办法》(浙大发科〔2019〕7 号)、《浙江大学知识产权基金管理办法》(浙大发科〔2019〕8 号)、《关于发放职务科技成果转化现金奖励的实施细则》(浙大发科〔2019〕13 号)、《浙江大学科技成果转化审批细则》(浙大发科〔2019〕15 号)。

【2 个国家临床医学研究中心获批立项】
2019 年 5 月,科技部、国家卫生健康委、军委后勤保障部及国家药监局联合发文认定第四批国家临床医学研究中心,其中浙江大学的国家感染性疾病临床医学研究中心(病毒性肝炎)和国家儿童健康与疾病临床医学研究中心获批启动建设,实现了浙江省在国家级临床医学科研创新平台"零"的突破。国家感染性疾病临床医学研究中心(病毒性肝炎)实施多元融合、开放共享、竞争流动机制,整合人才、资源优势,围绕我国感染性疾病尤其是病毒性肝炎防、诊、治等环节的关键科学问题和国家重大科技需求,进行重点攻坚。国家儿童健康与疾病临床医学研究中心面向我国儿童健康保障与疾病防治需求,以临床应用为导向,以协同网络为支撑,开展临床研究、协同创新、学术交流、人才培养、成果转化、推广应用,有效提升临床诊疗水平,推动医疗质量均质化,带动整体医疗水平的提高,促进健康产业的发展。

【国家健康和疾病人脑组织资源库获批立项】 2019 年 6 月,国家健康和疾病人脑组织资源库获得科技部、财政部批准,这是浙江大学首个国家科技资源共享服务平台。该平台整合神经科学、人体解剖学、病理学和其他相关学科建设而成,按照国际标准收集、储存各种神经精神疾病患者和正常对照者所捐献的死亡后脑组织及其生前病史资料,同时为这些脑组织样本做好细致、准确的神经病理学诊断,通过正规审批的人脑组织材料研究申请和审批程序,将相关脑组织样本、匿名生前病史资料以及神经病理学诊断报告等提供给科学家们进行研究,目的是发现和阐明人类神经精神疾病的发病原因。

【新一代工业互联网系统安全技术集成攻关大平台实施方案通过论证】 2019 年 8 月,该大平台实施方案通过教育部论证,大平台于 2019 年 11 月获教育部立项建设批复。集成攻关大平台将面向国家重大战略需求,以攻克新一代工业互联网系统安全生命周期内生安全整体技术并实现工程化为目标,建设成为国家级新一代工业互联网系统安全技术研究基地、优势资源共享平台、高层次人才培养基地和产业化工程应用基地。

【获批国家自然科学基金基础科学中心项

目】 2019 年 9 月,陈云敏院士牵头申报的"多相介质超重力相演变"获批该中心项目,资助直接经费 8000 万元。项目紧密围绕国家重大需求、瞄准学科发展前沿,着力推动学科交叉融合,开展原创性、前瞻性和交叉性的多相介质相演变基础研究。通过该项目实施,预期在基于多相介质相演变的第三代土力学、超重力实验科学与方法等方面可取得一批原创成果,引领国际多相介质相演变及超重力科学研究与应用。

【在 *Nature*、*Science*、*Cell* 三大刊发文获历史性突破】 2019 年,浙江大学在这三大刊物上以第一完成单位发表文章 9 篇,比上年增加 5 篇,约为近 5 年年均发文数的 3 倍;非第一单位但有共同通讯作者或共同第一作者的发文 5 篇。

表　2019 年浙江大学以第一完成单位在 *Nature*、*Science*、*Cell* 三大刊物发文情况

序号	期刊名称及期次	发表时间	论文名称	作者	所在单位
1	*Nature* 2019,565:622-626	1 月 31 日	*Realization of a three-dimensional photonic topological insulator*(三维光学拓扑绝缘体的实验实现)	杨怡豪(一作)陈红胜(通讯作者)	信息与电子工程学院
2	*Nature* 2019,568:259-263	4 月 11 日	*PTC-bearing mRNA elicits a genetic compensation response via Upf3a and COMPASS components*(无义突变 mRNA 通过 Upf3a 和 COMPASS 组分激活遗传补偿效应)	马志鹏(一作)彭金荣(通讯作者)陈军(通讯作者)	生命科学学院
3	*Science* 2019,365:574-577	8 月 9 日	*Generation of multicomponent atomic Schrodinger cat states of up to 20 qubits20*(量子比特多组分薛定谔猫态的制备)	宋超(一作)许凯(一作)李贺康(一作)范桁(通讯作者)郑东宁(通讯作者)王浩华(通讯作者)	物理学系
4	*Nature* 2019,574:223-227	10 月 10 日	*Tuning element distribution, structure and properties by composition in high-entropy alloys*(高熵合金序构和性能的成分调控机制)	丁青青(一作)余倩(通讯作者)	材料科学与工程学院

序号	期刊名称及期次	发表时间	论文名称	作者	所在单位
5	*Nature* 2019, 574:394-398	10月17日	*Crosslinking ionic oligomers as conformable precursors to calcium carbonate*（以离子寡聚体为合适前体交联制备碳酸钙）	刘昭明（一作）唐睿康（通讯作者）	化学系
6	*Science* 2019, 366:460-467	10月25日	*Palmitoylation of NOD1 and NOD2 is required for bacterial sensing*（NOD1和NOD2蛋白的棕榈酰化修饰调控其介导细菌性免疫的关键机制）	陆晶（一作）郑裕萍（一作）张超（一作）Dante Neculai（通讯作者）孙启明（通讯作者）	医学院
7	*Science* 2019, 366:505-508	10月25日	*Cryo-EM structures of the human cation-chloride cotransporter KCC1*（人源钾氯共转运蛋白KCC1的冷冻电镜结构）	刘斯（一作）常圣海（一作）韩斌铭（一作）郭江涛（通讯作者）	医学院
8	*Cell* 2019, 179:864-879	10月31日	*Stress-Induced metabolic disorder in peripheral CD4＋T cells leads to anxiety-like behavior*（压力导致的T细胞代谢紊乱引发焦虑样行为）	范柯琪（一作）李异媛（一作）靳津为（通讯作者）	生命科学研究院
9	*Nature* 2019 doi: 10.1038/s41586-019-1830-y	12月11日	*A dominant autoinflammatory disease caused by non-cleavable variants of RIPK1*（RIPK1非切割变异导致一种新的自身炎症疾病）	陶攀峰（一作）王俊（一作）王诗豪（一作）周青（通讯作者）	生命科学研究院

浙江大学年鉴

【附录】

所属院系	序号	研究所名称	负责人
数学科学学院	1	高等数学研究所	李　方
	2	信息数学研究所	阮火军
	3	科学与工程计算研究所	吴庆标
	4	统计研究所	张荣茂
	5	应用数学研究所	孔德兴
	6	运筹与控制科学研究所	谈之奕
物理学系	7	光学研究所	朱诗尧
	8	凝聚态物理研究所	许祝安
	9	电子与无线电物理研究所	吴惠桢
	10	浙江近代物理中心	李政道
化学系	11	物理化学研究所	王从敏
	12	有机与药物化学研究所	陆　展
	13	高新材料化学研究所	吴传德
	14	催化研究所	王　勇
	15	分析化学研究所	苏　彬
地球科学学院	16	天气气候与环境气象研究所	曹　龙
	17	地质研究所	程晓敢
	18	地球物理研究所	徐义贤
	19	地理与空间信息研究所	杜震洪
心理与行为科学系	20	应用心理学研究所	马剑虹
	21	认知与发展心理学研究所	张智君
机械工程学院	22	机械电子控制工程研究所	李德骏
	23	制造技术及装备自动化研究所	傅建中
	24	设计工程研究所	张树有

所属院系	序号	研究所名称	负责人
机械工程学院	25	航空制造工程研究所	董辉跃
	26	微纳技术与精密工程研究所	刘　涛
	27	机械设计研究所	童水光
	28	工业工程研究所	唐任仲
材料科学与工程学院	29	半导体材料研究所	杨德仁
	30	金属材料研究所	涂江平
	31	无机非金属材料研究所	钱国栋
	32	材料物理研究所	陈湘明
	33	功能复合材料与结构研究所	彭华新
	34	高温合金研究所	贝红斌
能源工程学院	35	热能工程研究所	岑可法
	36	动力机械与车辆工程研究所	刘震涛
	37	制冷与低温研究所	张学军
	38	热工与动力系统研究所	盛德仁
	39	化工机械研究所	洪伟荣
电气工程学院	40	电机及其控制研究所	黄　进
	41	电力系统及其自动化研究所	徐　政
	42	航天电气与微特电机研究所	沈建新
	43	电力经济与信息化研究所	文福拴
	44	电气自动化研究所	颜文俊
	45	系统科学与控制研究所	许　力
	46	电力电子技术研究所	徐德鸿
	47	电工电子新技术研究所	杨仕友
建筑工程学院	48	结构工程研究所	金伟良
	49	岩土工程研究所	陈云敏

所属院系	序号	研究所名称	负责人
建筑工程学院	50	水工结构与水环境研究所	刘国华
	51	交通工程研究所	徐荣桥
	52	土木工程管理研究所	张 宏
	53	市政工程研究所	张土乔
	54	防灾工程研究所	尚岳全
	55	建筑材料研究所	钱晓倩
	56	高性能建筑结构与材料研究所	徐世烺
	57	建筑设计及其理论研究所	徐 雷
	58	建筑技术研究所	葛 坚
	59	城市规划与设计研究所	华 晨
	60	城乡规划理论与技术研究所	韩昊英
	61	水文与水资源工程研究所	冉启华
	62	空间结构研究中心	罗尧治
	63	滨海和城市岩土工程研究中心	龚晓南
	64	智能交通研究所	王殿海
化学工程与生物工程学院	65	聚合与聚合物工程研究所	罗英武
	66	化学工程研究所	戴立言
	67	联合化学反应工程研究所	陈志荣
	68	生物工程研究所	吴坚平
	09	制药工程研究所	张治国
	70	工业生态与环境研究所	张兴旺
海洋学院	71	港口海岸与近海工程研究所	贺治国
	72	海洋化学与环境研究所	张朝晖
	73	海洋传感与网络研究所	瞿逢重
	74	海洋结构物与船舶工程研究所	冷建兴

所属院系	序号	研究所名称	负责人
海洋学院	75	海洋电子与智能系统研究所	徐志伟
	76	海洋地质与资源研究所	厉子龙
	77	海洋工程与技术研究所	陈 鹰
	78	物理海洋与遥感研究所	宋金宝
	79	海洋生物与药物研究所	马忠俊
航空航天学院	80	流体工程研究所	余钊圣
	81	空天信息技术研究所	宋广华
	82	应用力学研究所	钱 劲
	83	飞行器设计与推进技术研究所	郑 耀
	84	无人机系统与控制研究所	陶伟明
	85	航天电子工程研究所	郁发新
	86	微小卫星研究中心	金仲和
高分子科学与工程学系	87	高分子科学研究所	高 超
	88	高分子复合材料研究所	陈红征
	89	生物医用大分子研究所	计 剑
光电科学与工程学院	90	光学成像与检测技术研究所	徐之海
	91	光学工程研究所	白 剑
	92	微纳光子学研究所	邱建荣
	93	激光生物医学研究所	丁志华
	94	光电工程研究所	匡翠方
	95	光及电磁波研究中心	何赛灵
	96	光学惯性技术工程中心	黄腾超
信息与电子工程学院	97	信息与通信网络工程研究所	虞 露
	98	智能通信网络与安全研究所	赵民建
	99	信号空间和信息系统研究所	徐 文

所属院系	序号	研究所名称	负责人
信息与电子工程学院	100	微纳电子研究所	程志渊
	101	超大规模集成电路设计研究所	张　明
	102	微电子集成系统研究所	储　涛
控制科学与工程学院	103	工业控制研究所	陈积明
	104	智能感知与检测研究所	黄志尧
	105	智能系统与控制研究所	苏宏业
计算机科学与技术学院	106	人工智能研究所	吴　飞
	107	系统结构与网络安全研究所	何钦铭
	108	计算机软件研究所	陈　刚
	109	现代工业设计研究所	孙守迁
生物医学工程与仪器科学学院	110	生物医学工程研究所	夏　灵
	111	数字技术及仪器研究所	陈耀武
	112	医疗健康信息工程技术研究所	叶学松
生命科学学院	113	植物生物学研究所	郑绍建
	114	微生物研究所	冯明光
	115	生态研究所	邱英雄
	116	细胞与发育生物学研究所	杨卫军
	117	生物化学研究所	周耐明
	118	遗传与再生生物学研究所	严庆丰
生物系统工程与食品科学学院	119	农业生物环境工程研究所	朱松明
	120	智能农业装备研究所	王剑平
	121	农业信息技术研究所	何　勇
	122	食品生物科学技术研究所	冯凤琴
	123	食品加工工程研究所	刘东红
环境与资源学院	124	环境健康研究所	刘维屏

所属院系	序号	研究所名称	负责人
环境与资源学院	125	环境过程研究所	林道辉
	126	农业化学研究所	林咸永
	127	农业遥感与信息技术应用研究所	黄敬峰
	128	土水资源与环境研究所	何 艳
	129	环境污染防治研究所	吴伟祥
	130	环境技术研究所	吴忠标
	131	环境生态研究所	郑 平
	132	环境影响评价研究室	史惠祥
农业与生物技术学院	133	生物技术研究所	蔡新忠
	134	原子核农业科学研究所	叶庆富
	135	作物科学研究所	舒庆尧
	136	蔬菜研究所	卢 钢
	137	果树科学研究所	李 鲜
	138	园林研究所	夏宜平
	139	昆虫科学研究所	李 飞
	140	农药与环境毒理研究所	虞云龙
	141	茶叶研究所	王岳飞
动物科学学院	142	饲料科学研究所	余东游
	143	动物预防医学研究所	周继勇
	144	奶业科学研究所	王佳堃
	145	蚕蜂研究所	胡福良
	146	动物养殖与环境工程研究所	邵庆均
	147	应用生物资源研究所	时连根
	148	动物遗传繁育研究所	彭金荣
医学院	149	传染病研究所	李兰娟
	150	血液学研究所	黄 河

浙江大学年鉴

所属院系	序号	研究所名称	负责人
医学院	151	肿瘤研究所	于晓方
	152	儿科研究所	杜立中
	153	外科研究所	王伟林
	154	心血管病研究所	王建安
	155	脑医学研究所	张建民
	156	急救医学研究所	张 茂
	157	骨科研究所	叶招明
	158	妇产科计划生育研究所	吕卫国
	159	邵逸夫临床医学研究所	俞云松
	160	眼科研究所	姚 克
	161	呼吸疾病研究所	沈华浩
	162	免疫学研究所	曹雪涛
	163	病理学与法医学研究所	周 韧
	164	社会医学与全科医学研究所	李 鲁
	165	环境医学研究所	孙文均
	166	营养与食品安全研究所	王福俤
	167	神经科学研究所	段树民
	168	微创外科研究所	蔡秀军
	169	核医学与分子影像研究所	张 宏
	170	胃肠病研究所	姒健敏
	171	细胞生物学研究所	张咸宁
	172	器官移植研究所	郑树森
	173	口腔医学研究所	王慧明
	174	肾脏病研究所	陈江华
	175	遗传学研究所	管敏鑫
	176	药物生物技术研究所	李永泉
	177	检验医学研究所	陈 瑜
	178	系统神经与认知科学研究所	王 菁

续表

所属院系	序号	研究所名称	负责人
药学院	179	药物发现与设计研究所	崔孙良
	180	药物制剂研究所	高建青
	181	药物信息学研究所	瞿海斌
	182	现代中药研究所	吴永江
	183	药理毒理研究所	应美丹
	184	药物代谢和药物分析研究所	曾　苏

附录2　2019年浙江大学科研机构（校设研究院）

序号	校设研究院名称	批准时间	负责人
1	浙江加州国际纳米技术研究院	2005年12月	杨　辉
2	浙江大学求是高等研究院	2006年10月	徐立之
3	浙江大学生命科学研究院	2009年10月	冯新华
4	浙江大学水环境研究院	2009年12月	徐向阳
5	浙江大学可持续能源研究院	2010年01月	倪明江　骆仲泱
6	浙江大学集成电路与基础软件研究院	2010年04月	严晓浪
7	浙江大学国际设计研究院	2010年09月	孙凌云
8	浙江大学转化医学研究院	2012年03月	吕志民
9	浙江大学海洋研究院	2014年05月	张海生
10	浙江大学健康医疗大数据国家研究院	2018年06月	吴息凤
11	浙江大学数学高等研究院	2019年12月	励建书

附录3　2019年浙江大学共建科研机构（校地科技合作平台）

序号	校地科技合作平台	时间	负责人	平台性质
1	浙江大学台州研究院	2007年	颜文俊	事业法人
2	浙江大学舟山海洋研究中心	2009年	徐　文	事业法人
3	浙江大学—宁波江北工研院公共创新平台	2011年	杨　捷	企业法人
4	浙江大学昆山创新中心	2012年	姚　军	事业法人
5	浙江大学苏州工业技术研究院	2011年	叶继术	事业法人

序号	校地科技合作平台	时间	负责人	平台性质
6	浙江大学自贡创新中心	2014年	童水光	事业法人
7	浙江大学常州工业技术研究院	2013年	吕红兵	事业法人
8	浙江大学包头工业技术研究院	2014年	吕福在	事业法人
9	浙江大学滨海产业技术研究院	2014年	柳景青	事业法人
10	浙江大学华南工业技术研究院	2014年	赵荣祥	事业法人
11	浙江大学山东工业技术研究院	2017年	曹衍龙	事业法人
12	浙江大学(杭州)创新医药研究院	2016年	杨 波	非法人
13	浙江大学机器人研究院	2017年	陆国栋	非法人
14	浙江大学衢州研究院	2018年	任其龙	事业法人
15	浙江大学绍兴微电子研究中心	2018年	盛 况	事业法人
16	浙江大学德清先进技术与产业研究院	2018年	尹建伟	事业法人
17	浙江大学涡轮机械与推进系统研究院(德清)	2018年	郑 耀	事业法人
18	浙江大学宁波研究院	2018年	杨灿军	非法人
19	浙江大学(宁波)气动产业技术研究中心	2018年	陶国良	非法人
20	浙江大学计算机创新技术研究院	2019年	陈 刚	事业法人
21	浙江大学中原研究院	2019年	叶兴乾	事业法人
22	浙江大学山东(临沂)现代农业研究院	2019年	王 珂	事业法人
23	浙江大学温州研究院	2019年	谢新宇	事业法人
24	浙江大学三门OLED产业研究中心	2019年	张其胜	非法人
25	浙江大学龙泉创新中心	2019年	熊树生	非法人
26	浙江大学—洞头建筑与城乡发展联合研究中心	2019年	吴 越	非法人
27	浙江大学(烟台)数字经济技术研究中心	2019年	尹建伟	非法人
28	浙江大学(余杭)基础医学创新研究院	2019年	罗建红	非法人

注:非法人单位为签约时间,法人单位为注册成立时间;负责人:院长或中心主任。

附录4　2019年浙江大学国家、省部科创基地

序号	基地名称	批准日期	负责人	学院(系)
国家重点实验室				
1	硅材料国家重点实验室	1985 年 08 月	杨德仁	材料学院
2	计算机辅助设计与图形学国家重点实验室	1989 年 02 月	周　昆	计算机学院
3	流体动力与机电系统国家重点实验室	1989 年 06 月	杨华勇	机械学院
4	工业控制技术国家重点实验室	1989 年 06 月	苏宏业	控制学院
5	现代光学仪器国家重点实验室	1989 年 06 月	刘　旭	光电学院
6	能源清洁利用国家重点实验室	2005 年 03 月	骆仲泱	能源学院
7	传染病诊治国家重点实验室	2007 年 10 月	李兰娟	附属第一医院
8	化学工程联合国家重点实验室	1987 年 06 月	李伯耿	化工学院
9	植物生理学与生物化学国家重点实验室(参加)	2002 年 01 月	郑绍建	生科学院
10	水稻生物学国家重点实验室(参加)	2003 年 12 月	叶恭银	农学院
国家临床医学研究中心				
1	国家感染性疾病临床医学研究中心(病毒性肝炎)	2019 年 05 月	李兰娟	附属第一医院
2	国家儿童健康与疾病临床医学研究中心	2019 年 05 月	舒　强	附属儿童医院
国家工程技术研究中心				
1	国家光学仪器工程技术研究中心	1994 年 03 月	何赛灵	光电学院
2	国家电液控制工程技术研究中心	2000 年 06 月	谢海波	机械学院
3	国家列车智能化工程技术研究中心	2011 年 06 月	陈　刚	计算机学院
4	国家水煤浆工程技术研究中心(参加)	1992 年 04 月	周俊虎	能源学院
国家科技资源共享服务平台				
1	国家健康和疾病人脑组织资源库	2019 年 06 月	章　京	医学院脑科学与脑医学系
科技部国际科技合作基地				
1	浙江国际纳米技术研发中心	2007 年 12 月	杨　辉	纳米研究院
2	先进能源国际联合研究中心	2012 年 09 月	骆仲泱	能源学院
3	中葡先进材料联合创新中心	2013 年 02 月	计　剑	高分子系
4	园艺作物品质调控与应用国际联合研究中心	2015 年 10 月	陈昆松	农学院
5	海洋土木工程国际联合研究中心	2016 年 11 月	王立忠	建工学院
6	流程生产质量优化与控制国际联合研究中心	2016 年 11 月	邵之江	控制学院

序号	基地名称	批准日期	负责人	学院(系)
7	光电技术国际联合研究中心	2016 年 11 月	邱建荣	光电学院
8	肝病和肝移植研究国际科技合作基地	2016 年 11 月	郑树森	附属第一医院
9	出生缺陷诊治国际科技合作基地	2018 年 02 月	舒 强	附属儿童医院
国家工程研究中心(实验室)				
1	工业自动化国家工程研究中心	1992 年 09 月	孙优贤	控制学院
2	电力电子应用技术国家工程研究中心	1996 年 10 月	赵荣祥	电气学院
3	生物饲料安全与污染防控国家工程实验室	2008 年 07 月	刘建新	动科学院
4	工业控制系统安全技术国家工程实验室	2013 年 11 月	孙优贤	控制学院
5	垃圾焚烧技术与装备国家工程实验室	2016 年 10 月	严建华	能源学院
国家地方联合工程研究中心(实验室)				
1	海洋工程装备国家地方联合工程实验室(浙江)	2012 年 10 月	朱世强	海洋学院
2	工业生物催化国家地方联合工程实验室(浙江)	2013 年 10 月	杨立荣	化工学院
3	园艺产品冷链物流工艺与装备国家地方联合工程实验室(浙江)	2015 年 03 月	孙崇德	农学院
4	药物制剂技术国家地方联合工程实验室(浙江)	2015 年 12 月	胡富强	药学院
5	智能食品加工技术与装备国家地方联合工程实验室(浙江)	2016 年 10 月	刘东红	生工食品学院
6	先进结构设计与建造技术国家地方联合工程研究中心(浙江)	2017 年 12 月	罗尧治	建工学院
教育部前沿科学中心				
1	脑与脑机融合前沿科学中心	2018 年 09 月	段树民	科研院
教育部集成攻关大平台				
1	新一代工业互联网系统安全技术集成攻关大平台	2019 年 11 月	王文海	控制学院
教育部重点实验室				
1	生物医学工程教育部重点实验室	2000 年 08 月	王 平	生仪学院
2	生命系统稳态与保护教育部重点实验室	2000 年 08 月	冯新华	生科学院
3	动物分子营养学教育部重点实验室	2000 年 08 月	汪以真	动科学院

续表

序号	基地名称	批准日期	负责人	学院（系）
4	污染环境修复与生态健康教育部重点实验室	2003 年 11 月	梁永超	环资学院
5	高分子合成与功能构造教育部重点实验室	2005 年 12 月	郑　强	高分子系
6	软弱土与环境土工教育部重点实验室	2007 年 02 月	詹良通	建工学院
7	恶性肿瘤预警与干预教育部重点实验室	2007 年 12 月	胡　汛	附属第二医院
8	生殖遗传教育部重点实验室	2010 年 11 月	黄荷凤	附属妇产科医院
9	生物质化工教育部重点实验室	2011 年 12 月	任其龙	化工学院
10	视觉感知教育部—微软重点实验室	2005 年 02 月	庄越挺	计算机学院
农业农村部重点实验室				
1	农业农村部核农学重点实验室	2016 年 12 月	华跃进	农学院
2	农业农村部华东动物营养与饲料重点实验室	2016 年 12 月	汪以真	动科学院
3	农业农村部设施农业装备与信息化重点实验室	2016 年 12 月	朱松明	生工食品学院
4	农业农村部园艺作物生长发育重点实验室	2016 年 12 月	喻景权	农学院
5	农业农村部动物病毒学重点实验室	2016 年 12 月	周继勇	动科学院
6	农业农村部作物病虫分子生物学重点实验室	2016 年 12 月	陈学新	农学院
7	农业农村部农产品产后处理重点实验室	2016 年 12 月	罗自生	生工食品学院
8	农业农村部农产品产地处理装备重点实验室	2016 年 12 月	应义斌	生工食品学院
9	农业农村部光谱检测重点实验室	2016 年 12 月	何　勇	生工食品学院
卫健委重点实验室				
1	卫健委传染病重点实验室	1996 年 02 月	李兰娟	附属第一医院
2	卫健委多器官联合移植研究重点实验室	2000 年 12 月	郑树森	附属第一医院
3	卫健委医学神经生物学重点实验室	2007 年 04 月	罗建红	基础医学系
浙江省重点实验室				
1	浙江省医学分子生物学重点实验室	1991 年 12 月	丁克峰	附属第二医院
2	浙江省应用化学重点实验室	1992 年 03 月	肖丰收	化学系
3	浙江省饲料与动物营养重点实验室	1992 年 05 月	汪以真	动科学院
4	浙江省资源与环境信息系统重点研究实验室	1993 年 11 月	刘仁义	地科学院
5	浙江省农业遥感与信息技术重点实验室	1993 年 11 月	黄敬峰	环资学院
6	浙江省细胞与基因工程重点实验室	1995 年 09 月	邵健忠	生科学院
7	浙江省核农学重点实验室	1995 年 10 月	华跃进	农学院

序号	基地名称	批准日期	负责人	学院(系)
8	浙江省信息处理与通信网络重点实验室	1997 年 10 月	张朝阳	信电学院
9	浙江省农业资源与环境重点实验室	1997 年 10 月	徐建明	环资学院
10	浙江省心脑血管检测技术与药效评价重点实验室	1997 年 10 月	陈　杭	生仪学院
11	浙江省电磁及复合暴露健康危害重点实验室	1997 年 10 月	许正平	公共卫生系
12	浙江省先进制造技术重点实验室	1999 年 07 月	梅德庆	机械学院
13	浙江省器官移植重点实验室	2000 年 04 月	郑树森	附属第一医院
14	浙江省动物预防医学重点实验室	2004 年 08 月	杜爱芳	动科学院
15	浙江省女性生殖健康研究重点实验室	2005 年 12 月	谢　幸	附属妇产科医院
16	浙江省传染病重点实验室	2006 年 09 月	李兰娟	附属第一医院
17	浙江省医学分子影像重点实验室	2006 年 10 月	田　梅	附属第二医院
18	浙江省生物治疗重点实验室	2007 年 01 月	金洪传	附属邵逸夫医院
19	浙江省水体污染控制与环境安全技术重点实验室	2007 年 12 月	徐向阳	环资学院
20	浙江省新生儿疾病(诊治)重点实验室	2008 年 12 月	杜立中	附属儿童医院
21	浙江省血液肿瘤(诊治)重点实验室	2008 年 12 月	金　洁	附属第一医院
22	浙江省服务机器人重点实验室	2008 年 12 月	卜佳俊	计算机学院
23	浙江省微生物生化与代谢工程重点实验室	2009 年 12 月	李永泉	基础医学系
24	浙江省心血管诊治重点实验室	2009 年 12 月	王建安	附属第二医院
25	浙江省疾病蛋白质组学重点实验室	2009 年 12 月	邵吉民	基础医学系
26	浙江省有机污染过程与控制重点实验室	2009 年 12 月	朱利中	环资学院
27	浙江省医学神经生物学重点实验室	2010 年 09 月	吴志英	基础医学系
28	浙江省空间结构重点实验室	2010 年 09 月	罗尧治	建工学院
29	浙江省腔镜技术研究重点实验室	2010 年 09 月	蔡秀军	附属邵逸夫医院
30	浙江省光电磁传感技术研究重点实验室	2010 年 09 月	何赛灵	光电学院
31	浙江省重要致盲眼病防治技术研究重点实验室	2011 年 11 月	姚　克	附属第二医院
32	浙江省肾脏疾病防治技术研究重点实验室	2011 年 11 月	陈江华	附属第一医院
33	浙江省网络多媒体技术研究重点实验室	2011 年 11 月	陈耀武	生仪学院
34	浙江省组织工程与再生医学技术重点实验室	2011 年 11 月	欧阳宏伟	基础医学系

续表

序号	基地名称	批准日期	负责人	学院(系)
35	浙江省作物种质资源重点实验室	2011 年 11 月	舒庆尧	农学院
36	浙江省电池新材料与应用技术研究重点实验室	2012 年 09 月	涂江平	材料学院
37	浙江省海洋可再生能源电气装备与系统技术研究重点实验室	2012 年 09 月	韦　巍	电气学院
38	浙江省农产品加工技术研究重点实验室	2012 年 09 月	叶兴乾	生工食品学院
39	浙江省抗肿瘤药物临床前研究重点实验室	2013 年 07 月	杨　波	药学院
40	浙江省饮用水安全与输配技术重点实验室	2013 年 07 月	张土乔	建工学院
41	浙江省三维打印工艺与装备重点实验室	2014 年 08 月	傅建中	机械学院
42	浙江省精神障碍诊疗和防治技术重点实验室	2014 年 08 月	许　毅	附属第一医院
43	浙江省园艺植物整合生物学研究与应用重点实验室	2015 年 03 月	陈昆松	农学院
44	浙江省大数据智能计算重点实验室	2015 年 03 月	陈　刚	计算机学院
45	浙江省制冷与低温技术重点实验室	2015 年 03 月	陈光明	能源学院
46	浙江省新型吸附分离材料与应用技术重点实验室	2015 年 11 月	徐志康	高分子系
47	浙江省软体机器人与智能器件研究重点实验室	2015 年 11 月	曲绍兴	航空航天学院
48	浙江省临床体外诊断技术研究重点实验室	2015 年 11 月	陈　瑜	附属第一医院
49	浙江省海洋岩土工程与材料重点实验室	2015 年 11 月	王立忠	海洋学院
50	浙江省化工高效制造技术重点实验室	2016 年 09 月	王靖岱	化工学院
51	浙江省先进微纳电子器件智能系统及应用重点实验室	2016 年 09 月	李尔平	信电学院
52	浙江省肝胆胰肿瘤精准诊治研究重点实验室	2016 年 09 月	王伟林	附属第二医院
53	浙江省胰腺病研究重点实验室	2016 年 09 月	梁廷波	附属第一医院
54	浙江省口腔生物医学研究重点实验室	2016 年 09 月	王慧明	附属口腔医院
55	浙江省海洋观测—成像试验区重点实验室	2016 年 09 月	徐　文	海洋学院
56	浙江省呼吸疾病诊治及研究重点实验室	2017 年 09 月	沈华浩	基础医学系
57	浙江省生殖障碍诊治研究重点实验室	2017 年 09 月	张松英	附属邵逸夫医院
58	浙江省作物病虫生物学重点实验室	2018 年 10 月	陈学新	农学院

序号	基地名称	批准日期	负责人	学院（系）
59	浙江省量子技术与器件重点实验室	2018 年 10 月	许祝安	物理学系
60	浙江省设计智能与数字创意研究重点实验室	2018 年 10 月	孙守迁	计算机学院
61	浙江省电机系统智能控制与变流技术重点实验室	2018 年 10 月	沈建新	电气学院
62	浙江省骨骼肌肉退变与再生修复转化研究重点实验室	2018 年 10 月	范顺武	附属邵逸夫医院
63	浙江省药物临床研究与评价技术重点实验室	2018 年 10 月	裘云庆	附属第一医院
64	浙江省肿瘤微环境与免疫治疗重点实验室	2018 年 10 月	黄　建	附属第二医院
65	浙江省地学大数据与地球深部资源重点实验室	2019 年 11 月	夏群科	地科学院
66	浙江省微纳卫星研究重点实验室	2019 年 11 月	金仲和	航空航天学院
67	浙江省免疫与炎症疾病重点实验室	2019 年 11 月	王青青	基础医学系
68	浙江省智能预防医学重点实验室	2019 年 11 月	吴息凤	公共卫生系
69	浙江省运动系统疾病研究与精准诊治重点实验室	2019 年 11 月	叶招明	附属第二医院
70	浙江省增龄与理化损伤性疾病诊治研究重点实验室	2019 年 11 月	陆远强	附属第一医院
71	浙江省心血管介入与再生修复研究重点实验室	2019 年 11 月	傅国胜	附属邵逸夫医院
72	浙江省蚕蜂资源利用与创新研究重点实验室	2019 年 11 月	杨明英	动科学院
73	浙江省新型信息材料技术研究重点实验室（参加）	2011 年 11 月	严　密	材料学院
74	浙江省微量有毒化学物健康风险评估技术研究重点实验室（参加）	2013 年 07 月	朱　岩	化学系
75	浙江省微生物技术与生物信息研究重点实验室（参加）	2016 年 09 月	俞云松	附属邵逸夫医院
国家级协同创新中心				
1	煤炭分级转化清洁发电协同创新中心	2014 年 10 月	倪明江	能源学院
2	感染性疾病诊治协同创新中心	2014 年 10 月	李兰娟	附属第一医院
教育部省部共建协同创新中心				
1	人工智能省部共建协同创新中心	2018 年 12 月	庄越挺	计算机学院

序号	基地名称	批准日期	负责人	学院(系)
2	先进技术协同创新中心	2018 年 12 月		
3	工业信息物理融合系统省部共建协同创新中心	2019 年 09 月	孙优贤	控制学院
教育部国际合作联合实验室				
1	光子学与技术国际合作联合实验室	2015 年 12 月	戴道锌	光电学院
教育部工程研究中心				
1	膜与水处理技术教育部工程研究中心	2001 年 01 月	侯立安	高分子系
2	嵌入式系统教育部工程研究中心	2006 年 06 月	陈耀武	生仪学院
3	计算机辅助产品创新设计教育部工程研究中心	2006 年 06 月	应放天	计算机学院
4	表面与结构改性无机功能材料教育部工程研究中心	2007 年 07 月	韩高荣	材料学院
5	数字图书馆教育部工程研究中心	2009 年 01 月	庄越挺	计算机学院
6	高压过程装备与安全教育部工程研究中心	2009 年 12 月	郑津洋	能源学院
7	电子病历与智能专家系统教育部工程研究中心	2013 年 11 月	李兰娟	附属第一医院
8	海洋感知技术与装备教育部工程研究中心	2019 年 10 月	王立忠	海洋学院
各部委研究中心				
1	智能科学与技术网上合作研究中心(教育部)	1999 年 12 月	潘云鹤	计算机学院
2	国家濒危野生动植物种质基因保护中心(教育部、国家林业局)	2001 年 10 月	方盛国	生科学院
3	教育部含油气盆地构造研究中心	2006 年 08 月	陈汉林	地科学院
4	磁约束核聚变教育部研究中心(联合)	2008 年 02 月	盛正卯	物理系
5	国家环境保护燃煤大气污染控制工程技术中心(环保部)	2010 年 11 月	高　翔	能源学院
6	浙江国际纳米技术研发中心(教育部、国家外专局)	2007 年 12 月	杨　辉	纳米研究院
7	新型飞行器联合研究中心(教育部)	2009 年 11 月	郑　耀	航空航天学院
浙江省协同创新中心				
1	工业信息物理融合系统协同创新中心	2013 年 11 月	孙优贤	控制学院

序号	基地名称	批准日期	负责人	学院(系)
2	煤炭资源化利用发电技术协同创新中心	2013 年 11 月	倪明江	能源学院
3	感染性疾病诊治协同创新中心	2013 年 11 月	李兰娟	附属第一医院
4	作物品质与产品安全协同创新中心	2016 年 04 月	张国平	农学院
5	智慧东海协同创新中心	2016 年 04 月	朱世强	海洋学院
6	新型飞行器关键基础与重大应用协同创新中心	2016 年 04 月	郑　耀	航空航天学院
7	一带一路合作与发展协同创新中心	2016 年 04 月	罗卫东 周谷平	西部发展研究院
8	大数据＋立法研究协同创新中心	2018 年 05 月	朱新力	法学院
9	社会组织与社会治理协同创新中心	2018 年 05 月	郁建兴	公共管理学院
10	智能无人机系统协同创新中心	2019 年 10 月	邵雪明	航空航天学院
11	乡村振兴协同创新中心	2019 年 10 月	叶兴乾	生工食品学院
12	人工智能协同创新中心	2019 年 10 月	庄越挺	计算机学院
13	微小卫星与星群协同创新中心	2019 年 10 月	金仲和	航空航天学院
浙江省国际科技合作基地				
1	肝病和肝移植研究浙江国际科技合作基地	2013 年 07 月	郑树森	附属第一医院
2	园艺产品品质调控技术研创与应用浙江国际科技合作基地	2015 年 01 月	陈昆松	农学院
3	海洋土木工程浙江国际科技合作基地	2015 年 01 月	王立忠	建工学院
4	食品药品安全浙江省国际科技合作基地	2016 年 02 月	何俏军	药学院
5	出生缺陷诊治浙江省国际科技合作基地	2016 年 02 月	舒　强	附属儿童医院
6	消化道肿瘤研究浙江省国际科技合作基地	2016 年 12 月	王伟林	附属第一医院
7	微创医学国际科技合作基地	2018 年 07 月	蔡秀军	附属邵逸夫医院
8	先进材料微结构与性能调控国际科技合作基地	2018 年 07 月	韩高荣	材料学院
9	心血管疾病研究国际科技合作基地	2018 年 07 月	王建安	附属第二医院
10	健康食品制造与品质控制国际合作基地	2019 年 12 月	刘东红	生工食品学院
11	种质创新与分子设计育种国际科技合作基地	2019 年 12 月	张国平	农学院
12	农业智能装备与机器人国际科技合作基地	2019 年 12 月	应义斌	生工食品学院
13	生物饲料研发与安全浙江省国际科技合作基地	2019 年 12 月	刘建新	动科院

续表

序号	基地名称	批准日期	负责人	学院(系)
14	环境污染与生态健康国际科技合作基地	2019 年 12 月	陈宝梁	环资学院
15	化工智能制造国际科技合作基地	2019 年 12 月	张 林	化工学院
16	肿瘤免疫诊断与治疗新技术创新基地	2019 年 12 月	黄 建	附属第二医院
17	高分子健康材料与应用技术国际科技合作基地	2019 年 12 月	高才有	高分子系
浙江省工程技术研究中心				
1	浙江省现代服务业电子服务工程技术研究中心	2012 年 12 月	吴朝晖	计算机学院
2	浙江省认知医疗工程技术研究中心	2016 年 09 月	曹利平	附属邵逸夫医院
3	浙江省城市地下空间开发工程技术研究中心	2017 年 09 月	徐日庆	建工学院
浙江省工程实验室(研究中心)				
1	海洋装备试验浙江省工程实验室	2010 年 12 月	冷建兴	海洋学院
2	工业生物催化浙江省工程实验室	2011 年 09 月	杨立荣	化工学院
3	园艺产品冷链物流工艺与装备浙江省工程实验室	2011 年 12 月	李 鲜	农学院
4	海洋工程材料浙江省工程实验室	2012 年 06 月	杨 辉	纳米研究院
5	药物制剂浙江省工程实验室	2012 年 06 月	胡富强	药学院
6	食品加工技术与装备浙江省工程实验室	2013 年 11 月	叶兴乾	生工食品学院
7	微生物制药浙江省工程实验室	2013 年 11 月	李永泉	药学院
8	低碳烃制备技术工程实验室	2014 年 12 月	阳永荣	化工学院
9	移动终端安全技术工程实验室	2014 年 12 月	何钦铭	计算机学院
10	先进结构设计与建造工程研究中心	2014 年 12 月	罗尧治	建工学院
11	医学人工智能浙江省工程实验室	2017 年 10 月	王伟林	附属第一医院
12	干细胞与细胞免疫治疗浙江省工程实验室	2017 年 10 月	黄 河	附属第一医院
13	水污染控制浙江省工程实验室	2017 年 10 月	徐向阳	环资学院
14	磁性材料浙江省工程实验室	2017 年 10 月	严 密	材料学院
15	微波毫米波射频集成电路浙江省工程实验室	2018 年 07 月	郁发新	航空航天学院
16	高可靠高安全软件工程浙江省工程实验室	2018 年 07 月	杨建华	先研院

序号	基地名称	批准日期	负责人	学院(系)
17	心血管疾病浙江省工程实验室	2018 年 07 月	王建安	附属第二医院
18	微创技术与装备研发浙江省工程实验室	2018 年 07 月	蔡秀军	附属邵逸夫医院
19	土壤污染协同防治浙江省工程研究中心	2019 年 10 月	朱利中	环资学院
20	数字创意智能技术与装备技术浙江省工程研究中心	2019 年 10 月	孙守近	计算机学院
21	数理心理健康浙江省工程研究中心	2019 年 10 月	许　毅	附属第一医院
浙江省科技创新服务平台				
1	浙江省汽车及零部件产业科技创新服务平台	2008 年 01 月	俞小莉	能源学院
2	浙江省工业自动化公共科技创新服务平台	2008 年 04 月	孙优贤	控制学院
3	浙江省饲料产业科技创新服务平台	2008 年 08 月	刘建新	动科学院

附录5　2019 年浙江大学新增国家级科技计划项目情况

项目类型	类别	项目数/项	经费合计/万元
科技创新 2030——重大项目	项目/课题	7	5400
国家重点研发计划	项目	17	25800
国家自然科学基金	面上项目	469	27179
	青年科学基金	291	6518
	重点重大项目*	54	15434
	国家重大科研仪器研制项目（自由申请）	1	592
	基础科学中心项目	1	8000
	国家杰出青年科学基金	10	3880
	优秀青年科学基金项目	24	2880

注：* 含重点项目、重大项目课题、重大研究计划重点支持和集成项目、联合基金重点支持项目、重点国际(地区)合作研究项目；除国家杰出青年科学基金外，国家自然科学基金其他类别项目经费均为直接经费数。

单位	批准项数	直接经费/万元	批准率/%
经济学院	6	254.5	35.29
教育学院	2	67	28.57
管理学院	13	935.5	33.33
公共管理学院	6	433	17.14
数学科学学院	13	562	35.14
物理学系	16	1955	45.71
化学系	19	2046.56	31.67
地球科学学院	20	1536	33.90
心理与行为科学系	2	59.5	20.00
机械工程学院	20	1351	35.71
材料科学与工程学院	19	1435	26.03
能源工程学院	24	1531	31.58
电气工程学院	16	2246	28.57
建筑工程学院	32	10385.6	25.00
化学工程与生物工程学院	27	2064.3	29.67
海洋学院	23	1220	31.08
航空航天学院	15	1089	29.41
高分子科学与工程学系	17	1494	40.48
光电科学与工程学院	22	1578	28.95
信息与电子工程学院	17	1014	22.67
控制科学与工程学院	17	1315	47.22
计算机科学与技术学院	20	2118.7	33.33
生物医学工程与仪器科学学院	4	190.5	16.00
生命科学学院	20	1477	33.33
生物系统工程与食品科学学院	24	1251	32.43
环境与资源学院	28	2151.5	36.84
农业与生物技术学院	48	3638	28.92
动物科学学院	18	1183.9	36.00
医学院	350	17995	12.44
药学院	19	1161	28.36

浙江大学年鉴

单位	批准项数	直接经费/万元	批准率/%
国际联合学院	7	325.5	58.33
校设研究机构—生命科学研究院	14	1751	43.75
校设研究机构—求是高等研究院	2	261	28.57
校设研究机构—关联物质研究中心	1	65	50.00
校设研究机构—国际设计研究院	1	61	100.00
校设研究机构—文化遗产研究院	1	63	100.00
校设研究机构—中国西部发展研究院	2	111	50.00
校设研究机构—数据科学研究中心	4	127	66.67
总计数	909	68503.06	19.74

注:经费为国家杰出青年科学基金经费与其他类别项目直接经费相加的和。

附录7　2019年浙江大学各学院(系)新增国际合作项目情况

学院(系)	项目数/项	学院(系)	项目数/项
化学系	2	生仪学院	4
机械学院	0	生科学院	2
材料学院	0	生工食品学院	1
能源学院	5	环资学院	3
电气学院	5	农学院	3
建工学院	6	动科学院	6
化工学院	6	医学院	14
计算机学院	3	药学院	5
高分子系	1	公共管理学院	0
光电学院	1	生命科学研究院	0
信电学院	3	航空航天学院	0
海洋学院	1	浙江加州纳米研究院	1
地球科学学院	0	求是高等研究院	1
控制学院	0	心理系	1

注:数据来源为浙大科研管理系统登记的新增国际合作项目,不包括国家基金国际合作类项目(以批准时间为准)。

附录8　2019年各学院(系)科研经费到款情况　　　　(单位:万元)

学院(系)	到款经费	学院(系)	到款经费
数学学院	1771	高分子系	7690
物理系	5004	光电学院	23461
化学系	5439	信电学院	20374
地科学院	5856	控制学院	16792
心理系	378	计算机学院	37550
机械学院	36007	生仪学院	12267
材料学院	13219	生科学院	5706
能源学院	30310	生工食品学院	12258
电气学院	25509	环资学院	16550
建工学院	27480	农学院	16917
化工学院	16569	动科学院	7599
海洋学院	15728	医学院	75393
航空航天学院	14474	药学院	14414

注:数据来源为2020年3月26日科研管理系统导出的2019年到款数据。

附录9　2019年浙江大学各学院(系)获国家、省部级科技奖励情况

学院(系)	国家技术发明二等	国家科技进步奖			高等学校科技奖		浙江省科技奖			总计
		特等	一等	二等	一等	二等	一等	二等	三等	
数学学院										
物理学系						1				1
化学系								(1)	(1)	(2)
地科学院										
机械学院			(1)	1			2	1(1)		4(2)
材料学院	1			1			1	1		4
能源学院				1			1	2	1(1)	5(1)
电气学院	(1)							(2)	(2)	(5)
建工学院			(1)	(1)	1		2	1	(1)	4(3)

学院(系)	国家技术发明二等	国家科技进步奖			高等学校科技奖		浙江省科技奖			总计
		特等	一等	二等	一等	二等	一等	二等	三等	
化工学院									1	1
海洋学院				(1)				1	(1)	1(2)
航空航天学院					(1)			(1)		(2)
高分子系							1			1
光电学院	1						1	1(1)		3(1)
信电学院				(1)				(1)		(2)
控制学院					1					1
计算机学院							(1)	1(1)	(1)	1(3)
生仪学院									1	1
生科学院					(1)					(1)
生工食品学院				(1)	3		1	(1)	2(1)	6(3)
环资学院					1		1(1)	2		4(1)
农学院				(1)		1	1	(1)		2(2)
动科学院				1			1		1	3
医学院				2(1)	1	1(1)	2	8(3)	5(2)	19(7)
艺术与考古学院				(1)						(1)
管理学院									(1)	(1)
公共管理学院									(1)	(1)
加州国际纳米研究院								1		1
总计	2(1)	(1)		4(8)	9(1)	3(2)	13(2)	20(13)	11(12)	62(40)

注:括号内奖励数为浙江大学作为非第一单位所获的奖励数。

附录 10 2019 年科技成果获奖项目

2019 年度国家技术发明奖(2 项)

二等奖(2 项)

1. 微量掺锗直拉硅单晶技术及其应用

    材料科学与工程学院——半导体材料研究所

    杨德仁 田达晰 余学功 马向阳

2. 超分辨光学微纳显微成像技术

　光电科学与工程学院——光电工程研究所

　刘　旭　匡翠方　毛　磊　李海峰　杨　青　徐　良

2019 年度国家科学技术进步奖(4 项)
二等奖(4 项)

1. 猪健康养殖的饲用抗生素替代关键技术及应用

　动物科学学院——饲料科学研究所

　汪以真　冯　杰　江青艳　杨彩梅　胡彩虹　邓近平　李浙烽　刘雪连　杜华华
　路则庆

2. 功率型高频宽温低功耗软磁铁氧体关键技术及其产业化

　材料科学与工程学院——金属材料研究所

　严　密　白国华　包大新　张雪峰　孙蒋平　马占华　杜阳忠　金佳莹　葛洪良
　胡　军

3. 白内障精准防治关键技术及策略的创新和应用

　医学院——附属第二医院

　姚　克　申屠形超　闫永彬　徐　雯　汤霞靖　朱亚楠　俞一波　王　玮　傅秋黎
　陈祥军

4. 围术期脓毒症预警与救治关键技术的建立和应用

　医学院——附属第一医院

　方向明　舒　强　邓小明　于泳浩　王国林　李金宝　徐志南　薄禄龙　林　茹
　程宝莉

2019 年度高等学校自然科学奖(4 项)
一等奖(2 项)

1. 多维度智能感知的基础理论与方法

　控制科学与工程学院——工业控制研究所

　陈积明　贺诗波　程　鹏　邓瑞龙　张永敏

2. 纳米材料的环境界面行为与微生物毒性效应

　环境与资源学院——环境过程研究所

　林道辉　朱利中　吴丰昌　雷　铖　李　梅　杨　坤

二等奖(2 项)

1. 若干新型低维超导体的发现

　物理学系——凝聚态物理研究所

　曹光旱　许祝安　鲍金科　孙云蕾　王志成　焦文鹤

2. 离子型谷氨酸受体膜运输调控的分子机制、突触功能及生理病理联系的研究

　　医学院——脑科学与脑医学系

　　罗建红　陆　巍　邱　爽　杨　巍　张筱敏　朱丽君

2019 年度高等学校科学技术发明奖(1 项)
一等奖(1 项)
1. 骨软骨原位修复与再生技术

　　医学院——基础医学系

　　欧阳宏伟　邹晓晖　赵洪石　章淑芳　陈　晓　柳　华

2019 年度高等学校科学技术进步奖(7 项)
一等奖(6 项)
1. 高档数控机床数字化设计方法与工具集及应用

　　机械工程学院——设计工程研究所

　　谭建荣　张树有　王立平　李宝童　马雅丽　赵永胜　程　寓　黄玉美　关立文
　　张广鹏　裴世源　张永存　殷增斌　杨聪彬　董维新　方丽照　田亚峰　何　亮
　　伊国栋　杨建新　王　智　张彩霞　汪惠芬　杨新刚　魏　敏　刘海顺　徐林波
　　周哲平　刘亚峰　张　菊　邹伟军　刘晓健　高一聪　李瑞森　王琪瑞　王　阳
2. 农林废弃物类生物质流态化清洁高效燃烧技术及产业化

　　能源工程学院——热能工程研究所

　　骆仲泱　王勤辉　余春江　方梦祥　程乐鸣　肖　刚　王　涛　胡　越　袁　克
3. 城市排水系统溢流排放污染控制关键技术及应用

　　建筑工程学院——市政工程研究所

　　张土乔　张仪萍　周永潮　周　凌　解明利　范　华　陈爱朝　王　浪　黄　屹
　　董卫华　张　燕
4. 农田信息空天地协同感知与精准管理技术及应用

　　生物系统工程与食品科学学院——农业信息技术研究所

　　何　勇　杨贵军　刘　飞　岑海燕　聂鹏程　杨小冬　唐　宇　吕晓男　何立文
　　陈建康　杨　苡　杨建军　邓勋飞　乔维明　李振海
5. 罐头食品节水及工艺水资源化利用关键技术与产业化

　　生物系统工程与食品科学学院——食品加工工程研究所

　　叶兴乾　陈士国　刘东红　丁　甜　邓致荣　洪基光　李言郡　高海峰　舒志成
　　陈健乐　吴　丹　余丹丹
6. 特色果蔬精准物流保鲜关键技术研究与应用

　　生物系统工程与食品科学学院——食品加工工程研究所

　　罗自生　李　莉　邵兴锋　李喜宏　茅林春　陈存坤　班兆军　傅茂润　肖功年

应铁进　薛文通　李伟荣　刘长虹　千春录　雷大锋　刘海东

二等奖(1项)

1.水稻突变种质资源的辐射创制与利用

农业与生物技术学院——作物科学研究所

舒庆尧　夏英武　吴殿星　舒小丽　谭瑷瑷　李　珊　黄建中

2018年度浙江省自然科学奖(12项)

一等奖(5项)

1.面向低品位热源的热声热机机理及系统优化研究

能源工程学院

金　滔　汤　珂　陈国邦

2.高分子组织再生材料的表界面设计及功能构筑

高分子科学与工程学系

高长有　毛峥伟　仝维鋆　马　列

3.亚波长结构对光电磁的调控与应用研究

光电科学与工程学院

SAILING HE(何赛灵)　马云贵　金　毅　钱　骏　叶余千

4.生物炭多级结构调控及其土壤固碳修复原理

环境与资源学院

陈宝梁　吴伟祥　朱利中　陈再明　肖　欣

5.稻飞虱翅型分化的分子机理

农业与生物技术学院

张传溪　徐海君　薛　建　鲍艳原　程家安

二等奖(5项)

1.PET优质成像与数据分析关键技术

光电科学与工程学院

刘华锋　胡红杰　余维川

2.区域土壤环境质量与农产品安全性关系的基础研究

环境与资源学院

徐建明　刘杏梅　卢升高　唐先进　赵科理

3.细胞自噬的机制和功能研究

医学院

刘　伟　黄　锐　刘　波　李　宁　常春美

4.病毒性肝炎发病机制及转归预警预测的基础研究

医学院——附属第一医院

陈　智　郑　敏　朱海红　施　毓　陈　峰

5.恶性肿瘤耐药机制研究

医学院——附属邵逸夫医院

潘宏铭 韩卫东 方 勇 李 达 隋新兵

三等奖(2项,略)

2018 年度浙江省技术发明奖(2 项)

二等奖(2 项)

1.深海水体序列保真采样技术

机械工程学院

杨灿军 吴世军 丁 抗 黄豪彩 陈燕虎 李德骏

2.活性分子臭氧氧化燃烧烟气多种污染物一体化脱除技术

能源工程学院

王智化 何 勇 张彦威 岑可法 刘建忠 周俊虎

2018 年度浙江省科学技术进步奖(30 项)

一等奖(8 项)

1.高效自动化全喂入联合收获机关键技术研究与应用

机械工程学院

童水光 钱菊平 从飞云 顾 伟 童哲铭 冯 涛 唐 宁 张奋飞 余 跃
朱云飞 张依东 凌吉生 朱鹏飞

2.高性能高可靠与高舒适电梯自主设计制造关键技术及产业化

机械工程学院

刘振宇 王琪冰 裘乐淼 张利春 王 鹏 侯金刚 牛有权 程 锦 裘 迪
刘晓健 俞 诚 李 仁 孙恩涛

3.高频宽温低功耗功率铁氧体生产关键技术与产业化

材料科学与工程学院

严 密 白国华 包大新 金佳莹 孙蒋平 马占华 杜阳忠 吴 琛

4.空间钢结构试验与监测关键技术及工程应用

建筑工程学院

罗尧治 许 贤 沈雁彬 苏 亮 赵 阳 邓 华 姜 涛 袁行飞 张治成
董石麟 肖 南 高博青 俞 锋

5.沿海重大岩土工程超重力试验与安全防控关键技术及应用

建筑工程学院

朱 斌 陈云敏 周燕国 孔令刚 蒋建群 林伟岸 王路君 黄锦舒 孔德琼
黄根清

6. 竹笋贮藏与加工关键技术研究及应用

生物系统工程与食品科学学院

罗自生　陆柏益　张　英　徐艳群　李　莉　黄伟素　宋丽丽　黄良富　伊奎鑫
张　健　沈振明　陈双林　蔡　路

7. 白内障精准防治关键技术及策略的创新和推广

医学院——附属第二医院

姚　克　申屠形超　徐　雯　汤霞靖　朱亚楠　俞一波　王　玮　傅秋黎　李谨予
鱼音慧　陈心怡　罗月球　王　瑶

8. 多重耐药菌耐药机制及防治策略研究

医学院——附属邵逸夫医院

俞云松　蒋　琰　阮　陟　冯　晔　杨　青　华孝挺　陈　衍　瞿婷婷　周　华
傅　鹰　周志慧　杜小幸　陈亚岗

二等奖(13 项)

1. 特高压输电线路高强度钢化玻璃绝缘子关键技术及产业化

材料科学与工程学院

张启龙　赵　坚　申乾宏　吴小飞　杨芳儿　吴兰燕　阙永生　沈红娟　李　跃

2. 微纳增强银基导电合金关键技术研发及应用

浙江加州国际纳米技术研究院

杨　辉　陈　晓　张玲洁　祁更新　沈　涛　吴新合　张　继　穆成法　郑晓华

3. 超大型自然通风冷却塔关键技术研发与应用

能源工程学院

罗　坤　张　力　樊建人　唐　磊　牛华伟　金　台　谢　嵘　易　超　张　良

4. 大跨复杂屋盖体系风荷载理论与试验技术及工程应用

建筑工程学院

楼文娟　黄铭枫　陈　勇　徐海巍　叶　军　严永忠　余世策　沈国辉　楼东浩

5. 云端虚拟化基础服务平台关键技术开发与应用

计算机科学与技术学院

尹建伟　尤学军　邓水光　范径武　王　玮　范　菁　李　莹　吴　健　吴朝晖

6. 基于有机——无机养分互作的化肥减量增效关键技术

环境与资源学院

吴良欢　倪治华　曹小闯　王　强　陆若辉　马庆旭　韩科峰　伍少福　胡兆平

7. 鲜茧生丝的特征性状、检验技术及其规模化生产

动物科学学院

朱良均　江文斌　邢秋明　杨明英　傅雅琴　卢受坤　陈美丽　韦年光　潘大东

8. 辅助生殖子代安全性评估及遗传缺陷阻断体系建立

医学院——附属妇产科医院

金　帆　祁　鸣　叶英辉　王丽雅　楼航英　李乐军　王　宁　乐　芳　刘晓贞

9.儿童急性白血病规范化综合治疗的基础研究及临床结果

医学院——附属儿童医院

汤永民　徐晓军　徐卫群　宋　华　杨世隆　沈红强　张晶樱　石淑文　魏　建

10.国家细菌耐药监测体系建设与应用

医学院——附属第一医院

肖永红　郑焙文　周　凯　沈　萍　陈云波　李兰娟　嵇金如　徐　浩　张　静

11.急慢性创面修复及重症烧伤救治理论与实践

医学院——附属第二医院

韩春茂　王新刚　有传刚　智立柱　任海涛　郭松雪　胡信雷　陈国贤　胡修元

12.海洋电子技术基础体系建设和核心海洋电子装备研发

海洋学院——海洋电子与智能系统研究所

朱世强　潘洪军　徐志伟　宋春毅　宋　伟　王海峰　亓常松　林　挺　陈　正

13.基于人工智能技术的数字化医院建设及应用推广

医学院——附属第一医院

裘云庆　顾国煜　周　敏　陈屹一　李劲松　吴　法　蒋天安　赵　欣　杨嗣斌

三等奖(9项,略)

（洪　扬撰稿　杨　波审稿）

人文社会科学研究

【概况】　2019年,全校人文社科实到科研经费创历史新高,达3.11亿元。其中纵向经费为9674.65万元、横向经费为21426.57万元。

人文社科科研项目新立项848项,其中纵向项目347项、横向项目501项。在新立项的纵向项目中,国家社科基金各类项目共68项,立项总数创历史新高。其中,重大项目10项、重点项目8项、一般项目24项(含艺术学项目1项)、青年项目9项、后期资助项目11项、中华学术外译项目1项、冷门"绝学"和国别史等研究专项2项、高校思政

课研究专项2项、"一带一路"建设研究专项1项。教育部人文社会科学研究各类项目22项,其中规划基金项目5项,青年基金项目12项,各类专项项目5项;全国教育科学"十三五"规划国家重点项目1项,浙江省哲学社会科学规划各类项目60项,浙江省科技厅软科学项目14项;浙江省人力资源与保障厅"钱江人才"项目社会科学类项目3项。

浙江大学获浙江省第二十届哲学社会科学优秀成果奖50项,其中一等奖16项、二等奖15项、三等奖19项。一等奖获奖数占全省总数的近三分之一,创历史新高。

出版各类专著76部、编著和教材79部、古籍整理著作6部、译著32部。发表论文1486篇,其中SSCI收录论文931篇,比上年增长26%,位居大陆高校第3名;

A&HCI收录论文96篇,较上年翻倍,位居大陆高校第1名。

《浙江大学学报(人文社会科学版)》入选国家社科基金优秀期刊,刘同舫的论文"构建人类命运共同体对历史唯物主义的原创性贡献"入选国家社科基金优秀文章。

截至2019年年底,全校人文社科教学和科研机构主要包括10个学院、71个研究所、127个校设研究机构,其中包含了3个教育部重点研究基地、1个国家高端智库建设培育单位、10个其他国家部委相关研究基地或中心、7个浙江省重点研究基地、3个浙江省2011协同创新中心、3个浙江省新型重点专业智库、1个浙江省重点培育智库、9个浙江省新型高校智库(详见附录)。2019年,浙江大学成立了艺术史研究所、雄安发展研究中心等16个研究机构,撤销了台港澳研究中心等11个研究机构。

2019年,共引进3位文科资深教授、3位文科领军人才及34位百人计划研究员(引进人才中包含3位教育部长江学者特聘教授),新获聘4位教育部长江学者特聘教授。

"双一流"专项"中华优秀传统文化传承与创新计划"成效持续显现。其中,"中国历代绘画大系"已出版《宋画全集》23册、《元画全集》16册、《先秦汉唐画全集》2册、《宋画全集》第八卷(续编)2册、《明画全集》12册、《清画全集》2册;《中华礼藏》已出版15册;《龙泉司法档案》五辑96册已全部出齐;"浙江学者丝路敦煌学术书系"已出版18种;中华译学馆已出版专著编著50余部。浙江大学文科高水平学术著作出版基金至今已立项5批,共资助23个项目,已出版图书60余种。

积极落实"面向2030的学科会聚研究计划",聚焦"双脑计划"召开了8场学科会聚系列论坛,正式发布"意识、脑与人工智能"十大大科学问题;支持15个"双脑计划"交叉创新团队及11个"大数据+人文社会科学"创新团队建设;围绕"社会治理"和"亚洲文明",积极筹划和培育文科相关学科牵头的学科会聚计划。

推动科教人,"文科+X"多学科交叉人才培养卓越中心共有3个年级21名交叉方向博士生,制定《"文科+X"中心学生科研活动经费资助方案》,鼓励学生开展科学研究。3位博士生获得2018—2019学年研究生国家奖学金,2位博士生在SCI和SSCI期刊上发表研究论文。评选浙江大学第五届学生人文社会科学研究优秀成果奖共30项,其中特等奖6项、一等奖9项、二等奖15项。

推进智库建设,着力支持区域协调发展研究中心建设国家高端智库;筹建成立浙江大学北京研究院,成立全国首家国家制度研究院,是浙江大学服务党和国家的重大战略布局;继续重点支持中国农村发展研究院、民营经济研究中心、公共政策研究院、土地与国家发展研究院、中国科教战略研究院、金融研究院等6家智库建设专业化智库;积极组织智库研究及智库报告报送,共承接中央有关部门直接委托智库研究任务40余项,向中央有关部门报送智库报告60余篇,7篇报告获党和国家领导人批示,80余份研究成果被中央部委或中共浙江省委、省政府采纳。

为了推进国际合作,提升浙江大学声誉,启动了"学术精品走出去"外译计划和英文学术著作出版资助计划,首批资助了4本外译书籍和4本英文著作。启动了文科重点期刊支持计划,首批支持18本文科中英文学术刊物。其中，*Interdisciplinary Studies of Literature*（《文学跨学科研究》）已列入 A&HCI（艺术与人文科学索引）检索；*Journal of Chinese Governance*（《中国政府治理》）、*Transnational corporations review*（《跨国公司评论》）已列入 ESCI（新兴资源引文索引）检索。

浙大东方论坛共举办了 24 场学术讲座，其中主论坛 12 场，典学堂 2 场，西溪分论坛 9 场，新开辟海宁分论坛并举办了首场活动。

清源学社共举办了 3 场青年学者沙龙，2 场名家讲坛，3 次"送法进社区"基层普法宣传活动，3 次学社走出去活动，2 次青年教师座谈会，4 场双周午餐会。

【浙江大学艺术与考古学院成立】 5 月 20 日，该学院在紫金港校区成立。其整合艺术学系、文物与博物馆学系、艺术与考古博物馆、文化遗产研究院、中国古代书画研究中心等单位建立，拥有艺术学理论、考古学 2 个一级学科和艺术设计学 1 个二级学科，考古学、艺术学理论 2 个博士后流动站。至 2019 年底，已有专职教师近 60 人，本硕博在校生 430 余人。

该学院以"5 系＋1 馆"为主要建设架构，拟先设考古与文博系、艺术史系、美术学系、设计艺术系 4 个学系和艺术与考古博物馆，条件成熟时将"考古与文博系"分设成"考古学系"和"文化遗产与博物馆学系"，进一步形成集人才培养、科学研究、文化传承、社会服务于一体的艺术与考古学科生态体系。

【浙江大学长三角一体化发展研究中心成立】 6 月 19 日，长三角一体化高峰论坛暨"浙江大学长三角一体化发展研究中心"成立仪式举行。该中心旨在通过平台依托，全面参与国家级战略的制定和实施。中心不仅为长三角一体化战略推进提供前瞻性、系统性、科学性的理论研究和政策咨询为浙江省更高质量参与长三角一体化提供政策解读和应对方案设计，同时也为长三角一体化的研究人员、相关决策者、企事业人员提供学习、研究和交流的平台。

【"意识、脑与人工智能"十大科学问题发布】 2018 年 9 月，浙江大学发布了脑科学与人工智能会聚研究计划（简称"双脑计划"），聚集全校生命科学、信息科学、物质科学和哲学社会科学众多领域的专家学者，开启探索脑认知、意识及智能的本质和规律。在此基础上，浙江大学"双脑计划"相关团队组织相关领域专家，经过反复讨论、不断碰撞、深入凝练，于 2019 年 8 月发布"意识、脑与人工智能"十大科学问题，旨在引领国内外学术界的思考，推动意识、脑与人工智能交叉领域的研究。该十大科学问题包括：意识的生物学基础是什么？"人工意识"是否可能？机器如何理解人类的情感表达？强人工智能的心理机制是什么？意识的信息机制是什么？脑机融合能否实现超级智能？情绪情感的脑机制是什么？学习的生物学基础是什么？潜意识的脑科学机制是什么？人类决策的脑处理机制是什么？

【浙江大学艺术与考古博物馆开馆】 9 月 8 日，该馆正式开馆。其位于紫金港校区西南端，占地 50 亩，建筑面积 2.5 万平方米。该馆由浙江大学校务委员会与国际著名中国艺术史家方闻教授共同倡议设立。博物馆的定位是文明史、艺术史教学博物馆，收藏以覆盖人类不同文明、不同时代的教学样本为长期目标，展览主要服务于浙江大学的通识教学和专业教学，同时也提供一个学术知识公众化的平台，使高深的学术通过直观的实物、图像展现走近社会大众。

【经济与商业学科进入 ESI 全球前 1%】　9月,浙江大学经济与商业学科(Economics & Business)进入 ESI(基本科学指标数据库)全球前 1%,成为浙江大学第 19 个进入 ESI 的学科。至此,在 ESI 所列的 22 个学科中,涉文的两个主要学科——Social Sciences, General(社会科学)和 Economics & Business(经济与商业),浙江大学均已实现被引次数列全球前 1%。

【成立浙江大学国家制度研究院】　12月,浙江大学依托浙江大学北京研究院(筹)成立了该研究院,旨在发挥浙大学科综合优势,集聚校内外高水平研究队伍,服务国家重大战略,推出高质量理论研究成果和决策咨询成果,全面打造智库新高地。

浙江大学北京研究院(筹)10月成立,张文显任研究院院长,邹大挺任研究院执行院长。该研究院位于北京理工大学科技园内,定位为智库为主的校设独立研究机构,是浙江大学服务党和国家战略决策部署,提升相关学科和人才队伍建设水平,加快推动"双一流"建设的重要举措。

【与中国国家博物馆签约共建"中国梦研究中心"】　11月27日,中国国家博物馆与浙江大学共建"中国国家博物馆·浙江大学中国梦研究中心"合作协议在北京签署。根据协议,双方将围绕"中国梦与海上丝绸之路"联合开展研究,并在藏品征集、文物研究、展览策划、宣传推介、国际交流等方面开展合作,共同促进中国梦的主题研究和成果转化,用实际行动推动中国梦深入人心。该中心设在浙江大学人文学部,学部主任任中心主任。未来,中心将在东西方海洋文明对话、中国梦与 21 世纪中国海洋文化话语体系建构、海丝文创体系建设、新时期以来中西方文学交流史、海上丝绸之路浙江段遗产的可持续发展、浙东运河与海上丝绸之路关系等领域开展研究工作。

【与浙江省文化和旅游厅签署"浙江省文化和旅游厅 浙江大学战略合作协议"】　12月18日,该协议在紫金港校区签约。根据协议,双方正式建立战略合作关系,将共同推进一系列具有基础性、牵引性的重大合作事项,包括合力推进重大文化设施建设、合作开展浙江文化和旅游研究工作、共建合作平台和工作载体、共同培养文化和旅游人才等,并每年形成双方重点合作意向项目清单,扎实推进各项合作内容。

【附录】

附录1　浙江大学 2019 年人文社科承担国家社科基金项目

序号	项目名称	负责人	所属单位	项目类别
1	新时代中国动画学派的重建与民族文化传播研究	盘　剑	人文学院	重大项目
2	当代西方伦理批评文献的整理、翻译与研究	杨革新	外国语言文化与国际交流学院	重大项目
3	弥尔顿作品集整理、翻译与研究	郝田虎	外国语言文化与国际交流学院	重大项目

序号	项目名称	负责人	所属单位	项目类别
4	媒介体制与社会信任研究	韦 路	传媒与国际文化学院	重大项目
5	数字化视阈下的唐宋绘画色彩虚拟复原研究与传统色彩资源库建设	王小松	艺术与考古学院	重大项目
6	汉代铜器资料整理及其综合研究	吴小平	艺术与考古学院	重大项目
7	城乡区域平衡发展理念下的土地制度综合改革研究	钱文荣	公共管理学院	重大项目
8	推进居民绿色消费升级的监管体系研究	周洁红	公共管理学院	重大项目
9	人类命运共同体的文化构建与国际认同研究	刘同舫	马克思主义学院	重大项目
10	马克思主义哲学中国化的历史逻辑及原创性贡献研究	成 龙	马克思主义学院	重大项目
11	"走出去"企业境外合规经营风险防范操作细则研究	陈菲琼	经济学院	"一带一路"建设研究专项
12	智慧化时代背景下的论辩理论及其应用研究	金 立	人文学院	重点项目
13	中古粟特人与河西社会研究	冯培红	人文学院	重点项目
14	明清散曲稀见文献整理与研究	汪超红	人文学院	重点项目
15	新媒体环境下公共传播的伦理与规范研究	吴 飞	传媒与国际义化学院	重点项目
16	地方金融监管立法理论与实践研究	李有星	光华法学院	重点项目
17	大数据驱动的互联网平台价值共创与治理模式研究	刘 渊	管理学院	重点项目
18	全面建成小康社会后社会政策持续发展的基本方向和主要议题研究	林 卡	公共管理学院	重点项目
19	美国政府解密涉藏档案整理与研究	程早霞	马克思主义学院	重点项目
20	敦煌经学文献综合研究	许建平	人文学院	一般项目
21	海外黄郛档案资料的整理与研究	肖如平	人文学院	一般项目
22	20世纪三四十年代国学研究与现代中国学术转承研究	张 凯	人文学院	一般项目

序号	项目名称	负责人	所属单位	项目类别
23	朋霍费尔宗教批判的当代意义研究	黄 瑛	人文学院	一般项目
24	基于说听不对称模型的汉语代词语篇用法研究	乐 明	外国语言文化与国际交流学院	一般项目
25	依存语法视野下的汉英句法协同模型研究	章红新	外国语言文化与国际交流学院	一般项目
26	汉英语言差异对分数认知与使用的影响研究	汪运起	外国语言文化与国际交流学院	一般项目
27	全球数字鸿沟变迁与传播秩序重建研究	韦 路	传媒与国际文化学院	一般项目
28	古诗十九首与玄学时代研究	张节末	传媒与国际文化学院	一般项目
29	川东—渝西与杭州地区五代—宋石窟之比较研究	陈晶鑫	艺术与考古学院	一般项目
30	新疆克孜尔石窟壁画有机染料及其使用技法的研究	张 晖	艺术与考古学院	一般项目
31	基于公司治理视角的民营企业融资难问题研究	张雪芳	经济学院	一般项目
32	货币与信贷分离的生成机制与政策内涵研究	王义中	经济学院	一般项目
33	中美贸易摩擦下我国海外基础设施投资项目风险防范研究	肖 文	经济学院	一般项目
34	政府数据的权益配置与利用保障研究	郑春燕	光华法学院	一般项目
35	我国知识产权领域失信主体惩戒制度研究	李永明	光华法学院	一般项目
36	资源国家所有权与生态环境监管权关系研究	巩 固	光华法学院	一般项目
37	留守儿童社会资本系统对教育获得的影响机制和干预路径研究	王树涛	教育学院	一般项目
38	高端品牌的文化属性对不同阶层的青年消费群体的影响机制研究	刘 涛	管理学院	一般项目
39	中国大运河的多重游憩空间与文化自信战略研究	吴茂英	管理学院	一般项目

浙江大学年鉴

序号	项目名称	负责人	所属单位	项目类别
40	信息技术驱动的地方政府治理能力现代化研究	高　翔	公共管理学院	一般项目
41	技术哲学社会人工物研究	潘恩荣	马克思主义学院	一般项目
42	价值链视角下的增值收益空间分异与区域协同研究	朱西湖	中国西部发展研究院	一般项目
43	近代中俄文学关系中的日本"中介"作用研究	王胜群	人文学院	青年项目
44	士人转型视阈下的唐代文体流变机制研究	蒋金坤	人文学院	青年项目
45	物质文化交流视域下的东亚五台山佛教信仰研究	张书彬	人文学院	青年项目
46	多维视界下汉语二语口语产出模型研究	孙培健	外国语言文化与国际交流学院	青年项目
47	构建基于《中国英语能力等级量表》的诊断测评与个性化反馈体系研究	闵尚超	外国语言文化与国际交流学院	青年项目
48	移动传播中风险议题显著性演化的新机理研究	黄　清	传媒与国际文化学院	青年项目
49	财政空间、债务耐受度与政府债务危机风险评估、防范和化解研究	李　丹	经济学院	青年项目
50	《资本论》及其手稿中的政治哲学思想研究	付文军	马克思主义学院	青年项目
51	比较视野下的南京大屠杀社会记忆研究	钱力成	社会学系	青年项目
52	希腊原创文化研究	陈村富	人文学院	后期资助项目
53	柏拉图德性对话研究与译注	林志猛	人文学院	后期资助项目
54	魏晋政治军事地理研究	陈健梅	人文学院	后期资助项目
55	龙泉司法档案职权主义民事诉讼文书研究	吴铮强	人文学院	后期资助项目
56	中国话剧与城市空间——一种互动的仪式	胡志毅	传媒与国际文化学院	后期资助项目
57	福利行政法论	胡敏洁	光华法学院	后期资助项目
58	中国绿色金融法律制度问题研究	黄　韬	光华法学院	后期资助项目

续表

序号	项目名称	负责人	所属单位	项目类别
59	新时代运动休闲项目规划创新研究	周丽君	教育学院	后期资助项目
60	重金属污染耕地区农户参与休耕的意愿行为及其激励研究	谭永忠	公共管理学院	后期资助项目
61	全球治理机制复合体的演变:以人类基因信息议题为例	俞晗之	公共管理学院	后期资助项目
62	现代性的批判和重构:马克思与怀特海的比较及中国意义	黄 铭	马克思主义学院	后期资助项目
63	印度哲学核心经典《梵经》研究	王志成	人文学院	冷门"绝学"和国别史等研究专项
64	楚系简帛文献词义研究及词典编撰	岳晓峰	艺术与考古学院	冷门"绝学"和国别史等研究专项
65	宋代金石学与书学互动关系研究	王东民	艺术与考古学院	艺术学一般项目
66	翻译与中国现代性	王语琪	外国语言文化与国际交流学院	中华学术外译项目
67	习近平新时代中国特色社会主义思想进教材进课堂进头脑传播效果研究	蔡晓卫	马克思主义学院	高校思政课研究专项
68	中外合作办学高校思政课建设研究	代玉启	马克思主义学院	高校思政课研究专项

附录2 浙江大学 2019 年人文社科承担省部级项目

序号	项目名称	负责人	所属单位	项目类别
全国教育科学"十三五"规划项目				
1	普通高校大学生综合国防素质及其测评研究	程 春	教育学院	国家重点
教育部人文社科研究项目				
1	法国当代小说中的城市空间叙事研究	赵 佳	外国语言文化与国际交流学院	规划基金项目

序号	项目名称	负责人	所属单位	项目类别
2	城市公共服务对农村劳动力流动的影响:基于居住证制度背景的研究	钱雪亚	公共管理学院	规划基金项目
3	重金属污染耕地区农户参与治理式休耕的行为机理与激励机制研究	谭永忠	公共管理学院	规划基金项目
4	自然灾难后青少年创伤后应激障碍与成长的发展趋势及其影响机制研究	周 宵	心理与行为科学系	规划基金项目
5	家庭仪式在青少年道德发展中的作用研究	吴明证	心理与行为科学系	规划基金项目
6	苏轼文学在日本的传播与接受研究	王连旺	人文学院	青年基金项目
7	观剧诗与清代戏曲接受研究	李 碧	人文学院	青年基金项目
8	新出唐代诗人墓志研究	杨 琼	人文学院	青年基金项目
9	西藏阿里中印、中尼边境石窟寺艺术调查研究	王瑞雷	人文学院	青年基金项目
10	俄罗斯文学"高加索文本"研究	姜 磊	外国语言文化与国际交流学院	青年基金项目
11	美国抽象表现主义与国家意识形态研究	毛秋月	外国语言文化与国际交流学院	青年基金项目
12	当代英美伦理美学与批评思潮研究	范 昀	传媒与国际文化学院	青年基金项目
13	公元前三世纪—公元三世纪朝鲜半岛汉式器物考古学研究	蒋 璐	艺术与考古学院	青年基金项目
14	乡村教育振兴背景下教师交流轮岗政策绩效的实证研究	张 佳	教育学院	青年基金项目
15	基于石墨烯柔性传感技术的人体精细动作研究	彭玉鑫	教育学院	青年基金项目
16	公司金融视角下新时代企业家精神的激励和保护研究	钱美芬	管理学院	青年基金项目

续表

序号	项目名称	负责人	所属单位	项目类别
17	基本养老保险代际均衡机制研究	杨一心	公共管理学院	青年基金项目
18	基于科教融合的新工科多元化发展路径研究	吴 伟	中国科教战略研究院	专项任务项目（工程科技人才培养研究）
19	段治文全国高校思想政治理论课名师工作室建设	段治文	马克思主义学院	名师工作室重点选题
20	寒山诗及相关史料综合集成研究	何善蒙	人文学院	后期资助重大项目
21	长期照护理论方法创新与政策试点评估研究——国际经验与中国发展	米 红	公共管理学院	后期资助重大项目
22	结构转型与经济失衡的理论框架、经验证据和趋势预测研究	茅 锐	管理学院	后期资助一般项目

附录 3　浙江大学 2019 年人文社科经费到款情况

单位名称	项目级别				总计		
	纵向课题		横向课题		新立项数/项	总经费/万元	总经费比上年增长/%
	新立项数/项	总经费/万元	新立项数/项	总经费/万元			
人文学院	57	1417.50	19	240.12	76	1657.62	54.39
外国语言文化与国际交流学院	22	198.51	10	128.05	32	326.56	−10.22
传媒与国际文化学院	11	123.19	20	566.41	31	689.60	−9.78
艺术与考古学院	16	430.80	28	659.07	44	1089.87	164.63
经济学院	27	505.50	31	659.78	58	1165.28	16.93
光华法学院	23	281.64	18	321.53	41	603.17	−41.03
教育学院	17	391.35	18	1559.80	35	1951.15	22.32
管理学院	16	234.00	29	1464.90	45	1698.90	54.09
公共管理学院	56	871.55	120	3328.35	176	4199.90	15.64
马克思主义学院	12	164.15	3	10.80	15	174.95	−9.96

单位名称	项目级别				总计		
	纵向课题		横向课题		新立项数/项	总经费/万元	总经费比上年增长/%
	新立项数/项	总经费/万元	新立项数/项	总经费/万元			
社会学系	6	44.51	18	205.36	24	249.87	−3.97
其他	84	5011.95	187	12282.40	271	17294.35	92.13
总计	347	9674.65	501	21426.57	848	31101.22	29.42

备注:其他包含校设研究机构、理工科院系到款经费。

附录4 浙江大学2019年人文社科获省部级奖项

序号	获奖成果名称	第一作者	成果形式	奖项等级
浙江省第二十届哲学社会科学优秀成果奖				
1	城郊农民市民化问题研究:以浙江省为例	毛 丹	著作	一等奖
2	王阳明年谱长编	束景南	著作	一等奖
3	孙中山史事编年	桑 兵	著作	一等奖
4	夏丏尊全集	刘正伟	著作	一等奖
5	明清散曲辑补	汪超红	著作	一等奖
6	审判中心与刑事诉讼	胡 铭	著作	一等奖
7	非对称创新战略:中国企业的跨越(理论辑)	魏 江	著作	一等奖
8	改革开放以来中国翻译研究概论(1978—2018)	许 钧	著作	一等奖
9	汉语核心词的历史与现状研究	汪维辉	著作	一等奖
10	实用主义政治哲学	张国清	著作	一等奖
11	权力法治与廉政治理	陈国权	著作	一等奖
12	大学治理模式及其形成机理	顾建民	著作	一等奖
13	准前沿经济体的技术进步路径及动力转换——从"追赶导向"到"竞争导向"	黄先海	论文	一等奖
14	行政法视域下权力清单制度的重构	朱新力	论文	一等奖
15	中国制造业海外并购整合与产业技术创新研究	陈菲琼	研究报告	一等奖

序号	获奖成果名称	第一作者	成果形式	奖项等级
16	完善社会主义市场经济体制条件下加快转变政府职能研究	范柏乃	研究报告	一等奖
17	古玺通论(修订本)	曹锦炎	著作	二等奖
18	国外中国模式研究评析	成 龙	著作	二等奖
19	华为管理变革	吴晓波	著作	二等奖
20	数字出版商业模式研究	陈 洁	著作	二等奖
21	记忆的纹理:媒介、创伤与南京大屠杀	李红涛	著作	二等奖
22	新中国外国戏剧的翻译与研究	何辉斌	著作	二等奖
23	新出石刻与唐代文学家族研究	胡可先	著作	二等奖
24	Agricultural Reforms and Production in China: Changes in Provincial Production Function and Productivity in 1978—2015	龚斌磊	论文	二等奖
25	Biased Sequential Sampling Underlies the Effects of Time Pressure and Delay in Social Decision Making	陈发动	论文	二等奖
26	Mapping Social Quality Clusters and Its Implications	林 卡	论文	二等奖
27	当代中国地方政府创新的新进展——兼论纵向政府间关系的重构	郁建兴	论文	二等奖
28	构建人类命运共同体对历史唯物主义的原创性贡献	刘同舫	论文	二等奖
29	中国城市过大抑或过小?——基于劳动力配置效率的视角	潘士远	论文	二等奖
30	"一带一路"建设重大项目规划制定需要考虑的企业走出去腐败风险及其控制	陈志新	研究报告	二等奖
31	我国"十三五"时期精准扶贫的路径、机制与对策研究	黄祖辉	研究报告	二等奖
32	学科贯通视野中的马克思主义基本原理研究——"从抽象上升到具体"的一种解读	刘召峰	著作	三等奖
33	现代法国公法的诞生:西耶斯政治思想研究	乐启良	著作	三等奖
34	至善与时间	包利民	著作	三等奖
35	市县协调发展何以可能:省管县改革后的区域治理体系研究	吴金群	著作	三等奖

浙江大学年鉴

序号	获奖成果名称	第一作者	成果形式	奖项等级
36	跨越文化边界:中国现当代小说在英语世界的译介与接受	卢巧丹	著作	三等奖
37	体育健康促进研究的行为理论与方法	司 琦	著作	三等奖
38	敦煌吐鲁番本《文选》辑校	金少华	著作	三等奖
39	新时代农业高技术发展战略研究	卫龙宝	研究报告	三等奖
40	城乡融合背景下的浙江农村土地制度改革	钱文荣	研究报告	三等奖
41	Neolithic Cultivation of Water Chestnuts (Trapa L.) at Tianluoshan (7000—6300 cal BP), Zhejiang Province, China	郭 怡	论文	三等奖
42	从生活世界到跨文化对话	王 俊	论文	三等奖
43	Social Media, Social Integration and Subjective Well-being Among New Urban Migrants in China	韦 路	论文	三等奖
44	再评高等教育依附理论——基于印度近 30 年来的高等教育国际化现实	刘淑华	论文	三等奖
45	中国私营企业主的社会构成:阶层与同期群差异	范晓光	论文	三等奖
46	委托合同任意解除的损害赔偿	周江洪	论文	三等奖
47	液态的连接:理解职业共同体——对百余位中国新闻从业者的深度访谈	周睿鸣	论文	三等奖
48	创业教育国际发展趋势与我国创业教育观念转型	徐小洲	论文	三等奖
49	农村基层治理中的多重社会网络	徐 林	论文	三等奖
50	成立"一带一路"争端解决机构的建议	王贵国	研究报告	三等奖
	2018 年文化和旅游部优秀研究成果(旅游类)			
1	心理时间对中国老年人出境旅游动机和意向的影响研究	吕佳颖	著作	二等奖

附录5　2019 年浙江大学人文社科研究院

序号	机构名称	负责人	所属单位
1	韩国研究所	金健人(名誉) 陈 辉(主持工作)	人文学院
2	古籍研究所	王云路	人文学院

续表

序号	机构名称	负责人	所属单位
3	文艺学研究所	苏宏斌	人文学院
4	中国古代文学与文化研究所	周明初	人文学院
5	中国现当代文学与文化研究所	吴秀明	人文学院
6	世界文学与比较文学研究所	吴 笛	人文学院
7	汉语言研究所	方一新	人文学院
8	中国古代史研究所	刘进宝	人文学院
9	世界历史研究所	张 杨	人文学院
10	中国近现代史研究所	肖如平	人文学院
11	科技与社会发展研究所	丛杭青	人文学院
12	逻辑与认知研究所	黄华新	人文学院
13	中国思想文化研究所	董 平	人文学院
14	外国哲学研究所	王 俊	人文学院
15	日本文化研究所	王 勇	人文学院
16	宗教学研究所	王志成	人文学院
17	德国文化研究所	范捷平	外国语言文化与国际交流学院
18	外国文学研究所	高 奋	外国语言文化与国际交流学院
19	外国语言学及应用语言学研究所	何莲珍	外国语言文化与国际交流学院
20	跨文化与区域研究所	程 乐	外国语言文化与国际交流学院
21	翻译学研究所	郭国良	外国语言文化与国际交流学院
22	国际文化和社会思想研究所	潘一禾	传媒与国际文化学院
23	传播研究所	洪 宇	传媒与国际文化学院
24	新闻传媒与社会发展研究所	吴红雨	传媒与国际文化学院
25	广播电影电视研究所	范志忠	传媒与国际文化学院

浙江大学年鉴

序号	机构名称	负责人	所属单位
26	美学与批评理论研究所	王建刚	传媒与国际文化学院
27	文化遗产与博物馆学研究所	毛昭晰(名誉) 项隆元 （主持工作）	艺术与考古学院
28	中国艺术研究所	陈振濂 池长庆(执行)	艺术与考古学院
29	艺术史研究所	薛龙春	艺术与考古学院
30	经济研究所	汪淼军	经济学院
31	产业经济研究所	金祥荣 李建琴(执行)	经济学院
32	国际商务研究所	马述忠 严建苗(执行)	经济学院
33	国际经济研究所	顾国达	经济学院
34	公共经济与财政研究所	郑备军	经济学院
35	证券期货研究所	蒋岳祥	经济学院
36	金融研究所	王维安	经济学院
37	法与经济学研究所	翁国民	经济学院
38	公法与比较法研究所	胡敏洁	光华法学院
39	经济法研究所	范良聪(执行)	光华法学院
40	法理与判例研究所	焦宝乾	光华法学院
41	民商法研究所	章　程 （主持工作）	光华法学院
42	国际法研究所	马　光(执行)	光华法学院
43	刑法研究所	李世阳 （主持工作）	光华法学院
44	高等教育研究所	眭依凡	教育学院
45	教育科学与技术研究所	李　艳	教育学院
46	中外教育现代化研究所	肖　朗	教育学院

序号	机构名称	负责人	所属单位
47	运动科学与健康工程研究所	王 健	教育学院
48	管理科学与信息系统研究所	周伟华	管理学院
49	管理工程研究所	汪 蕾	管理学院
50	物流与决策优化研究所	刘 南	管理学院
51	财务与会计研究所	陈 俊	管理学院
52	企业组织与战略研究所	魏 江	管理学院
53	营销管理研究所	周欣悦	管理学院
54	人力资源管理研究所	周 帆	管理学院
55	企业投资研究所	邬爱其	管理学院
56	旅游研究所	周玲强	管理学院
57	饭店管理研究所	王婉飞	管理学院
58	农业与农村经济发展研究所	阮建青	公共管理学院
59	食物经济与农商管理研究所	卫龙宝	公共管理学院
60	行政管理研究所	陈丽君	公共管理学院
61	风险管理与劳动保障研究所	何文炯	公共管理学院
62	土地科学与不动产研究所	岳文泽	公共管理学院
63	城市治理研究所	吴结兵	公共管理学院
64	信息资源管理研究所	周 萍	公共管理学院
65	政治学研究所	余逊达	公共管理学院
66	社会学研究所	曹正汉	社会学系
67	社会理论与建设研究所	张国清	社会学系
68	人类学研究所	梁永佳	社会学系
69	人口与发展研究所	董雪兵	社会学系
70	马克思主义理论研究所	刘同舫	马克思主义学院
71	国际政治研究所	程早霞	马克思主义学院

序号	机构名称	负责人	备　注
人文社科校设研究院			
1	中国农村发展研究院（农业现代化与农村发展研究中心）	钱文荣 陈志钢	教育部人文社科重点研究基地 "985工程"哲学社会科学创新基地
2	中国西部发展研究院（区域协调发展研究中心）	周谷平	
3	社会科学研究基础平台	袁　清（执行）	
4	文化遗产研究院（石窟寺文物数字化保护国家文物局重点科研基地）	刘曙光（名誉） 曹锦炎 张颖岚（常务） 鲁东明（基地主任）	
5	金融研究院（互联网金融研究院）	史晋川（贲圣林）	
6	全球浙商研究院	魏　江	
7	公共政策研究院	姚先国 金雪军（执行）	
8	国际影视发展研究院	罗卫东 范志忠（执行）	
9	土地与国家发展研究院	吴次芳 叶艳妹（常务）	
10	中国跨境电子商务研究院	马述忠	
11	人文高等研究院	罗卫东、赵鼎新 朱天飚（常务）	
12	旅游与休闲研究院	庞学铨	
13	国际战略与法律研究院	王贵国	
14	全球农商研究院		
15	立法研究院	周江洪 郑春燕（执行） 余　军（常务）	
16	社会治理研究院	郁建兴 王诗宗（执行）	

序号	机构名称	负责人	备 注
17	书画艺术与科技鉴定研究院*	陈振濂	
18	北京研究院（筹）（国家制度研究院）*	张文显 邹大挺（执行）	
人文社科校级研究中心			
1	汉语史研究中心	汪维辉	教育部人文社科重点研究基地
2	民营经济研究中心	潘士远	教育部人文社科重点研究基地 "985 工程"哲学社会科学创新基地
3	基督教与跨文化研究中心	王志成	"985 工程"哲学社会科学创新基地
4	语言与认知研究中心	黄华新	"985 工程"哲学社会科学创新基地
5	创新管理与持续竞争力研究中心	吴晓波 黄　灿（常务）	"985 工程"哲学社会科学创新基地
6	科教发展战略研究中心	邹晓东 魏　江（执行）	教育部科技委战略研究基地
7	基础教育课程研究中心	顾建民 刘正伟（常务）	教育部基础教育司研究中心
8	体育现代化发展研究中心	于可红	国家体育总局重点研究基地
9	地方政府与社会治理研究中心	陈剩勇 毛　丹	浙江省人文社科重点研究基地
10	区域经济开放与发展研究中心	黄先海	浙江省人文社科重点研究基地
11	民生保障与公共治理研究中心	何文炯	浙江省人文社科重点研究基地
12	《浙江文献集成》编纂中心	张　曦 张涌泉（执行）	浙江省人文社科重点研究基地
13	宋学研究中心	陶　然	浙江省人文社科重点研究基地
14	传媒与文化产业研究中心	洪　宇	浙江省人文社科扶持研究中心
15	房地产研究中心	贾生华	
16	可持续发展研究中心	罗卫东 常　杰（执行）	

浙江大学年鉴

序号	机构名称	负责人	备 注
17	信息资源分析与应用研究中心	黄 晨	
18	资产管理研究中心	金雪军	
19	企业成长与战略传播研究中心	李 杰	
20	经济与文化研究中心	徐永明 何春晖(执行)	
21	跨学科社会科学研究中心	陈叶烽(执行)	
22	新经济产业发展研究中心	黄先海	
23	法理研究中心	张文显	
24	妇女研究中心	张 彦	
25	江万龄国际经济与金融投资研究中心	金雪军	
26	文物保护和鉴定研究中心	严建强	
27	公法研究中心	余 军	
28	区域与城市发展研究中心	刘 亭 陈建军(执行)	
29	中国古代书画研究中心	许洪流(常务)	
30	全球创业研究中心	王重鸣 威廉·巴内特 (斯坦福大学)	
31	健康产业创新研究中心	邢以群	
32	人力资源与战略发展研究中心	王重鸣(名誉) 谢小云	
33	创新与发展研究中心	许庆瑞 魏 江(常务) 郑 刚(执行)	
34	敦煌学研究中心	张涌泉	
35	社会组织与社会治理研究中心	郁建兴	
36	资本市场研究中心	黄 英	
37	儒商与东亚文明研究中心	杜维明(名誉) 周生春(名誉)	

序号	机构名称	负责人	备　注
38	非传统安全与和平发展研究中心	余潇枫	
39	影视与动漫游戏研究中心	盘　剑	
40	公共外交与战略传播研究中心	吴　飞	
41	当代中国话语研究中心	王春晖（名誉） 程　乐	
42	非物质文化遗产研究中心	阮云星	
43	律师实务研究中心	吴勇敏	
44	浙江大学—杭州市服务业发展研究中心	魏　江 朱师钧	
45	神经管理学实验室	马庆国（名誉） 汪　蕾	
46	社区建设与移民管理研究中心	毛　丹	
47	佛教文化研究中心	董　平 张家成（执行）	
48	中国地方政府创新研究中心	俞可平（名誉） 陈国权	
49	工程教育创新中心	叶　民	
50	蒋介石与近代中国研究中心	陈红民	
51	地方历史文书编纂与研究中心	包伟民	
52	不动产投资研究中心	方红生	
53	故宫学研究中心	郑欣淼（名誉） 张　曦（名誉） 余　辉 （故宫博物院） 曹锦炎 黄厚明（常务）	
54	亚洲研究中心	罗卫东	
55	科斯经济研究中心	王　宁 （亚利桑那大学） 罗卫东	

浙江大学年鉴

序号	机构名称	负责人	备 注
56	廉政研究中心	叶 民 马春波（常务）	
57	科学技术与产业文化研究中心	盛晓明	
58	中国组织发展与绩效评估研究中心	范柏乃	
59	学衡国际人文研究中心	杜维明（名誉） 吴 光（名誉） 彭国翔	
60	海洋法律与治理研究中心	赵 骏	
61	龙泉司法档案研究中心	包伟民	
62	浙江大学—诺丁汉大学中国与全球经济政策研究中心	顾国达 Chris Milner （诺丁汉大学）	
63	中华礼学研究中心	贾海生	
64	党建研究中心	张宏建	
65	德育与学生发展研究中心	任少波	
66	信息技术与经济社会系统研究中心	刘 渊	
67	中国海洋文化传播研究中心	李 杰	
68	法律与经济研究中心	熊秉元	
69	环境与能源政策研究中心	托马斯·海贝勒 （杜伊斯堡—埃森大学） 郭苏建	
70	质量管理研究中心	熊 伟	
71	汉藏佛教艺术研究中心	谢继胜	
72	外语传媒出版质量研究中心	陆建平（主持工作）	
73	"一带一路"合作与发展协同创新中心	罗卫东　周谷平	
74	陈香梅资料与研究中心	陈红民	

浙江大学年鉴

续表

序号	机构名称	负责人	备 注
75	司法文明协同创新中心	胡　铭	
76	老龄和健康研究中心	何文炯	
77	道教文化研究中心	孔令宏	
78	中国地方治理与法治研究中心	葛洪义	
79	公共服务与绩效评估研究中心	胡税根	
80	服务科学研究中心	华中生	
81	教科书研究中心	刘正伟 张文军（常务）	
82	周有光语言文字学研究中心	王云路	
83	公众史学研究中心	陈　新	
84	新型城镇化研究中心	仇保兴（名誉） 张蔚文	
85	港航物流与自由贸易岛研究中心	Lee Tae-woo	
86	科技与法律研究中心	王敏远 胡　铭（常务）	
87	佛教资源与研究中心	何欢欢	
88	国际教育研究中心	宋永华	
89	数据分析和管理国际研究中心	周伟华 叶荫宇 （斯坦福大学）	
90	艺术美学研究中心	王建刚	
91	数字出版研究中心	金更达	
92	中国特色社会主义研究中心	任少波 何莲珍（常务）	
93	校史研究中心	田正平 马景娣（执行）	
94	当代马克思主义美学研究中心	王　杰	
95	中华译学馆	许　钧	

序号	机构名称	负责人	备　注
96	世界文学跨学科研究中心	聂珍钊	
97	马一浮书院	刘梦溪	
98	财税大数据与政策研究中心	李金珊	
99	雄安发展中心*	石敏俊	
100	国学与近代中国研究中心*	桑　兵	
101	现象学与心性思想研究中心*	倪梁康	
102	融媒体研究中心＊	韦　路	
103	长三角一体化发展研究中心*	黄先海	
104	城乡创意发展研究中心*	王小松	
105	浙江大学—蚂蚁金服金融科技研究中心*	贲圣林 李振华(蚂蚁金服)	
106	科举学与考试研究中心*	刘海峰	
人文社科联合共建研究机构			
1	浙江大学中国—挪威环境与社会联合研究中心*	郁建兴	合作单位:挪威奥斯陆大学
2	浙江大学—国际食物政策研究所国际发展联合研究中心*	陈志钢	合作单位:国际食物政策研究所
3	浙江大学—嘉兴心理健康联合研究中心*	徐琴美	合作单位:嘉兴市人民政府

注:标*者为2019年成立的研究中心

附录7　2019年浙江大学省部级以上智库

序号	智库名称	负责人	评选单位	备　注
国家高端智库建设培育单位				
1	区域协调发展研究中心	周谷平	中共中央宣传部	

序号	智库名称	负责人	评选单位	备 注
浙江省新型重点专业智库				
1	区域协调发展研究中心	周谷平	中共浙江省委宣传部、浙江省社会科学界联合会	
2	公共政策研究院	姚先国 金雪军(执行)		
3	中国农村发展研究院	钱文荣 陈志钢		
4	金融研究院	史晋川		重点培育智库
浙江省新型高校智库				
1	创新管理与持续竞争力研究中心	吴晓波	浙江省省教育厅	
2	中国科教战略研究院	李铭霞		
3	土地与国家发展研究院	吴次芳		
4	非传统安全与和平发展研究中心	余潇枫		
5	新型城镇化研究中心	张蔚文		
6	中国跨境电子商务研究院	马述忠		
7	互联网金融研究院	贲圣林		
8	长三角一体化发展研究中心	黄先海		
9	国际影视发展研究院	罗卫东 范志忠(执行)		

(赵 怡编撰 程 丽审稿)

社会服务

【概况】 浙江大学把服务国家发展战略、区域经济社会需求和学校"双一流"建设作为重要使命,按照"立足浙江、面向全国、走向世界"总要求,深入推进实施"两边两路,一个核心"(两边为沿边资源大省、濒海经济强省,两路为"一带一路"、浙大"西迁之路",核心为浙江省)社会服务战略布局。

2019 年,全校共新签横向合同 3558项,合同经费 24.22 亿元(不含工研院),到款经费 14.49 亿元。授权中国专利2853 件,其中发明专利 2326 件,实用新型专利 517 件,外观专利 10 件,发明专利授权数保持全国高校第一;授权国际专利 53 件。

人文社会科学承接中央有关部门直接委托智库研究任务 40 余项,向中央有关部门报送智库报告 60 余篇,向各级政府、企事业单位提交研究咨询报告 300 余份,其中有 7 篇报告获党和国家领导人批示,另有 80 余份研究成果获中央部委或中共省委、省政府的采纳,专家学者在《人民日报》《光明日报》《求是》等重要媒体发表智库相关文章 30 余篇。主动对接国家战略需求,打造高端智库,筹建了浙江大学北京研究院,并在此基础上建立了浙江大学国家制度研究院,以打造国家制度研究"国家队"。"舟山群岛新区自由港研究丛书"等智库成果陆续出版。积极打造"求是智库"高端论坛品牌,并举办"海峡两岸和平发展的回顾与展望"研讨会等多场高层次智库论坛。

聚焦"一带一路"、京津冀协同发展、长江经济带发展、粤港澳大湾区建设、长三角一体化发展等国家重大战略,积极拓展和争取省外资源。人文社会科学领域加强了与国家级文化研究机构的合作,与中国国家博物馆签约共建中国梦研究中心,与故宫博物院达成战略合作意向;成立长三角一体化发展研究中心、雄安发展中心,全面参与国家战略的制定和实施,为长三角一体化战略推进和雄安新区建设发展提供前瞻性、系统性、科学性的理论研究和政策咨询。与海南省人民政府签署全面战略合作协议,与三亚市人民政府合作共建浙江大学海南研究院;与厦门市签署战略合作框架协议;积极推动浙江大学深圳前沿技术研究院建设;浙江大学还与郑州市人民政府共建中原研究院,与临沂共建浙江大学山东(临沂)现代农业研

究院。与山东京博控股、山西阳泉煤业、腾讯科技(深圳)等企业共建校企联合研究机构 40 个。

全面服务浙江省大湾区建设,与杭州市人民政府签署《杭州市—浙江大学关于新时代进一步深化全面战略合作协议》,与杭州市合作共建浙江大学杭州国际科创中心;与义乌市人民政府签约共建浙江大学"一带一路"国际医学院,参与之江实验室、西湖大学建设,建立(余杭)基础医学创新研究院,启动与第 19 届亚运会组委会的合作对接;与温州市签署全面战略合作协议,共建浙江大学温州研究院;与嘉兴市人民政府共建浙江大学—嘉兴心理健康联合研究中心;与中国农业银行浙江省分行签署全面战略合作协议;与杭州市卫健委签约共建杭州市第一人民医院等 6 家非直属附属医院。人文社会科学领域与浙江省文化和旅游厅建立战略合作关系,与浙江省出入境边防检查总站签署战略合作协议,与中共浙江省委宣传部共建浙江大学融媒体研究中心,与浙江省商务厅共建浙江省中国特色自由贸易港研究院,与蚂蚁金服集团共建浙江大学——蚂蚁金服金融科技研究中心。

浙江大学通过向景东县投入和引入资金、培训干部和技术人员、购买和推销当地特色农产品等多种方式,全力助推云南景东县脱贫攻坚,其扶贫工作在 2019 年中央单位定点扶贫工作成效考核中被定级"好",居 44 所教育部直属高校中之首。大力推进医疗、教育和产业帮扶台江县,成效显著,校党委书记任少波代表浙江大学向中组部汇报帮扶台江情况;持续结对帮扶武义新宅镇安凤村,组织相关单位对接村集体产业,实施"求是星空"项目;持续推进对口支援塔里木大学、贵州大学、滇西应用技术大学普洱学

院等工作;与郑州大学、山西大学和云南大学签署部省合建对口合作协议,推动合作内容落地。

浙江大学工业技术转化研究院搭建"原始创新、技术研发、成果转化、孵化产业化"全链条的成果转化体系,加快科技成果转化及产业化,获教育部首批高等学校科技成果转化和技术转移基地称号。2019年,全国布局的10个派出研究院推动与企业共建各类联合研发中心66个,科研经费收入2.44亿元,累计孵化产业化公司257家。参加第47届瑞士日内瓦国际发明展,斩获了一金、一银和一铜奖。有序优化区域布局,围绕地方重点产业领域,新增安徽、山西、河南新乡3家技术转移区域分支机构,与舟山海洋研究中心共建技术转移舟山中心,促成各类产学研项目合作项目总经费逾1.7亿元。继续拓展全球网络,分别与首尔国立大学、韩国科学技术院(KAIST)产学研合作部门建立战略合作关系,并积极推进学校层面合作框架协议签署。

浙江大学国家大学科技园西溪园区新增企业136家,入选杭州市培育计划企业7家、浙江省科技型中小企业18家、高新技术企业20家、杭州市级高新技术企业4家,浙江大学e-WORKS创业实验室入驻项目17家。紫金众创小镇引进浙大紫金众创小镇·腾讯云基地(人工智能与大数据众创空间)、智能制造国家专业化众创空间、杭州国际人才创业创新园(西湖园区)、浙江大学雅喵创客空间等孵化平台,并于9月底入选第五批浙江省特色小镇创建名单;与浙江省内江山、德清、乐清、新昌、温州等地方政府合作设立了7科创飞地,助力区域经济发展,其核心启动区块入驻企业共205家,孵化国家高新技术企业、市高新技术企业、杭州市培

育计划企业多家,成为城西科创大走廊重要的创新源。

(洪　扬　赵　怡　杨　祎　李　琳撰稿
杨　波　程　丽　林伟连　张丽娜审稿)

【北京研究院(筹)成立】 见P138【成立浙江大学国家制度研究院】

【与温州市人民政府签署战略合作框架协议并与瓯海区合作共建"浙江大学温州研究院"】 全面融入浙江大湾区建设,助力温州转型升级,助推浙江大学"双一流"建设,1月21日,《温州市人民政府—浙江大学战略合作框架协议》在温州市签署,根据协议,双方将紧紧围绕新形势新任务新要求,立足市情校情实际,聚焦双方共同关心的重大问题,充分发挥温州市区位、产业和全球温商网络优势,以及浙江大学科技、人才、智力综合优势,不断挖掘合作空间,提升合作层次,创新合作机制,扎实推进双方的战略合作。

同日,双方签署《温州市人民政府—瓯海区人民政府—浙江大学关于共建浙江大学温州研究院合作协议书》。浙江大学温州研究院将围绕温州新兴产业培育和传统产业提升,发挥浙江大学品牌辐射效应,集聚国内外创新创业资源,打造集技术研发、成果转化、产业孵化、技术咨询、教育培训、学术交流等六大功能为一体的新型研发机构。

(杨　祎撰稿　林伟连审稿)

【与杭州市萧山区人民政府合作共建"浙江大学杭州国际科创中心"】 积极融入长三角一体化发展战略,服务浙江经济社会高质量发展,全力助推杭州市打造国际科技创新之都,加快推进学校"双一流"建设。2月28日,《杭州市人民政府—浙江大学共建浙江大学杭州国际科创中心合作框架协议》(以下称《框架协议》)在杭州市签署,根据协议,双方围绕"名城名校,携手共进"的战略

浙江大学年鉴

合作,共同构建具有重大引领作用的创新基地和产业高地,打造具有世界一流水平、引领未来发展的国际科技创新中心,成为我国知识和技术创新的策源地,世界顶尖学者和高水平科技人才的集聚平台,全链条科技集成、多学科汇聚发展、全球化开放合作的创新生态区,科技和人才体制机制创新的改革试验区。

8月19日,《杭州市萧山区人民政府—浙江大学关于浙江大学杭州国际科创中心建设合作协议》在杭州市萧山区签署,根据协议,双方将进一步落实《框架协议》,高起点谋划、高标准要求、高质量推进浙江大学杭州国际科创中心各项建设工作,科创中心将重点围绕前沿研究、技术开发、成果转化三个方向,推进物质科学、信息科学、生命科学的多学科会聚融通,构建全链条、开放式、国际化的创新体系,打造引领支撑未来产业发展的重大创新平台。

(杨　祎撰稿　林伟连审稿)

【**与海南省人民政府签署全面战略合作协议并与三亚市合作共建"浙江大学海南研究院"**】　11月15日,《海南省人民政府—浙江大学全面战略合作协议》在海口市签署,根据协议。双方将本着"整合资源、优势互补、深度融合、共同发展"的原则,紧紧围绕国家重大战略和区域经济社会发展,充分发挥海南省资源、区位、政策优势和浙江大学人才、科研、学科优势,通过共建研究院、人才培养、继续教育、智库咨询等方式,深化全面战略合作,推进海南省高质量发展和浙江大学"双一流"建设。同日,双方签署《三亚市人民政府—浙江大学—招商局海南开发投资有限公司共建浙江大学海南研究院合作协议》,浙江大学海南研究院将依托浙江大学相关院系办学,培养以涉海涉农专业为主的研究人才,同时,对接海南经济特色和产业发展需求,开展技术攻关和成果产业化推广,争创国家级科研平台,构建政产学用的转移转化链,努力成为"立足海南、辐射全国"的集教学、科研和成果转化于一体的创新创业研究院,为建设中国(海南)自由贸易区、探索建设中国特色自由贸易港做出重要贡献。

(杨　祎撰稿　林伟连审稿)

规划与重点建设

"双一流"建设

【组织开展"双一流"建设中期评估】 2019年6月至8月,按照教育部《关于开展"双一流"建设中期自评工作的通知》(教研司〔2019〕5号)要求,浙江大学制定了学校"双一流"建设中期自评工作方案,通过单位自评、学校自评、专家评议等方式,从目标达成度、对标一流水平情况、经费使用情况等维度,对学校"双一流"建设实施情况进行了评估。本次评估以一流学科建设为重点,以人才培养质量、科研创新水平、社会服务贡献、国际声誉影响为核心要素,在关键指标的客观数据评估基础上,综合了136位评估专家的750份通讯评估意见及会议评估意见,认真梳理中期建设成效和取得的标志性成果,深入诊断分析存在的问题与不足,提出下阶段发展的重点任务和务实有效的改进措施。结合自评情况和专家评议意见,编制形成《浙江大学"双一流"建设中期自评报告》和特色描述案例汇编,经学校党委常委会议审

议通过后,按时报送教育部学位管理与研究生教育司。总体上,浙江大学"双一流"建设符合建设方案,经过三年的努力,综合办学实力及人才培养质量、科学研究水平、社会服务能力快速提升,在各大国际排行榜中进步显著,部分排行榜已进入世界百强,若干可比指标比肩位居世界前列的标杆大学,高峰学科数量居全国高校前列,部分学科达到世界先进水平,涌现出一批具有世界影响力的高质量学术成果,基本达成"双一流"建设中期目标。

9月,按照党委常委会议要求,正式向各学院(系)、资金项目反馈评估结果和专家意见建议,并组织开展学校和各学院(系)"双一流"建设实施方案优化调整等工作,充分发挥中期评估以评促改、以评促建作用,统筹推进各项建设和改革任务,确保"双一流"建设取得扎实成效。

【"双一流"建设经费立项与经费安排】 2019年,浙江大学获批中央"双一流"建设专项经费8.31亿元,浙江省"双一流"建设配套经费到位5亿元。按照教育部和浙江省要求,紧密围绕学校"双一流"建设方案和实施方案,2019年"双一流"建设经费安排

了高层次人才和高水平团队引育计划、高峰学科建设支持计划、重大科研创新平台建设计划、国际联合学院建设计划等 26 个项目。截至 12 月 31 日,中央"双一流"建设专项经费执行率达到 100%。浙江大学高度重视提升"双一流"建设项目管理水平和经费使用效益,通过研发"双一流"建设信息管理系统,显著提升了对学校"双一流"建设中期评估和各项工作任务的支撑和保障水平,做好"双一流"建设项目目标管理及经费绩效监控、资金项目中期进展评估及中央"双一流"建设专项经费审计,为确保高质量完成本轮"双一流"建设保驾护航。

（严晓莹撰稿　徐贤春审稿）

重点建设专项

【推进面向 2030 的学科会聚研究计划实施】 按照《浙江大学面向 2030 的学科会聚研究计划实施方案》部署,围绕服务国家战略目标、探索国际科学前沿、支撑区域重大需求,浙江大学面向 2030 年前瞻布局会聚型学科领域,坚持战略规划驱动,打造多学科参与的学术共同体,以及科学、技术和产业的创新联合体,通过体系化、有组织的规划实施,构建新的优势特色学科领域和未来创新高峰。2019 年,浙江大学继续加快推进脑科学与人工智能会聚研究计划(简称"双脑计划")实施,以交叉会聚引领学科范式创新,在神经科学、脑机接口、混合智能领域涌现一批高质量原创成果,牵头研发完成的脉冲神经网络类脑芯片达尔文 2 在杭州首发,"揭示抑郁发生及氯胺酮快速抗抑郁机制"获 2018 年度中国科学十大进展,胡海岚教授获国际脑研究组织-凯默理神经科学(IBRO-Kemali)国际奖,属华人首次获奖,李晓明教授获首届 CNS-CST 杰出神经科学奖、2019 年度"谈家桢生命科学创新奖"。启动实施量子计算与感知会聚研究计划(简称"量子计划")、生态文明与环境科技创新会聚研究计划(简称"生态文明计划")、农业设计育种会聚研究计划(简称"设计育种计划")等专项计划。瞄准国家战略需求和全球重大挑战问题,继续组织相关学科、单位积极谋划新的会聚型学科建设。

（严晓莹撰稿　徐贤春审稿）

【推进学校综合改革】 开展主题教育"浙江大学改革发展面临的主要矛盾与突破方向"专项调研,并深入分析改革任务。为推进"双一流"建设,全面深化体制机制改革,加快治理体系和治理能力现代化建设,制定《浙江大学 2019 年度全面深化改革实施方案》,推进本科专业体系改革、"双一流"建设绩效评估机制改革、机关职能和干部人事制度改革等 15 个重点改革项目。改革经验成效入编《教育部简报》、浙江省《教育参阅》。深入推进院系自主权改革,完成生命科学院等 10 家院系单位"一院一策"改革方案发文,推动数学学院等 8 家院系明确深化改革意向,完成七大学部院系深化改革全覆盖。深入开展调研,形成 30 多项重要报告。跟踪推进校领导 2019 年度重点调研课题。

（王颖霞撰稿　徐宝敏审稿）

学科与师资队伍建设

学科建设

【概况】 浙江大学是目前国内学科门类最齐全的综合性大学之一,可在哲学、经济学、法学、教育学、文学、历史学、理学、工学、农学、医学、管理学和艺术学等 12 个学科门类授予学术性学位。截至 2019 年 12 月 31 日,浙江大学拥有博士学位授权一级学科 60 个,硕士学位授权一级学科 64 个,博士专业学位类别 10 种,硕士专业学位类别 25 种。全校拥有 14 个一级学科国家重点学科、21 个二级学科国家重点学科和 10 个国家重点(培育)学科,7 个农业部重点学科,50 个浙江省一流学科(见附录)。根据 2019 年 11 月的 ESI 排名,学校进入前 1‰的学科数为 8 个,居全国高校第一;进入前 100 位的学科数为 7 个,居全国高校第二;进入前 50 位和前万分之一的学科数分别为 5 个、1 个,均居全国高校第三。

截至 2019 年 12 月 31 日,各学科具有研究生招生资格的教师共计 4389 人,其中

具有博士生招生资格共计 2930 人;具有专业学位硕士生招生资格的教师共计 1739 人,其中 314 人具有专业学位博士生招生资格,具有获得博士生招生资格的副教授共计 589 人。在广泛征求意见、反复修改完善的基础上,经校学位评定委员会第七十一次全体委员会议审议通过,并委托律师进行合法性审查,出台《浙江大学研究生导师管理办法》(浙大发研〔2019〕65 号)。

2019 年,浙江大学扎实推进一流创新学科生态体系建设,出台了《浙江大学关于进一步促进学科一流创新发展的若干意见》(浙大发研〔2019〕62 号),持续优化世界顶尖学科建设方案。组织 2019 年之前启动的学科类项目开展中期自评工作,共完成生态学等 49 个项目的执行成效进展评估。全面实施优势特色学科发展计划,启动智能飞行器系统与工程等 11 个优势特色学科项目。

做好 2019 年度自主审核增列学位授权点申报材料报送工作,及时向国务院学位委员会和浙江省学位办上报新增生物与医药博士专业学位授权类别的相关审核材料。开展学位授权点动态调整工作,动态调整撤销海洋科学一级学科博士学位授权点,大气

科学、船舶与海洋工程等2个一级学科硕士学位授权点。经校学位评定委员会第72次全体委员会议审议并无记名逐一投票表决，同意设置中国经济为目录外二级学科硕士学位授权点，同意设置运动人体科学为目录内二级学科博士、硕士学位授权点，同意设置汉语国际教育为专业学位领域博士学位授权点。

根据《关于推荐国务院学位委员会第八届学科评议组成员人选的通知》（学位办〔2019〕15号）的文件精神，确定了国务院学位委员会第八届学科评议组成员推荐人选名单。根据《浙江省学位委员会办公室关于确定省学科评议组和教指委秘书处秘书长人选的通知》，经推荐共有25位专家入选浙江省学科评议组或担任专业学位研究生教育指导委员会秘书长。

【通过国家"学位授权点合格评估"抽评】

根据《学位授权点合格评估办法》（学位〔2014〕4号）、《关于开展学位授权点合格评估工作的通知》（学位〔2014〕16号）、《关于开展学位授权点合格评估抽评工作的通知》（学位〔2019〕2号）等文件精神，按照国务院学位委员会学科评议组和浙江省学位委员会要求，组织有关学院（系）、学术学位授权学科和专业学位授权类别完成相应评估活动。组织学科负责人、学科秘书的专项动员会议，开展专题政策培训。先后指导并协助相关学院组织新闻传播学（博士层次）、工商管理硕士、公共管理硕士的进校实地评估和体育学（博士层次）的会议评议工作。学校博士层次被抽评的14个学位授权点，硕士层次被抽评的8个学位授权点均通过评估。

【做好2019年度学位授权自主审核工作】

根据《博士硕士学位授权审核办法》（学位〔2017〕9号）、《国务院学位委员会关于高等学校开展学位授权自主审核工作的意见》（学位〔2018〕17号）、《浙江大学博士硕士学位授权自主审核实施办法》（浙大发研〔2018〕116号）等文件精神，组织开展了2019年度学位授权自主审核工作。完善自主审核增列学位授权点政策保障，形成《浙江大学关于交叉学科招生、培养和学位授予方案的报告》，并上报学位管理与研究生教育司。

【附录】

附录1　2019年浙江大学各类重点学科分布情况

学院	一级学科国家重点学科	二级学科国家重点学科	国家重点（培育）学科	浙江省一流学科	农业部重点学科
人文学院		中国古典文献学	外国哲学	哲学	
				中国语言文学	
				考古学	
				中国史	
				世界史	

续表

学院	一级学科 国家重点学科	二级学科 国家重点学科	国家重点 (培育)学科	浙江省 一流学科	农业部 重点学科
外国语言文化 与国际交流 学院				外国语言文学	
传媒与 国际文化学院				新闻传播学	
经济学院			政治经济学	理论经济学	
光华法学院		宪法学与 行政法学		法学	
教育学院		教育史		教育学	
管理学院	管理科学 与工程			管理科学与工程	
公共管理学院			农业 经济管理	农林经济管理	
				公共管理	
马克思主义 学院				马克思主义理论	
数学科学 学院	数学			数学	
物理学系		理论物理		物理学	
		凝聚态物理			
化学系	化学			化学	
地球 科学学院				地质学	
心理与 行为科学系		应用心理学		心理学	
电气 工程学院	电气工程			电气工程	
建筑 工程学院	土木工程			土木工程	
				建筑学	

浙江大学年鉴

学院	一级学科 国家重点学科	二级学科 国家重点学科	国家重点 (培育)学科	浙江省 一流学科	农业部 重点学科
航空 航天学院		固体力学		力学	
				航空宇航科学与技术	
机械工程学院	机械工程			机械工程	
材料科学与 工程学院	材料科学 与工程			材料科学与工程	
能源工程学院	动力工程及 工程热物理			动力工程及 工程热物理	
化学工程与 生物工程学院		化学工程	生物化工	化学工程与技术	
海洋学院				船舶与海洋工程	
生物医学 工程与仪器 科学学院	生物医学工程			生物医学工程	
计算机科学 与技术学院		计算机应用技术	计算机软件 与理论	计算机科学与技术	
				软件工程	
				设计学	
光电科学与 工程学院	光学工程			光学工程	
信息与电子 工程学院		通信与信息系统		信息与通信工程	
控制科学与 工程学院	控制科学 与工程			控制科学与工程	
生命 科学学院		植物学		生态学	生态学
		生态学		生物学	
生物系统 工程与食品 科学学院		农业机械化工程		农业工程	农业机械 化工程
				食品科学与工程	食品科学

续表

学院	一级学科 国家重点学科	二级学科 国家重点学科	国家重点 (培育)学科	浙江省 一流学科	农业部 重点学科
环境与 资源学院	农业资源 与环境	环境工程		环境科学与工程	土壤学
				农业资源与环境	
农业与 生物技术 学院	园艺学	作物遗传育种		作物学	农业昆虫 与害虫防治
	植物保护			园艺学	植物 病理学
		生物物理学		植物保护	
动物 科学学院		特种经济 动物饲养	动物营养 与饲料科学	畜牧学	动物营养 与饲料 科学
医学院		儿科学	病理学与 病理生理学	临床医学	
		内科学(传染病)	妇产科学	基础医学	
		外科学(普外)	眼科学	口腔医学	
		肿瘤学			
药学院			药物分析学	药学	

附录2 浙江大学优势特色学科发展计划

序号	立项名称
1	艺术史
2	智能飞行器系统与工程
3	微纳电磁
4	大规模智能网络
5	创新设计理论与方法
6	数据安全和系统安全
7	智能医疗技术与仪器
8	食品智造与精准营养

浙江大学年鉴

序号	立项名称
9	重大动物疫情精准防控
10	基于健康医疗大数据的主动健康
11	基于医工信融合的口腔健康

（张雨迪撰稿　叶恭银审稿）

师资队伍建设

【概况】　浙江大学始终坚持以立德树人为根本任务，一年来紧密围绕"人尽其才"的人才队伍建设目标，不断深化改革举措，探索长效机制，提升服务水平。2019 年，全面实施了新引进教学科研并重岗教师预聘制，稳妥开展了长聘教职试行评聘工作，稳步推进了人事工作管理自主权下放，继续深化了教师校内外兼聘制度改革，探索实施了教师事务服务专员制度；深入推进学术大师汇聚计划、高层次人才培育计划、高水平师资"百人计划"等人才引进培育重点计划，为学校高质量高水平发展提供坚实的人力资源保障。

截至 2019 年底，全校教职工总数 9377 人（不包括附属医院事业编制及报备员人员），其中女教职工 3336 人，约占 35.58%。具体为：专任教师 3946 人、科研人员 646 人、党政管理人员 1531 人、教学科研支撑人员 867 人、学科博士后 1164 人、附设机构及其他人员 1223 人。另有校本部劳务派遣人员 3098 人，附属医院在职员工 22446 人。

现有院士 50 人（其中 1 人为两院院士），其中中国科学院院士 26 人、中国工程院院士 25 人（含外籍院士 1 人）。浙江大学文科资深教授 13 人，教育部"长江学者奖励计划"入选者 142 人（其中特聘教授 96 人、青年学者 46 人），国家杰出青年科学基金获得者 145 人，国家优秀青年科学基金获得者 150 人。

全校共有正高级专业技术职务人员 1976 人（其中教师正高级职务 1847 人、其他专业技术正高级职务 129 人），副高级专业技术职务人员 2370 人（其中教师副高级职务 1712 人，其他专业技术副高级职务 658 人）；浙江大学"百人计划"研究员 449 人、特聘研究员 20 人（其中原特聘研究员 6 人）、特聘副研究员 28 人（其中原特聘副研究员 2 人）；中级及以下专业技术职务人员 2964 人。

全校专任教师总数为 3946 人，其中：女教师 942 人，占 23.87%；具有正高级职称人员 1811 人，占 45.89%；具有副高级职称人员 1350 人，占 34.21%。专任教师的学科分布、年龄分布及学历情况如下。

表 1　专任教师学科分布情况　　　　　　　　　　　　　　　　（单位：人）

专业项目	专任教师总数	正高级职称人数	副高级职称人数	中级及以下职称人数
总　计	3946	1811	1350	785
总计中：女	942	286	455	201
哲　学	39	22	13	4
经济学	104	37	44	23
法　学	164	54	57	53
教育学	190	47	80	63
文　学	210	73	82	55
历史学	75	24	32	19
理　学	646	316	202	128
工　学	1604	744	572	288
农　学	237	119	73	45
医　学	405	248	98	59
管理学	221	110	74	37
艺术学	51	17	23	11

表 2　专任教师年龄分布情况　　　　　　　　　　　　　　　　（单位：人）

年龄段	总数	正高级职称人数	副高级职称人数
35 岁以下	641	17	196
36～45 岁	1435	506	644
46～60 岁	1690	1116	508
61 岁以上	180	172	2

表 3　专任教师学历情况　　　　　　　　　　　　　　　　（单位：人）

专任教师学历	人数
博士研究生学历	3599
硕士研究生学历	231
本科学历	113
专科及以下	3

2019年，浙江大学新当选中国科学院院士1人、中国工程院院士1人；全职引进中国科学院院士1人、浙江大学文科资深教授3人，授聘3位诺贝尔奖获得者并签订短期工作协议；新增海外学术大师科学家联合工作室9个，其中7个已经启动实施。全校新增国家杰出青年科学基金获得者11人、教育部"长江学者奖励计划"特聘教授7人、国家"百千万人才工程"入选者2人、国家"万人计划"领军人才19人（列C9高校第二位）。获得国家优秀青年基金24人（列C9高校并列第一）、入选教育部"长江学者"奖励计划青年学者13人（列C9高校并列第二）、入选国家"万人计划"青年拔尖人才10人（列C9高校并列第二）。高层次人才和优秀青年人才队伍规模居全国高校前列。

2019年，共评审通过专业技术高级职务549人，其中正高级职务200人（教学科研正高级职务88人，正高级实验师2人，正高级工程师1人，高教管理研究员2人，编审1人，正高级会计师1人，卫生技术正高级职务105人），副高级职务349人（教学科研副高级职务84人，高级实验师3人，高级工程师3人，学生思想政治教育副教授4人，高教管理副研究员2人，副研究馆员2人，卫生技术副高级职务251人）。另委托浙江省会计系列高级职务评审会评审通过正高级会计师1人。

评审和审定通过五级职员5人、六级职员29人、七级职员34人、八级职员21人、九级职员1人。

2019年，新增事业性质教职工965人，其中教师307人、党政管理人员94人（其中辅导员27人）、其他专技人员631人、学科博士后501人，离退休教职工共211人。

【2位教师当选为院士】 11月22日，材料科学与工程学院教授叶志镇当选中国科学院院士，化学工程与生物工程学院教授任其龙当选为中国工程院院士。

叶志镇，男，1955年4月出生，浙江温州苍南人。宽禁带半导体光电薄膜材料专家。1982年毕业于浙江大学电机系，1984年、1987年在浙江大学光仪系获硕士、博士学位。1988年进入浙大硅材料国家重点实验室工作，1990—1992年留学美国麻省理工学院，2006年入选首批浙大求是特聘教授，2008年评为浙江省特级专家。曾经担任浙江大学硅材料国家重点实验主任、材料与化工学院副院长、浙江大学材料科学与工程学系主任。其主要从事宽禁带半导体氧化锌等无机光电薄膜材料及关键技术研究。在p型掺杂技术与电发光工作中取得系统性创新成果，创建的p型二元共掺杂理论获国际广泛采用；发展的n型高导电调控技术，突破了无钢透明导电材料瓶颈，应用于LED芯片产业，企业经济效益显著。曾获国家自然科学二等奖1项，省科学技术一等奖3项等奖励；授权发明专利120项。

任其龙，男，1959年1月出生，浙江东阳人。化学工程专家。1982年毕业于浙江大学化工系，1987年获浙江大学化工系硕士学位，1998年获浙江大学材化学院博士学位。自1982年起在浙江大学工作，其间曾赴日本开展研究。现任浙江大学生物质化工教育部重点实验室主任、浙江大学衢州研究院院长、浙江省化工学会理事长。其长期从事化工分离领域的应用基础研究和工程实践，创建了分子辨识分离工程平台技术，解决了组分极相似生物基原料的分离难题，实现天然维生素E、24-去氢胆固醇等10

余种高端化工医药产品的高效制造,部分产品为国际首创,经济和社会效益显著。作为第一完成人获国家技术发明奖二等奖2项、省级科技一等奖2项。获第九届中国专利优秀奖、发明创业奖、赵永镐科技创新奖。

【全面实施新引进教学科研并重岗教师预聘制】 浙江大学预聘体系(Tenure-Track)由"百人计划"与新的"特聘研究员岗位制度"组成。新的"特聘研究员岗位"包括特聘研究员、特聘副研究员,按预聘制管理,预聘期6年。2019年,继续深入实施预聘制,进一步扩大了新的"特聘研究员制度"的试点范围。截至12月底,全校共有23个院系试点实施,并明确从2020年1月起,新引进的教学科研并重岗的教师全面实行预聘制。同时,考虑到部分学科和高层次人才引进的需要,制定发布了《关于2020年1月起全面推行预聘制有关工作的通知》(浙大人发〔2019〕60号),实行面上政策与特殊政策相结合,切实推进各学科人才队伍建设。

【开展长聘教职试行评聘工作】 着眼未来师资队伍整体建设,根据《浙江大学预聘—长聘教职制度改革工作方案》,针对"百人计划"期满人员、期中评估特别优秀的人员及新引进的国内外一流大学的教师,积极稳妥地推进预聘—长聘教职制度改革。2019年,启动了长聘教职任职条件的制定工作,要求各院系以一级学科单位,研究制定长聘教职任职条件,并组织审定了部分学科的任职条件。至2019年年底,共有2人通过长聘教授评聘,3人通过长聘副教授评聘;并通过长聘教职评审拟引进长聘教授1人、长聘副教授1人。后续,将边试行边完善各项制度设计。

【推进人事工作管理自主权下放】 9月9日,为推动形成校院两级协调统一、充满活力的人事人才管理体系和运行机制,进一步简政放权、明晰权责,推进人事人才管理重心下移,发布了《关于进一步做好院系人事人才管理自主权改革的通知》(浙大人发〔2019〕42号)。根据通知精神,浙江大学在院系增量人才队伍建设经费核定、教师专业技术岗位等级聘用、教师及实验人员校内岗位聘任等级设置、院系岗位津贴分配等方面给予了院系充分的自主权;并试点下放了部分高层次人才和优秀青年人才,特聘研究员和特聘副研究员,专职研究员的进人审核权限等。

【优化教职工薪酬体系】 浙江大学为加快推进"双一流"建设,全面深化体制机制改革,启动了优化教职工薪酬体系工作方案的设计。整体方案已经校党委常委会审议并原则通过。配合预聘—长聘教职制度改革,设计了长聘教职工薪酬体系及薪酬晋升办法。今后将根据国家绩效工资的相关政策,优化工资酬金栏目;进一步深化校内岗位聘任制度与绩效管理,健全对院系、单位的考核机制,建立考核后资源配给制度。

【深化教师校内外兼聘制度改革】 为进一步推动与之江实验室合作,达到共建共享、合作共赢、共同发展的目标,浙江大学于4月出台了《浙江大学—之江实验室人员互聘人事管理办法》(浙大发人〔2019〕27号),规范了浙江大学和之江实验室人员互聘的对象和管理流程。9月,为更好地促进教师开展创新创业活动,规范教师的校外兼职行为,保证学校正常教学、科研和管理秩序,维护学校和教师的合法权益,出台《浙江大学教师校外兼职管理试行办法》(浙大发人〔2019〕51号),对规范教师校外兼职的管理提供了制度依据和明确规定。

【探索教师事务服务专员制度】 7月,为改进对高层次人才和新引进教师的服务,做好对教师的服务支撑工作,全面减轻教师事务性压力,出台了《浙江大学服务外包管理工作试行办法》(浙大人发〔2019〕30号),支持各院系单位对侧重服务的工作内容和工作任务探索实行服务外包,设立教师事务服务专员岗位。这项新的用人举措率先在经济学院、教育学院设置5个岗位进行公开招聘,截至2019年年底,教师事务服务专员到岗19人。

【附录】

附录1 2018年浙江大学博士后流动站

序号	博士后流动站	序号	博士后流动站
1	哲学	24	电气工程
2	理论经济学	25	控制科学与工程
3	应用经济学	26	光学工程
4	法学	27	电子科学与技术
5	马克思主义理论	28	信息与通信工程
6	教育学	29	土木工程
7	中国语言文学	30	农业工程
8	外国语言文学	31	食品科学与工程
9	中国史	32	环境科学与工程
10	世界史	33	生物医学工程
11	考古学	34	计算机科学与技术
12	数学	35	生物工程
13	物理学	36	软件工程
14	化学	37	农业资源与环境
15	心理学	38	植物保护
16	地质学	39	作物学
17	生物学	40	园艺学
18	生态学	41	畜牧学
19	机械工程	42	兽医学
20	动力工程及工程热物理	43	临床医学
21	力学	44	基础医学
22	化学工程与技术	45	口腔医学
23	材料科学与工程	46	药学

续表

序号	博士后流动站	序号	博士后流动站
47	预防医学与公共卫生	54	网络空间安全
48	管理科学与工程	55	建筑学
49	农林经济管理	56	社会学
50	工商管理	57	艺术学理论
51	公共管理学	58	设计学
52	新闻传播学	59	护理学
53	体育学		

附录2　浙江大学2019年评聘正高级专业技术人员

一、具有高校教师教授职务任职资格人员

人文学院	李旭平　林志猛
外国语言文化与国际交流学院	Timothy John Osborne　赵　佳
传媒与国际文化学院	陆建平
经济学院	余林徽
教育学院	胡　亮　孙元涛
管理学院	王小毅　郑　刚
公共管理学院	崔顺姬　茅　锐　谭永忠
社会学系	刘朝晖
马克思主义学院	代玉启　刘召峰
物理学系	仇志勇
化学系	林旭锋　吴　起
地球科学学院	杜震洪　林秀斌
机械工程学院	程　锦　黎　鑫　朱伟东
能源工程学院	刘宝庆
电气工程学院	林振智
建筑工程学院	胡安峰　邵　煜　万五一　汪劲丰　黄　博
化学工程与生物工程学院	尹　红
海洋学院	朱嵘华　陈家旺　黄豪彩
航空航天学院	邓　见
高分子科学与工程学系	任科峰
光电科学与工程学院	汪凯巍
信息与电子工程学院	蔡云龙　林时胜　王　玮
控制科学与工程学院	徐正国

计算机科学与技术学院	柴春雷　李石坚　郑小林
生物医学工程与仪器科学学院	黄正行　周　凡
生命科学学院	Liquan Huang（黄力全）　徐　娟
	赵云鹏
生物系统工程与食品科学学院	陈士国　傅迎春
环境与资源学院	刘　璟　曾令藻　周文军
农业与生物技术学院	陈　云　舒小丽　吴　迪
动物科学学院	刘红云
医学院	陈　晓　高志华　孙启明　余运贤　陈　烨
	谢安勇　吴国生
药学院	董晓武
求是高等研究院	郑能干

二、科学研究系列研究员转聘具有高校教师教授职务任职资格人员

| 物理学系 | 陈庆虎 |

三、卫生技术正高级职务兼评具有高校教师教授职务任职资格人员

医学院附属第一医院	胡少华　主鸿鹄
医学院附属第二医院	金静芬　叶招明
医学院附属口腔医院	谢志坚

四、具有教学岗教授职务任职资格人员

教育学院	单亚萍
化学系	刘迎春
机械工程学院	顾大强
电气工程学院	林　平

五、具有工程教育创新教授职务任职资格人员

| 化学工程与生物工程学院 | 钱　超 |

六、具有专职研究员职务任职资格人员

公共管理学院	童菊儿
环境与资源学院	吴东雷
医学院	王杭祥

七、具有 GF 研究员职务任职资格人员

| 先进技术研究院 | 叶凌云 |

八、具有农业推广研究员职务任职资格人员

| 新农村发展研究院 | 徐礼根　尹兆正 |

九、具有正高级实验师职务任职资格人员

| 化学工程与生物工程学院 | 叶向群 |
| 环境与资源学院 | 谢晓梅 |

十、具有正高级工程师职务任职资格人员

　　建筑设计研究院　　　　　　　　　徐铨彪

十一、具有高教管理研究员职务任职资格人员

　　党委办公室、校长办公室　　　　　叶桂方　林伟连

十二、具有编审职务任职资格人员

　　医学院附属第二医院　　　　　　　邵菊芳

十三、具有正高级会计师职务任职资格人员

　　计划财务处　　　　　　　　　　　胡素英

十四、具有主任医师职务任职资格人员

医学院附属第一医院	喻成波	孙益兰	陈水芳	柯　青	郑伟燕
	余　建	谭亚敏	杨　毅	徐　萍	李　岚
	尚云鹏	黄朝阳	方维佳	章爱斌	孙军辉
	徐向明	刘小孙	刘　彧	柴　亮	周云晓
	安肖霞	王奎荣	郑　霞	乔建军	卢震亚
	吴丽花	吴国生	吴　炜（工号：1198042）		
医学院附属第二医院	白福鼎	金红颖	裘益青	林　秾	施小宇
	吴贤杰	吴浩波	郑一春	张冯江	张哲伟
	陈巧珍	洪玉蓉	黄晓丹	虞　军	蔡迅梓
	殷鑫浈	张　勇（工号：2303012）			
	李　珉（工号：2504188）				
医学院附属邵逸夫医院	丁献军	邵宇权	周道扬	朱文华	俞　欣
	马晓旭	黄中柯	李新伟	宋章法	张建锋
	黄迪宇	沈　波	吴峥嵘	楼颂梅	谢树夺
	许力为	黄　东	陈　瑛	张力三	黄　嚣
	刘玮丽	马立彬			
医学院附属妇产科医院	徐向荣	徐建云	钱志大	季银芬	李娟清
	李　晓	龙景培	楼航英	阮　菲	徐丽丽
医学院附属儿童医院	王颖硕	叶　盛	苏吉梅	杨翠微	吴　苔
	张园园	赵国强	黄寿奖		
医学院附属口腔医院	周艺群				
医学院附属第四医院	马　鸣	卢蕴容	田素明	朱越锋	刘伦飞
	戴红蕾				

十五、具有主任中医师职务任职资格人员

　　医学院附属第一医院　　　　　　　程　军

十六、具有主任药师职务任职资格人员

　　医学院附属第一医院　　　　　　　饶跃峰

医学院附属第四医院 　　　　　　　　　吴妙莲

十七、具有主任技师职务任职资格人员

医学院附属第一医院 　　　　　杨大干　沈　萍　吴　炜（工号：1200042）
　　　　　　　　　　　　　　　陆中杰（工号：1190018）

医学院附属邵逸夫医院 　　　　冯丽君　刘志伟　葛慧青

十八、具有主任护师职务任职资格人员

医学院附属第二医院 　　　　　俞申妹　宋剑平

医学院附属儿童医院 　　　　　吕　华

十九、具有长聘教授任职资格人员

人文学院 　　　　　　　　　　何欢欢

管理学院 　　　　　　　　　　杨　翼

附录 3　2019 年包氏奖学金浙江大学派出人员情况

序号	姓名	出国时间	派遣类别	国别	留学学校	国内单位
1	张跃华	2019 年 4 月	国际会议	美国	SCC-76 "Economics and Management of Risk in Agriculture and Natural Resources" 2019 年会	公共管理学院
2	李育超	2019 年 7 月	高访	美国	美国宾夕法尼亚州立大学	建筑工程学院
3	匡翠方	2019 年 7 月	高访	美国	美国伊利诺伊大学厄巴纳—香槟分校	光电科学与工程学院

附录 4　2019 年包氏奖学金浙江大学回国人员情况

序号	姓名	出国时间	回国时间	访问国别	国内单位
1	孔令宏	2018 年 11 月	2019 年 2 月	英国	人文学院
2	张跃华	2019 年 4 月	2019 年 4 月	美国	公共管理学院
3	鲍艳原	2018 年 11 月	2019 年 5 月	美国	农业与生物技术学院
4	匡翠方	2019 年 7 月	2019 年 10 月	美国	光电科学与工程学院
5	李育超	2019 年 7 月	2019 年 10 月	美国	建筑工程学院

（王　舒撰稿　钟鸣文审稿）

对外交流与合作

国际合作与交流

【概况】 2019年,全校教职工因公出国、赴港澳台共计5516人次(其中:学术交流4773人次、访问考察373人次、培训进修369人次)。2018—2019学年,本科生共有5667人次参加海外交流,交流率达到87.8%。其中赴世界排名前20大学的人数占比30%,赴世界排名前50大学交流人数占比56.5%。赴17个"一带一路"沿线国家、金砖国家的交流学生超过1200人次。2019年研究生海外学习交流数4372人次,博士研究生对外交流率达111.38%。全年组织落实7个校级团组出访;接待国外高校、科研机构、政府部门、使领馆和国际组织等校级访问团组团72批次、528人次。新签和续签校级合作框架协议及学生交换协议47份,其中新签协议21份。

拓展与世界顶尖大学的高水平机制性合作,与英国剑桥大学首度签署校级合作备忘录,正式建立校级合作伙伴关系;启动"浙江大学—世界顶尖大学联合培养博士后计划";分别与美国康奈尔大学、英国伦敦大学学院设立国际合作种子基金,至此开展联合种子基金的合作高校拓展到4所,均位列全球前30位;与多所世界一流大学拓展研究生双学位项目,推动理、工、医多个学科高层次人才培养;与国际组织的合作取得重大突破,成立浙江大学——国际食物政策研究所联合国际发展研究中心,拓展与世界经济论坛、国际电信联盟、联合国训练研究所的机制性合作;深化与金砖国家、"一带一路"沿线国家合作,依托与印尼技术评估与应用署共建的国家级联合实验室"中—印尼生物技术联合实验室",深入推进生物技术产业合作,与莫斯科物理技术学院共建"中俄结构生物学与药物发现联合研究中心"。

全年实施引智项目224项,聘请外国专家820名,其中长期专家363人,短期专家457人,聘请客座教授23人。执行国家"高端外专引进计划"37项、"111引智基地"7项,学校常规项目177项,省级引智项目3项。2019年信息与控制基地评估良好,获批进入111计划2.0。开展海外名师大讲堂、外籍院士校园行、诺贝尔奖获得者校园行、竺可桢杰出学者系列讲座等各类海外名师讲座37场,专家主要来自美国、加拿大、德国、荷兰、澳大利亚、日本、英国、法国等国。2名外籍专家入选"外专千人计划"。2019年共受理国际会议申报148项,获批举办120项(人文社科类56项,自然科学类64项)。

【"面向未来社会的科学"报告会】 于11月12日在浙江大学紫金港校区举行。该报告会作为发展中国家科学院2019年度理事会系列活动之一,是由发展中国家科学院理事会、中国科学技术协会共同举办的,汇聚12个国家的13位院士。发展中国家科学院主席Mohamed Hanssan,中国科学技术协会党组书记、常务副主席、书记处第一书记怀进鹏院士、浙江大学校长吴朝晖院士,发展中国家科学院行政官Romain Murenzi,阿里云创始人王坚分别作主旨报告。发展中国家科学院司库、浙江大学原校长杨卫院士主持会议。

发展中国家科学院成立于1983年,是非政府、非政治和非营利性的国际科学组织,致力于支持和促进发展中国家的科学研究。

【拓展与世界经济论坛的机制性、常态化合作】 9月10日至15日,校长吴朝晖院士率团访问位于瑞士的世界经济论坛总部、国际电信联盟、联合国训练研究所、位于荷兰的瓦赫宁根大学,其间分别与国际电信联盟、联合国训练研究所签署合作谅解备忘录,受邀成为世界经济论坛全球大学校长论坛新成员,成为继北大、清华之后中国内地第三所成员高校。

【推动与世界一流高校的人才联合培养】 9月25日,召开浙江大学—巴黎顶尖高校数学研讨会,宣布启动中法数学拔尖班。自2020年起,浙大将联合巴黎综合理工学院、巴黎高等矿业学院、巴黎—萨克雷大学等一批法国顶尖高校,携手培养具有创新精神、全球视野和多语言及跨文化交流能力的未来数学家,加快基础学科拔尖人才培养。

【附录】

附录1 2019年浙江大学各学院(系)对外合作交流情况

学院(系)名称	出国(境)交流/人次			聘请国外专家数/人		举办国际学术会议数/个
	教职工	本科生	研究生	长期	短期	
人文学院	105	221	97	7	24	8
外国语言文化与国际交流学院	62	204	64	29	39	5
传媒与国际文化学院	42	146	61	2	2	1
艺术与考古学院	13	0	0	0	1	1
经济学院	70	166	57	5	10	4
光华法学院	24	120	93	4	10	6
教育学院	51	109	47	2	14	5

续表

学院(系)名称	出国(境)交流/人次			聘请国外专家数/人		举办国际学术会议数/个
	教职工	本科生	研究生	长期	短期	
管理学院	214	134	231	9	13	6
公共管理学院	160	154	135	6	0	15
马克思主义学院	9	0	24	0	5	0
数学科学学院	91	211	48	5	7	5
物理学系	105	99	79	13	1	4
化学系	69	82	89	6	22	1
地球科学学院	98	35	47	6	6	1
心理与行为科学系	28	60	38	2	0	2
机械工程学院	102	281	178	0	2	1
材料科学与工程学院	115	112	89	13	13	1
能源工程学院	139	234	174	3	12	5
电气工程学院	122	309	173	8	14	1
建筑工程学院	145	226	236	11	22	3
化学工程与生物工程学院	94	129	128	6	0	4
航空航天学院	81	90	61	6	7	2
高分子科学与工程学系	64	71	64	15	5	3
海洋学院	140	158	120	0	5	0
光电科学与工程学院	99	84	93	26	3	5
信息与电子工程学院	139	247	151	17	0	1
控制科学与工程学院	117	204	122	3	33	0
计算机科学与技术学院	146	369	248	3	2	4
软件学院	3	0	15	0	0	0
生物医学工程与仪器科学学院	67	122	66	8	3	0
医学院	1537	359	683	39	36	2
药学院	97	124	65	7	1	1

学院(系)名称	出国(境)交流/人次			聘请国外专家数/人		举办国际学术会议数/个
	教职工	本科生	研究生	长期	短期	
生命科学学院	62	128	136	3	16	1
生物系统工程与食品科学学院	98	74	101	3	10	3
环境与资源学院	117	141	105	14	12	1
农业与生物技术学院	126	252	194	40	42	1
动物科学学院	37	101	60	6	7	0
工程师学院	1	0	0	1	1	0
国际联合学院	0	0	0	32	9	3
其他	726	111	0	3	48	14
合计	5515	5667	4372	363	457	120

附录2　2019年浙江大学接待国外主要来访人员

日期	来访团组名称	主要活动内容
2.28	环太平洋大学联盟秘书长代表团	推进双边合作
3.1	英国格拉斯哥大学副校长代表团	加强两校合作
3.4	美国伊利诺伊大学厄巴纳香槟校区代表团	出席相关国际研讨会,签署相关协议,深化两校合作
3.4	英国爱丁堡大学代表团	出席相关国际研讨会,签署相关协议,深化两校合作
3.15	西班牙巴塞罗那大学校长代表团	续签相关协议,加强双边合作
3.31	法国巴黎综合理工学院校长代表团	出席首届中法创新创业管理双硕士项目毕业典礼暨双学位授予仪式,深化两校合作
4.4	墨西哥瓜纳华托州教育部代表团	交流留学生工作
4.11	美国高校驻华协会代表团	拓展与美国高校的合作
5.8	美国加州大学社会利益信息技术研究中心代表团	探讨科研与成果转化合作

日期	来访团组名称	主要活动内容
5.11	美国哈佛燕京学社社长裴宜理	加强在人文领域的合作
5.15	日本爱知县知事代表团	探讨学校与政府间的合作
5.29	发展中国家科学院执行主任 Romain Murenzi	探讨浙大承办"发展中国家科学院 2019 年度理事会"相关事宜
6.7	葡萄牙科英布拉大学副校长代表团	推进两校合作
6.25	芬兰图尔库大学校长	探讨两校合作
7.11	德国柏林工业大学副校长代表团	深化两校合作
7.22	葡萄牙里斯本大学高等理工学院副校长代表团	深化两校合作
8.5	英国剑桥大学、美国旧金山加州大学教授代表团	加强在器官移植领域的合作
8.22	乌克兰基辅国立大学副校长代表团	续签校级合作协议,推动两校合作
8.30	比利时荷语鲁汶大学副校长代表团	签署校级合作协议,推进两校合作
9.5	洛杉矶加州大学副教务长代表团	出席相关国际研讨会,深化两校合作
9.5	新加坡南洋理工大学校长代表团	深化两校合作
9.27	印度尼西亚科技评估与应用署主席代表团	深化双边合作,探讨在海洋科学领域的合作
10.14	加拿大阿尔伯塔大学副校长	拓展两校合作,续签校际协议
10.29	苹果公司副总裁、大中华区董事总经理代表团	拓展双边合作

浙江大学年鉴

日期	来访团组名称	主要活动内容
11.8	华盛顿州商务厅厅长代表团	探讨合作意向
11.21	美国哈佛大学 Richard Maas 教授	与医学院签署相关协议,拓展两校在医学领域的合作
11.21	比利时根特大学副校长代表团	加强两校合作
11.25	英国伦敦大学学院校长代表团	深化两校合作,推动互设国际合作种子基金
12.6	美国洛杉矶加州大学校长代表团	续签相关协议,深化两校合作
12.13	日本京都大学常务副校长代表团	深化两校合作
12.16	美国伊利诺伊大学厄巴纳香槟校区教务长	深化两校合作
12.18	文莱大学校长代表团	加强两校在化工领域的合作,拓展在生物多样性领域的合作

(吴　赟撰稿　刘郑一审稿)

港澳台工作

【概况】 2019 年,浙江大学与台湾清华大学续签《学生交换计划备忘录》。接待来自港澳台地区的参访团组共计 27 批 694 人次(其中香港计 14 批 253 人次,澳门计 5 批 204 人次,台湾计 8 批 237 人次)。校长吴朝晖等先后率团访问香港,推进与港澳台地区高校及其他各界的联系与互动。邀请台湾地区高校 26 位学者来浙大进行专题讲座,邀请港澳台地区代表来访参加国际会议 2 项,举办海峡两岸会议 6 项。

执行浙江大学—香港中文大学统计学系科研交流项目、用于生物检测的稀土掺杂核壳结构纳米颗粒和"旅游、文学、翻译"暑期课程等 17 个"2019 年港澳与内地大中小学师生交流计划大学生项目"。先后邀请 383 名香港师生来校,通过专题讲座、医学实习、科学研究、考察参访、分享总结等形式,促进内地与港澳青年在专业学科、创新创业、国情文化、校园生活、社会服务等方面的交流。

以浙江大学—香港理工大学联合中心为依托,与香港理工大学合作开展"酒店及旅游管理博士""品质管理硕士""酒店及旅游业管理硕士""国际房地产硕士"4个学位教育项目。截至2019年年底,累计招生4171人,毕业3410人。

接收98名学生来浙大交换学习,派出31名学生交换学习;接收港澳台地区合作院校30名学生来浙大短期研习,派出24名学生赴港澳台地区高校短期交流研习。

【举办港澳台学生"重走西迁路"活动】 5月15日至5月17日,组织15名在校港澳台籍学生前往贵州湄潭参观学习,重走浙大西迁之路,重访办学旧址,与湄潭中学学生举行主题班会,考察社会主义新农村建设情况,增强学生对校史校情的理解和认同,加深对求是精神内涵的体会和感悟,激扬学生的爱国主义情怀,深化对祖国西部地区教育、文化和经济发展现状的认识和了解,提升学生服务社会、回馈社会的公民意识和社会责任感。

【举办"两岸一家亲"大学生武术文化交流营】 7月6日至7月10日,邀请厦门大学、北京体育大学、上海体育学院、浙江大学、台湾体育大学与台湾桃园私立育达高中的60名师生共同参加本次活动。通过专题讲座、交流竞技和文化参访等多元形式,探索和分享武术文化的内涵精神,传承中华优秀传统文化,促进两岸学子文化沟通与心灵融合。

【举办海峡两岸暨香港地区绿色大学联盟学生绿色创意营】 7月12日至7月18日,邀请香港中文大学、台湾中央大学、北京师范大学、南京大学和浙江大学的54名师生参加以"始于土,终于美"为主题的创意营,开展创意竞赛、学术报告、主题实践等丰富活动,加强在绿色环保领域的交流合作,推进可持续发展理念的践行,促进学生的沟通交流和文化融合。

【附录】

浙江大学2019年港澳台地区主要来访团组(人员)

来访日期	来访团组名称	主要活动内容
1.10—1.12	香港科技大学学生领袖研习营	与学生会代表座谈交流
4.28	香港中文大学段崇智校长	与吴朝晖校长座谈,探讨推动生态文明和人工智能领域合作
5.6	澳门濠江中学代表团	听取招生政策解读
5.1	香港科技大学工学院郑光廷院长	与吴朝晖校长座谈,探讨推动工学与信息领域合作
6.6	澳门圣若瑟大学薛沛德校长	访问管理学院,探讨开展学生交流
6.16—7.13	香港和澳门法律生暑期内地实习项目	参加杭州中级人民法院实习
6.15—6.21	香港新一代文化协会交流团	听取国家发展与青年使命、改革开放40年取得的成就及前景专题讲座,与浙大学子分享"中国梦",考察腾讯创业基地

对外交流与合作

浙江大学年鉴

来访日期	来访团组名称	主要活动内容
7.4	香港东华三院邝锡坤伉俪中学代表团	听取浙江省情介绍专题讲座
7.11	香港大学协理副校长岑美霞	探讨推动学生交流与合作
7.23	海协会台湾贤德惜福文教基金会 中华文化研习营	听取互联网创业专题讲座
10.12—10.16	第五届"互联网＋"全国大学生创新创业大赛港澳台参赛团队	参与第五届"互联网＋"全国大学生创新创业大赛
10.25	台湾逢甲大学李秉乾校长	探讨促进计算机科学等领域科研教学合作
11.15	香港城市大学李国安副校长	探讨在发展联络和校友工作等方面的合作
12.4	台湾启英高中、治平高中校长代表团	听取敦煌与丝绸之路专题讲座
12.23	澳门青年公务员代表团	听取十九届四中全会精神解读专题讲座

（陈　枫撰稿　刘郑一审稿）

院系基本情况

人文学院

【概况】 人文学院设有中国语言文学系、历史学系、哲学系3个系，古籍研究所、韩国研究所、日本文化研究所等16个研究所及旅游与休闲研究院、马一浮书院等24个研究中心。其中，汉语史研究中心为教育部人文社科重点研究基地，宋学研究中心为浙江省哲学社会科学重点研究基地（A类基地）。

学院拥有哲学、中国语言文学、中国史、世界史等4个浙江省一流学科，均为一级学科博士学位授权点；有中文、历史2个教育部基础学科科学研究和人才培养基地，中国古典文献学1个二级学科国家重点学科，外国哲学1个国家重点培育学科。

建有中国语言文学、中国史、世界史、哲学等4个博士后流动站，拥有中国古典文献学、中国古代文学、中国古代史、外国哲学等19个博士学位授予权和中国古代文学、中国史、世界史、外国哲学等20个硕士学位授予权。设汉语言文学（含影视与动漫编导、编辑出版两个模块方向）、古典文献学、历史学、哲学4个本科专业。

现有教职工167人，其中正高级职称73人（2019年新增2人）、副高级职称56人，博士研究生指导教师108人（2019年新增7人）、硕士研究生指导教师人数137人数（2019年新增8人）；2019年新增教育部"长江学者"奖励计划特聘教授2人；引进浙大文科资深教授1人、文科领军人才1人。2019年新进博士后研究人员19人，在站博士后研究人员52人，出站22人，6人获得中国博士后科学基金，1人获得博士后国际交流计划引进项目资助；获国家社科基金立项5项（一般项目3项、青年项目2项）、教育部人文社会科学研究一般项目立项3项。

2019年，招收硕士研究生数99人、博士研究生74人，2019级本科生207人确认进入学院继续学习，毕业本科生225人（含艺术与考古类64人）、硕士研究生118人（含艺术与考古类29人）、博士研究生56人（含艺术与考古类6人）。

2019年，到校科研经费1654.7万元，比上年增长11.2%。获批人文社科类科研项目77项，其中国家社科基金项目14项

附表　2019年度人文学院基本情况

项目	数据	项目	数据
教职工总数/人	167	获国家级科技奖项目数/项	0
教授数/人	73	获国家级教学成果奖数/项	0
副教授数/人	56	SCI 入选论文数/篇	4
具有博士学位的教师比例/%	95.92	EI 入选论文数/篇	10
浙江大学文科资深教授/人	3	SSCI 入选论文数/篇	4
"国家特支计划"入选数/人	0	A&HCI 入选论文数/篇	18
"长江学者"数/人	6	权威刊物论文数/篇	9
省部级高等学校教学名师奖获得者/人	1	出版专著/部	21
国家"百千万人才工程"入选数/人	1	在校本科生数/人	560
国家杰出青年基金获得者/人	0	在学硕士研究生数/人	230
教育部新(跨)世纪优秀人才培养计划入选数/人	8	在读博士研究生数/人	336
浙江省特级专家/人	3	在校攻读学位的外国留学生数/人	121
浙江大学求是特聘教授数/人	8	应届本科毕业生一次就业率/%	96.50
浙江大学文科领军人才/人	7	应届本科毕业生考研录取(出国)率/%	48.95
一、二级学科国家重点学科数/个	1	应届毕业研究生一次就业率/%	96.10
教育部人文社会科学研究基地数/个	1	教师出国交流/人次	105
国家人才培养基地(含教学、教育基地)/个	2	学生出国交流/人次	238
国家精品资源共享课、视频公开课/门	19	举办国际学术会议数/次	7
科研总经费/万元	1654.7	社会捐赠经费总额/万元	155
其中：国家社科基金比重/%	54.20		
纵向经费比重/%	84.40		

(其中重大项目1项、重点项目3项)、教育部各类研究项目4项、省级社科规划课题项目8项。另有2个在研重大项目通过中期评估并获滚动资助(全省仅此两项);获浙江省第二十届哲学社会科学优秀成果奖10项,其中一等奖4项。

2019年,出国(境)交流访学教师约105人次,参加海外交流的学生达238人次,其中本科生148人次,研究生90人次(博士研究生海外交流率达到115.71%),交流地涵盖24个国家及地区。邀请境外知名学者前来交流,组织学术讲座80余场;主办国际学术会议7场,国外代表83人次前来参会。积极开拓国际交流合作项目,与卢森堡大学等世界知名大学建立合作关系。

【"互联网＋"课程建设成果优异】　2019年,共建设15门课程。2门成为省级精品在线开放课程,4门获浙江省本科院校"互联网＋教学"优秀案例(线上线下混合课程)(特等奖2项、二等奖2项),5门获浙江省教育厅优秀研究生课程,1门获评浙江省本科院校"互联网＋教学"优秀案例特等奖,1门入选教育部学位与研究生教育发展中心优秀视频案例。

【人才队伍层次进一步提升】 2019年，以"高精尖缺"为导向的学科队伍建设工作卓有成效。在人才引进方面，全职引进1位浙大文科资深教授（倪梁康），1位浙大文科领军人才（庄初升），1位特聘教授（傅杰）；在教师培育方面，入选教育部长江学者特聘教授2位（杨大春、廖备水），入选率占全校50%，1人被聘为浙江大学首位长聘教授（何欢欢）。3月，获第四届浙江大学引才育才组织突出贡献奖（伯乐奖）。

【获评全国大中专学生志愿者暑期"三下乡"社会实践活动优秀实践团队】 7月27日至8月3日，学院组建"共和国这样走来"暑期社会实践团，以新中国70年发展历程中的重要事件为主线，师生党员一行15人奔赴河北西柏坡、北京、浙江杭州、江苏南京、安徽凤阳、上海、广东珠海、福建平潭等八地探访，行程6474公里，采访60余人，实地开设"微党课"8堂，录制"慕课"视频8个，打造了一堂别样的"行走的思政课"。活动受到"学习强国"专题报道4次，新华网等各级新闻媒体报道25篇。该活动同时被评为2019年浙江省教育厅"小我融入大我，青春献给祖国"主题社会实践优秀成果。

（王国英撰稿 楼含松审稿）

外国语言文化与国际交流学院

【概况】 外国语言文化与国际交流学院（简称外语学院）由英文系、语言与翻译系、亚欧语系3个学系组成，设有浙江大学外国文学研究所、浙江大学外国语言学及应用语言学研究所、浙江大学德国文化研究所、浙江大学翻译学研究所、浙江大学跨文化与区域研究所、浙江大学当代中国话语研究中心、浙江大学中华译学馆、浙江大学世界文学跨学科研究中心8个校级研究所和研究中心以及俄语语言文化研究所、法语语言文化研究所、日语语言文化研究所、德国学研究所、西班牙语语言文化研究所、沈弘工作室、语言行为模式研究中心、法律话语与翻译中心、中世纪与文艺复兴研究中心、多模态话语研究中心等12个院级研究所和科研平台。

外国语言文学为浙江省一流学科。建有外国语言文学一级学科博士后流动站。拥有外国语言文学一级学科博士学位授予权，涵盖4个二级学科博士学位授予权；外国语言文学一级学科硕士学位授予权，涵盖7个二级学科硕士学位授予权；英语笔译、教育（学科教学·英语）等2个硕士专业学位授权点，以及英语、德语、日语、俄语、法语、西班牙语、翻译等7个本科专业。

现有教职工175人，其中正高级职称26人（2019年新增2人）、副高级职称62人（2019年新增3人）、博士研究生导师38人（2019年新增6人）、硕士研究生导师69人（2019年新增7人）、全职外籍教师5人。另有学科博士后19人（其中委培8人），外聘教师7人（其中外籍4人）。

2019年，招收本科生212人（其中专业培养98人、大类培养114人）、硕士研究生86人、博士研究生22人，2019级本科生288人（含留学生76人）确认外语学院主修专业，毕业本科生225人、硕士研究生68人、博士研究生21人。2019届本科毕业生一次就业率为97.94%，毕业研究生一次就业率为97.73%。

浙江大学年鉴

附表　2019 年度外国语言与国际交流学院基本情况

项目	数据	项目	数据
教职工总数/人	175	获国家级科技奖项目数/项	0
教授数/人	26	获国家级教学成果奖数/项	0
副教授数/人	53	SCI 入选论文数/篇	3
具有博士学位的教师比例/%	58.5	EI 入选论文数/篇	0
浙江大学文科资深教授/人	1	SSCI 入选论文数/篇	48
"国家特支计划"入选数/人	0	A&HCI 入选论文数/篇	48
"长江学者"数/人	3	权威刊物论文数/篇	2
省部级高等学校教学名师奖获得者/人	1	出版专著/部	15
国家"百千万人才工程"入选数/人	1	在校本科生数/人	802
国家杰出青年基金获得者/人	0	在学硕士研究生数/人	239
教育部新(跨)世纪优秀人才培养计划入选数/人	1	其中:专业学位研究生数/人	73
浙江省特级专家/人	1	在读博士研究生数/人	103
浙江大学求是特聘教授数/人	3	在校攻读学位的外国留学生数/人	334
浙江大学文科领军人才/人	3	应届本科毕业生一次就业率/%	97.93
一、二级学科国家重点学科数/个	0	应届本科毕业考研录取(出国)率/%	65.46
教育部人文社会科学研究基地数/个	0	应届毕业研究生一次就业率/%	97.73
国家人才培养基地(含教学、教育基地)/个	0	教师出国交流/人次	63
国家精品资源共享课、视频公开课/门	1	学生出国交流/人次	267
科研总经费/万元	481.49	举办国际学术会议数/次	5
其中:国家社科基金比重/%	30.73	社会捐赠经费总额/万元	205
纵向经费比重/%	63.46		

科研总经费 481.49 万元,在研科研项目 96 项。新增各类科研项目共 29 项,其中国家哲学社会科学基金项目 7 项。全年入选 SSCI 论文 48 篇、A&HCI 论文 48 篇、SCI 论文 3 篇,发表权威期刊论文 2 篇、一级刊物论文 36 篇;出版学术专著、译著 44 部,编著教材 20 部。邀请国内外著名学者作学术报告 63 场,主办全国学术会议 18 次。

学院与英国、美国、德国、法国、日本、俄罗斯、加拿大、丹麦、意大利、西班牙等国家以及中国香港地区的高校有着广泛的交流与合作,有寒暑假文化课程类交流项目 12 项、交换生项目 1 项、学位项目 6 项。2019 年,全院教师出国(境)交流共 63 人次,本科生出国(境)交流学习 204 人次,研究生出国(境)交流学习 63 人次,主办国际学术会议 5 次。

【召开第九届国际文学伦理学批评年会】
11 月 8 日—10 日,该年会在紫金港校区举行。来自世界 30 余个国家及地区的专家学者莅临参加,旨在探索文学伦理学批评理论建构的纵深发展与跨学科研究方法论的新方向。

【成立浙江大学学生国际化能力培养基地】
11月29日,该基地揭牌仪式在浙江大学校区举行。培养基地将作为全校学生国际化能力建设、学校全球治理和国际事务人才联合培养的平台,创新培养模式,整合优势资源,为培养国家需要、世界需要的更高层次高素质的"外语＋专业"或"专业＋外语"的国际化人才蓄力。

【举行俄语专业 70 周年庆典活动】 11月23日,该庆典活动在紫金港校区举行。70年来,浙大俄语专业为我国经济文化建设输送了近千位俄语人才。专业现有师资队伍结构合理,均有国内外高水平大学博士学位,每年招生 10 名左右,实行小班化教学。学校及学院领导、教育部外指委俄语分委会代表、中国俄语教学研究会代表、俄语专业在校师生及海内外校友共 300 余人参加此次庆典,共同回顾浙江大学俄语专业走过的70 年风雨,为浙大俄语的未来献上美好的祝愿。

（杨青青撰稿　卢玲伟审稿）

传媒与国际文化学院

【概况】 传媒与国际文化学院(以下简称传媒学院)由新闻传播学系、国际文化学系、影视艺术与新媒体学系、策略传播学系(筹)组成,设有传播、新闻传媒与社会发展、广播电影电视、美学与批评理论、国际文化和社会思想等 5 个研究所,建有浙江省传媒与文化产业研究中心、浙江省娱乐与创意产业研究中心等 2 个研究中心及浙江大学公共外交与战略传播研究中心、浙江大学国际影视研究院、浙江大学中国海洋文化传播研究中心、浙江大学企业成长与战略研究中心、浙江大学艺术美学研究中心、浙江大学外语传媒出版质量研究中心、浙江大学当代马克思主义美学研究中心、浙江大学融媒体研究中心(2019 年成立)。

新闻传播学是浙江省一流建设学科,传媒实验教学中心是浙江省重点实验室、浙江省示范实验教学中心,浙江大学—浙广集团新闻传播学类文科实践教育基地是教育部部属高校国家大学生校外实践教育基地。

学院拥有新闻传播学一级学科博士学位授予权,美学二级学科博士学位授予权;美学、新闻学、传播学、电视电影与视听传播学二级学科硕士学位授予权;广播电视、新闻与传播、汉语国际教育 3 个专业学位硕士授权点,以及汉语国际教育、新闻学、广告学、广播电视学 4 个本科专业和各类继续教育专业,已形成了博士、硕士、本科和继续教育的完整教学体系。

现有教职工 73 人(2019 年新增 6 人),其中教授 14 人、副教授 28 人,博士研究生导师 33 人(2019 年新增 6 人)、硕士研究生导师 51 人(2019 年新增 2 人)。另有专业硕士校外兼职导师 30 人,学科博士后 4 人,在职博士后 11 人。2019 年,学院新增浙大"百人计划"入选者 5 人。

2019 年,招收博士研究生 23 人、硕士研究生 89 人,2019 级本科生 144 人确认主修专业进入传媒学院学习,毕业本科生 132 人、硕士研究生 83 人、博士研究生 14 人。2019 届本科毕业生一次就业率为 100%,毕业研究生一次就业率为 100%。

科研总经费为 1093.096 万元,在研项目 160 项,2019 年新立项科研项目 27 项。

附表　2019 年度传媒与国际文化学院基本情况

项目	数据	项目	数据
教职工总数/人	73	获国家级科技奖项目数/项	0
教授数/人	14	获国家级教学成果奖数/项	1
副教授数/人	28	SCI 入选论文数/篇	2
具有博士学位的教师比例/%	77.78	EI 入选论文数/篇	6
浙江大学文科资深教授/人	1	SSCI 入选论文数/篇	7
"国家特支计划"入选数/人	0	A&HCI 入选论文数/篇	1
"长江学者"数/人	2	权威刊物论文数/篇	6
省部级高等学校教学名师奖获得者/人	0	出版专著/部	2
国家"百千万人才工程"入选数/人	1	在校本科生数/人	602
国家杰出青年基金获得者/人	0	在学硕士研究生数/人	201
教育部新(跨)世纪优秀人才培养计划入选数/人	0	其中:专业学位研究生数/人	143
浙江省特级专家/人	0	在读博士研究生数/人	111
浙江大学求是特聘教授数/人	2	在校攻读学位的外国留学生数/人	344
浙江大学文科领军人才/人	0	应届本科毕业生一次就业率/%	100
一、二级学科国家重点学科数/个	0	应届本科毕业生考研录取(出国)率/%	47
教育部人文社会科学研究基地数/个	0	应届毕业研究生一次就业率/%	100
国家人才培养基地(含教学、教育基地)/个	0	教师出国交流/人次	45
国家精品资源共享课、视频公开课/门	0	学生出国交流/人次	208
科研总经费/万元	1093.096	举办国际学术会议数/次	2
其中:国家社科基金比重/%	13.36	社会捐赠经费总额/万元	65
纵向经费比重/%	28.35		

出版专著、编著及教材 9 部,发表权威刊物论文 6 篇、被 SSCI 及 A&HCI 收录论文 8 篇、发表其他论文 120 篇。

2019 年,学院先后举办了共产主义观念及其在当代艺术中的表征国际研究会、跨语言与跨文化传播国际研究会等国际学术会议,开设了 2019 暑期浙大—牛津媒体创业创新工作坊,开展了浙江大学—宾夕法尼亚大学暑期交流项目、浙江大学—新加坡南洋理工大学 2019 暑期交流项目等 4 项暑期课程项目,以及浙江大学 2019 年"致远"计划传媒与国际文化学院赴阿联酋海外社会实践项目。同时,还与宾夕法尼亚大学安纳伯格传播学院、威斯康星大学新闻与大众传播学院联合主办了第十一届浙大"国际前沿传播理论与研究方法"高级研修班。

【浙江大学融媒体研究中心成立】 5 月 20 日,学校发布《浙江大学关于成立浙江大学国学与近代中国研究中心等研究机构及负责人任命的通知》(浙大发人社〔2019〕5 号),成立浙江大学融媒体研究中心,行政挂靠传媒与国际文化学院。传媒学院韦路教授任中心主任,赵瑜教授任中心副主任。该中心将顺应媒体深度融合的国家战略需求,围绕媒体融合发展、网络舆论引导及国际传播能力三个方向,探索新型传播平台,助力新型主流媒体,为提升主流媒体传播力、引导力、影响力、公信力提供智库支持。

【1 项课题获 2019 年度国家社科基金重大项目立项】 12 月 4 日,2019 年度国家社科基金重大项目立项名单正式公布,浙江大学共 10 个项目入选,立项总数位列全国第三。韦路教授的课题"媒介体制与社会信任研究"入选。该项目主要探讨媒介体制在社会信任提升过程中的重要作用,试图揭示媒介体制影响社会信任的过程和机制,从而为全球媒介体制创新和社会信任提升提供中国方案。

【新闻学专业入选 2019 年度国家级一流本科专业建设点】 12 月 24 日,教育部办公厅公布了 2019 年度国家级和省级一流本科专业建设点名单,认定了首批 4054 个国家级一流本科专业建设点及 6210 个省级一流本科专业建设点。传媒学院的新闻学专业入选国家级一流本科专业建设点。新闻学专业以《中共中央关于加强和改进党的新闻舆论工作的意见》和《教育部中共中央宣传部关于提高高校新闻传播人才培养能力实施卓越新闻传播人才教育培养计划 2.0 的意见》为指导,以培养"智媒"时代的卓越新闻传播人才为目标,培养具有宽广的文化与科学基础、扎实的专业理论知识、高超的传媒实践技能、卓越的创新创业能力,德智体美劳全面发展,具有全球竞争力的高素质传媒创新人才和领导者。

(施慧慧撰稿　叶建英审稿)

艺术与考古学院

【概况】 艺术与考古学院于 2019 年 5 月 20 日成立,由考古与文博系、艺术史系、美术系、设计艺术系 4 个系和浙江大学艺术与考古博物馆(9 月 8 日开馆)组成,设有文化遗产与博物馆学研究所、艺术史研究所、中国艺术研究所,以及文化遗产研究院、文物保护和鉴定研究中心、中国古代书画研究中心、故宫学研究中心、汉藏佛教艺术研究中心、城乡创意发展研究中心等多个校级研究平台。

学院拥有考古学、艺术学理论、设计学(与计算机学院共建)3 个一级学科学位点,文物与博物馆学、美术 2 个专业硕士学位点,以及文物与博物馆学、书法学、中国画、环境设计、视觉传达设计 5 个本科专业。

现有教职工 80 人(含艺博馆),其中正高级职称人员 14 人、副高级职称人员 28 人,另有博士后 11 人。2019 年,学院聘请知名专家 1 人,冠名教授 1 人,延聘高级专家 4 人,引进高水平人才 2 人。

现有全日制在校生共 412 人。2019 级本科生 64 人确认主修专业进入学院学习。2019 届毕业本科生 62 人、硕士研究生 33 人、博士研究生 8 人。

实到科研经费 1093 万元。据不完全统计,2019 年度共出版专著 4 部、译著 5 部,举办个展 3 个,发表论文 43 篇。作为首席专家获 2019 年度国家社科基金重大项目 2 项。科研成果获得浙江省第二十届哲学社会科学成果著作类二等奖、论文类三等奖各 1 项。学院还大力推动国家重大文化工程《中国历代绘画大系》的编纂出版工作。

附表　2019 年度艺术与考古学院基本情况

项目	数据	项目	数据
教职工总数/人	80	获国家级科技奖项目数/项	0
教授数/人	14	获国家级教学成果奖数/项	0
副教授数/人	28	SCI 入选论文数/篇	10
具有博士学位的教师比例/%	52.5	EI 入选论文数/篇	4
浙江大学文科资深教授/人	0	SSCI 入选论文数/篇	5
"国家特支计划"入选数/人	0	A&HCI 入选论文数/篇	7
"长江学者"数/人	1	权威刊物论文数/篇	2
省部级高等学校教学名师奖获得者/人	0	出版专著/部	4
国家"百千万人才工程"入选数/人	0	在校本科生数/人	260
国家杰出青年基金获得者/人	0	在学硕士研究生数/人	109
教育部新(跨)世纪优秀人才培养计划入选数/人	0	其中:专业学位研究生数/人	87
浙江省特级专家/人	0	在读博士研究生数/人	43
浙江大学求是特聘教授数/人	0	在校攻读学位的外国留学生数/人	64
浙江大学文科领军人才/人	2	应届本科毕业生一次就业率/%	95.2
一、二级学科国家重点学科数/个	0	应届本科毕业生考研录取(出国)率/%	46.8
教育部人文社会科学研究基地数/个	0	应届毕业研究生一次就业率/%	80.5
国家人才培养基地(含教学、教育基地)/个	0	教师出国交流/人次	15
国家精品资源共享课、视频公开课/门	0	学生出国交流/人次	80
科研总经费/万元	1093	举办国际学术会议数/次	2
其中:国家社科基金比重/%	32	社会捐赠经费总额/万元	260
纵向经费比重/%	42		

响应文化强国战略和"一带一路"倡议，文化遗产数字化保护团队积极与四川、山西、河南、陕西、浙江等地开展科研与文物保护合作，受到委托方的高度评价。参与良渚遗址公园现场展示策划和设计、文物保护与遗址考古勘探等工作，为"良渚古城遗址"成功申遗作出了积极的贡献。协助浙江省文物局举办了第二期"新鼎计划"优秀青年文博人才培养项目，开办了"浙江大学第一期艺术品收藏与鉴赏高级研修班"，社会反响良好。

2019 年,学院与美国宾夕法尼亚大学、布朗大学、芝加哥大学和日本四国大学建立或推进合作关系;与新加坡南洋艺术学院、塞浦路斯大学接洽互访事宜;与剑桥大学、哈佛大学共同承担研究课题。共派出 4 支学生团队赴日本、以色列和柬埔寨等地学习交流。

【浙江大学艺术与考古学院成立】 5 月 20 日,艺术与考古学院正式成立。该学院是浙江大学长期坚持立德树人、重视艺术考古学科发展所取得的重要成果,是在艺术系、文物与博物馆学系、文化遗产研究院、中国古代书画研究中心等单位基础上组建而成的。该学院将坚持以文化人、育人为本的使命，着力打造集人才培养、科学研究、文化传承、社会服务于一体的艺术与考古学科生态体系。

【浙江大学艺术与考古博物馆开馆】 9月8日，该馆在紫金港校区开馆。艺博馆位于紫金港校区西南端，占地50亩，建筑面积2.5万平方米，分博物馆区、学术区2个功能区，定位文明史、艺术史教学博物馆，既是实物史料库，也是大学文科实验室，致力于支持、提升浙江大学的教学、研究与社会服务水平，培养师生和公众的美学素养、视觉能力及批判性思维。该馆开馆以来，举办了"中国与世界：浙江大学艺术与考古博物馆新获藏品展""国之光：从《神州国光集》到《中国历代绘画大系》""汉唐奇迹：中国艺术状物传统的起源与发展""汉唐奇迹之北朝记忆：山西忻州九原岗北朝墓壁画数字化展览"4个开馆展览和"尘光：浙江大学艺术与考古博物馆的诞生"展览，同时举办高水平学术讲座、文化活动24场，累计受众约12万人次，得到了中央电视台等主流媒体的广泛报道和社会各界的诸多好评。

（王利剑撰稿　方志伟审稿）

经济学院

【概况】 经济学院由经济学系、金融学系、国际经济学系、财政学系、劳动经济学系5个系组成，设有经济研究所、产业经济研究所、金融研究所、证券期货研究所、国际经济研究所、国际商务研究所、公共经济与财政研究所、法与经济研究所等8个研究所，建有教育部人文社科重点研究基地和国家哲学社会科学创新研究基地（A类）"浙江大学民营经济研究中心"、浙江省社会科学重点研究基地"浙江大学区域经济开放与发展研究中心"、浙江大学金融研究院、浙江大学中国跨境电子商务研究院等多个研究机构。学院教学辅助设施齐全，建有实验经济学、电子商务、金融等实验室以及万得数据库、中国企业工业数据库等多个专业性数据库。

理论经济学为教育部第四轮学科评估的A类学科，政治经济学、西方经济学、金融学、国际贸易学、劳动经济学等5个学科为浙江省一流学科。

学院建有理论经济学、应用经济学2个博士后流动站，拥有理论经济学、应用经济学2个一级学科博士学位授予权和政治经济学、金融学、国际贸易学等13个二级学科博士学位授予权；具有理论经济学和应用经济学2个一级学科硕士学位授予权，金融、国际商务、税务3个专业学位硕士学位授予权；设有经济学、金融学、国际经济与贸易、财政学4个本科专业和1个金融学试验班，并新开设数字金融班、经济学拔尖班2个特色班级。

现有教职工125人，包括专任教师106人。其中，教授35人，副教授43人；博士研究生导师56人（含外院11、外校兼职5人），硕士研究生导师109人（含外院31人、外校兼职5人）。2019年，学院新增浙大文科资深教授、文科领军人才各1人，"长江学者"青年学者1人，文化名家暨"四个一批"人才、国家"万人计划"哲学社会科学青年英才1人，以及浙大"百人计划"研究员4人。柔性引进诺贝尔经济学奖获得者1人。

附表 2019 年度经济学院基本情况

项目	数据	项目	数据
教职工总数/人(含学科博士后 7 人)	125	获国家级科技奖项目数/项	0
教授数/人	35	获国家级教学成果奖数/项	0
副教授数/人	43	SCI 入选论文数/篇	12
具有博士学位的教师比例/%	78.3	EI 入选论文数/篇	0
浙江大学文科资深教授/人	2	SSCI 入选论文数/篇	51
"国家特支计划"入选数/人	2	A&HCI 入选论文数/篇	0
"长江学者"数/人	2	权威刊物论文数/篇	5
省部级高等学校教学名师奖获得者/人	2	出版专著/部	3
国家"百千万人才工程"入选数/人	2	在校本科生数/人	782
国家杰出青年基金获得者/人	0	在学硕士研究生数/人	514
教育部新(跨)世纪优秀人才培养计划入选数/人	5	其中:专业学位研究生数/人	409
浙江省特级专家/人	1	在读博士研究生数/人	214
浙江大学求是特聘教授数/人	3	在校攻读学位的外国留学生数/人	1206
浙江大学文科领军人才/人	2	应届本科毕业生一次就业率/%	98.2
一、二级学科国家重点学科数/个	0	应届本科毕业生考研录取(出国)率/%	68.44
教育部人文社会科学研究基地数/个	1	应届毕业研究生一次就业率/%	98.1
国家人才培养基地(含教学、教育基地)/个	0	教师出国交流/人次	74
国家精品资源共享课、视频公开课/门	1	学生出国交流/人次	223
科研总经费/万元	1464	举办国际学术会议数/次	5
其中:国家社科基金比重/%	10.5	社会捐赠经费总额/万元	1200
纵向经费比重/%	52.6		

2019 年,招收硕士研究生 285 人(含非全日制学生 66 人、留学生 25 人)、博士研究生 39 人,2019 级本科生 351 人(含留学生 129 人)主修专业确认进入经济学院学习。毕业本科生 255 人(含留学生 30 人)、硕士研究生 205 人、博士研究生 22 人。

2019 年,科研经费达 1464 万元,获批国家自科基金面上项目 6 项、国家社科基金项目 5 项;发表国内权威刊物论文 5 篇,被 SSCI 收录论文 51 篇,其中 A 类学术期刊论文 4 篇,5 项成果获浙江省哲学社会科学优秀成果奖,其中一等奖 2 项。

全院师生出访共 297 人次,接待来访专家共 88 人次;并与英国剑桥大学、美国威斯康星大学麦迪逊分校、莫斯科国立大学等国际顶尖院校签订了新的合作协议。

【国际排名取得重要突破】 9 月 11 日,在最新公布的 ESI 排名中,浙大经济与商业学科首次进入全球前 1‰,在国际著名大学和学科排行榜中,浙大经济学科在英国泰晤士高等教育 2019 年大学排行榜上位列中国大陆地区第 3 位,全球第 50 位。

【举办 90 周年院庆系列活动】 11 月 16 日，为迎接学院 90 周年华诞，既举办了庆祝大会、紫金港西区新大楼揭牌仪式、金融学年会、海外大师校园行等系列活动，也广泛吸纳了企业家捐赠，来校参加庆祝大会的校友近千人，从部级到院董到普通毕业生都有，真正做到了开放、包容、以人为本的全球同庆。

【组建劳动经济学系】 5 月 19 日，该系揭牌成立仪式暨劳动经济研讨会在紫金港校区举行。劳动经济学科是应用经济学科的重要组成部分，劳动经济学系的成立有助于进一步推动浙江大学劳动经济学科的建设，使经济学院的学科布局趋于完整。

（宗　晔撰稿　黄先海审稿）

光华法学院

【概况】 光华法学院地处全国重点文物保护单位浙江大学之江校区，占地 653.85 亩，是国内第一家拥有独立校区办学的法学院，现有法理与判例研究所、公法与比较法研究所、民商法研究所、国际法研究所、经济法研究所、刑法研究所和诉讼法研究中心等"6＋1"校级研究所，另建有浙江大学法理研究中心、浙江大学"大数据＋立法"研究协同创新中心等 11 个校级研究中心和浙江大学光华法学院破产法研究中心（2019 年新增）等 11 个院级研究中心，以及最高人民检察院检察基础理论研究基地（2019 年新增）等研究机构。入选教育部应用型、复合型法律职业人才教育培养基地和涉外法律人才教育培养基地，是国家首批"卓越法律人才教育培养"基地。

宪法学与行政法学是二级学科国家重点学科。2019 年法学专业入选首批国家级一流本科专业建设点。

学院拥有法学一级学科博士、硕士学位授予权，另有法律硕士（JM）专业学位授权点、自主设置目录外二级学科海洋法学硕士和博士学位授权点、司法文明博士学位授权点，以及中国法硕士和博士学位授权点（LL. M. 和 SJD，招收外国留学生）。

2019 年，学院共招收全日制硕士研究生 168 人（含中国法 LL. M.）、非全日制硕士生 31 人、博士研究生 40 人（含中国法 SJD），2019 级本科生 146 人确认主修学院专业，毕业本科生 146 人、硕士研究生 137 人、博士研究生 33 人。

现有教职工 81 人，其中专任教师 67 人，正高级职称人员 32 人（2019 年新增 3 人）、副高级职称人员 25 人（2019 年新增 3 人）。2019 年新增浙江省"万人计划"青年拔尖人才 1 人、浙江大学求是特聘教授 1 人。

学生培养将以扎实的人文社科知识和深厚的法学理论功底为基础，努力培养国际视野、职业伦理和职业思维融为一体、具有高度社会责任感的法治人才。全面实施卓越法治人才教育培养计划 2.0，打造一流法学专业教育。与杭州市滨江区人民法院共同建立法官助手培养机制；与多家在杭知名律所创建实习基地；传承了最高院及其巡回法庭实习生制度；本年度与杭州互联网法院共同开设"在线法庭"等一批精品实务课堂。

科研经费到款 1006.17（含立法研究院专项经费）万元，较上年增长 1.18%。其中，纵向科研经费到款 681.64 万元，占比 67.75%。各类立项共 38 项，其中国家级立项 6 项，省部级 14 项。出版专著 5 部、编著

浙江大学年鉴

附表　2019 年度光华法学院基本情况

项目	数据	项目	数据
教职工总数/人	81	获国家级科技奖项目数/项	0
教授数/人	32	获国家级教学成果奖数/项	0
副教授数/人	25	SCI 入选论文数/篇	2
具有博士学位的教师比例/%	82	EI 入选论文数/篇	0
浙江大学文科资深教授/人	2	SSCI 入选论文数/篇	11
"国家特支计划"入选数/人	0	A&HCI 入选论文数/篇	0
"长江学者"数/人	3	权威刊物论文数/篇	5
省部级高等学校教学名师奖获得者/人	0	出版专著/部	5
国家"百千万人才工程"入选数/人	0	在校本科生数/人	425
国家杰出青年基金获得者/人	0	在学硕士研究生数/人	896
教育部新(跨)世纪优秀人才培养计划入选数/人	5	其中:专业学位研究生数/人	795
浙江省特级专家/人	0	在读博士研究生数/人	163
浙江大学求是特聘教授数/人	1	在校攻读学位的外国留学生数/人	38
浙江大学文科领军人才/人	1	应届本科毕业生一次就业率/%	95.14
一、二级学科国家重点学科数/个	1	应届本科毕业生考研录取(出国)率/%	38.19
教育部人文社会科学研究基地数/个	2	应届毕业研究生一次就业率/%	97.11
国家人才培养基地(含教学、教育基地)/个	2	教师出国交流/人次	21
国家精品资源共享课、视频公开课/门	2	学生出国交流/人次	168
科研总经费/万元	1006.17	举办国际学术会议数/次	6
其中:国家社科基金比重/%	13.52	社会捐赠经费总额/万元	1850
纵向经费比重/%	67.75		(到款)

和教材类 11 部。发表权威期刊论文 5 篇，SSCI、SCI 论文 13 篇，一级期刊论文 28 篇，核心期刊论文 38 篇。继续为国家、省、市的法治建设提供决策咨询，获省部级采纳批示件 7 篇。

进一步推动与世界一流法学院校建立长期稳定的战略合作伙伴关系，接待 14 批境外来访学者与教授；与英国牛津大学奥利尔学院、美国凯斯西储大学法学院等新签订合作协议 4 份；共举办法治与改革国际高端论坛(2019)等 6 场高水平的国际学术会议。

派出学生 168 人次赴境外交流。另外，全院有 16 位教师曾经或现在国际学术组织或学术刊物任职。

【首届长三角法学院院长论坛在杭州召开】
7 月 5 日，该论坛在杭州召开。本次论坛由长三角法学院院长论坛秘书处主办、浙江大学光华法学院承办。来自复旦大学、上海交通大学、上海财经大学、华东政法大学、同济大学、南京大学、东南大学、南京师范大学、苏州大学、山东大学、厦门大学以及浙江省内二十余所长三角地区大学的法学院院长出席了会议，共同探讨法学教育的前沿问题。

【开展牛津大学暑期课程项目】 8月4日，光华法学院组织学生赴牛津大学奥利尔学院学习暑期课程。该课程由牛津大学奥利尔学院主办，学生可在6个学科板块的专业课程中自主选择4门课程，由牛津大学和剑桥大学的名师为来自全球各地的学生授课。来自浙大多个学院的13名本科生和研究生完成学习，由奥利尔学院为浙大学生签发结业证书和学分成绩单。学院重视学生培养，积极开展国际合作交流项目，拓展学生国际视野、提升跨文化交流能力。

【最高人民检察院"检察基础理论研究中心"落户浙大】 8月30日，该中心授牌仪式暨检察理论工作座谈会在北京举行。最高人民检察院检察长为浙江大学授牌。最高人民检察院与浙江大学合作共建该中心，旨在为发展中国特色社会主义检察理论、完善中国特色社会主义检察制度作出了新贡献。

（陈　思撰稿　周江洪审稿）

教育学院

【概况】 教育学院由教育学系、体育学系、课程与学习科学系、教育领导与政策研究所和军事理论教研室组成；设有教育部浙江大学基础教育课程研究中心、国家体育总局浙江大学体育现代化发展研究中心、国家体育总局体育产业研究基地，及8个校级、5个院级研究机构；建有联合国教科文组织"亚太地区教育革新为发展服务"（APEID）浙江大学联系中心、全球大学创新联盟亚太中心（GUNI-AP）秘书处、联合国教科文组织浙江大学创业教育教席、联合国教科文组织中国创业教育联盟、世界休闲组织浙江大学休闲卓越中心等国际教科研合作平台。

教育史为二级学科国家重点学科，教育学为浙江省一流学科。

学院设有教育学、体育学2个博士后流动站；拥有教育学、体育学2个一级学科博士学位授予权和9个二级学科博士学位授予权，教育学、体育学2个一级学科硕士学位授予权和10个二级学科硕士学位授予权，以及教育博士、教育硕士和体育硕士等3个专业学位授权点；设有教育学、运动训练、武术与民族传统体育、体育教育等6个本科专业，教育学为教育部高等学校本科特色专业。

2019年，招收博士研究生50人（其中留学生4人）、全日制硕士研究生67人（其中留学生3人）、非全日制专业学位硕士研究生35人，本科生63人，另有主修专业确认57人；毕业博士研究生24人、全日制硕士研究生66人、非全日制专业学位硕士83人、本科生141人。

现有教职工107人。其中，正高级职称人员31人（2019年新增4人）、副高级职称人员33人（2019年新增1人），博士研究生指导教师42人（2019年新增7人）、硕士研究生指导教师63人（2019年新增7人）。新增浙江大学文科资深教授、教育部"长江学者奖励计划"特聘教授1人，入选教育部"长江学者奖励计划"青年项目1人。

"教学理论与设计"获浙江省"互联网＋教学"优秀案例（线上线下混合式课程）特等奖。2篇博士学位论文分别入选2019年"中国高等教育学会学术创新计划——高等教育学博士学位论文文库"，获评全国首届教育博士专业学位优秀论文。本科生获国

附表　2019 年度教育学院基本情况

项目	数据	项目	数据
教职工总数/人	107	获国家级科技奖项目数/项	0
教授数/人	31	获国家级教学成果奖数/项	0
副教授数/人	29	SCI 入选论文数/篇	18
具有博士学位的教师比例/%	75.86	EI 入选论文数/篇	5
浙江大学文科资深教授/人	2	SSCI 入选论文数/篇	22
"国家特支计划"入选数/人	0	A&HCI 入选论文数/篇	0
"长江学者"数/人	4	权威刊物论文数/篇	4
省部级高等学校教学名师奖获得者/人	1	出版专著/部	8
国家"百千万人才工程"入选数/人	2	在校本科生数/人	458
国家杰出青年基金获得者/人	0	在学硕士研究生数/人	650
教育部新(跨)世纪优秀人才培养计划入选数/人	5	其中:专业学位研究生数/人	558
浙江省特级专家/人	1	在读博士研究生数/人	189
浙江大学求是特聘教授数/人	3	其中:专业学位研究生数/人	74
浙江大学文科领军人才/人	0	在校攻读学位的外国留学生数/人	31
一、二级学科国家重点学科数/个	1	应届本科毕业生一次就业率/%	97.01
教育部人文社会科学研究基地数/个	0	应届本科毕业生考研录取(出国)率/%	46.62
国家人才培养基地(含教学、教育基地)/个	0	应届毕业研究生一次就业率/%	98.88
国家精品资源共享课、视频公开课/门	3	教师出国交流/人次	51
科研总经费/万元	2182	学生出国交流/人次	153
其中:国家社科基金比重/%	4.5	举办国际学术会议数/次	5
纵向经费比重/%	28.55	社会捐赠经费总额/万元	920

家级及以上赛事排名前三名奖项 56 项;谢震业获国际田联钻石联赛伦敦站男子 200 米世界冠军,在多哈田径世锦赛上成为进入世锦赛男子 200 米决赛的首位中国人;获浙江大学"十佳大学生"荣誉称号和浙江大学竺可桢奖学金 1 人。

到款科研经费 2182 万元,比上年增长 30.03%。获批国家社科基金、自然基金项目共 5 项,其中国家社科基金后期资助重点项目 1 项;获浙江省哲社优秀成果奖一等奖 2 项、三等奖 3 项;主编译丛 1 套(6 部),出版专著 8 部、编著 4 部;发表权威刊物论文 4 篇,SSCI/SCI 30 篇,一级刊物论文 27 篇;获国家领导人批示 1 份,省部级领导批示 1 份,省部级采纳 3 份。

全年,师生出国交流 204 人次,接待境外院校及国际组织来访 60 余人次,举办国际学术会议 5 场,学生交流营 7 个;聘请短期外国专家 16 人,与美国威斯康星大学麦迪逊分校教育学院新签学生暑期学校项目协议 1 项。

【获浙江省第二十届哲学社会科学优秀成果

奖一等奖 2 项】 12 月 5 日,浙江省人民政府办公厅发布了《关于浙江省第二十届哲学社会科学优秀成果评审结果的通报》(浙政办发〔2019〕58 号),公布了评奖结果。刘正伟等合著的著作《夏丏尊全集》、顾建民等合著的著作《大学治理模式及其形成机理》获得"基础理论研究优秀成果奖"一等奖。前者基于严格考证,廓清了夏丏尊生平活动及著作中的迷雾及错漏之处,全面反映了夏丏尊在教育、文学、出版以及社会等领域的思考,展现了夏丏尊思想观念形成、发展与转变的全貌与历程;后者通过"自下而上""归纳式"的研究方式,重在基于证据的研究,选取 8 个当今有影响力的国家,对其大学治理模式进行历史与比较研究,对其形成机理和发展趋势进行探索性研究,开拓了研究领域、提出了创新见解。

【"长江学者"刘海峰加盟】 2019 年 9 月,教育部"长江学者奖励计划"特聘教授刘海峰受聘浙江大学文科资深教授并正式加盟教育学院。刘海峰主要研究方向为科举学与高考改革、高等教育历史与理论,是科举学的首创者和高考改革稳健派代表性学者,兼任国家教育咨询委员会委员、国家教育考试指导委员会委员、国家"双一流"建设专家委员会委员等职,已出版著作 36 部,获部省级一等奖 11 项、二等奖 5 项,在《中国社会科学》《历史研究》《教育研究》等刊物上发表论文 300 余篇。

【获 2019 浙江省本科院校"互联网＋教学"优秀案例特等奖】 教育学院刘徽、盛群力及其团队的课程"教学理论与设计"入围该评选的线上线下混合式课程优秀案例,并获特等奖。该课程于 20 世纪 80 年代开课,1996 年被原杭州大学列为首批"百课工程"的五十门之一,2005 年获得"国家精品课程"称号,2016 年获"国家级精品资源共享课"称号,并于 2018 年起采用 MOOC 和 SPOC 形式开展线上线下混合式教学。该课程主要介绍教学理论的发展历史、国际教学理论进展和教学改革动态,理论联系实践,让学生尝试用新的教学理念来进行教学设计,解决教育改革中的实际问题。

(苏　洁撰稿　顾建民审稿)

管理学院

【概况】 管理学院下设创新创业与战略学系、数据科学与管理工程学系、服务科学与运营管理学系、领导力与组织管理学系、市场营销学系、财务与会计学系、旅游与酒店管理学系 7 个系。拥有创新管理与持续竞争力研究中心 1 个"985 工程"国家哲学社会科学创新基地,浙江大学全球浙商研究院和浙江大学全球农商研究院 2 个校级研究院,建有浙江大学神经管理学实验室 1 个校级实验室,浙江大学—杭州市服务业发展研究中心,以及信息技术与新兴产业研究中心等 13 个校级交叉学科研究中心和管理科学与信息系统研究所等 10 个校级研究所及 11 个院级研究所。此外,学院现有 1 个国家自然科学基金创新研究群体和 1 个浙江省创新团队。

学院拥有管理科学与工程(一级学科国家重点学科、浙江省一流(A 类)学科),管理科学与工程、工商管理 2 个一级学科博士学位授予权和企业管理、会计学等 4 个二级学科博士学位授予权,工商管理硕士(含高级管理人员工商管理硕士)、会计学专业硕士 2 个专业学位授权点,信息管理与信息系统、

附表 2019 年度管理学院基本情况

项目	数据	项目	数据
教职工总数/人	146	获国家级科技奖项目数/项	0
教授数/人	42	获国家级教学成果奖数/项	0
副教授数/人	47	SCI 入选论文数/篇	33
具有博士学位的教师比例/%	85.59	EI 入选论文数/篇	4
浙江大学文科资深教授/人	0	SSCI 入选论文数/篇	49
"国家特支计划"入选数/人	0	A&HCI 入选论文数/篇	0
"长江学者"数/人	5	权威刊物论文数/篇	4
省部级高等学校教学名师奖获得者/人	0	出版专著/部	15
国家"百千万人才工程"入选数/人	1	在校本科生数/人	448
国家杰出青年基金获得者/人	4	在学硕士研究生数/人	1630
教育部新(跨)世纪优秀人才培养计划入选数/人	10	其中:专业学位研究生数/人	1575
浙江省特级专家/人	0	在读博士研究生数/人	307
浙江大学求是特聘教授数/人	5	在校攻读学位的外国留学生数/人	346
浙江大学文科领军人才/人	2	应届本科毕业生一次就业率/%	97.45
一、二级学科国家重点学科数/个	1	应届本科毕业生考研录取(出国)率/%	41.40
教育部人文社会科学研究基地数/个	0	应届毕业研究生一次就业率/%	98.64
国家人才培养基地(含教学、教育基地)/个	0	教师出国交流/人次	213
国家精品资源共享课、视频公开课/门	0	学生出国交流/人次	237
科研总经费/万元	2762.7	举办国际学术会议数/次	5
其中:国家社科基金比重/%	3.8	社会捐赠经费总额/万元	712
纵向经费比重/%	53.2		

工商管理、会计学 3 个本科专业,设有管理科学与工程、工商管理 2 个博士后流动站。2019 年,经济与商业学科首次进入 ESI 学科排名全球前 1%。

2019 年,招收博士研究生 68 人、硕士研究生 656 人(其中国际科学硕士 51 人、MBA506 人、EMBA72 人、会计专业硕士 27 人),156 名 2019 级本科生通过主修专业确认进入学院学习,2019 届本科毕业生 195 人(其中留学生 16 人)、授予硕士学位 427 人、博士学位 40 人。

2019 年,魏江教授入选"长江学者"特聘教授,周欣悦教授获批国家杰出青年科学基金资助。吴晓波教授获首届教育部杰出教学奖。

工商管理入选 2019 年度国家级一流本科专业建设点名单。浙江大学创业管理MBA 项目(浙大 MBA 创客班)获全国工商管理专业学位研究生教育指导委员会颁发的优秀创新创业教育项目奖。邢以群教授负责的"线上线下混合教学效果影响因素探索"获批浙江省高等教育"十三五"第二批教学改革项目,陈嘉教授负责的"面向大数据时代的信息管理与信息系统本科专业升级探索"项目获批浙江省"十三五"省级产学合作协同育人项目。"管理学"(邢以群)、"现代管理基础"(邢以群)和"创新管理"(郑刚)获得"2019 年浙江省本科院校'互联网＋教学'优秀案例"。

2019 年,学院 3 篇案例入选第 10 届"全国百篇优秀案例"。至此,学院已连续十届产出"全国百篇优秀管理案例"。同时,29 篇案例入选"2019 年浙江省优秀研究生教学案例",49 篇案例入选"2019 年浙江大学专业学位研究生优秀教学案例"认定名单。

社会影响力持续提升。学院承办中国首届"服务社会的管理研究"峰会,10 所中国 C9 ＋ 管理学院/商学院携手发表"I WILL"声明:未来将共同采取行动,全力引领中国管理学界开展"服务社会的管理研究"。管理学院 2 支创业团队在第五届中国"互联网＋"大学生创新创业大赛中夺得金奖。2014 级博士生白云峰获创新创业英才奖,分别于 2019 年 6 月全国双创周期间和 2019 年 10 月第五届互联网＋创新创业大赛期间获总理李克强和副总理孙春兰的接见。

【新时代高校党建示范创建和质量创优工作取得良好成效】 学院按照《中共浙江大学委员会关于开展新时代基层党组织党建示范创建和质量创优工作的通知》要求,坚持软件建设和硬件建设相结合、统筹规划和分步实施相结合、整体提升和品牌塑造相结合,按计划、分步骤开展培育创建工作。6 月,学院党委获评首批"全校党建工作标杆院级党组织";创新创业与战略学系教工党支部、行政教工第一党支部、会计学本科生党支部获评"全校党建工作样板党支部"。

12 月,学院创新创业与战略学系教工党支部获评"全国党建工作样板党支部"。

【开设国内首个智能财务班】 作为构建"商学＋"生态系统的重要举措之一,学院围绕"公司财务＋人工智能＋大数据"的深度融合,在浙大竺可桢学院新开设国内首个智能财务班(会计学专业)。该专业学制 4 年,首届招生 11 人,旨在培养能够引领社会与行业发展的跨界复合型高级财务管理人才和未来商业领导者。

【学院青年企业家委员会成立】 9 月 4 日,为深入落实"与一流企业家同行"战略,学院携手来自社会各领域的 23 位中国杰出青年企业家,成立浙大管院青年企业家委员会。该委员会的成立,旨在通过"强强联合",构建名校名企发展共同体,构筑开放的创新生态。

(周春慧撰稿 陈 超审稿)

公共管理学院

【概况】 公共管理学院(以下简称"公管学院")下设政府管理系、土地管理系、城市发展与管理系、社会保障与风险管理系、信息资源管理系、政治学系、农业经济与管理系、社会学系等 8 个系,设有行政管理研究所、土地科学与不动产研究所等 12 个校级研究所,拥有浙江大学农业现代化与农村发展研究中心暨浙江大学中国农村发展研究院、浙江大学科教发展战略研究中心等 18 个校级研究院(中心)。

农林经济管理学科为国家重点(培育)学科,农林经济管理、公共管理 2 个学科为浙江省一流学科。农林经济管理专业获批国家级一流本科专业建设点。

公管学院拥有公共管理、农林经济管理、社会学3个一级学科博士学位授予权，涵盖了行政管理、教育经济与管理等14个二级学科博士学位授予权，公共管理硕士（MPA）、社会工作硕士（MSW）、农村发展硕士（MAE）3个专业硕士学位授予权。

2019年，招收博士生92人、硕士生486人（其中科学学位145人、公共管理硕士（MPA）308人、社会工作硕士（MSW）22人、农村发展硕士（MAE）11人），2019级本科生208人确认进入学院继续学习、"三位一体"招生本科生59人、竺可桢学院公共管理英才班录取20人；毕业博士生44人，硕士生227人（其中科学学位102人、MPA89人、MSW28人、MAE8人），本科生183人。

现有全职在编教职工180人，其中正高级职称人员63人（比上年增加1人）、副高级职称人员50人（比上年增加3人）、浙江大学"百人计划"研究员32人（比上年增加12人）。博士研究生导师97人（含兼职），硕士研究生导师139人（含兼职）。新增浙江大学文科资深教授1人，国家万人计划青年拔尖人才1人，教育部青年长江学者1人。

研究生课程"公共管理研究方法"，本科生课程"博弈论基础"等6门课程在MOOC平台上线。3门课程获线上线下混合式教学培育项目、3门课程获海外教师主导本科全英文课程建设项目立项、课程"社会工作"已获创新创业类课程认定。出版《社会组织管理》等5种教材，3种教材获2019年校级教材立项。获批研究生教育教学成果培育重点项目1项，一般项目2项。新增农业经济管理学科为研究生全英文课程建设项目。

到款科研经费5141.86万元，比上年增加4.97%。2019年，获批国家自然科学基金6项，其中重点1项；国家社科基金项目7项，其中重大2项、重点1项；教育部后期资助重大项目1项、一般项目5项。

2019年，学院共举办了14次国际性学术会议；获批短期外专项目3项；全院师生赴境外交流371人次，其中教师有147人次赴美国、澳大利亚等国以及中国港澳台地区进行合作研究、参加学术会议等，接待境外来访学者14批次。

【MPA教育项目获NASPAA认证】 7月31日，全球公共管理院校联盟（NASPAA）公布了2019年度NASPAA国际认证的结果，浙江大学MPA教育项目获得七年免检（2020—2027年）的最高等级认证。2019年是NASPAA成立的50周年，本年度全球共有5个MPA教育项目通过认证，浙江大学MPA教育项目就是其中之一。至此，中国大陆共有5所高校通过NASPAA国际认证，包括之前通过的清华大学、中国人民大学、上海财经大学，以及本年度通过的对外经济贸易大学和浙江大学。

【社会治理研究院揭牌仪式暨《"最多跑一次"改革：浙江经验，中国方案》新书首发式】

5月7日，在紫金港校区求是大讲堂举行。中共浙江省委常委、省委秘书长、省委全面深化改革委员会办公室（浙江省最多跑一次改革办公室）主任陈金彪出席仪式并讲话，浙江大学党委书记任少波致辞。浙江大学社会治理研究院旨在倡导、开展、引领社会治理研究，立志为中国加强和创新社会治理，打造共建共治共享的社会治理格局献智献策。《"最多跑一次"改革：浙江经验，中国方案》由中国人民大学出版社出版发行，是浙江大学社会治理研究院院长郁建兴教授

附表　2019 年度公共管理学院基本情况

项目	数据	项目	数据
教职工总数/人	180	获国家级科技奖项目数/项	0
教授数/人	63	获国家级教学成果奖数/项	0
副教授数/人	50	SCI 入选论文数/篇	68
具有博士学位的教师比例/%	77.22	EI 入选论文数/篇	0
浙江大学文科资深教授/人	2	SSCI 入选论文数/篇	79
"国家特支计划"入选数/人	3	A&HCI 入选论文数/篇	1
"长江学者"数/人	3	权威刊物论文数/篇	10
省部级高等学校教学名师奖获得者/人	1	出版专著/部	20
国家"百千万人才工程"入选数/人	1	在校本科生数/人	582
国家杰出青年基金获得者/人	0	在学硕士研究生数/人	1556
教育部新(跨)世纪优秀人才培养计划入选数/人	7	其中:专业学位研究生数/人	1225
浙江省特级专家/人	1	在读博士研究生数/人	419
浙江大学求是特聘教授数/人	6	在校攻读学位的外国留学生数/人	173
浙江大学文科领军人才/人	1	应届本科毕业生一次就业率/%	96.17
一、二级学科国家重点学科数/个	1	应届本科毕业生考研录取(出国)率/%	41.53
教育部人文社会科学研究基地数/个	1	应届毕业研究生一次就业率/%	100
国家人才培养基地(含教学、教育基地)/个	0	教师出国交流/人次	147
国家精品资源共享课、视频公开课/门	2	学生出国交流/人次	224
科研总经费/万元	5141.86	举办国际学术会议数/次	14
其中:国家社科基金比重/%	4.06	社会捐赠经费总额/万元	2068
纵向经费比重/%	42.34		

阐释"最多跑一次"改革的最新理论著作。浙江省党政机关代表、浙江大学校内师生代表、中国人民大学出版社代表、捐赠企业代表、公益慈善界人士、校内外媒体人士、其他社会人士等共 200 余人参加了本次活动。

【国际食物与农商管理学会(IFAMA)2019年会暨"食物安全 2050:电子商务、农产品价值链转型国际研讨会"】　6 月 22—27日,在浙江大学举行。该会议由浙江大学和国际食物与农商管理学会联合主办、中国农村发展研究院承办,来自俄罗斯、加拿大、哥斯达黎加、新加坡、巴西、德国、意大利、澳大利亚、新西兰、美国、荷兰、法国、英国、阿根廷、南非等国家和地区的近 150 位外宾和100 余位国内知名学者及业界精英参会。浙江大学党委副书记叶民、IFAMA 理事长Hector Laurence 博士分别代表主办方为IFAMA2019 全球农商管理高层论坛致开幕词。这是 IFAMA 全球学术年会第一次由中方学术机构主办,也是中国农商管理学界牵手国际学术组织、深化与全球学术同行及业界精英交流与合作的一个重要里程碑。

（苏　超撰稿　杨国富审稿）

马克思主义学院

【概况】　马克思主义学院设有马克思主义基本原理概论、毛泽东思想和中国特色社会主义理论体系概论、中国近现代史纲要、思想道德修养与法律基础、研究生思想政治理论课 5 个教研中心，承担全校从本科生到硕士、博士研究生的公共思想政治理论课程的教学和研究工作。

学院由中共浙江省委宣传部与浙江大学共建，是全国重点建设马克思主义学院和浙江省重点建设马克思主义学院。学院建有马克思主义理论、国际政治 2 个校级研究所，设有教育部高校思想政治工作队伍培训研修中心（浙江大学）、浙江省教育厅高校心理健康教育培训基地、浙江省中国特色社会主义理论体系研究中心浙江大学研究基地、浙江大学中国特色社会主义研究中心、浙江大学德育与学生发展研究中心等机构。

马克思主义理论学科为"十三五"浙江省高校一流学科。

学院建有马克思主义理论博士后流动站；拥有马克思主义理论一级学科博士学位授予权，马克思主义基本原理、马克思主义中国化研究、思想政治教育、中国近现代史基本问题研究、党的建设等二级学科硕士学位授予权。

2019 年，招收硕士研究生 42 人、博士研究生 27 人，毕业硕士研究生 25 人、博士研究生 8 人。

现有教职工 72 人。其中，教授 14 人，副教授 22 人，博士研究生导师 11 人，硕士研究生导师 29 人。2019 年，学院新增国家"万人计划"青年拔尖人才 1 名，浙江省"万人计划"青年拔尖人才 1 名。

2019 年，学院继续深化教学改革，加强课程建设，共获得教育部示范优秀教学科研团队建设等省部级教改项目立项 2 项，校级教学改革课题立项 1 项；获教育部第三届"我心中的思政课"全国高校大学生微电影展示活动二等奖 1 项、优胜奖 1 项，获第三届全国高校大学生讲思政课公开课展示活动三等奖 1 项。教师中 1 人获浙江省"我最喜爱的高校优秀思政理论课老师"第一名，1 人获浙江省第十一届高校青年教师教学竞赛思政组特等奖，1 人获教育部首届"全国高校思想政治理论课教学展示活动"二等奖，3 人获浙江大学优质教学奖二等奖，4 人获马克思主义学院教学优秀奖。

2019 年，学院科研课题新立项经费 367.5 万元。共立项省部级以上课题 16 项，其中国家社科基金项目 8 项，教育部项目 1 项，浙江省哲学社会科学规划课题 7 项。共发表各级各类学术论文 138 篇，其中权威期刊 7 篇，一级期刊论文 21 篇。出版专著 11 部。获"国家社科基金优秀文章"1 篇（全国仅 18 篇），获"浙江省第二十届哲学社会科学优秀成果奖"二等奖 2 项、三等奖 1 项。承办全国性学术会议 3 次。

2019 年，教师出国（境）交流 9 人次、研究生出国（境）交流 24 人次；接待境外学术交流访问人员 13 人次，举办国际研讨会 2 次。

【国家社科基金取得好成绩】　12 月 19 日，全国哲学社会科学工作办公室公布了《国家社科基金优秀期刊和优秀文章名单》，刘同舫教授的论文《构建人类命运共同体对历史唯物主义的原创性贡献》入选"国家社科基

附表 2019 年度马克思主义学院基本情况

项目	数据	项目	数据
教职工总数/人	72	获国家级科技奖项目数/项	0
教授数/人	14	获国家级教学成果奖数/项	0
副教授数/人	22	SCI 入选论文数/篇	0
具有博士学位的教师比例/%	76	EI 入选论文数/篇	0
浙江大学文科资深教授/人	0	SSCI 入选论文数/篇	0
"国家特支计划"入选数/人	2	A&HCI 入选论文数/篇	1
"长江学者"数/人	1	权威刊物论文数/篇	7
省部级高等学校教学名师奖获得者/人	1	出版专著/部	11
国家"百千万人才工程"入选数/人	1		
国家杰出青年基金获得者/人	0	在校本科生数/人	0
教育部新(跨)世纪优秀人才培养计划入选数/人	0	在学硕士研究生数/人	73
浙江省特级专家/人	0	在读博士研究生数/人	90
浙江大学求是特聘教授数/人	1	在校攻读学位的外国留学生数/人	0
浙江大学文科领军人才/人	1		
一、二级学科国家重点学科数/个	0	应届本科毕业研究生一次就业率/%	96.43
教育部人文社会科学研究基地数/个	0	教师出国交流/人次	9
国家人才培养基地(含教学、教育基地)/个	0	学生出国交流/人次	24
国家精品资源共享课、视频公开课/门	1	举办国际学术会议数/次	2
科研总经费/万元	367.5	社会捐赠经费总额/万元	0
其中：国家社科基金比重/%	76.2		
纵向经费比重/%	96.7		

金优秀文章"。这是全国哲学社会科学工作办公室根据《国家社会科学基金学术期刊资助管理办法》有关规定,从各期刊推荐的文章中,通过专家评审遴选出来的,全国仅 18 篇。2019 年,学院共立项国家社科基金项目 8 项,其中重大项目 2 项、重点项目 1 项。

【改革思政课教师评价与晋升机制】 学院进一步明确与思政课教师教学科研特点相匹配的评聘标准,并丰富思政课教师科研成果认定形式,将思政课教师在中央和地方主要媒体上发表的理论文章纳入学术成果范畴,推动学校单独成立思政课教师专业技术职务高级评审委员会,使思政课教师晋升渠道更加畅通。2019 年,2 位教师晋升教授职务,1 名教师晋升思想政治教育系列副教授职务。

【实践育人取得新突破】 12 月 20 日,学院"不忘初心重走西迁路 传承精神红船再起航"赴浙江建德、嘉兴市暑期社会实践团,在 2019 年浙江省大中学生志愿者暑期文化科技卫生"三下乡"社会实践活动暨"双百双进"浙江省高校师生暑期社会实践风采大赛决赛中,获浙江省暑期社会实践风采大赛十佳团队、"最佳风采奖"和浙江省暑期社会实践百强团队。该社会实践团以"理论宣讲"为重点,在自身学懂弄通马克思主义理论的同时,重走浙大西迁路,感悟红色求是情,并心系家国天下,发挥自身理论宣讲特长,在中国共产党诞生地嘉兴开展理论宣讲和志愿服务。团队成员用知识传播真理,用行动发扬精神,奉献青春。

(李 艳撰稿 李小东审稿)

数学科学学院

【概况】 数学科学学院下设数学系、信息与计算科学学系、应用数学系、统计学系,以及数学研究所、科学与工程计算研究所等7个研究所(研究中心)。

数学学科为一级学科国家重点学科,是九五、十五、十一五、十二五国家"211工程"重点建设学科,学院拥有"数学科学及其应用"国家"985工程"科技创新平台。2019年,学院招收硕士研究生86人、博士研究生36人,2019届本科生169人确认专业进入学院学习,毕业本科生192人、硕士研究生70人、博士研究生28人。

现有教职工126人。其中,有正高级职称人员57人,副高级职称人员41人,博士研究生导师66人(含兼职9人)、硕士研究生导师27人。另有在站博士后4人,特聘研究员转教学科研并重岗1人。2019年,全院获浙江省第十一届青教赛理科组一等奖1项、国家级教学成果奖二等奖1项、2019年浙江大学唐立新教学名师奖1项,1人获"2019年浙江省有突出贡献青年科技人才"称号。

学院高度重视专业建设,不断整合优化各专业资源,数学与应用数学入选首批国家级一流本科专业建设点,数学与应用数学、信息与计算科学、统计学3个本科专业已成为浙江大学较为热门的专业。依托竺可桢学院交叉创新平台,与计算机学院、经济学院、管理学院共同优化本科生培养方案,设立数学与应用数学+金融学、统计学+信息管理与信息系统、统计学+计算机科学与技术3个双学士学位创新培养班。2019年,学院学生获得阿里巴巴全球数学竞赛优胜奖、中国研究生数学建模大赛"数模之星"提名奖、第五届浙江省"互联网+"大学生创新创业大赛金奖、浙江大学"三好杯"棋类比赛本科总分第一名、太极拳团队二等奖等多类奖项,形成校级优秀学生党支部1个、校级样板争创党支部1个、校级优秀团队1个。

2019年,到位科研经费为1355.64万元;其中在研国家级科研项目67项,到款经费1002.305万元。新增国家自然科学基金项目10项,批准总经费为507万元,批准率达到31.25%;新增军工项目1项,批准总经费为300万;浙江省自然科学基金杰出项目1项,重点项目1项。

全年师生出国出境交流共计306人次,举办国际会议6次;新增短期外国专家8人。进一步拓展本科生海外交流与深造计划,加大研究生联合培养力度。启动中法数学拔尖班,与巴黎综合理工大学、巴黎高等矿业学院等建立了联合培养的合作关系,4名学生入选巴黎综合理工大学工程师项目。此外,还积极开拓与塔夫茨大学、斯德哥尔摩大学、佐治利亚理工大学等大学的联合培养项目及学生交流合作项目。2019年,先后选派学生赴麻省理工学院、哈佛大学、耶鲁大学、新加坡国立大学等多所世界知名院

附表　2019 年度数学科学学院基本情况

项目	数据	项目	数据
教职工总数/人	126	获国家级科技奖项目数/项	1
教授数/人	57	获国家级教学成果奖数/项	0
副教授数/人	41	授权发明专利数/项	0
具有博士学位的教师比例/%	87.5	SCI 入选论文数/篇	151
浙江大学文科资深教授/人	1	EI 入选论文数/篇	0
"国家特支计划"入选数/人	0	出版专著/部	1
"长江学者"数/人	3	在校本科生数/人	702
省部级高等学校教学名师奖获得者/人	0	在学硕士研究生数/人	256
"973 计划"首席科学家数*/人	0	在读博士研究生数/人	160
国家"百千万人才工程"入选数/人	2	在校攻读学位的外国留学生数/人	10
国家杰出青年基金获得者/人	1	应届本科毕业生一次就业率/%	90.8
教育部新(跨)世纪优秀人才培养计划入选数/人	6	应届本科毕业生考研录取(出国)率/%	40.23
浙江省特级专家/人	3	应届毕业研究生一次就业率/%	97.22
浙江大学求是特聘教授数/人	4	科研总经费/万元	1355.64
一、二级学科国家重点学科数/个	1	其中:国家自然基金比重/%	58.65
国家重点(专业)实验室/个	0	纵向经费比重/%	87.50
国家工程(技术)研究中心/个	0	教师出国交流/人次	97
国家人才培养基地(含教学、教育基地)/个	0	学生出国交流/人次	257
国家精品资源共享课、视频公开课/门	3	举办国际学术会议数/次	6
社会捐赠经费总额/万元	1200		

注:* 含重大科学研究计划、ITER 计划、青年科学家专题等。

校学习交流,海外交流率超 100%。

【数学与应用数学专业入选国家级一流本科专业建设点】　学院数学与应用数学专业历史悠久,已入选国家级特色专业,拥有教育部"国家基础学科拔尖人才计划"班,是学院的特色优势专业。上半年,经学院评议,一致同意推荐数学与应用数学专业申报国家级一流本科专业建设点,最终成功入选。

【正式启动中法数学拔尖班】　9 月 25 日至 28 日,浙江大学—巴黎顶尖高校数学会议召开。在该会议上正式启动中法数学拔尖班,联合法国顶尖高校共同培养具有创新精神、全球视野和多语言及跨文化交流能力的未来数学人才。12 月初,4 名浙大求是班本科生通过选拔,被巴黎综合理工大学录取为硕士生,将于 2020 年赴巴黎攻读硕士学位。

【创建研究生校级特色平台和基地】　2019 年度,学院研究生数据创新能力培养及分析处理援助平台获评 10 个校级研究生思政教育特色工作平台之一。该援助平台由学生骨干牵头,结合青年专业教师力量,先后举

浙江大学年鉴

办十余场数据能力提升类讲座,涉及学生数千人次,覆盖 25 个校内外院系及科研院所,协助完成思政类研究课题 3 个,原创科普类推文 8 篇,点击量数千。该援助平台坚持"五个一"为指导原则,即"一组课程、一套教案、一支团队、一个平台、一批成果",与计算机学院联合,充分运用相关专业知识为相关方面存在困难的同学提供帮助。

同时,以本年度建立的浙江大学研究生数学建模创新基地为依托,学院积极组织数学建模能力提升专题讲座,促进跨学科的高层次交叉融合,提升学校研究生整体创新能力。共组织全校 40 余支队伍完成全国研究生数学建模大赛,其中有 1 支本院队伍获"数模之星"提名奖(全国十强)、全国一等奖(组内第一名),另有 12 支获全国二等奖,8支获全国三等奖,成绩较上年有较为显著的提升。

(周利平撰稿　闻继威审稿)

物理学系

【概况】 物理学系(以下简称物理系),设有浙江近代物理中心、凝聚态物理研究所、光学研究所、聚变理论与模拟中心、电子与无线电研究所 5 个研究所以及大学物理教研室、物理实验教学中心。建有浙江省量子技术与器件重点实验室。

理论物理、凝聚态物理是二级学科国家重点学科,物理学是浙江省一流学科。

物理系设有物理学博士后流动站,拥有物理学一级学科博士学位和硕士学位授予权,涵盖了 7 个二级学科。

2019 年,招收硕士研究生 45 人、博士研究生 57 人,2019 级本科生 83 人(其中竺可桢学院 2 人)确认进入物理系继续学习,毕业本科生 93 人、硕士研究生 24 人、博士研究生 27 人。结业硕士研究生 3 人、博士研究生 3 人。

现有教职工 128 人,其中,中国科学院院士 2 人,具有正高级职称人员 67 人,副高级职称人员 29 人,博士研究生指导教师 75人,硕士研究生指导教师 84 人。另聘双聘院士 1 人。新增浙江大学百人计划 4 人。另有在站博士后 43 人。

2019 年,国家级大学生创新训练项目 3项、浙江省大学生科技创新活动项目 3 项。本科生获得第五届全国大学生物理实验竞赛一等奖 3 项、第十届中国大学生物理学术竞赛一等奖 1 项、浙江省第十届大学生物理科技创新竞赛一等奖 1 项。2 篇博士学位论文获"2018 年浙江省优秀博士学位论文"。

2019 年,依托青海原子城、淳安下姜村等党建现场教学基地,认真做好思想政治理论实践活动。获浙江大学研究生社会实践优秀组织奖、浙江大学研究生社会实践先进基地、浙江大学暑期大学生社会实践活动优秀团队。持续实施学业导师计划,组织 100余位学生赴校友企业参观实践。

到校科研总经费 4152.525 万元。其中,纵向项目经费 3302.925 万元,军工项目经费 176.6 万元。2019 年获批国家自然科学基金项目共计 16 项,其中基金委重点项目 4 项,总经费 1955 万元;科技部重点研发计划青年专项 1 项,总经费 416 万元;浙江省院士基金获得批准 3 项,浙江省基金委重点研发计划项目 1 项。

物理系作为正式成员单位加入位于日内瓦欧洲核子中心的国际大科学工程—大

项目	数据	项目	数据
教职工总数/人	128	获国家级科技奖项目数/项	0
教授数/人	54	获国家级教学成果奖数/项	1
副教授数/人	23	授权发明专利数/项	2
具有博士学位的教师比例/%	72	SCI 入选论文数/篇	165
两院院士	2	EI 入选论文数/篇	66
"国家特支计划"入选数/人	4	出版专著/部	0
"长江学者"数/人	7	在校本科生数/人	311
省部级高等学校教学名师奖获得者/人	0	在学硕士研究生数/人	165
"973 计划"首席科学家数*/人	1	在读博士研究生数/人	263
国家"百千万人才工程"入选数/人	1	在校攻读学位的外国留学生数/人	12
国家杰出青年基金获得者/人	10	应届本科毕业生一次就业率/%	97.03
教育部新(跨)世纪优秀人才培养计划入选数/人	10	应届本科毕业生考研录取(出国)率/%	61.39
浙江省特级专家/人	1	应届毕业研究生一次就业率/%	89.47
浙江大学求是特聘教授数/人	13	科研总经费/万元	4152.525
一、二级学科国家重点学科数/个	2	其中:国家自然基金比重/%	47.3
国家重点(专业)实验室/个	0	纵向经费比重/%	79.55
国家工程(技术)研究中心/个	0	教师出国交流/人次	113
国家人才培养基地(含教学、教育基地)/个	1	学生出国交流/人次	179
国家精品资源共享课、视频公开课/门	1	举办国际学术会议数/次	4
社会捐赠经费总额/万元	190		

注:* 含重大科学研究计划、ITER 计划、青年科学家专题等。

型强子对撞机 CMS 国际合作组,实现了浙江大学直接参与国际大科学工程零的突破。百人计划研究员肖朦在大型强子对撞机 CMS 实验的合作组主席顾问委员会任顾问,并入选首批浙江大学全球合作大使。凝聚态专业与莱斯大学、聚变中心与普林斯顿大学、关联物质中心与剑桥大学继续开展深层次的科研合作与师生交流。全系师生出国(境)交流共 292 人次,邀请短期外国专家 30 余人,组织国外(境外)专家学术报告 30 余场,举办国际会议 4 场。

【学术研究重大突破】　在 2019 年度,物理系教授王浩华课题组与中科院物理所等单位合作,开发出具有 20 个超导量子比特的量子芯片,并成功操控其实现全局纠缠,刷新了固态量子器件中生成纠缠态的量子比特数目的世界纪录。这一进展发表于美国《科学》杂志。李敬源教授课题组与医学院郭江涛教授课题组合作,在美国《科学》杂志上发表研究成果:"看清"钾—氯共转运蛋白的结构,为治疗癫痫提供新思路。聚变理论与模拟中心的陈骝教授获第六届钱德拉赛卡等离

浙江大学年鉴

子体物理学奖、凝聚态研究所的曹光旱教授获 2019 年度教育部高等学校自然科学奖二等奖，聚变理论与模拟中心的青年教师仇志勇教授获亚太物理协会杰出青年科学家奖。

【浙江大学—中国科学院紫金山天文台联合天文学研究中心成立】 10 月 19 日，该中心由浙大物理学系与中科院紫金山天文台在浙大玉泉校区联合成立。旨在建成高水平的天文研究机构，在天文、特别是天体物理方向开展具有国际一流水平的研究、培养天文研究和教学人才。浙江大学副校长严建华教授、中国科学院紫金山天文台台长常进院士、浙江大学理学部主任罗民兴院士、联合天文学研究中心学术委员会主任景益鹏院士、国家天文台台长赵刚研究员、上海天文台台长沈志强研究员等校内外嘉宾，浙大物理系部分师生代表参加成立仪式。

（房正浓撰稿　颜　鹂审稿）

化学系

【概况】 化学系下设催化化学研究所、分析化学研究所、物理化学研究所、高新材料化学研究所、有机与药物化学研究所 5 个研究所，以及 1 个实验教学中心和 1 个分析测试平台，建有国家理科基础科学研究和教学人才培养基地和国家工科基础课程教学基地、国家级实验教学示范中心、浙江省应用化学重点实验室等教学和科研平台。

化学系拥有化学一级学科国家重点学科和一级学科博士点、博士后流动站，化学专业获首批为国家级一流本科专业建设点。

现有教职员工 206 人（含学科博士后 46 人）。其中，中科院院士 1 人，正高级职称人员 56（2019 年新增 3 人），副高级职称人员 36 人（2019 年新增 1 人）。2019 年，史炳锋教授获批教育部国家杰出青年基金项目，孔学谦、李昊、陆展、王林军获国家基金委优青项目资助，李伟、潘慧霖入选浙江大学"百人计划"，1 人获 2019 年度浙江大学优质教学一等奖。

2019 年，招收硕士研究生 84 人、博士研究生 74 人，2019 级本科生 107 人确认进入化学系主修专业（含求是科学班化学专业 20 位学生），毕业本科生 61 人、硕士研究生 60 人、博士研究生 80 人。

本科生获奖良多，获得的奖项有 2019 年国际基因机器设计大赛金奖，第五届中国"互联网＋"大学生创新创业大赛全国亚军、金奖和最佳创意奖，第一届全国大学生化学实验创新设计竞赛一等奖 3 项，第十一届浙江省大学生化学竞赛一等奖 3 项，第十三届上海大学生化学实验竞赛一等奖 1 项、二等奖 2 项，浙江省第十六届"挑战杯"大学生课外学术科技作品竞赛三等奖 1 项；本科生发表科研论文 15 篇，其中 IF＞10 有 1 篇。研究生中有 1 人获浙江大学最高奖学金"竺可桢奖学金"，2 人入选"博士研究生学术新星培养计划"，2 篇论文入选"浙江大学优秀博士学位论文提名论文"。"浙江大学—中金石化实践教育基地"获得浙江省"十三五省级大学生校外实践教育基地立项建设项目"立项。

2019 年，全年科研到款总经费 5801 万元，其中纵向经费到款 3608 万元，军工项目经费 528 万元。作为项目承担单位获 1 项国家自然科学基金重大仪器项目资助；获得国家自然科学基金资助项目 18 项，其中青年基金项目 5 项、优秀青年科学基金项目 4 项；另获浙江省基金资助项目 5 项。发表化学领域高水平论文（IF≥10）达 87 篇。

211

浙江大学年鉴

附表　2019 年度化学系基本情况

项目	数据	项目	数据
教职工总数/人	206	获国家级科技奖项目数/项	0
教授数/人	53	获国家级教学成果奖数/项	0
副教授数/人	32	授权发明专利数/项	23
具有博士学位的教师比例/%	95.6	SCI 入选论文数/篇	178
两院院士/人	1	EI 入选论文数/篇	146
"国家特支计划"入选数/人	0	出版专著/部	2
"长江学者"数/人	3	在校本科生数/人	410
省部级高等学校教学名师奖获得者/人	1	在学硕士研究生数/人	252
"973 计划"首席科学家数*/人	0	在读博士研究生数/人	281
国家"百千万人才工程"入选数/人	1	在校攻读学位的外国留学生数/人	13
国家杰出青年基金获得者/人	10	应届本科毕业生一次就业率/%	100
教育部新(跨)世纪优秀人才培养计划入选数/人	9	应届本科毕业生考研录取(出国)率/%	65.6
浙江省特级专家/人	1	应届毕业研究生一次就业率/%	100
浙江大学求是特聘教授数/人	10	科研总经费/万元	5801
一、二级学科国家重点学科数/个	1	其中:国家自然基金比重/%	32
国家重点(专业)实验室/个	0	纵向经费比重/%	62.2
国家工程(技术)研究中心/个	0		
国家人才培养基地(含教学、教育基地)/个	2	教师出国交流/人次	74
国家精品资源共享课、视频公开课/门	0	学生出国交流/人次	170
社会捐赠经费总额/万元	1056	举办国际学术会议数/次	1

注:* 含重大科学研究计划、ITER 计划、青年科学家专题等。

李浩然教授作为主要负责人的"芳樟醇与柠檬醛系列香料关键技术研发及产业化"项目获 2018 年度中国轻工业联合会科技进步一等奖,洪鑫研究员获"中国化学会物理有机化学新人奖",孟祥举教授获首届"亚洲—太平洋催化化学会杰出研究员奖",彭笑刚教授获 Society for Information Display Special Recognition Award(国际信息显示学会特殊贡献奖),黄飞鹤教授获德国 Bruno Werdelmann Lectureship(布鲁诺魏德尔曼讲席奖)。王鹏、黄飞鹤 2 位教授入选

科睿唯安全球 2019 年"高被引科学家"榜单。

2019 年,化学系邀请国外专家来系讲学 34 余场次,在系里营造出浓厚的学术氛围,拓宽了全系师生的国际化视野。

【唐睿康教授团队科研成果在 Nature 发表】

10 月 17 日,唐睿康教授团队把传统有机聚合的方法运用在传统无机材料制备上,提出了"无机离子寡聚体及其聚合反应"的新概念,可以迅速在实验室里得到厘米尺寸的碳酸钙晶体大块材料,并且这些碳酸钙的制备过程有很强的可塑性。用这种全新方法

做出来的材料具有结构连续、完全致密的特点，在3D打印和物质修复等领域具有广泛的应用前景，对传统学科具有一定的颠覆性。

【潘远江教授团队获国家重大仪器项目资助】 8月16日，潘远江教授课题组"新型雾霾有机物全分析质谱装置项目"获国家重大科研仪器研制项目资助。雾霾对人类健康、生态系统、气候变化和空气能见度等方面具有重要影响，而全面、准确分析其化学成分又是客观评估并迅速缓解其潜在危害的前提。现代质谱技术的快速发展为雾霾分析提供了新途径，但针对其有机组分复杂多样、浓度范围宽、电离特性不一、时空分布不均等分析难点，目前尚无有效、全面的解决方案。针对这一现状，该项目拟研制一台新型雾霾有机物全分析质谱装置，对雾霾中有机物进行全面、准确、高灵敏、高通量和高效的分析，为我国环境分析等相关领域研究达到国际领先水平提供支撑。

【化学系举办分子模拟国际学术会议】 10月12至13日，该研讨会在杭州华北饭店进行，会议邀请了包括中国科学院院士张锁江教授、美国工程院院士Keith Gubbins教授、澳大利亚科学技术与工程院院士、印度科学院院士Bhatia教授等全球知名的专家学者参会，并分别在大会作了精彩的报告。分子模拟技术为化学领域研究提供了重要的手段，希望分子模拟技术能够与重大应用相结合，推动学科的发展。会议旨在促进学术交流与合作，增强浙江大学和浙江省高等教育的国际学术影响力。

（袁银霞撰稿　潘贤林审稿）

地球科学学院

【概况】 地球科学学院下设地质学系、地理科学系、大气科学系3个系，设有地质研究所、地球物理研究所、地理与空间信息研究所、天气气候与环境气象研究所4个研究所和教育部含油气盆地构造研究中心、浙江省资源与环境信息系统重点实验室、浙江省地学大数据与地球深部资源重点实验室。

地质学为浙江省一流学科。

学院建有地质学博士后流动站，拥有地质学一级学科博士学位授予权，涵盖了7个二级博士学位授予权，拥有构造地质学等7个硕士学位授予权以及资源与环境专业学位授予权，设有地质学、地理信息科学、大气科学3个本科专业。

2019年，招收硕士研究生54人、博士研究生30人，2019级本科生72人专业确认进入学院继续学习，毕业本科生52人、硕士研究生47人、博士研究生23人。

现有教职工96人，其中中国科学院院士2人，正高级职称人员43人（2019年新增5人），副高级职称人员36人（2019年新增3人），博士研究生导师44人（2019年新增4人），硕士研究生导师33人（2019年新增4人）。另有在站博士后25人。2019年新增国家特聘专家1人。

到款科研总经费为5208.88万元；在研国家级科研项目93项，到款经费2156.52万元。获批国家自然科学基金项目20项，其中优秀青年基金项目1项，面上项目10项，重点项目1项，国际合作基金1项，青年基金项目7项，合同总经费1246万元，到款

浙江大学年鉴

附表　2019 年度地球科学学院基本情况

项目	数据	项目	数据
教职工总数/人	96	获国家级科技奖项目数/项	0
教授数/人	31	获国家级教学成果奖数/项	0
副教授数/人	35	授权发明专利数/项	0
具有博士学位的教师比例/%	93.8	SCI 入选论文数/篇	84
两院院士/人	2	EI 入选论文数/篇	10
"国家特支计划"入选数/人	0	出版专著/部	0
"长江学者"数/人	0	在校本科生数/人	292
省部级高等学校教学名师奖获得者/人	0	在学硕士研究生数/人	163
"973 计划"首席科学家数*/人	1	其中:专业学位研究生数/人	48
国家"百千万人才工程"入选数/人	0	在读博士研究生数/人	138
国家杰出青年基金获得者/人	2	在校攻读学位的外国留学生数/人	14
教育部新(跨)世纪优秀人才培养计划入选数/人	1	应届本科毕业生一次就业率/%	100
浙江省特级专家/人	1	应届本科毕业生考研录取(出国)率/%	64
浙江大学求是特聘教授数/人	4	应届毕业研究生一次就业率/%	95.95
一、二级学科国家重点学科数/个	0	科研总经费/万元	5208.88
国家重点(专业)实验室/个	0	其中:国家自然基金比重/%	29.1
国家工程(技术)研究中心/个	0	纵向经费比重/%	45.1
国家人才培养基地(含教学、教育基地)/个	0	教师出国交流/人次	99
国家精品资源共享课、视频公开课/门	0	学生出国交流/人次	82
社会捐赠经费总额/万元	5.3	举办国际学术会议数/次	1

注:* 含重大科学研究计划、ITER 计划、青年科学家专题等。

经费 570.8 万元。2019 年被 SCI 收录论文 84 篇,其中 *Nature Index* 期刊论文 19 篇,被 SSCI 收录论文 1 篇。

组建了"构造过程与地貌、环境演变"海外学术大师汇聚计划——科学家联合工作室(B 类),引进海外学术大师(院士)2 人,海外学术骨干 3 人。邀请来自哈佛大学、瑞士联邦理工大学、明尼苏达大学、密苏里大学、莱斯大学、柏林自由大学等海外知名高校学者来学院作学术报告共 37 场次。2019年新增伊利诺伊大学香槟分校(UIUC)学生

暑期交流项目。参加出国交流的教师共计99 人次,本科生 35 人次,研究生 47 人次。

【全国人大常委会副委员长丁仲礼走访地球科学学院】 2019 年 4 月 11 日上午,全国人大常委会副委员长、民盟中央主席丁仲礼来学院调研,他充分肯定学院近年来的发展,并回忆起在浙大求学的美好时光。他表示,浙大地科底子厚、队伍强,要从生态文明建设的战略高度谋划地学学科建设,要通过大学的通识教育、专业教育,真正把热爱地学的青年人吸引过来。他希望,浙大地科为生

态文明建设作出新的更大的贡献。

【国家特聘专家吴仁广教授加盟地球科学学院】 2019 年 6 月 13 日上午,浙江大学举办"浙大欢迎您"仪式欢迎吴仁广教授加盟。吴仁广主要从事海陆气相互作用、气候变异、季风和 ENSO 相互作用等方面的研究,在南海和西太平洋地区夏季风爆发、热带西太平洋和印度洋地区海气相互作用和 ENSO-中国夏季气候关系的年代际变化方面作出了独创性成果。

【承办中国矿物岩石地球化学学会第 17 届学术年会】 4 月 19 日至 4 月 22 日,该学术年会在浙江大学举行。包括 15 位中国科学院院士和 1 位中国工程院院士在内的 1800 位矿物岩石地球化学领域的专家学者和师生与会。学术年会内容丰富,有郑永飞、陈骏院士主持的 6 场大会学术报告,10 场会前讲座及 29 个专题的 700 余场分会场学术报告。

(谭　超撰稿　王　苑审稿)

心理与行为科学系

【概况】 心理与行为科学系(以下简称心理学系)下设应用心理学、认知与发展心理学 2 个研究所,是我国最早设立的心理学系之一。心理学系以建设国际一流心理学科、培养一流心理学人才为目标,围绕重大科学问题和现实问题,开展国际前沿的理论和应用研究;按照"德才兼备、全面发展"要求,培养具有全球竞争力的高素质创新人才。心理学系以"基础应用并重、强化特色优势、培养新兴交叉"为基本思路,以"对接国家战略、瞄准国际前沿、结合高新技术、应用前景可

期"为基本原则,形成"认知与脑研究""工业心理学 2.0""发展与健康心理学"三大研究方向。

工业心理学国家专业实验室为国内心理学领域第一个国家级实验室,心理实验教学中心是浙江省实验教学示范中心。心理学系拥有应用心理学二级学科国家重点学科和心理学国家理科人才培养基地。

心理学系建有心理学博士后流动站;拥有心理学一级学科博士学位授予权,涵盖基础心理学、发展与教育心理学、应用心理学 3 个二级博士学位授予权;拥有心理学一级学科硕士学位授予权,涵盖基础心理学、发展与教育心理学、应用心理学 3 个二级硕士学位授予权,另设有应用心理学专业硕士学位授权点;以及心理学、应用心理学本科专业。

现有教职工 45 人。其中,有正高级职称人员 9 人,副高级职称人员 14 人,百人计划研究员 6 人,特聘副研究员 1 人,博士研究生指导教师 24 人,硕士研究生指导教师 30 人。

2019 年,招收硕士研究生 42 人(含专业学位硕士 13 人)、博士研究生 20 人,2019 级本科生 56 人确认主修心理学专业,2019 年首次成立心理学(求是科学班)并招收 8 人,毕业本科生 60 人、硕士生研究生 44 人(含专业学位硕士 13 人)、博士研究生 18 人。

科研经费到款 756.83 万元;获批国家自然科学基金项目 2 项(含国际合作项目 1 项)、浙江省自然科学基金重点项目 1 项、教育部人文社会科学研究项目 2 项。发表在 SCI、SSCI 及权威期刊学术论文 60 篇,其中高水平论文(SCI IF≥5.0 或 SSCI IF≥3.0) 11 篇。

项目	数据	项目	数据
教职工总数/人	45	获国家级科技奖项目数/项	0
教授数/人	9	获国家级教学成果奖数/项	0
副教授数/人	14	授权发明专利数/项	0
具有博士学位的教师比例/%	100	SCI 入选论文数/篇	28
两院院士/人	0	EI 入选论文数/篇	0
"国家特支计划"入选数/人	0	SSCI 入选论文数/篇	35
"长江学者"数/人	1	出版专著/部	0
省部级高等学校教学名师奖获得者/人	1	在校本科生数/人	279
"973 计划"首席科学家数*/人	0	在学硕士研究生数/人	133
国家"百千万人才工程"入选数/人	0	其中:专业学位研究生数/人	32
国家杰出青年基金获得者/人	0	在读博士研究生数/人	73
教育部新(跨)世纪优秀人才培养计划入选数/人	1	在校攻读学位的外国留学生数/人	18
浙江省特级专家/人	0	应届本科毕业生一次就业率/%	97.87
浙江大学求是特聘教授数/人	0	应届本科毕业生考研录取(出国)率/%	59.58
一、二级学科国家重点学科数/个	1	应届毕业研究生一次就业率/%	98.33
国家重点(专业)实验室/个	1	科研总经费/万元	756.83
国家工程(技术)研究中心/个	0	其中:国家自然基金比重/%	16.7
国家人才培养基地(含教学、教育基地)/个	1	纵向经费比重/%	29.2
国家精品资源共享课、视频公开课/门	0	教师出国交流/人次	28
社会捐赠经费总额/万元	20.5	学生出国交流/人次	98
		举办国际学术会议数/次	2

注:* 含重大科学研究计划、ITER 计划、青年科学家专题等。

2019 年,教师短期交流出访 28 人次;研究生出国出境交流 38 人次,本科生出国出境交流 60 人次。

【陈辉入选教育部"长江学者奖励计划"青年项目】　11 月,浙江大学"百人计划"研究员陈辉入选该项目。陈辉为香港中文大学认知心理学博士、美国宾夕法尼亚州立大学博士后、耶鲁大学访问学者,主要从事注意、记忆和意识等相关方面的研究。主持国家自然科学基金面上项目、浙江省杰出青年项目、教育部人文社科项目等多个科研项目。

近 3 年以第一或通讯作者在 *Psychological Review*,*Psychological Science*,*JEP: General* 等心理学顶级期刊发表多篇重要学术论文,成果入选 2018 年度浙江大学十大学术进展。2018 年获美国心理科学协会(APS)"学术新星奖(Rising Star)",2019 年当选美国实验心理学协会会士(Fellow)。

【举办第四届决策与脑研究国际研讨会】　7 月 13—14 日,该研讨会暨第三届全国决策心理学学术年会在浙大紫金港校区召开。该会议是我国决策领域最受关注的学术会议,其主题为"决策与未来",旨在促进行为决策、心理科学、认知科学、神经科学、计算机科学等不同专业背景的决策研究者的相互交流与合作,以推动我国决策科学的发展。本次会议共有来自美国、加拿大、澳大利亚、德国、葡萄牙、以色列等8个国家的知名高校,以及香港中文大学、北京大学、清华大学、浙江大学等高校近200位研究者参会,累计举办7场主题演讲、6场特邀演讲、23场口头演讲以及43份海报展示。该会议由浙江大学和中国心理学会决策心理学专业委员会主办、浙江大学心理与行为科学系承办、中国科学院行为科学重点实验室(中国科学院心理研究所)协办。

【"不忘初心、牢记使命"主题教育富有特色】
心理学系以习近平新时代中国特色社会主义思想为指导,牢牢把握办学正确政治方向,努力在加快建设中国特色世界一流大学、建设一流心理学科中践行党的初心和使命,结合心理学系40年发展历程,提出了关于"热爱、理想、精神、齐心、信心、干劲、质量、效率、学习、共享"的心理人"初心十问"。通过党委中心组理论学习、微党课等形式面向全系师生叩问"什么是心理人的初心与使命",激发每一个心理人实干担当、不懈奋斗的动力和使命感。发表在《人民日报》《光明日报》上的校党委书记任少波的署名文章中,"初心十问"作为特色亮点工作被提出。此外,何贵兵教授团队与嘉兴市合作开展"初心指数"研究,构建了党员干部初心坚守程度,特别是党群干群关系密切程度的评估指标体系、科学量化评估。

(秦艳燕撰稿　何贵兵审稿)

机械工程学院

【概况】 机械工程学院(简称机械学院)设有机械电子工程系、制造工程及自动化系、设计工程及自动化系、工业与系统工程系4个系和机械电子控制工程研究所、制造技术及装备自动化研究所等7个研究所,以及1个工程训练(金工)中心和1个实验教学中心。拥有流体动力与机电系统国家重点实验室、计算机辅助设计与图形学国家重点实验室2个国家重点实验室,电液控制工程技术研究中心、机械工程实验教学示范中心、工程训练实验教学示范中心、机电类实验教学示范中心、工科基础课程工程制图教学基地、高端制造装备协同创新中心6个国家级教学科研实验平台和3个省部级重点实验室。

学院拥有机械工程一级学科,其为国家首批"双一流"重点建设学科,是博士学位授权一级学科,下设5个博士学位二级学科和7个硕士学位二级学科;以及机械工程、机械电子工程、工业工程等3个本科专业方向。

2019年,招收全日制硕士生213人、博士生102人(含全日制工程博士2人、交叉培养博士6人)、电子与信息领域非全日制工程博士8人、学位留学硕士生9人,2019级本科生204人确认进入学院继续学习,毕业本科生229人、硕士研究生219人、博士研究生57人。

2019年,获浙江省研究生教育学会教育成果一等奖2项、一流本科课程3门、专业学位研究生培养基地2个、教学改革项目立项8项,"工程图学"获2019年浙江省本科院校"互联网＋教学"优秀案例(线上线下混合课程)一等奖,出版教材 2 部;获得浙江省优秀博士论文 1 篇、硕士论文 3 篇,以及中国机械行业卓越工程师教育联盟第三届"恒星杯"毕业设计大赛优秀组织奖及银奖、铜奖、优秀奖各 2 项。学院还举办了首届本科毕业设计展、浙江省首届智能机器人创意大赛、第二届"圣奥杯"智慧服务创新大赛。

现有教职工 200 人(含学科博士后 38 人),其中专任教师 106 人。教职工中有两院院士 1 人、中国工程院院士 2 人;正高级职称人员 57 人(2019 年新增 4 人)、副高级职称人员 49 人(2019 年新增 4 人)、博士研究生指导教师 65 人、硕士研究生指导教师 110 人。2019 年,引进浙江大学"百人计划" 1 人。柯映林教授获浙江省劳动模范、梅德庆教授获浙江省担当作为好支书、张斌老师获中国机械工程学会青年科技成就奖、武建伟老师获浙江民建年度人物、黎鑫老师获浙江省第十一届高校青年教师教学竞赛一等奖。

科研到款 3.7853 亿元,在研千万级以上项目 30 项。2019 年,新增国家自然科学基金项目 19 项、浙江省自然科学基金等其他省部级项目 5 项。获国家科学技术进步二等奖 1 项(第二单位)、中国国际工业博览会科技创新大奖 1 项、教育部高等学校科学研究优秀成果奖(科技进步奖)一等奖 1 项、中国机械工业科学技术奖一等奖 2 项、中国产学研合作创新奖 1 项。英文学术期刊 *Bio-Design And Manufacturing*(《生物设计与制造》)正式被 SCI-E 数据库收录,成为浙江大学第 8 本被 SCI-E 收录的学术期刊。

建成浙江大学首个党外知识分子"政协委员会客厅"并召开首场主题活动。"浙江大学马兰工作室"联合 10 余所高校成立"马兰精神联合研究中心",在全校范围内首次公演原创话剧《速写林俊德》。

全年,共接待来自 20 余所国(境)外高校的 31 名知名专家学者开设各类讲座,还召开了首届"浙江大学西湖机械青年学者论坛",来自美国、英国等 10 个国家的 20 位优秀青年学者作主题报告。

【获"全国教育系统先进集体"称号】 9 月 5 日,机械学院获评该称号。机械学院将立德树人贯穿"双一流"建设全过程,厚植师生家国情怀,铸魂强基深化"三全育人";切实提高教育教学质量,构建一流人才培养体系,引导专业课教师协同育人,引导学生在认识当今中国与世界中服务国家,奋斗青春;服务国家重大战略需求,勇于攻克科技难题,培育国之栋梁铸就时代英才,形成"以国家重大项目为牵引,依托紧密型学术团队进行学生综合素质全面培养"的新模式,为"一代技术、一代型号"提供"一代人才"支撑。

【入选"全国党建工作标杆院系"培育创建单位】 12 月 27 日,机械学院入选该培育创建单位。机械学院党委认真履行党建主体职责,贯彻落习近平新时代中国特色社会主义思想,"不忘初心、牢记使命",从政治、思想、组织、作风、制度等五个方面,铸魂育人、争锋一流,突出发挥师生党员凝聚力,守正创新,深入基础理论"学"、专注中心实践"做"、打磨党建业务"合",建设"马兰工作室""领雁工程""清风机械""国防军工就业平台""银龄讲堂"等品牌栏目,矢志立德树人,致力引领新时代高校院级党建。

【浙江晶盛机电股份有限公司再次捐赠】 12 月 19 日,浙江晶盛机电股份有限公司(以下简称"晶盛机电")向浙江大学教育基金会捐赠仪式在紫金港校区举行。晶盛机电向浙江大学"晶盛专项基金"追加 2000 万元

附表　2019 年度机械工程学院基本情况

项目	数据	项目	数据
教职工总数/人	200	获国家级科技奖项目数/项	1
教授数/人	52	获国家级教学成果奖数/项	0
副教授数/人	42	授权发明专利数/项	245
具有博士学位的教师比例/%	97.2	SCI 入选论文数/篇	219
两院院士/人	3	EI 入选论文数/篇	224
"国家特支计划"入选数/人	0	出版专著/部	5
"长江学者"数/人	7	在校本科生数/人	835
省部级高等学校教学名师奖获得者/人	3	在学硕士研究生数/人	737
"973 计划"首席科学家数*/人	2	其中:专业学位研究生数/人	342
国家"百千万人才工程"入选数/人	3	在读博士研究生数/人	474
国家杰出青年基金获得者/人	3	其中:专业学位研究生数/人	11
教育部新(跨)世纪优秀人才培养计划入选数/人	11	在校攻读学位的外国留学生数/人	65
浙江省特级专家/人	2	应届本科毕业生一次就业率/%	98.14
浙江大学求是特聘教授数/人	7	应届本科毕业生考研录取(出国)率/%	68.84
一、二级学科国家重点学科数/个	5	应届毕业研究生一次就业率/%	99.3
国家重点(专业)实验室/个	2	科研总经费/万元	38096
国家工程(技术)研究中心/个	1	其中:国家自然基金比重/%	6.55
国家人才培养基地(含教学、教育基地)/个	5	纵向经费比重/%	36
国家精品资源共享课、视频公开课/门	4	教师出国交流/人次	118
		学生出国交流/人次	459
社会捐赠经费总额/万元	1009	举办国际学术会议数/次	1

注:* 含重大科学研究计划、ITER 计划、青年科学家专题等。

捐赠,用于支持机械工程学院教育、科研、人才等事业发展。校党委书记任少波会见晶盛机电名誉董事长邱敏秀女士并出席捐赠仪式并讲话。浙江大学教育基金会秘书长沈黎勇与晶盛机电总裁何俊签署捐赠协议。任少波向晶盛机电董事长曹建伟颁发捐赠证书和铭牌。这是继 2015 年晶盛机电出资 1000 万元与机械学院签署战略合作框架协议后的再次捐赠。

(闫小龙撰稿　项淑芳审稿)

材料科学与工程学院

【概况】　材料科学与工程学院(以下简称材料学院)设有半导体材料、材料物理、高温合金、功能复合材料与结构、金属材料、无机非金属材料 6 个研究所和浙江大学电子显微镜中心,建有硅材料国家重点实验室、111 学科创新引智基地、表面与结构改性无机功能材料教育部工程研究中心、电池新材料与应用技术研究浙江省重点实验室、新型信息材料技术研究浙江省重点实验室、磁性材料浙江省工程实验室以及浙江省电子显微镜中心、浙江省材料科学实验教学示范中心、浙江省先进材料微结构与性能调控国际科技合作基地,并拥有1个国家自然科学基金委创新群体和2个教育部创新研究团队。

材料科学与工程是一级学科国家重点学科,材料科学与工程专业入选国家级一流本科专业建设点。

学院设有材料科学与工程及材料与化工2个博士学位授权点和2个硕士学位授权点,并建有材料科学与工程博士后流动站。

现有教职工140人。其中,有中国科学院院士3人,有正高级职称人员和百人计划特聘研究员68人(2019年新引进2人)、副高级职称人员48人(2019年新引进1人),博士研究生指导教师97人、硕士研究生指导教师102人。另有在站博士后工作人员79人。2019年,学院新增中国科学院院士1人、国家"万人计划"科技创新领军人才1人、国家"万人计划"青年拔尖人才1人、浙江省有突出贡献中青年专家1人、浙江大学讲座教授2人、浙江大学兼职研究员3人。

2019年,学院招收博士研究生81人、硕士研究生121人、本科生89人,毕业博士研究生60人、硕士研究生99人、本科生93人。博士研究生邓盛珏、硕士研究生张凯丽获2019浙江大学竺可桢奖学金。博士生戴兴良(指导教师金一政、叶志镇)获浙江省优秀博士学位论文,硕士生詹继晔(指导教师夏新辉)、尹朋岸(指导教师郭兴忠)获浙江省优秀硕士学位论文。本科生赵雨婕获国际科研大奖 ZwickRoell 全球科学奖

(铜奖),姚悦等5人获第二届浙江省新材料创新设计大赛特等奖,高铭余、傅一瀚和吴遵纯分别获第八届全国大学生金相技能大赛一、二、三等奖,陈国瑞等获浙江大学第十六届"挑战杯"大学生课外学术科技作品竞赛特等奖。程逵教授、吴琛副教授获2019年度优质教学奖二等奖;程逵教授和金传洪教授获"2019年度竺院最佳导师"称号;王宗荣副教授、刘小峰副教授获浙江大学校级优秀班主任。2019年,成立浙江大学材料与化工类专业学位研究生教学指导委员会。

2019年,到款科研总经费13483.58万元;获批国家自然科学基金项目19项,其中国家自然科学基金重大计划项目1项、国家自然科学基金联合基金项目1项、国家自然科学基金面上基金9项、国家自然科学基金青年基金6项、国家自然科学基金国际(地区)合作与交流项目1项、国家自然科学基金重大计划培育项目1项。

2019年,材料学院不断拓展国际交流与合作。学生赴英国、加拿大等地参与名校访学、科研实习和课程项目,本科生交流率109%,博士生交流率100%。国(境)外学者受邀来学院做学术报告40余人次。举办第四届材料微结构与性能国际研讨会,成立了浙江大学"先进复合材料与结构"海外学术大师联合工作室。

【叶志镇当选中国科学院院士】 11月22日,中国科学院公布了2019年增选院士名单。叶志镇教授当选中国科学院院士。叶志镇主要从事宽禁带半导体氧化锌等无机光电薄膜材料及关键技术研究。p型掺杂技术与电发光工作取得系统性创新成果,创建的p型二元共掺杂理论获国际广泛采用;发展的n型高导电调控技术,突破了无铟透明导电材料瓶颈,应用于LED芯片产业,

附表　2019 年度材料科学与工程学院基本情况

项目	数据	项目	数据
教职工总数/人	140	获国家级科技奖项目数/项	2
教授数/人	50	获国家级教学成果奖数/项	0
副教授数/人	35	授权发明专利数/项	77
具有博士学位的教师比例/%	99	SCI 入选论文数/篇	387
两院院士/人	3	EI 入选论文数/篇	362
"国家特支计划"入选数/人	6	出版专著/部	3
"长江学者"数/人	5	在校本科生数/人	388
省部级高等学校教学名师奖获得者/人	0	在学硕士研究生数/人	383
"973 计划"首席科学家数*/人	3	其中:专业学位研究生数/人	180
国家"百千万人才工程"入选数/人	3	在读博士研究生数/人	332
国家杰出青年基金获得者/人	6	其中:专业学位研究生数/人	8
教育部新(跨)世纪优秀人才培养计划入选数/人	9	在校攻读学位的外国留学生数/人	26
浙江省特级专家/人	4	应届本科毕业生一次就业率/%	97.70
浙江大学求是特聘教授数/人	11	应届本科毕业生考研录取(出国)率/%	75.86
一、二级学科国家重点学科数/个	3	应届毕业研究生一次就业率/%	97.69
国家重点(专业)实验室/个	1	科研总经费/万元	13483.6
国家工程(技术)研究中心/个	0	其中:国家自然基金比重/%	11
国家人才培养基地(含教学、教育基地)/个	0	纵向经费比重/%	62
国家精品资源共享课、视频公开课/门	1	教师出国交流/人次	159
		学生出国交流/人次	201
社会捐赠经费总额/万元	55	举办国际学术会议数/次	1

注:* 含重大科学研究计划、ITER 计划、青年科学家专题等。

企业经济效益显著。曾获国家自然科学二等奖 1 项,浙江省科学技术一等奖 3 项等奖励;相关授权发明专利 120 项。

【科学研究取得重大突破】 张泽院士团队的余倩研究员和美国乔治亚理工学院的朱廷、加州大学伯克利分校的 Robert Ritchie 合作,从高熵合金中元素分布着手,解密高熵合金中基元—序构—性能的关联性,揭示高效强韧化的机理,研究成果于 2019 年 10 月 10 日在国际顶尖杂志《自然》上发表。杨德仁院士团队提出"利用杂质"调控缺陷的

直拉硅单晶"杂质工程"新概念,发明了微量掺锗直拉硅单晶及系列技术,并实现大规模产业化,相关成果"微量掺锗直拉硅单晶技术及其应用"获 2019 年度国家技术发明二等奖。严密教授团队发明了锰锌和镍锌铁氧体多离子联合替代新技术,分别建立了我国首条块体和薄片高频宽温低功耗铁氧体生产线,累计新增产值数百亿元,并推动我国功率型软磁铁氧体产业进入了世界先进行列,相关成果"功率型高频宽温低功耗软磁铁氧体关键技术及其产业化"获 2019 年

度国家科技进步二等奖。

【国际交流合作取得新进展】 2019 年 5 月，学院与浙江省材料研究学会联合举办了第四届材料微结构与性能国际会议，来自国内外 60 余所高校、研究院所和材料相关企业的院士、学者、学生 300 余人前来参会，张泽院士和韩高荣院长担任大会主席。大会分为原位电镜、生物材料、半导体光电材料、储能材料与电池技术四个分论坛。大会内容丰富、领域多样，加强了学院与海内外知名学者的学术交流，拓宽了与会师生的学术视野；2019 年 12 月，浙江大学"先进复合材料与结构"海外学术大师联合工作室成立。英国布里斯托大学 Michael R. Wisnom 院士、澳大利亚悉尼大学 Yiu-Wing Mai 院士、英国布里斯托大学 Kevin D. Potter 教授、Fabrizio Scarpa 教授等复合材料专家加入了联合工作室。以期在学术大师的带领下，优势互补、协同创新，提升浙江大学在复合材料科技创新、人才培养和产业应用等方面的创新力与引领力，推动我国乃至世界复合材料行业的高质量发展。

（王育萍撰稿　王晓燕审稿）

能源工程学院

【概况】 能源工程学院前身是热物理工程学系，成立于 1978 年 5 月，是我国高校最早成立的热物理工程学系，也是我国首批工程热物理博士点单位之一。1987 年工程热物理学科被批准为国家级重点学科，2007 年动力工程及工程热物理被评为一级国家重点学科。1989 年 9 月，热物理工程学系更名为能源工程学系。1999 年 9 月能源工程学系与机械工程学系、工程力学系组成了机械与能源工程学院。2009 年 1 月，能源工程学系在一级学科基础上再次实体独立运转。2014 年更名为能源工程学院。2016 年 9 月化工机械研究所整体并入能源工程学院。

能源工程学院下设热能工程、化工机械、制冷与低温、动力机械及车辆工程和热工与动力系统等 5 个研究所，拥有一级学科国家重点学科 1 个，一级学科博士点 1 个，一级学科博士后流动站 1 个，2011 协同创新中心 1 个、国家重点实验室 1 个，国家工程实验室 1 个，国家工程研究（技术）中心 2 个，国家级研发（实验）中心 1 个，国家级实验教学示范中心 1 个。

能源工程学院拥有工程热物理、热能工程、化工过程机械、制冷及低温工程、动力机械及工程、流体机械及工程、能源环境工程、新能源科学与工程等 8 个博士、硕士学位授予权。另有车辆工程和供热、供燃气、通风及空调工程等 2 个跨学科的博士、硕士授权点。设有能源与环境系统工程（含能源与环境工程及自动化、制冷与人工环境及自动化、新能源与能源利用新技术、智慧能源方向）、车辆工程和过程装备与控制工程 3 个本科专业，形成了博士、硕士、本科和继续教育等完整的教学体系。

2019 年，招收硕士研究生 168 人（其中专业学位 96 人）、博士研究生 109 人。非全日制研究生共计 57 名，其中工程硕士 45 人，工程博士 12 人。2019 级本科生有 250 人确认主修专业进入能源学院学习。2019 年毕业本科生 241 人、授予硕士学位 200 人、授予博士学位 98 人。

现有教职工 142 人。其中，正高级职称人员 76 人、副高级职称人员 36 人、博士研究生导师 78 人、硕士研究生导师 100 人。2019 年,1 人获全国五一劳动奖章、1 人入选国家杰出青年基金获得者,1 人入选"长江学者"青年项目,1 人获浙江省有突出贡献中青年专家荣誉称号,1 人获浙江省五四青年奖章,1 人获浙江省特聘专家称号。在新中国成立 70 周年之际,全院共有朱伊杰、史凤才、岑可法、倪明江、严建华、骆仲泱、樊建人、高翔、郑津洋、邱利民、俞小莉、池涌、蒋旭光、周俊虎、王乐勤、陈国邦、曹欣玉、林兴华 18 名教师获得中共中央、国务院、中央军委颁发的中华人民共和国成立 70 周年纪念章。

2019 年科研经费到款总额超过 3 亿元,其中纵向经费近 60%。2019 年,获批国家自然科学基金 24 项,其中国家自然科学基金重点项目 2 项,国家杰出青年基金项目 1 项,总经费 1481 万元。获 2019 年度高等学校科学技术进步奖一等奖 1 项,以及中国优秀专利奖、浙江省专利金奖各 1 项。

2019 年,在研国际合作研究项目总计 162 项,其中主要在研项目 34 项,到款经费约 6000 万元。派出本科生交流团 8 个,分别向瑞典皇家工学院、京都大学、俄罗斯圣彼得堡国立技术大学、新加坡及中国香港地区的重点高校等派出本科生 234 人次,海外交流率达到 99.6%。持续资助研究生出国(境)学习交流,新增 5 位获博士学术新星计划资助。举办特色项目"2019 垃圾焚烧发电技术国际培训班"。

【高翔获"全国五一劳动奖章"荣誉称号】高翔教授致力于燃煤烟气污染治理的基础理论、关键技术及工程应用研究,长期深入一线攻关,取得燃煤电厂烟气污染高效治理技术装备创新的系统性成果,实现了超低排放等技术在燃煤电厂规模化应用,为全球解决燃煤污染问题提供了中国方案。曾荣获国家技术发明一等奖 1 项(排名第一)、二等奖 1 项(排名第二),国家科技进步二等奖 1 项(排名第一),2018 年何梁何利基金科学与技术创新奖(产业创新奖)等。20 多年来,高翔教授潜心教学、甘于奉献,坚持立德树人、以学生为本,以极大热情和负责态度投入教书育人工作,培育了一批又一批优秀人才,获国家级教学成果二等奖 2 项(排名第一和第二),被评为浙江省第五届师德先进个人。

【罗坤获 2019 年国家杰出青年科学基金】2019 年 11 月,罗坤教授获得该项基金资助。罗坤教授,长期从事计算机辅助优化数值试验、能源利用过程复杂多相反应流动的数值模拟、风能、大气污染及空气质量模型等方面的研究工作,先后入选国家优秀青年基金、中组部万人计划青年拔尖人才、教育部长江学者奖励计划特聘教授青年学者以及科技部中青年科技创新领军人才。作为项目负责人,承担了多项国家/省部级重大科研课题,在国内外学术期刊上发表论文 150 余篇。研究成果荣获高等学校科学研究优秀成果奖自然科学奖一等奖、浙江省科学技术一等奖、国际燃烧学大会杰出论文奖、吴仲华优秀青年学者奖等。担任 3 个国际 SCI 学术期刊的编辑/副编辑,应邀做过 20 多次学术会议的邀请报告,是 30 多个国内外学术期刊的审稿专家和多个学术会议的分会场主席。

【"能源与环境系统工程"专业入选首批国家级一流本科专业建设点】 2019 年 4 月起,教育部开始实施一流本科专业建设"双万计划",能源与环境系统工程专业入选该建设点。能源与环境系统工程专业,源于 1957 年设立的热能专业和 1958 年设立的低温专

附表　2019 年度能源工程学院基本情况

项目	数据	项目	数据
教职工总数/人	142	获国家级科技奖项目数/项	0
教授数/人	76	获国家级教学成果奖数/项	0
副教授数/人	36	授权发明专利数/项	96
具有博士学位的教师比例/%	96	SCI 入选论文数/篇	358
两院院士/人	1	EI 入选论文数/篇	91
"国家特支计划"入选数/人	3	出版专著/部	0
"长江学者"数/人	7	在校本科生数/人	698
省部级高等学校教学名师奖获得者/人	0	在学硕士研究生数/人	584
"973 计划"首席科学家数[*]/人	4	其中:专业学位研究生数/人	260
国家"百千万人才工程"入选数/人	8	在读博士研究生数/人	499
国家杰出青年基金获得者/人	8	其中:专业学位研究生数/人	27
教育部新(跨)世纪优秀人才培养计划入选数/人	13	在校攻读学位的外国留学生数/人	17
浙江省特级专家/人	5	应届本科毕业生一次就业率/%	98.8
浙江大学求是特聘教授数/人	1	应届本科毕业生考研录取(出国)率/%	63.6
一、二级学科国家重点学科数/个	1	应届毕业研究生一次就业率/%	99.5
2011 协同创新中心/个	1	科研总经费/万元	31300
国家重点(专业)实验室/个	2	其中:国家自然基金比重/%	5
国家工程(技术)研究中心/个	1	纵向经费比重/%	60
国家人才培养基地(含教学、教育基地)/个	1	教师出国交流/人次	107
国家精品资源共享课、视频公开课/门	2	学生出国交流/人次	362
社会捐赠经费总额/万元	68	举办国际学术会议数/次	6

注:[*] 含重大科学研究计划、ITER 计划、青年科学家专题等。

业,2003 年为了应对能源与环境的重大全球挑战,浙江大学在全国首创能源与环境工程专业。2007 年入选国家级特色专业,2010 年首批入选教育部卓越工程师教育培养计划。本专业本科生创新实践覆盖面100%,海外交流覆盖面 100%(毕业生深造率保持在 60% 以上)。就业去向主要为国有大型企业、科研设计单位、党政机关等重点单位以及能源行业高新技术企业等。一流本科专业建设将进一步完善专业建设规划,强化专业特色,深化智慧能源班建设,打造形式多样"金课",充分发挥专业在人才培养、师资队伍、质量保障等方面的示范引领作用。

（封亚先撰稿　高　翔审稿）

电气工程学院

【概况】　电气工程学院(简称电气学院)由

电机工程学系、系统科学与工程学系、应用电子学系和电工电子基础教学中心组成,设有8个研究所。学院建有电力电子技术国家专业实验室、国家电力电子应用技术国家工程研究中心、浙江省海洋可再生能源电气装备与系统技术研究重点实验室、浙江省电机系统智能控制与变流技术重点实验室、联合成立的国家列车智能化工程技术研究中心和参与共建的国家精密微特电机工程技术研究中心,建有国家级电工电子实验教学示范中心、国家级机电类专业实验教学示范中心、电气工程拔尖人才——"爱迪生班"国家级人才培养模式创新实验区、国家大学生校外实践教育基地、5个国家级工程实践教育中心。

学院拥有电气工程首批一级学科国家重点学科,电气工程学科入选国家一流学科建设名单,电力系统及其自动化、电力电子与电力传动、电机与电器、控制理论与控制工程(与控制学院共享)4个学科为二级学科国家重点学科。

学院建有电气工程、控制科学与工程(与控制学院共享)等2个学科博士后科研流动站,拥有电气工程一级学科博士学位授予点,7个二级学科博士学位授予权以及7个二级学科硕士学位授予权,设有电气工程及其自动化、电子信息工程2个本科专业,与控制学院共建自动化本科专业。

现有教职工176人。其中,两院院士1人,正高级职称人员52人、副高级职称人员62人,博士生导师72人(其中兼职4人、2019年新增4人)、硕士生导师34人(其中2019年新增2人)、浙江大学百人计划研究员7人,特聘系列2人。另有在站博士后55人(含外籍博后4人)。2019年新增国家杰出青年基金获得者2人、国家优秀青年基金获得者2人、浙江大学求是特聘教授1人、入选浙江大学"百人计划"1人,1人获教育部青年科学奖。获全国高校自动化类青年教师"创客大赛"金奖1项、银奖1项,获全国高等院校工程应用技术教师大赛一等奖1项、二等奖1项,获全国电工电子基础课程实验教学案例设计竞赛二等奖1项,获浙江大学优质教学一等奖1项、唐立新教学名师奖1项。

2019年,学院新增科研项目281项,新增项目经费总额31075万元,其中横向项目(含国际合作项目)204项、纵向项目51项、JG项目14项、校内立项12项。盛况教授与株洲中车合作申报科研成果"高压大电流IGBT芯片关键技术及应用"获国家技术发明二等奖;何湘宁课题组科研成果"基于放电机理的材料处理与环境保护装置"获日内瓦国际发明展金奖。学院与125家社会企业签署204项科研合同。

2019年,教师出国(境)交流149人次;本科生共出国(境)交流309人次;研究生出国(境)交流176人次,参加国际学术会议107人次;与世界顶尖大学联合招收博士后1人。17人参加联合培养或攻读硕博士项目,6人获"博士研究生学术新星培养计划"项目资助。留学生入学人数达到11人。

2019年,新增校友和社会捐赠项目13个,签约捐赠款总计720.16万元。院设奖(助)学金、奖教金项目26项,发放奖励金额208.26万元,受益学生348人,教工12人。

【获2019年度国家科技发明奖二等奖1项】

由学院盛况教授参与、株洲中车时代电气股份有限公司牵头的"高压大电流IGBT芯片关键技术及应用"项目获得国家发明二等奖。该项目发明打破国外垄断,实现国内高压IGBT技术"从无到有、从弱到强",产品

附表 2019 年度电气工程学院基本情况

项目	数据	项目	数据
教职工总数/人	176	获国家级科技奖项目数/项	1
教授数/人	52	获国家级教学成果奖数/项	0
副教授数/人	62	授权发明专利数/项	68
具有博士学位的教师比例/%	91	SCI 入选论文数/篇	228
两院院士/人	1	EI 入选论文数/篇	421
"国家特支计划"入选数/人	1	出版专著/部	0
"长江学者"数/人	1	在校本科生数/人	1391
省部级高等学校教学名师奖获得者/人	2	在学硕士研究生数/人	1031
"973 计划"首席科学家数*/人		其中:专业学位研究生数/人	697
国家"百千万人才工程"入选数/人	1	在读博士研究生数/人	372
国家杰出青年基金获得者/人	3	其中:专业学位研究生数/人	22
教育部新(跨)世纪优秀人才培养计划入选数/人	7	在校攻读学位的外国留学生数/人	54
浙江省特级专家/人	1	应届本科毕业生一次就业率/%	98.94
浙江大学求是特聘教授数/人	8	应届本科毕业生考研录取(出国)率/%	61.54
一、二级学科国家重点学科数/个	1	应届毕业研究生一次就业率/%	99.62
国家重点(专业)实验室/个	1	科研总经费/万元	26170
国家工程(技术)研究中心/个	1	其中:国家自然基金比重/%	7.8
国家人才培养基地(含教学、教育基地)/个	5	纵向经费比重/%	27
国家精品资源共享课、视频公开课/门	4	教师出国交流/人次	149
社会捐赠经费总额/万元	720.16	学生出国交流/人次	485
		举办国际学术会议数/次	1

注:* 含重大科学研究计划、ITER 计划、青年科学家专题等。

"从依赖进口到国产替代、开始批量出口"的战略跨越,支撑了中国高铁、智能电网等高端装备健康、可持续发展,引领了国内高压 IGBT 技术和相关应用产业的健康发展。

【获教育部"青年科学奖"】 12 月 20 日,李武华教授获得该奖项,实现了浙江大学在该奖零的突破,也是本年度全国高校电工学科的唯一获奖者,全国仅 10 人获此殊荣。李武华,教授,博士生导师,国家杰出青年基金获得者,现为浙江大学电力电子技术国家专业实验室常务副主任和电力电子技术研究所副所长。主要研究方向为电能数字化转换与智能化调控,包括大容量功率器件的特性建模和高性能变流器的拓扑理论、复杂电力电子系统的运行控制等。

【设立"浙江大学电气工程学院樨生基金"】

为弘扬汪樨生院士的卓越功绩,严晓浪校友(1968 年本科毕业于浙江大学原电机系工业企业电气化及自动化专业，1981年硕士研究生毕业于浙江大学原电机系动力电子学学科）与其导师汪槱生院士共同捐赠600万元设立"浙江大学电气工程学院槱生基金"，助力母校学院人才培养工作，奖励作出突出贡献的师生，支持学院老龄委开展活动，救助学院家庭经济困难，且身患重病的离退休教职工。

汪槱生是我国电力电子学科的奠基人与领导者，国际著名电力电子、电机专家，1950年毕业任教于浙江大学电机系，1959年、1964年当选为全国人民代表大会代表，1979年被评为全国劳动模范，1994年当选为中国首批工程院院士。

（林文飞撰稿　陈　敏审稿）

建筑工程学院

【概况】 建筑工程学院（简称建工学院）由土木工程学系、建筑学系、区域与城市规划系和水利工程学系组成，现有21个校级研究所（中心）。

土木工程为一级学科国家重点学科，岩土工程、结构工程为二级学科国家重点学科。

学院设有土木工程、建筑学2个博士后流动站，拥有建筑学和土木工程2个一级学科博士学位授予权，涵盖14个二级学科，以及建筑与土木工程等6个专业学位硕士授予权和土木工程、建筑学、城乡规划、水利水电工程、交通工程5个本科专业。2019年，获批土木水利、交通运输工程博士及工程硕士授权点。

2019年，招收硕士研究生275人（含留学生3人）、博士研究生132人（含留学生16人），2019级本科生303人确认进入学院主修专业，毕业本科生230人、硕士研究生195人、博士研究生52人。

现有教职工313人，其中中国科学院院士1人，中国工程院院士3人，国际院士3人；正高级职称87人（比上年新增5人），副高级职称136人（比上年新增6人），博士研究生指导教师129人（比上年新增6人），硕士研究生指导教师210人（比上年新增6人），另有博士后76人。2019年，新增国家杰出青年科学基金获得者1人、国家优秀青年科学基金获得者2人、教育部"长江学者"青年学者1人、青年拔尖人才1人，以及浙江大学"百人计划"研究员5人、求是特聘教授1人，选派3名青年教师赴国家和省部级单位挂职。"智能结构系统与信息国际中心——韧性基础设施研究"海外学术大师汇聚计划——科学家联合工作室（A类）获批建设。

2019年，土木工程学科软科排名位列全国第2，土木工程、建筑学科QS排名均进入51～100名，"双一流"建设中期评估高峰学科建设计划——土木工程项目获评A类，建筑学科获批列入学校优势特色学科建设计划。土木工程和建筑学专业入选首批国家级一流本科专业建设点，"土木、水利与交通工程专业"获批全国普通高校本科新专业，城乡规划学科通过全国高等学校城乡规划专业本硕教育评估中期督查。张威获第十一届全国高校辅导员年度人物提名奖，吕朝锋获宝钢优秀教师奖。获第十三届全国大学生结构设计竞赛一等奖，美国中太平洋土木工程竞赛挡土墙组第一名，第十届全国土木工程专业本科优秀创新实践成果比赛特等奖等。浙江省优秀博士学位提名奖1

附表 2019 年度建筑工程学院基本情况

项目	数据	项目	数据
教职工总数/人	313	获国家级科技奖项目数/项	0
教授数/人	87	获国家级教学成果奖数/项	0
副教授数/人	136	授权发明专利数/项	103
具有博士学位的教师比例/%	89	SCI 入选论文数/篇	262
两院院士/人	4	EI 入选论文数/篇	314
"国家特支计划"入选数/人	4	出版专著/部	3
"长江学者"数/人	8	在校本科生数/人	1142
省部级高等学校教学名师奖获得者/人	0	在学硕士研究生数/人	813
"973 计划"首席科学家数*/人	1	其中:专业学位研究生数/人	452
国家"百千万人才工程"入选数/人	1	在读博士研究生数/人	473
国家杰出青年基金获得者/人	8	其中:专业学位研究生数/人	4
教育部新(跨)世纪优秀人才培养计划入选数/人	4	在校攻读学位的外国留学生数/人	116
浙江省特级专家/人	3	应届本科毕业生一次就业率/%	94.72
浙江大学求是特聘教授数/人	14	应届本科毕业生考研录取(出国)率/%	59.11
一、二级学科国家重点学科数/个	3	应届毕业研究生一次就业率/%	98.38
国家重点(专业)实验室/个	0	科研总经费/万元	28900
国家工程(技术)研究中心/个	2	其中:国家自然基金比重/%	7.9
国家人才培养基地(含教学、教育基地)/个	7	纵向经费比重/%	43.9
国家精品资源共享课、视频公开课/门	0	教师出国交流/人次	216
社会捐赠经费总额/万元	919.27	学生出国交流/人次	457
		举办国际学术会议数/次	3

注:* 含重大科学研究计划、ITER 计划、青年科学家专题等。

篇及优秀硕士学位论文 3 篇,浙江省专业学位研究生优秀实践成果 1 项,浙江大学优博提名 1 篇。

2019 年,科研经费 2.89 亿元(比上年增加 7.4%)。在研项目 1530 项,合同经费 11.40 亿元。新上项目 586 项,合同金额为 2.30 亿元,其中纵向科研项目 74 项,合同经费 1.43 亿元(比上年增加 4.5%)。获批国家重点研发计划重点国际科技合作项目 2 项、国家自然科学基金杰出青年 1 项、优秀青年 2 项、重点项目 1 项、重点国合项目 1

项,浙江省杰出青年计划项目 2 项。国家重大科技基础设施"超重力离心模拟与实验装置"项目于 2019 年 11 月 18 日正式开工建设。"多相介质超重力相演变"获批国家自然科学基金委基础科学中心项目。获教育部科学技术奖一等奖 1 项,中国钢结构科技进步特等奖 1 项。

全年公派 31 位博士生赴世界名校联合培养。与德国亚琛工业大学、美国密苏里科技大学等签订合作协议;与加拿大西安大略大学联合培养双博士学位项目获批国家留学基金委创新型人才项目;与哈佛大学等高校举办联合设计工作坊;与日本名校名企开展互访与合作洽谈。

【"超重力离心模拟与实验装置"启动】 11月18日,国家重大科技基础设施超重力离心模拟与实验装置(CHIEF)建设研讨会与启动仪式在杭州举行。CHIEF 将落户杭州未来科技城,用地面积 89 亩,总建筑面积 34560 平方米,国家发改委核定概算总投资为 21.008 亿元,建设周期 5 年。项目已于 2019 年 11 月 1 日取得建筑工程施工许可证。该项目是首个落地浙江省的国家重大科技基础设施项目,建成后将成为全球容量最大、应用范围最广的超重力多学科开放共享实验平台。项目将建设世界上容量最大的两台离心机,即容量 1900g · t(重力加速度·吨)的重载超重力离心机和容量 1500g·t(重力加速度·吨)的高速超重力离心机;六座实验舱,包括边坡与高坝实验舱、岩土地震工程实验舱、深海工程实验舱、深地工程与环境实验舱、地质过程实验舱和材料制备实验舱;18 台机载装置,其中 6 台世界首创,12 台指标国际领先。

【获批 2019 年度国家自然科学基金委基础科学中心项目】 9 月,陈云敏院士牵头申报的"多相介质超重力相演变"项目获批 2019 年度国家自然科学基金基础科学中心项目,实现浙江省该类项目零的突破。该项目依托国家重大科技基础设施"超重力离心模拟与实验装置(CHIEF)",旨在以岩土体、地球深部物质、合金熔体等多相物质为研究对象,催生原创性重大科学成果,建设顶尖科学家队伍、培养学术大师,引领国际多相物质超重力科学与应用领域的发展,建设环境岩土力学学科高地,推动实验地球科学与工程和超重力材料科学与工程学科的

发展。

【获 2019 年度教育部科学技术进步奖一等奖】 12 月,张土乔教授负责的"城市排水系统溢流排放污染控制关键技术及应用"项目获得该奖。该成果研发了一系列针对不同排口污染的原位污染控制技术,解决了现有技术占地大、维护难、效率低、成本高等问题,形成了沉积物管理、溢流排放污染末端物理截控技术和末端生态净化技术三项创新成果,并在 130 个工程项目中推广应用。

（吴盈颖撰稿 张 威审稿）

化学工程与生物工程学院

【概况】 化学工程与生物工程学院(简称化工学院)设有化学工程、联合化学反应工程、聚合与聚合物工程、生物工程、制药工程、工业生态与环境 6 个研究所,建有化学工程联合国家重点实验室、生物质化工教育部重点实验室等多个国家级和省部级重点实验室。

拥有化学工程与技术、生物工程 2 个一级学科博士后流动站,化学工程与技术一级学科博士学位授予权,设有化学工程与技术、生物工程、制药工程等 3 个本科专业。在 2019 年 QS 世界大学学科排名中,化学工程学科位列全球第 39 名;在软科世界一流学科排名中,化学工程学科位列全球第五、国内第三,浙大生物工程学科位列全球第四、国内第一。

现有在职教职工 159 人。其中,教授 56人、副教授 31 人,博士研究生导师 82 人、硕士研究生导师 108 人。在站学科博士后研

究人员 48 人。2019 年,任其龙教授当选为中国工程院院士和中国化工学会会士,侯立安院士作为长聘教授加盟化工学院,申有青教授入选斯坦福大学教授团队发布的"22年综合榜"全球排名前 10 万科学家,王立教授兼任温州肯恩大学校长,谢涛教授获2019 年中国化学会高分子基础研究王葆仁奖,陈纪忠教授被评为浙江大学第六届师德先进个人,陈丰秋教授获浙江大学唐立新教学名师奖,侯阳入选优青人才项目,陆盈盈在"浙江省向上向善好青年"评选中被评为"创新创业好青年",鲍宗必、程党国获第十一届侯德榜化工科学技术奖青年奖。先进聚合物材料海外学术大师科学家联合工作室获学校批准成立。

2019 年,招收硕士研究生 158 人、博士研究生 80 人,2019 级本科生 145 人确认化工学院主修专业,毕业博士研究生 62 人、硕士研究生 125 人、本科生 113 人。化学工程与工艺专业入选教育部一流本科专业建设"双万计划"。启动实施卓越培养计划,开办"卓越化工班"。学生参赛代表队分别获第十三届全国大学生化工设计竞赛总决赛特等奖、第三届全国大学生化工实验大赛总决赛特等奖、第九届"国药工程—东富龙杯"全国大学生制药工程设计竞赛总决赛一等奖。完成浙大文莱化工班一期(5 年)学生培养任务,启动第二期培养工作。

科研经费到款 28440 万元(含衢州研究院并账),新增科技三重项目 2 项。浙江大学工程师学院衢州分院 26 名硕士研究生入学,26 个教师科研团队进驻衢州研究院。浙江大学—恒逸全球未来先进技术研究院启动科研项目 27 项。与京博集团签署中长期合作协议,成立浙大—京博联合创新中心。浙江大学宁波研究院化工分院暨浙江大学绿色石化及新材料研究院(宁波)建设有序推进。浙江大学杭州国际科创中心合成生物学与纳米智造平台筹建工作稳步推进。全院直接技术成果转化收益 1102 万元。

2019 年,接受国际学生访学交流 36 人次。5 月至 6 月,举办了化工学院第十届国际交流月。11 月,化工学院代表团赴美国参加 AIChE(美国化学工程师协会)年会,并举办了"浙江大学专场交流会",访问了美国斯坦福大学。

【任其龙入选中国工程院院士】 11 月,化工学院教授任其龙当选中国工程院院士。任其龙教授长期从事化工分离领域的应用基础研究和工程实践,创建分子辨识分离工程平台技术,实现生物基原料到高端化学品的高效制造,取得系列创新成果。以第一完成人获国家技术发明奖二等奖 2 项、省部级一等奖 2 项,获发明创业奖、赵永镐科技创新奖等奖励。主持国家重点研发计划项目等国家级项目 10 余项。被 SCI、EI 收录论文 200 余篇,授权发明专利 90 余件。他现任生物质化工教育部重点实验室主任、浙江大学工程师学院衢州分院院长和浙江大学衢州研究院院长,还担任国务院学位委员会第七届学科评议组成员、浙江省化工学会理事长、中国化工学会常务理事、中国化工学会超临界流体技术专业委员会主任委员、中国化工学会过程强化专业委员会副主任委员,是浙江省有突出贡献的中青年专家、享受国务院政府特殊津贴专家。

【举办首届全国化学工程前沿博士研究生学术论坛】 11 月 3—6 日,由浙大化工学院发起并组织的该学术论坛在浙江省衢州市举行。来自境内外 60 余所大学化工院系、科研院所的 125 名博士生参加论坛,78 名博士生作口头学术报告,48 名博士生参加

附表　2019 年度化学工程与生物工程学院基本情况

项目	数据	项目	数据
教职工总数/人	159	获国家级科技奖项目数/项	1
教授数/人	56	获国家级教学成果奖数/项	0
副教授数/人	31	授权发明专利数/项	66
具有博士学位的教师比例/%	98.0	SCI 入选论文数/篇	200
两院院士/人	0	EI 入选论文数/篇	163
"国家特支计划"入选数/人	0	出版专著/部	0
"长江学者"数/人	3	在校本科生数/人	530
省部级高等学校教学名师奖获得者/人	1	在学硕士研究生数/人	525
"973 计划"首席科学家数*/人	2	其中:专业学位研究生数/人	267
国家"百千万人才工程"入选数/人	1	在读博士研究生数/人	287
国家杰出青年基金获得者/人	6	其中:专业学位研究生数/人	7
教育部新(跨)世纪优秀人才培养计划入选数/人	8	在校攻读学位的外国留学生数/人	64
浙江省特级专家/人	1	应届本科毕业生一次就业率/%	97.62
浙江大学求是特聘教授数/人	12	应届本科毕业生考研录取(出国)率/%	50.79
一、二级学科国家重点学科数/个	1	应届毕业研究生一次就业率/%	100
国家重点(专业)实验室/个	2	科研总经费/万元	28440.94
国家工程(技术)研究中心/个	0	其中:国家自然基金比重/%	11.54
国家人才培养基地(含教学、教育基地)/个	0	纵向经费比重/%	27.57
国家精品资源共享课、视频公开课/门	3	教师出国交流/人次	97
社会捐赠经费总额/万元	1560	学生出国交流/人次	249
		举办国际学术会议数/次	4

注:* 含重大科学研究计划、ITER 计划、青年科学家专题等。

墙报展示。本论坛是近年来国内举办规模较大的以博士生为主体的学术论坛,产生了重大而积极的社会影响。

【12 名教师获"庆祝中华人民共和国成立 70 周年纪念章"】　9 月,学院共有 12 名教师获中共中央、国务院、中央军委颁发的庆祝中华人民共和国成立 70 周年纪念章,其中包含 4 名退休教师和 8 名在职教师。退休教师寿淑清在中华人民共和国成立前就参加革命工作,退休教师周金汉和戴擎镰均作为第一完成人获得过国家科技三等奖,退休教师翁志学于 2001 年作为第二完成人获得国家科技进步二等奖。获得纪念章的 8 名在职教师是:任其龙、阳永荣、陈志荣、杨立荣、邢华斌、王靖岱、吴坚平和杨亦文,他们均获得过国家技术发明二等奖,且在二等奖中位列前 2 名,为国家的科技进步与社会发展做出了重要贡献。

(李志荣撰稿　沈文华审稿)

海洋学院

【概况】 海洋学院现设有海洋科学系、海洋工程学系、海洋信息学系(筹)3个学系和港航物流与自由贸易岛研究中心,以及海洋地质与资源、海洋化学与环境等9个研究所。建有海洋工程装备国家地方联合工程实验室、海洋感知技术与装备教育部工程研究中心、浙江舟山群岛海洋生态系统教育部野外科学观测研究站、海洋岩土工程与材料浙江省重点实验室、海洋观测—成像试验区浙江省重点实验室、海洋装备试验浙江省工程实验室、海洋工程材料浙江省工程实验室、海上试验浙江省科技创新服务平台、浙江省"智慧东海"协同创新中心和山东省海洋牧场观测网数据中心、中国(浙江)自由贸易试验区研究院、海南浙江大学研究院、舟山海洋电子信息产业创新服务综合体等科研平台,共建有浙江大学海洋研究院、浙江大学舟山海洋研究中心、浙江大学摘箬山海洋科技示范岛、浙江大学先进技术研究院舟山海洋分院等。

拥有海洋技术与工程博士学位授权点,下设应用海洋科学、海洋技术和海洋工程3个学科领域方向;并在资源与环境、土木水利、机械、电子信息等4个领域培养专业学位工程博士,在生物与医药、资源与环境、土木水利、机械、电子信息等5个领域培养专业学位工程硕士。拥有海洋科学、海洋工程与技术2个本科专业。

现有专任教师114人,其中正高级职称人员40人、副高级职称人员62人、中级职称人员12人;在站博士后25人。

2019年招收本科生197人、硕士研究生207人、博士研究生55人;毕业本科生184人、硕士研究生103人、博士研究生28人。

2019年科研到款17034.36万元,比上年增长46.94%;在研各类科研项目556项,合同总金额42012.5万元。获批国家自然科学基金项目23项。首获1项学校"世界顶尖大学战略合作计划"项目。叶瑛教授、韩喜球教授参与完成的"超慢速扩张洋中脊热液硫化物发现与探测关键技术创新"项目获2019年国家科技进步奖二等奖。主持或参与完成的7个项目获省、学会科技成果奖,1个项目入围浙大2018年度十大学术进展。根据ESI数据库2019年11月15日更新的数据,2015年至2019年年底有47篇文章进入高水平论文行列,其中高被引论文13篇,进入学科百分位前3%的论文34篇。授权发明专利55项。

学院被列为浙江大学硕博贯通培养4个试点单位之一,所创办的浙江大学水下机器人竞赛升级为全国大学生水下机器人学科竞赛,并入选"全国高校机器人竞赛创新指数",还获得第六届浙江省海洋知识创新竞赛海洋知识类一等奖和海洋科技创新类特等奖等学生双创优秀成果,21个学生双创项目团队入驻舟山校区学生创新创业孵化基地。

主办了第四届全国海洋技术学术会议暨首届国际海洋技术会展、中国环境与发展国际合作委员会海洋治理政策研究会议、浙江省大湾区建设机遇与挑战研讨会、第二届波浪能气动式一体化技术研讨会、西湖论坛第218次会议——"面向极区环境观测的技术装备创新战略"技术交流与学术研讨会,联合主办了2019亚太区域海洋微塑料监测

项目	数据	项目	数据
教职工总数/人	158	获国家级科技奖项目数/项	1
教授数/人	39	获国家级教学成果奖数/项	0
副教授数/人	62	授权发明专利数/项	55
具有博士学位的教师比例/%	100	SCI 入选论文数/篇	350
		EI 入选论文数/篇	269
两院院士/人	0	SSC1 入选论文数/篇	32
"国家特支计划"入选数/人	0	出版专著/部	1
"长江学者"数/人	1	在校本科生数/人	816
省部级高等学校教学名师奖获得者/人	0	在学硕士研究生数/人	555
"973 计划"首席科学家数*/人	0	其中:专业学位研究生数/人	302
国家"百千万人才工程"入选数/人	3	在读博士研究生数/人	242
国家杰出青年基金获得者/人	2	其中:专业学位研究生数/人	6
教育部新(跨)世纪优秀人才培养计划入选数/人	2	在校攻读学位的外国留学生数/人	77
浙江省特级专家/人	1	应届本科毕业生一次就业率/%	96.3
浙江大学求是特聘教授数/人	7	应届本科毕业生考研录取(出国)率/%	73.4
一、二级学科国家重点学科数/个	0	应届毕业研究生一次就业率/%	100
国家重点(专业)实验室/个	0	科研总经费/万元	17034.36
国家工程(技术)研究中心/个	1	其中:国家自然基金比重/%	9.96
国家人才培养基地(含教学、教育基地)/个	0	纵向经费比重/%	34
国家精品资源共享课、视频公开课/门	1	教师出国交流/人次	135
		学生出国交流/人次	291
社会捐赠经费总额/万元	0	举办国际学术会议数/次	5

注:* 含重大科学研究计划、ITER 计划、青年科学家专题等。

与管理国际研讨会、首届中国(浙江)自贸试验区"海洋经济"国际青年学者论坛、第四届"一带一路"倡议国际会议暨亚洲物流圆桌会议、第五届国家级新区发展论坛,承办了第九届 Hutton 国际花岗岩学术研讨会、国家自然科学基金委员会第 230 期双清论坛等学术活动。

【新设"海洋技术与工程"交叉学科博士学位授权点】 该授权点于 4 月获国务院学位委员会批准增列。由海洋学院负责建设和发展。海洋学院结合国内外海洋领域工程与

技术的发展趋势和办学实际,进一步明确了应用海洋科学、海洋技术、海洋工程 3 个二级学科领域。其中,应用海洋科学的重点方向为物理海洋与观测应用、海洋生态环境与生物资源利用、海洋地质与勘探应用,海洋技术的重点方向为海洋装备技术、海洋信息技术,海洋工程的重点方向为海岸与近海工程、海洋结构物与工程。

【新增 2 个教育部科研平台】 "浙江舟山群岛海洋生态系统教育部野外科学观测研究站"9 月底获教育部认定。该试验站以物理

海洋和海洋地质的观测、研究与技术应用示范为核心,同时兼顾拓展海洋生物、海洋工程与技术,打造我国海洋科学研究、实践教学和技术示范的制高点;浙江大学"海洋感知技术与装备"工程研究中心11月初获教育部立项,这是浙大获批的首个海洋领域的教育部工程研究中心,以海洋学院为主体建设。主要依托"海洋技术与工程"交叉学科,在海洋电子元器件与系统、海洋传感与网络、海洋观测平台与装备、海洋工程结构与安全监测等方向开展关键核心技术研发、高端人才培养等。

【当选国家海洋信息产业发展联盟副理事长单位】 7月30日,国家海洋信息产业发展联盟在京成立,浙江大学当选为副理事长单位,海洋学院党委书记王瑞飞当选副理事长。该联盟由中国电科牵头组建,旨在联合各方力量,着力解决制约海洋电子信息行业发展的瓶颈问题,推动海洋信息基础设施和海洋电子信息产业发展。

(高楚清撰稿 董小军审稿)

航空航天学院

【概况】 航空航天学院(以下简称航院)由航空航天系和工程力学系组成,下设应用力学、流体工程等7个研究所(中心);拥有国家工科基础课程力学教学基地和国家级力学实验教学示范中心、教育部航空航天数值模拟与验证重点实验室、教育部新型飞行器联合研究中心、微小卫星与星群教育部军民融合协同创新中心(培育);以及软体机器人与智能器件、微纳卫星2个浙江省研究重点实验室,新型飞行器关键基础与重大应用、

智能无人机系统等3个浙江省协同创新中心和微波毫米波射频集成电路1个浙江省工程实验室,另有3个校级研究中心。

固体力学为二级学科国家重点学科,力学、航空宇航科学与技术2个学科为浙江省一流学科,工程力学是国家级一流本科专业建设点。

学院建有力学学科博士后流动工作站;拥有力学、航空宇航科学与技术、电子科学与技术(与兄弟学院共有)3个一级学科博士授予权,电子与信息大类专业博士学位授予权,航天工程领域专业硕士学位授权点,以及工程力学和飞行器设计与工程2个本科专业。

2019年,招收硕士研究生86人、博士研究生57人,2019级本科生92人主修专业确认到航院,毕业本科生37人、硕士研究生43人、博士研究生24人。

现有教职工119人。其中,正高级职称人员45人(2019年新增7人)、副高级职称人员56人(2019年新增1人)、博士研究生指导教师65人(2019年新增7人)、硕士研究生指导教师90人(2019年新增8人)。在站博士后工作人员25人。2019年,新增国家优秀青年科学基金获得者1人、国家"万人计划"青年拔尖人才1人和浙大求是特聘教授2人。

2019年,全院获批2019年浙江省"十三五"高校虚拟仿真实验教学项目3项、浙江省高等教育"十三五"第二批教学改革研究项目1项;上线"应用理论力学实验""工程力学"等4门MOOC课程;并获得第十二届全国周培源大学生力学竞赛个人赛全国一等奖、全国"飞鲨杯"第五届中国研究生未来飞行器创新大赛一等奖、第五届中国"互联网+"大学生创新创业大赛金奖、2019年

浙江大学年鉴

附表　2019 年度航空航天学院基本情况

项目	数据	项目	数据
教职工总数/人	119	获国家级科技奖项目数/项	0
教授数/人	33	获国家级教学成果奖数/项	0
副教授数/人	49	授权发明专利数/项	26
具有博士学位的教师比例/%	100	SCI 入选论文数/篇	252
两院院士/人	4	EI 入选论文数/篇	250
"国家特支计划"入选数/人	1	出版专著/部	0
"长江学者"数/人	2	在校本科生数/人	305
省部级高等学校教学名师奖获得者/人	0	在学硕士研究生数/人	235
"973 计划"首席科学家数*/人	0	其中:专业学位研究生数/人	97
国家"百千万人才工程"入选数/人	2	在读博士研究生数/人	203
国家杰出青年基金获得者/人	10	其中:专业学位研究生数/人	6
教育部新(跨)世纪优秀人才培养计划入选数/人	9	在校攻读学位的外国留学生数/人	11
浙江省特级专家/人	1	应届本科毕业生一次就业率/%	100
浙江大学求是特聘教授数/人	12	应届本科毕业生考研录取(出国)率/%	68.57
一、二级学科国家重点学科数/个	1	应届毕业研究生一次就业率/%	100
国家重点(专业)实验室/个	0	科研总经费/万元	14833.07
国家工程(技术)研究中心/个	0	其中:国家自然基金比重/%	7.29
国家人才培养基地(含教学、教育基地)/个	1	纵向经费比重/%	22.58
国家精品资源共享课、视频公开课/门	0	教师出国交流/人次	92
社会捐赠经费总额/万元	41	学生出国交流/人次	145
		举办国际学术会议数/次	2

注:* 含重大科学研究计划、ITER 计划、青年科学家专题等。

航空航天类本科毕业设计比赛一等奖各 1 项,以及"中国大学生自强之星标兵"1 人、浙江大学竺可桢奖学金 2 人。

科研经费到款 14833.07 万元。获批国家自然科学基金(NSFC)项目 14 项,获准率 28%,资助经费共计 1081 万元;获批国家基金重点项目资助 1 项,国家优秀青年科学基金资助 1 项,以及亿元级重大科研项目 2 项,百万级项目 31 项。

2019 年,学院先后接待了国外来访交流共 62 人次;新增浙大—莫航工程博士联合培养项目并获批国家留学基金委 2020 年创新型人才国际合作培养项目第一批资助项目。另外,学院还与新加坡国立大学设立了"3+1+1"本科生联合培养项目。

【共同承办"中国力学大会-2019"】 该大会于 8 月 25—28 日在杭州召开,共计进行 8 个大会特邀报告、400 余个分会场报告、3000 余个专题研讨会报告和墙报,设有力学实验设备、软硬件和出版物展览等活动。4800 余名代表参加会议,聚焦国际前沿,共同探讨交流,推进力学学科的全面建设和发展。该大会由中国科学技术协会与国家自然科学基金委员会指导,中国力学学会与浙江大学联合主办,浙江大学、中国力学学会秘书处承办,全国30余家高等院校和研究机构参与协办。

【主办中国高校航空航天学院院长联席会2019年会】 该年会于12月8日在浙江大学召开。来自全国42所高校的航空航天学院院长和相关代表等100余人参会,以"航空航天类学科发展的机遇与挑战"为主题进行研讨,共同促进我国高校航空航天类学科的快速发展。

【"浙大—莫航工程博士联培项目"获批国家留学基金委2020年创新型人才国际合作培养项目】 该项目于12月19日获批,由航院牵头申报,旨在与莫斯科航空学院联合培养能参与高端工程项目设计和研发工作的优秀人才,为航空航天领域紧缺高端人才培养探索一条切实可行的途径,提升浙江大学航空航天学科人才培养水平,促进学科发展。

(杨 艳撰稿 毕建权审稿)

高分子科学与工程学系

【概况】 高分子科学与工程学系(以下简称高分子系)由高分子科学、高分子复合材料、生物医用大分子3个研究所组成,建有高分子合成与功能构造教育部重点实验室、膜与水处理技术教育部工程研究中心、中国—葡萄牙先进材料联合创新中心以及新型吸附分离材料与应用技术浙江省重点实验室。

高分子系拥有高分子化学与物理二级学科国家重点学科。二级学科均设有博士后流动站,博士学位和硕士学位授予权,同时单独设立高分子材料与工程本科专业。

2019年招收硕士研究生53人、博士研究生50人,2019级本科生77人专业确认高分子系相关专业学习。毕业本科生84人、结业4人,毕业硕士研究生33人、博士研究生38人。

现有教职工63人。其中,具有正高级职称人员31人,副高级职称人员20人,博士研究生导师44人,硕士研究生导师50人。

"高分子物理"获批为浙江省一流本科生课程,"三维空间中高分子单链虚拟仿真实验"入选浙江大学虚拟仿真实验教学培育项目。全系教师获浙江大学青年教师教学竞赛三等奖1项、获浙江大学优质教学奖二等奖1项;学生获"启真杯"浙江大学2019年度学生十大学术新成果2项,1人获浙江大学2019—2020年度"竺可桢奖学金"。

2019年,科研经费到款7478.9万元,其中纵向经费3798.2万元,占50.8%。国家基金共批准立项16项,批准率41%;其中,重点项目1项,国家自然科学基金重大研究计划培育计划1项,国家基金委/辽宁联合基金重点支持项目1项。获批浙江省杰出青年科学基金项目1项、重点项目1项。被SCI收录论文258篇,平均影响因子超过5.0。授权发明专利33项、78项专利共作价2041万元并到账。李寒莹获2019年浙江省有突出贡献青年科技人才、2019年度高等学校科学研究优秀成果(科学技术)青年科学奖;朱利平获中国化工学会科学技术奖科技进步一等奖;朱宝库获2018年度海南科学技术进步一等奖。张其胜负责承担的企业合作研发项目,为学系首个千万级横向课题项目。 成立了"浙江大学—

附表　2019 年度高分子科学与工程学系基本情况

项目	数据	项目	数据
教职工总数/人	63	获国家级科技奖项目数/项	0
教授数/人	24	获国家级教学成果奖数/项	0
副教授数/人	16	授权发明专利数/项	33
具有博士学位的教师比例/%	100	SCI 入选论文数/篇	258
两院院士/人	0	EI 入选论文数/篇	222
"国家特支计划"入选数/人	2	出版专著/部	0
"长江学者"数/人	3	在校本科生数/人	248
省部级高等学校教学名师奖获得者/人	0	在学硕士研究生数/人	150
"973 计划"首席科学家数 */人	0	其中:专业学位研究生数/人	0
国家"百千万人才工程"入选数/人	1	在读博士研究生数/人	190
国家杰出青年基金获得者/人	7	其中:专业学位研究生数/人	0
教育部新(跨)世纪优秀人才培养计划入选数/人	7	在校攻读学位的外国留学生数/人	8
浙江省特级专家/人	0	应届本科毕业生一次就业率/%	100
浙江大学求是特聘教授数/人	7	应届本科毕业生考研录取(出国)率/%	100
一、二级学科国家重点学科数/个	1	应届毕业研究生一次就业率/%	100
国家重点(专业)实验室/个	0	科研总经费/万元	7478.9
国家工程(技术)研究中心/个	0	其中:国家自然基金比重/%	21.18
国家人才培养基地(含教学、教育基地)/个	0	纵向经费比重/%	50.8
国家精品资源共享课、视频公开课/门	2	教师出国交流/人次	68
社会捐赠经费总额/万元	47	学生出国交流/人次	140
		举办国际学术会议数/次	4

注:* 含重大科学研究计划、ITER 计划、青年科学家专题等。

三门 OLED 产业研究中心"和"浙江大学—天冠二氧化碳基环保材料研发中心"2 个校级研发中心。6 月 1 日,浙江大学校友总会高分子科学与工程学系校友分会成立。

2019 年,国(境)外来访并作学术报告 20 人次,教师出国(境)交流 68 人次,博士生出国(境)交流 56 人次,交流率达 112%;2018—2019 学年高分子系本科生出国(境)交流 84 人次,交流率达 94.38%,增长率达 180%。举办国际会议 4 次,夏令营 1 项。聘请名誉教授 1 人,讲座教授 2 人,客座教授 2 人。

【"高分子合成与功能构造"教育部重点实验室期终评估良好】　12 月,该实验室 5 年建设期经教育部科技发展中心评估,被评为良好。该实验室瞄准国内外高分子学科的发展前沿,依托浙江大学高分子学科,通过理工结合、学科交叉,围绕可控催化聚合、微结构与流变学、光电磁功能高分子、生物医用功能高分子和分离功能高分子 5 个研究方向开展基础研究及产学研合作,实现重要基础理论突破,发现高性能聚合物和新型功能材料的制备原理,解决重大技术难题,为国家和地方经济的发展及高分子人才的培养作出贡献。

【浙江大学—三门 OLED 产业研究中心成立】 5 月 15 日，浙江大学与三门县人民政府签署共建有机发光二极管（OLED）产业研究中心协议。根据协议，该中心设在台州市浦坝港镇，行政挂靠浙大高分子系，建设期为 5 年。建设期内三门县人民政府及当地企业向浙江大学提供发展用房 3000 平方米，科研经费 4000 万元。该中心将致力于建成国内一流的有机发光二极管材料实验室及中试基地，联合国内外相关企业开展攻关，实现关键共性技术突破，争取重大课题，为三门县培育和引进高级专门人才，吸引国内外专家进行科技交流与合作，推动三门传统制造业的转型升级和战略性新兴产业的培育发展。

【"超分子高分子生物材料"科学家联合工作室获批】 5 月，该工作室获学校批准同意，建在海宁国际校区的"浙江大学功能高分子国际研究中心"内，属于浙江大学"学术大师汇聚计划"。该工作室聚焦人类健康的生物医用材料方向，促进学科发展，升级打造国际一流学术平台，由诺贝尔化学奖获得者、法国科学院院士 Jean-Marie Lehn 教授和葡萄牙米尼奥大学副校长、美国工程院外籍院士 Rui Reis 教授及团队联合浙大高分子系高长有教授及团队开展工作。

（廉　洁撰稿　楼仁功审稿）

光电科学与工程学院

【概况】 光电科学与工程学院（以下简称"光电学院"）设有光学工程研究所、光电工程研究所、光学成像与检测技术研究所、微纳光子学研究所、激光生物医学研究所、光及电磁波研究中心、光学惯性技术工程中心共 7 个研究所（中心），另设有浙江省实验教学示范中心光电信息工程实验中心，建有现代光学仪器国家重点实验室、国家光学仪器工程技术研究中心、科技部光电技术国际联合研究中心 3 个国家级研究基地和国防重点学科实验室、光电磁传感技术浙江省重点实验室、教育部光子学与技术国际合作联合实验室 3 个省部级研究基地。

光学工程是一级学科国家重点学科，下设光通信技术、信息传感及仪器 2 个二级学科。学院设有光学工程博士后流动站，拥有光学工程、光通信技术、信息传感及仪器等 3 个博士、硕士学位授予权，以及光电信息科学与工程 1 个本科专业。

现有教职工 184 人。其中正高级职称人员 55 人，副高级职称人员 32 人；博士生指导教师 66 人，硕士生指导教师 20 人。2019 年，学院新增国家优秀青年基金获得者 1 人，引进浙江大学"百人计划 B 类"入选者 3 人、"百人计划 B 类（附加）"入选者 1 人；各有 1 人入选 OSA Fellow（美国光学学会会士）和 ACerS Fellow（美国陶瓷学会会士），各有 5 人入选 2018 年爱思唯尔中国高被引学者和斯坦福大学全球前 10 万名学者榜单，1 人获"全国模范教师"称号，1 人获"探月工程嫦娥四号任务突出贡献者"称号，各有 1 人入选 2019 年度《麻省理工科技评论》35 岁以下 35 人全球青年英雄榜和中国科技青年英雄榜，1 人获 2019 年阿里达摩院青橙奖。

2019 年，招收博士生 65 人，硕士生 129 人，2019 级本科生 108 人确认进入光电信

附表　2019 年度光电科学与工程学院基本情况

项目	数据	项目	数据
教职工总数/人	184	获国家级科技奖项目数/项	1
教授数/人	55	获国家级教学成果奖数/项	1
副教授数/人	32	授权发明专利数/项	93
具有博士学位的教师比例/%	97.56	SCI 入选论文数/篇	182
两院院士/人	1(兼聘)	EI 入选论文数/篇	191
"国家特支计划"入选数/人	0	出版专著/部	0
"长江学者"数/人	5	在校本科生数/人	478
省部级高等学校教学名师奖获得者/人	1	在学硕士研究生数/人	382
"973 计划"首席科学家数*/人	0	其中:专业学位研究生数/人	165
国家"百千万人才工程"入选数/人	0	在读博士研究生数/人	271
国家杰出青年基金获得者/人	7	其中:专业学位研究生数/人	5
教育部新(跨)世纪优秀人才培养计划入选数/人	3	在校攻读学位的外国留学生数/人	13
浙江省特级专家/人	1	应届本科毕业生一次就业率/%	98.9
浙江大学求是特聘教授数/人	2	应届本科毕业生考研录取(出国)率/%	64.52
一、二级学科国家重点学科数/个	1	应届毕业研究生一次就业率/%	100
国家重点(专业)实验室/个		科研总经费/万元	23461
国家工程(技术)研究中心/个	1	其中:国家自然基金比重/%	6.73
国家人才培养基地(含教学、教育基地)/个	0	纵向经费比重/%	52.29
国家精品资源共享课、视频公开课/门	5	教师出国交流/人次	105
		学生出国交流/人次	199
社会捐赠经费总额/万元	113.7	举办国际学术会议数/次	5

注:* 含重大科学研究计划、ITER 计划、青年科学家专题等。

息科学与工程专业学习。2019 届毕业本科生 99 人,硕士研究生 85 人,博士研究生 50 人。

光电信息科学与工程本科专业获批国家级一流专业建设点;参与获得 2018 年国家教学成果奖一等奖 1 项;获批浙江省高等教育"十三五"第二批教学改革研究项目、"十三五"省级产学合作协同育人项目各 1 项,浙江省"十三五"高校虚拟仿真实验教学项目 3 项。3 门课程在国家 MOOC 平台上线开课。本科生获国际级学科竞赛银奖 1

项,获国家级学科竞赛一等奖 3 项。研究生获 2017 年全国光学优秀博士学位论文 1 篇,获第四届全国光学工程学科优秀博士学位论文提名 1 篇,获浙江省优秀硕士学位论文 1 篇,参与获得国家级和省级大学生创新创业大赛金奖各 1 名。本科生 2018—2019 学年境外交流率 76.3%,博士生境外交流率 100%。

学院科研经费年度到款总额为 2.35 亿元,比上年增长 51%。获批国家自然科学基金项目 22 项;获科技部重点研发计划项目 2 项;获国家自然科学基金重大研究计划项目、国家自然科学基金重点国际(地区)合作研究项目、国家自然科学基金国际(地区)合作与交流项目、国家自然科学基金优秀青年科学基金项目各 1 项;获国家技术发明奖二等奖 1 项,获教育部科技进步奖一等奖(专用项目)1 项,获六部委"探月工程嫦娥四号任务突出贡献单位"称号。据不完全统计,以第一单位发表 SCI 收录论文 182 篇。

【刘旭团队项目成果获 2019 年度国家技术发明二等奖】 浙江大学光电学院刘旭团队"超分辨光学微纳显微成像技术"获得该奖项。该项目针对超分辨光学微纳显微成像技术瓶颈,提出移频超分辨的新方法,突破无标记、普适性标记无法实现超衍射极限成像的瓶颈;提出辐射微分技术,解决分辨率与信噪比不易兼得的难题;发展独特的 FSED 超分辨显微镜,攻克相应的核心部件、系统等关键技术,形成产业化,并建立了我国参加 ISO 国际标准 20 多年来首个由中国主导的 ISO 国际光学显微镜标准。

【获六部委"探月工程嫦娥四号任务突出贡献单位"荣誉称号】 2019 年 1 月 3 日 10 点 26 分,中国嫦娥四号探测器成功着陆于月球背面南极附近艾特肯盆地中的冯·卡门坑,人类历史上首次在月球背面实现了软着陆。由浙江大学光电学院徐之海团队完成的降落相机光学镜头成像清晰,表现优异,成功记录了整个降落过程中的月面视频画面,为保障首次月球背面软着陆成功做出了重要贡献。浙江大学光电学院因在探月工程嫦娥四号任务中表现突出,获人社部、工信部、国防科工局、国资委、军委政治部、中国科学院六部委颁发的"探月工程嫦娥四号任务突出贡献单位"荣誉称号。

【联合 5 家院友关联企业首次参展中国国际光电博览会】 2019 年 9 月 4 日至 7 日,学院联合舜宇光学科技(集团)有限公司、宁波永新光学股份有限公司、杭州远方光电信息股份有限公司、广州博冠光电科技股份有限公司、杭州科汀光学技术有限公司等 5 家院友关联企业,参展全球最大光电展——中国国际光电博览会。展会期间,学院通过路演采访、设备演示、大会报告、主题讲座、校友联谊等多种展示和宣传形式,有效推动了长三角与粤港澳湾区光电产业的联动发展,极大提升了浙江大学光学工程学科在国内光学光电领域的声誉度和影响力。

(章哲恺撰稿　郑丹文审稿)

信息与电子工程学院

【概况】 信息与电子工程学院(以下简称信电学院)由信息与通信工程系、电子工程系以及依托信电学院运行的浙江大学微电子学院组成,下设信息与通信网络工程研究所、微纳电子研究所、超大规模集成电路设计研究所、微电子集成系统研究所、智能通信网络与安全研究所、信号空间和信息系统研究所、射频与光子信息处理技术中心、统计信息与图像处理研究中心、智能电子信息系统研究所、电磁信息与电子集成研究所、毫米波与智能系统研究中心、感知技术与智能系统研究中心、先进射频工程研究中心、集成电路先导技术研究所,建有嵌入式系统教育部工程研究中心、浙江省信息处理与通信网络重点实验室、浙江省先进微纳电子器件智能系统及应用重点实验室等研究机构和首批国家集成电路人才培养基地。信息与电子工程实验教学中心和浙江大学工程

右侧竖排:浙江大学年鉴

电子设计基地为国家实验教学示范中心"浙江大学工程训练中心"的组成部分。

信电学院建有电子科学与技术、信息与通信工程2个博士后流动站,拥有电子科学与技术、信息与通信工程2个一级学科博士学位授予权,覆盖物理电子学、电路与系统、微电子学与固体电子学、电磁场与微波技术、通信与信息系统、信号与信息处理6个二级学科,其中通信与信息系统为二级学科国家重点学科,信息与通信工程入选浙江省一流学科(B类)建设名单。电子科学与技术专业获批首批国家级一流本科专业建设点。

全院现有教职工250人(其中教学科研并重岗教师115人)。正高级职称人员70人(2019年新增3人)、副高级职称人员52人(2019年新增2人)、博士研究生导师86人(2019年新增9人)、硕士研究生导师120人(2019年新增5人)、博士后26人。2019年,新增国家基金委优秀青年科学基金项目获得者1人。

2019年,信电学院招收硕士研究生229人、博士研究生82人,2019级本科生312人确认主修专业进入信电学院学习,毕业本科生281人、硕士研究生160人、博士研究生40人。2016级信息工程专业阮杨峻同学获竺可桢奖学金和浙江大学"十佳大学生"荣誉称号。获得全国研究生创芯大赛一等奖4项、全国电子设计竞赛一等奖2项(其中1项与其他学院学生共同完成)。

到校科研总经费19506.51万元;在研的国家基金项目72项,在研的科技部项目34项,在研的其他纵向科研项目48项;被SCI系统收录的论文233篇;出版著作及教材4部。

信电学院重视国际交流与合作,全年共有547人次的师生出访参加学术会议、合作研究和交流学习等,主办了第12届国际集成电路电磁兼容研讨会、第25届嵌入式及实时计算系统及应用国际会议、第8届非易失内存系统及应用研讨会及2019国际光学与微波遥感模型研讨会在内的4场高端国际会议。

【陈红胜教授课题组在 *Nature* 杂志发表文章】 1月10日,国际顶级期刊 *Nature* 报道了学院陈红胜教授课题组的一项最新研究,"Realization of a three-dimensional photonic topological insulator"。课题组在国际上研制成功了首个三维光子拓扑绝缘体。使用直接场测量,研究人员绘制出有间隙的体带结构和光子表面态的狄拉克样色散,并展示沿非平面表面的稳健光子传播。该工作将3D拓扑绝缘体系列从费米子扩展到玻色子,有望大幅度提高光子在波导中的传输效率,为三维几何中的拓扑光子腔、电路和激光器的应用铺平了道路。

【校友叶培建院士获"人民科学家"国家荣誉称号】 9月17日,国家主席习近平签署主席令,根据十三届全国人大常委会第十三次会议表决通过的全国人大常委会关于授予国家勋章和国家荣誉称号的决定,授予42人国家勋章、国家荣誉称号。我院校友叶培建院士(浙江大学1962级无线电专业)获"人民科学家"国家荣誉称号。

【科研经费创新高】 2019年学院科研经费创历史新高。科研系统中按"财务审批时间"口径统计,共到款19506.51万元,外拨1559.85万元,实到17946.66万元,较往年有大幅提升。2019年学院新增8项三重项目,包括牵头1项国家重点研发计划千万级项目,负责1项国家重点研发计划千万级课题、1项国家基金重点项目、5项军工重点

项目	数据	项目	数据
教职工总数/人	250	获国家级科技奖项目数/项	1
教授数/人	70	获国家级教学成果奖数/项	0
副教授数/人	52	授权发明专利数/项	53
具有博士学位的教师比例/%	99.15	SCI 入选论文数/篇	233
两院院士/人	1	EI 入选论文数/篇	309
"国家特支计划"入选数/人	0	出版专著/部	4
"长江学者"数/人	1	在校本科生数/人	956
省部级高等学校教学名师奖获得者/人	1	在学硕士研究生数/人	724
"973 计划"首席科学家数 * /人	1	其中:专业学位研究生数/人	332
国家"百千万人才工程"入选数/人	0	在读博士研究生数/人	302
国家杰出青年基金获得者/人	3	其中:专业学位研究生数/人	9
教育部新(跨)世纪优秀人才培养计划入选数/人	8	在校攻读学位的外国留学生数/人	31
浙江省特级专家/人	0	应届本科毕业生一次就业率/%	99.25
浙江大学求是特聘教授数/人	3	应届本科毕业生考研录取(出国)率/%	66.17
一、二级学科国家重点学科数/个	1	应届毕业研究生一次就业率/%	100
国家重点(专业)实验室/个	0	科研总经费/万元	19506
国家工程(技术)研究中心/个	0	其中:国家自然基金比重/%	7.44
国家人才培养基地(含教学、教育基地)/个	7	纵向经费比重/%	34.34
国家精品资源共享课、视频公开课/门	0	教师出国交流/人次	152
		学生出国交流/人次	395
社会捐赠经费总额/万元	35	举办国际学术会议数/次	4

注:* 含重大科学研究计划、ITER 计划、青年科学家专题等。

项目。

（王　震撰稿　钟蓉戎审稿）

控制科学与工程学院

【概况】　控制科学与工程学院(简称控制学院),下设工业控制、智能系统与控制、智能感知与检测 3 个研究所以及分析仪器研究中心和自动化实验教学中心,拥有工业控制技术国家重点实验室等 4 个国家级平台,建有教育部引智基地,是多个国家基金创新群体的依托单位。

学院拥有控制科学与工程、网络空间安全(共建)一级学科博士、硕士学位授予权,控制工程专业硕士学位授予权,设自动化、机器人工程 2 个本科专业。控制科学与工程为一级学科国家重点学科、"双一流"学科。

现有教职工 129 人。其中,中国工程院院士 1 人,正高级职称人员 49 人(2019 年新增 1 人)、副高级职称人员 38 人(2019 年新增 1 人)、博士研究生导师 55 人、硕士研究生导师 70 人,学科博士后 15 人。2019 年,获评国家"万人计划"青年拔尖人才 1 人,浙江省有突出贡献中青年专家 2 人,浙江大学求是特聘教授 1 人,浙江省"万人计划"青年拔尖人才 1 人,浙江大学首批党建先锋奖 1 人;6 人获颁"庆祝中华人民共和国成立 70 周年纪念章"。

2019 年,学院招收博士研究生 66 人、硕士研究生 132 人,2019 级本科生 122 人确认主修控制学院自动化专业;毕业博士研究生 39 人、硕士研究生 114 人、本科生 132 人。自动化专业入选"双万计划"首批国家级一流本科专业建设点;机器人工程专业正式招生,首届 34 人。新增省级实践基地 2 个、企业教学实习基地 3 个、产学研合作企业 2 家,成立学院创新创业中心。学生获评第十四届中国大学生年度人物 1 人;获 IEEE 国际会议最佳论文奖 2 篇、中国自动化学会优秀博士学位论文奖 1 篇;卫冕 RoboCup 机器人足球世界杯小型组世界冠军,获 DJI RoboMaster 人工智能挑战赛国际一等奖,首届中国无人驾驶航海器智能帆船项目公开赛暨第十二届国际挑战赛 WRSC 冠军。

科研经费到款 16942.1 万元,纵向经费突破 1 亿。新增科研项目 142 项,其中国家级重点项目(课题)14 项、千万级项目 2 项;在研项目 352 项,其中国家级重点项目(课题)43 项、千万级项目 5 项;举办 2019 中国自动化大会;获批教育部大平台(NGICS)1 个、省级平台 1 个,牵头中标工信部工业互联网创新发展项目 1 项,入选中国自动化学会会士 1 人、全球高被引科学家 7 人次;获第十五届中国青年科技奖 1 人,高等学校科学研究优秀成果奖(科学技术)自然科学奖一等奖 1 项,中国自动化学会科技进步特等奖 1 项、自然科学奖一等奖 2 项;入选"浙江大学 2018 年度十大学术进展"1 项。

学院师生出国(境)交流 436 人次,接待国(境)外专家、学者来访 105 人次;学年本科生对外交流率 151.1%,位列全校第一。获年度中国政府友谊奖 1 人,当选中国工程院外籍院士 1 人;新增海外学术大师科学家联合工作室 1 个。

校友工作不断拓展,成立"孙优贤人才教育基金"。

【承办 2019 中国自动化大会】 11 月 22 日至 24 日,该大会在杭州国际博览中心召开,主题为"智能自动化承载未来"。大会历时三天,由中国自动化学会、杭州市人民政府和浙江省科学技术协会联合主办,由浙江大学、杭州市萧山区人民政府和浙江省自动化学会共同承办。30 余位院士和将军、百余位长江杰出青年、近百位校长院长等知名专家出席,8 位院士、将军作大会报告,3000 余名相关领域科技工作者参会,共接收 1200 余篇会议论文。大会设有 8 个专题,除大会报告外 80 余位专家学者作专题报告;设有 18 个卫星会议,有 110 余位专家学者介绍新理论、新技术、新产品、新成果、新经验。

开幕式上,浙江省委常委、杭州市委书记周江勇,浙江省副省长高兴夫,浙江大学校长吴朝晖院士、本届大会总主席、中国自动化学会理事长郑南宁院士分别致辞。中国工程院原常务副院长潘云鹤院士,本届大会总主席、中国自动化学会原理事长孙优贤院士,中央军委装备发展部原副部长张育林中将出席会议。与会领导嘉宾共同启动杭州国家新一代人工智能创新发展试验区。本届大会组织委员会主席、浙江大学党委副

项目	数据	项目	数据
教职工总数/人	129	获国家级科技奖项目数/项	0
教授数/人	35	获国家级教学成果奖数/项	0
副教授数/人	23	授权发明专利数/项	47
具有博士学位的教师比例/%	88.8	SCI 入选论文数/篇	212
两院院士/人	1	EI 入选论文数/篇	206
"国家特支计划"入选数/人	2	出版专著/部	1
"长江学者"数/人	2	在校本科生数/人	543
省部级高等学校教学名师奖获得者/人	0	在学硕士研究生数/人	437
"973 计划"首席科学家数*/人	0	其中:专业学位研究生数/人	226
国家"百千万人才工程"入选数/人	6	在读博士研究生数/人	235
国家杰出青年基金获得者/人	2	在校攻读学位的外国留学生数/人	13
教育部新(跨)世纪优秀人才培养计划入选数/人	7	应届本科毕业生一次就业率/%	97.5
浙江省特级专家/人	3	应届本科毕业生考研录取(出国)率/%	73.8
浙江大学求是特聘教授数/人	4	应届毕业研究生一次就业率/%	100
一、二级学科国家重点学科数/个	1	科研总经费/万元	16942.1
国家重点(专业)实验室/个	1	其中:国家自然基金比重/%	11.5
国家工程(技术)研究中心/个	1	纵向经费比重/%	82.3
国家人才培养基地(含教学、教育基地)/个	0	教师出国交流/人次	111
国家精品资源共享课、视频公开课/门	0	学生出国交流/人次	325
社会捐赠经费总额/万元	26	举办国际学术会议数/次	4

注:* 含重大科学研究计划、ITER 计划、青年科学家专题等。

书记、副校长张宏建主持开幕式。

大会同期项目、中国(杭州)智能自动化博览会同期举办。

【获 2019 年度中国政府友谊奖】 9 月 30 日,求是讲座教授 Lorenz T. Biegler 获得该奖",并受邀出席庆祝中华人民共和国成立 70 周年招待会。Biegler 教授现任美国卡内基梅隆大学化工系教授、浙江大学求是讲座教授,是美国工程院院士、美国化学工程师学会会士,曾获美国总统青年科学家奖,曾任美国卡内基梅隆大学化工系主任。他在大规模系统优化、复杂系统动态优化方面做出了划时代的贡献,成果在工业界、学术界享有盛誉并得到广泛应用,是优化控制领域的国际大师。Biegler 教授和浙江大学团队交流合作长达十余年,在基础研究、人才培养、学科建设中发挥了重要作用。

中国政府友谊奖是中国政府为表彰在中国现代化建设和改革开放事业中做出突出贡献的外国专家设立的最高奖项。9 月 30 日下午,2019 年度颁奖典礼在人民大会堂隆重举行。国务院总理李克强会见获奖外国专家并表示热烈祝贺。

【屠德展获评第十四届中国大学生年度人物】 5月7日,第十四届中国大学生年度人物揭晓,控制科学与工程学院2016级硕士研究生屠德展同学获评"第十四届中国大学生年度人物"。屠德展,男,中共党员,浙江大学控制科学与工程专业2016级硕士研究生。发表SCI论文4篇,被国际会议录用论文1篇;共获得省级以上学科竞赛奖励13项,包括连续两届获日内瓦国际发明展最高荣誉:特别嘉许金奖(排名第1)、第十五届"挑战杯"全国大学生课外学术科技作品竞赛特等奖(排名第1)、第十四届"挑战杯"全国大学生课外学术科技作品竞赛全国一等奖(排名第1)、第四届浙江省"互联网+"大学生创新创业大赛金奖(排名第1)等赛事奖项。参与国家自然科学基金重点项目1项,主持国家级大学生创新创业训练计划2项(含创业实践)、浙江省大学生科技创新项目2项、入选浙江大学"浙报—阿里极客计划"、"启真杯"浙江大学学生十大学术新成果;累计申请、授权国家发明专利8项、实用新型专利4项、软件著作权12项;曾赴新加坡、瑞士、加拿大、以色列等国家进行学术交流;发起成立浙江大学智慧城市交叉创新俱乐部,并担任主席;获得第十一届中国青少年科技创新奖,并在人民大会堂获国务院副总理孙春兰接见并颁奖。

"第十四届中国大学生年度人物推选展示"活动由教育部、人民日报社共同指导,人民网、光明日报社教育部、《大学生》杂志、中国大学生在线联合主办。经组织推荐、通讯评审、网络展示、会议终评等环节,共遴选出年度人物候选人10名,年度人物提名候选人40名。

(王　婧撰稿　丁立仲审稿)

计算机科学与技术学院

【概况】 计算机科学与技术学院(简称计算机学院)由计算机科学与工程学系、数字媒体与网络技术系、工业设计系、软件工程系(与软件学院共建)、信息安全系和人工智能系6个系组成,设有人工智能、计算机软件等4个研究所,以及计算机基础教学和继续教育、计算机应用工程2个中心,拥有计算机辅助设计与图形学(CAD&CG)国家重点实验室、国家列车智能化工程技术研究中心2个国家重点实验室(工程技术研究中心)和视觉感知教育部—微软重点实验室、计算机辅助产品创新设计教育部工程研究中心等12个省部级重点实验室(工程技术研究中心)。新成立浙江大学网络空间安全学院,行政挂靠计算机学院。

计算机应用技术为二级学科国家重点学科,计算机软件与理论为国家重点(培育)学科,计算机科学与技术、软件工程、设计学3个学科为浙江省一流学科。在教育部第四轮学科评估工作中,计算机科学与技术一级学科与软件工程一级学科均入选A+,设计学为A−。据《基本科学指标》数据库(ESI)2019年11月数据统计,学院的计算机学科ESI学科排名世界前1‰,列全球第22位。USNews计算机学科排名全球第十。

学院拥有计算机科学与技术、软件工程、网络空间安全和设计学4个一级学科以及人工智能交叉学科(纳入一级学科管理)博士学位授予权和博士后流动站,设有计算机科学与技术、软件工程、工业设计等6个本科专业。

2019 年,招收博士研究生 153 人、硕士研究生 310 人。2019 级本科生 468 人确认主修专业到学院学习。毕业博士研究生 55 人、硕士研究生 277 人、本科生 401 人。

现有教职工 236 人,其中具有正高职称人员 85 人,副高职称人员 96 人,博士生指导教师 116 人(含兼职博导 18 人),硕士生指导教师 186 人。2019 年学院新增国家"万人计划"科技创新领军人才 2 人、国家杰出青年基金获得者 1 人、国家百千万人才工程入选者 1 人、"长江学者"青年学者 1 人、国家"万人计划"青年拔尖人才 1 人。学院在站博士后研究人员共有 60 人。

2019 年,科研经费到款共计 33450.6 万元,其中纵向项目经费 13916.82 万元、军工项目经费 5939.43 万元。新增"三重"科技项目 11 项,科技人才类项目新增国家杰出青年基金项目 1 项,国家自然科学基金批准项目 18 项。转化发明专利 22 项,共计金额 398 万元。新建教育部人工智能协同创新中心、数字创意智能技术与装备浙江省工程研究中心。

2019 年,计算机科学与技术和软件工程专业列入国家一流本科专业建设点。共有 2 门课程被认定为国家精品在线开放课程项目,3 门课程获得 2019 年第二批省级精品在线开放课程。获得浙江省本科院校"互联网+教学"优秀案例(线上线下混合课程)1 项。

2019 年,接待海外高校来访团 8 批次,邀请海外学者来院开展讲座 20 余场,并与英属哥伦比亚大学举办第二届 ZJU-UBC 软件工程研讨会。

【获 2019 中国电子学会科技进步奖特等奖】

12 月,陈刚教授领衔的"流式大数据实时智能处理技术及平台应用"项目获得 2019 中国电子学会科技进步奖特等奖。"流立方"解决的关键科学技术问题在于面向全域时序大数据集,基于复杂指标的关联分析,实现了高实时、低迟滞的智能决策,实现了多尺度时间窗口时序数据复杂指标实时计算、多源异构时序流式大数据实时关联计算、时序大数据驱动的实时智能决策等主要科技创新。本项目继 2016 年获得教育部科技进步一等奖后,再因关键技术取得国际级重大突破而获此殊荣。

【"达尔文"Ⅱ 代神经拟态类脑芯片正式发布】 计算机学院牵头研制的神经拟态类脑芯片——"达尔文"Ⅱ 代于 2019 年 8 月 26 日发布。它借鉴大脑神经网络工作原理进行计算,比传统计算模式具有更低功耗。它采用高带宽的片上网络架构,集成了 576 个内核,每个内核支持 256 个神经元,神经元总数规模达 15 万,神经元突触超过 1 千万。技术上采用核内神经突触共享机制、高稳定性的神经脉冲事件异步通信、事件驱动工作机理等。支持多片芯片的级联,可构建千万级神经元规模的类脑计算系统。有望在智慧物联网的低功耗边缘或端计算领域得到多方面应用,如图像识别、语音理解、多目标跟踪等。同时,可为脑科学与脑疾病机制研究提供重要的脑仿真平台支撑。达尔文Ⅱ代芯片的成功研制,填补了国内十万级神经元规模神经拟态类脑芯片的空白。

【获 ASE 2019ACM SIGSOFT 杰出论文奖】

11 月,李善平教授团队的论文 *Automatic Generation of Pull Request Descriptions*(拉取请求描述的自动生成)获得 ACM SIGSOFT(国际自动化软件工程会议)杰出论文奖。论文研究了社交编程平台(比如 GitHub)中的拉取请求(pull request)描述,

附表　2019 年度计算机科学与技术学院基本情况

项目	数据	项目	数据
教职工总数/人	236	获国家级科技奖项目数/项	0
教授数/人	66	获国家级教学成果奖数/项	0
副教授数/人	76	授权发明专利数/项	95
具有博士学位的教师比例/%	80.21	SCI 入选论文数/篇	190
两院院士/人	4	EI 入选论文数/篇	245
"国家特支计划"入选数/人	11	出版专著/部	1
"长江学者"数/人	6	在校本科生数/人	1382
省部级高等学校教学名师奖获得者/人	0	在学硕士研究生数/人	1005
"973 计划"首席科学家数*/人	3	其中:专业学位研究生数/人	456
国家"百千万人才工程"入选数/人	4	在读博士研究生数/人	531
国家杰出青年基金获得者/人	8	其中:专业学位研究生数/人	32
教育部新(跨)世纪优秀人才培养计划入选数/人	13	在校攻读学位的外国留学生数/人	40
浙江省特级专家/人	3	应届本科毕业生一次就业率/%	98.52
浙江大学求是特聘教授数/人	6	应届本科毕业生考研录取(出国)率/%	37.39
一、二级学科国家重点学科数/个	1	应届毕业研究生一次就业率/%	100
国家重点(专业)实验室/个	1	科研总经费/万元	33450.6
国家工程(技术)研究中心/个	1	其中:国家自然基金比重/%	12.59
国家人才培养基地(含教学、教育基地)/个	2	纵向经费比重/%	41.68
国家精品资源共享课、视频公开课/门	6	教师出国交流/人次	195
社会捐赠经费总额/万元	352.5	学生出国交流/人次	601
		举办国际学术会议数/次	4

注:* 含重大科学研究计划、ITER 计划、青年科学家专题等。

首次提出了拉取请求描述的自动生成问题,并创造性地将该问题看作一个文本总结问题,即:将拉取请求中软件提交日志和代码注释看作"文章",将拉取请求描述看作"文章"的"摘要",尝试根据"文章"自动生成"摘要"。论文提出了一个新颖的 seq2seq 模型来解决这一问题,并构建了第一个用于该问题的数据集。实验结果显示,论文提出的方法在该数据集上显著优于两个基线算法。

（胡高权撰稿　彭列平审稿）

软件学院

【概况】　软件学院设软件工程和工业设计工程 2 个专业。2019 年招收软件工程专业领域非全日制定向工程博士研究生 12 人;招收软件工程专业学位研究生 297 人,其中全日制研究生 207 人、非全日制研究生 90 人;招收工业设计工程专业学位研究生 68

人,其中全日制研究生25人、非全日制研究生43人。2019年学院首次招收全日制留学生,工业设计工程专业方向招收了3名留学生,其中1人是攻读2.5年制硕士学位的留学生,实现了零的突破。2019年毕业研究生327人,研究生就业率为98.17%,其中进入世界500强和重点单位就业的毕业生比例为69.7%,出国深造5人,国内升学3人,选调生就业1人,军工单位就业1人。在校研究生1033人。

学院与阿里巴巴共建研究生联合培养实践基地、与吉利控股集团开展智能驾驶领域合作、与上海驻云信息科技有限公司共建"浙江大学软件学院—驻云科技联合创新实验室"、与北斗数睿(北京)科技有限公司共建"浙江大学软件学院—北斗数睿战略合作平台"、与杭州新瑞信息技术有限公司共建"浙江大学—新瑞智慧建筑数据联合研究中心"、与浙江陀曼云计算有限公司(浙江陀曼智造科技有限公司)共建浙江大学—陀曼人工智能产业化应用联合研究中心、与浙江省交通运输科学研究院和浙江网新数字技术有限公司共建浙江交通人工智能研究院,为人才培养、学科建设、学生实习实践创造有利条件,其中浙江大学—阿里巴巴创新人才联合培养基地获得浙江省教育厅批准,成为浙江省研究生联合培养基地。

学院着力推动创新创业工作,积极组织师生参加国际国内各类创新创业大赛、软件创新大赛、创新设计大赛等相关赛事,并获多项国内外大赛奖项。工业设计工程专业学生获得2019年红点概念设计奖一项、"世界5G大会——5G应用设计揭榜赛"校园赛一等奖、京东特别奖和ICVA Awards暨第二届国际视觉艺术理事会奖优秀奖等行业顶尖赛事奖项。学院针对宁波IT产业相对薄弱的现状,自筹资金200余万元建设创新创业实践基地,引导合作企业在学院内落户,建立研发中心或分支机构,吸引学生在宁波实习创业就业,服务宁波产业发展。

【举办2019浙江大学第五期研究生国际暑期学校暨软件工程国际化产学研合作项目】

该项目于6月25日至7月6日举行,吸引了来自美国斯坦福大学、麻省理工学院、哈佛大学、英国剑桥大学等世界顶尖大学23位学生参加了为期2周的学习交流活动,并在阿里巴巴等合作企业进行了11周企业实习。活动期间,国际学生们在浙江大学学习了人工智能、大数据、区块链等前沿技术,参访了阿里巴巴、网易、蚂蚁金服等IT行业代表性公司,体验了茶道、中华武术等中国传统文化,充分感受到了中国在新兴领域科技的跨越式发展。学院以该产学研合作项目为契机,邀请斯坦福大学科技创业中心核心成员、工程学院管理科学与工程系Chuck Eesley副教授2次访问浙大,出席浙江大学区块链技术国际研讨会,为双方开展科研合作创造了条件。斯坦福大学工学院已经同意软件学院选拔2名研究生赴斯坦福大学开展为期6个月的学习交流。

【举办优秀大学生夏令营】 该夏令营于7月16日—8月15日举办,本次活动联合阿里巴巴、华为、网易等著名企业以及学院优秀导师,吸引了国内高校667名优秀大学生申请报名,经合作企业和导师筛选,81名学生入选夏令营营员,参加了为期一个月的项目开发实践。夏令营得到了学院各合作企业和导师项目组的大力支持,在学院扩大宣传、提高生源质量方面发挥了重要作用,最终学院从中录取了24名2020级推荐免试生。

【互联网信息无障碍领域标准发布】 8月

30 日，国家市场监督管理总局、中国国家标准化管理委员会发布我国互联网信息无障碍领域第一个国家标准《信息技术互联网内容无障碍可访问性技术要求与测试方法》（GB/T 37668—2019），该国标由浙江大学作为牵头单位、软件学院常务副院长卜佳俊教授作为牵头人起草。

（方红光撰稿　张栋梁审稿）

生物医学工程与仪器科学学院

【概况】　生物医学工程与仪器科学学院（简称生仪学院）下设生物医学工程学系和仪器科学与工程学系，包括生物医学工程研究所、数字技术及仪器研究所和医疗健康信息工程技术研究所三个研究所，建有浙江大学生物传感器技术国家专业实验室、浙江大学生物医学工程教育部重点实验室、医疗大数据应用技术国家工程实验室（共建单位）、浙江省心脑血管检测技术与药效评价重点实验室、浙江省网络多媒体技术研究重点实验室、浙江大学嵌入式系统教育部工程研究中心、浙江大学生物医学工程技术评估研究中心、浙江大学临床医学工程研究中心。

学院拥有生物医学工程一级学科，是浙江大学 14 个国家一级重点学科之一，建有生物医学工程博士后流动站，设有生物医学工程一级学科博士学位授权点和硕士学位授权点，自主设置电子信息技术及仪器二级学科博士学位授权点和硕士学位授权点。

2019 年，招收博士研究生 45 人，招收硕士研究生 92 人，确认主修专业进入生仪学院 2019 级本科生 102 人，均为生物医学工程专业。毕业博士研究生 33 人、毕业硕士研究生 80 人、毕业本科生 125 人。2019 届毕业研究生一次就业率 96.8％、本科生一次就业率 94.4％，本科生深造率 50.4％。

现有教职工 110 人，其中正高级职称人员 25 人、副高级职称人员 28 人、博士研究生指导教师 32 人、硕士研究生指导教师 50 人，学院博士后流动站在站人员 25 人（其中委培 3 人、企业博士后 7 人）。

学院科研总经费 10796 万元，新增千万级科研项目 1 项，立项各类基金项目 5 项（包括国家自然科学基金、国家社科基金、省自然科学基金等）、国家科技重大专项和国家重点研发计划项目 4 项，其他纵向科研项目 10 项，军工项目 8 项，被 SCI、EI 等国际三大检索系统收录论文 91 篇，授权各类专利等知识产权 43 项。

学院重视国际交流与合作，2019 年教师出国出境交流访问 68 人次，研究生出国出境交流 65 人次，其中博士研究生出国交流率 100％，本科生出国出境学习交流 116 人次，交流率 92％，比上一年翻一番。接待来访境外学者约 30 人次。学院积极开拓与世界知名大学的交流与合作，2019 年新增新加坡国立大学"3＋1＋1"本硕联培项目和美国卡耐基梅陇大学"3＋1＋1"本硕联培项目，进一步提升学院国际化办学水平。

【承办 BME 全国博士生论坛】　10 月 25 至 27 日，在浙江大学玉泉校区学院第一次承办"2019 生物医学工程（BME）全国博士生学术论坛"，论坛共吸引了海内外 40 多家科研院所和高校的 130 多位博士生代表以及专家学者参加，论坛得到国内高校的高度关注，是全国生物医学工程学科博士的一次学术盛会。

【学生创新创业活动获多个奖项】　7 月，在

附表　2019 年度生物医学工程和仪器科学学院基本情况

项目	数据	项目	数据
教职工总数/人	110	获国家级科技奖项目数/项	0
教授数/人	17	获国家级教学成果奖数/项	0
副教授数/人	23	授权发明专利数/项	35
具有博士学位的教师比例/%	97.78	SCI 入选论文数/篇	82
		EI 入选论文数/篇	28
两院院士/人	0	SSCI 入选论文数/篇	8
"国家特支计划"入选数/人	0	出版专著/部	0
"长江学者"数/人	0	在校本科生数/人	469
省部级高等学校教学名师奖获得者/人	0	在学硕士研究生数/人	292
"973 计划"首席科学家数*/人	0	其中:专业学位研究生数/人	120
国家"百千万人才工程"入选数/人	1	在读博士研究生数/人	225
国家杰出青年基金获得者/人	2	其中:专业学位研究生数/人	3
教育部新(跨)世纪优秀人才培养计划入选数/人	2	在校攻读学位的外国留学生数/人	9
浙江省特级专家/人	1	应届本科毕业生一次就业率/%	94.4
浙江大学求是特聘教授数/人	2	应届本科毕业生考研录取(出国)率/%	50.4
		应届毕业研究生一次就业率/%	96.8
一、二级学科国家重点学科数/个	1	科研总经费/万元	10796
国家重点(专业)实验室/个	1	其中:国家自然基金比重/%	7
国家工程(技术)研究中心/个	1	纵向经费比重/%	30
国家人才培养基地(含教学、教育基地)/个	0	教师出国交流/人次	68
国家精品资源共享课、视频公开课/门	0	学生出国交流/人次	181
社会捐赠经费总额/万元	0	举办国际学术会议数/次	0

注:* 含重大科学研究计划、ITER 计划、青年科学家专题等。

第五届浙江省"互联网＋"大学生创新创业大赛中,易昊翔、任舒婵等学生组队参赛的回车科技——未来全脑智能行业定义者项目获得冠军;樊钰、宋加壮、郑可心等学生组队参赛的迁移科技——工业机器人智能化专家项目获得金奖。

10 月,第五届中国"互联网＋"大学生创新创业大赛在浙江杭州举行,由高峰、杨秦敏、周泓等老师指导,易昊翔、任舒婵等学生组队参赛的回车科技——未来全脑智能行业定义者项目获得亚军、金奖和最佳创意奖。

12 月,由沈义民老师指导,陆涛涛、蒋国栋等学生组队参加的现场命题"纸张计数显示装置"电子设计比赛,获得全国大学生电子设计竞赛一等奖。

【陈耀武教授获国庆 70 周年纪念章】 作为新中国成立 70 周年系列庆祝活动的重要组成部分,中共中央、国务院、中央军委颁发"庆祝中华人民共和国成立 70 周年"纪念章,陈耀武教授获此殊荣。陈耀武教授是浙江省特级专家,浙江大学求是特聘教授,长期从事图像实时处理和高性能嵌入式计算领域的研究工作,取得了一系列具有国际先进水平的创新性成果,作为第一完成人在2010年获得国家科学技术进步二等奖、2017年获得国家科学技术发明二等奖。

（钱鸣奇撰稿　王春波审稿）

医学院

【概况】　医学院下设基础医学系、脑医学与脑科学系(2019年新增)、公共卫生系、护理学系、第一临床医学院、第二临床医学院、第三临床医学院、妇产科学院、儿科学院、口腔医学院、第四临床医学院11个(院)系,设有检验医学(2019年新增)等30个校级研究所,拥有附属第一医院、第二医院、邵逸夫医院、妇产科医院、儿童医院、口腔医院、第四医院7家直属附属医院,附属杭州市第一人民医院非直属附属医院,杭州市第七人民医院为医学院精神卫生中心,参照附属医院管理。浙江大学医学中心(筹)、转化医学研究院、遗传学研究所、系统神经与认知科学研究所(2019年转入)归口医学院管理;浙江大学实验动物中心、冷冻电镜中心、司法鉴定中心依托医学院运行管理;浙江大学健康医疗大数据国家研究院行政挂靠医学院。医学院是中国医学科学院浙江分院所在地。

学院建有传染病诊治国家重点实验室、国家感染性疾病诊治协同创新中心、国家感染性疾病、儿童健康与疾病2个临床医学研究中心(2019年新增);设有国家健康和疾病人脑组织资源库(2019年新增)、脑与脑机融合前沿科学中心,以及教育部恶性肿瘤预警与干预、生殖遗传2个重点实验室,卫健委传染病学、多器官联合移植研究、医学神经生物学3个重点实验室及国家药品监督管理局药品评价中心浙江呼吸药物研究重点实验室等;还拥有科技部国际科技合作基地2个,教育部工程研究中心1个、高等学校学科创新引智基地1个,以及浙江省免疫与炎症疾病重点实验室(2019年新增)、浙江省智能预防医学重点实验室(2019年新增)等浙江省重点实验室32个(2019年新增5个)和浙江省工程实验室(技术研究中心)6个,浙江省肿瘤免疫诊断与治疗新技术创新基地(2019年新增)等6个浙江省国际科技合作基地。此外,医学院还拥有国家理科基础科学研究和教学人才培养基地、国家级虚拟仿真实验教学中心等。

内科学(传染病)、外科学(普外)、肿瘤学、儿科学4个学科为二级学科国家重点学科,病理学与病理生理学、眼科学、妇产科学3个学科为国家重点(培育)学科,基础医学为国家"双一流"建设学科。

学院建有基础医学、临床医学、口腔医学、公共卫生与预防医学、护理学(2019年新增)5个博士后流动站;拥有基础医学、临床医学、口腔医学、公共卫生与预防医学、护理学5个一级学科博士学位授予权,和兄弟学院共建生物学、药学、公共管理3个一级学科博士学位授权点,设有人体解剖与组织胚胎学、内科学等46个二级学科博士学位授权点,以及临床医学专业(分8年制、"5+3"一体化培养、5年制培养体制)、口腔医学专业("5+3"一体化培养)、基础医学专业(5年制)、生物医学专业(4年制)、预防医学专业(5年制)和本科临床医学MBBS(留学生)项目(6年制)。

2019年,招收本科生487人(其中临床医学8年制(本博连读)62人、"5+3"一体化培养 227 人、临床医学 5 年制 109 人、基础医学 8 人、预防医学 81 人),临床医学(留学生)MBBS 94 人;博士研究生 501 人、硕士研究生 700 人;2019 级本科生 423 人确认主修医学类专业。毕业博士研究生 313 人、硕士研究生 504 人、本科生 338 人,MBBS73 人。

现有教职工 869 人,另有附属医院职工 18073 人。其中,中国科学院院士 1 人,工程院院士 4 人,具有正高级职称人员 335 人,副高级职称人员 138 人,博士研究生导师 532 人(2019 年新增 47 人)、硕士研究生导师 639 人(2019 年新增 116 人)。2019 年新增国家优秀青年科学基金项目获得者 4 人。

学院到位科研总经费为 7.0069 亿元,在研国家级科研项目 1503 项,经费 4.5444 亿元。获批国家自然科学基金项目 351 项,其中包括重点项目 12 项、重点国际(地区)合作研究与交流项目 2 项、联合基金重点支持项目 1 项以及优秀青年项目 4 项,批准直接经费 1.8195 亿元。获批国家重点研发计划项目 7 项、浙江省重点研发计划项目 37 项、浙江省基础公益研究计划项目 313 项。获 2019 年度国家科学技术进步奖二等奖 2 项,以及教育部高等学校科学研究优秀成果奖技术发明奖一等奖 1 项、自然科学奖二等奖 1 项。

全年,接待国(境)访问团组 148 批 393 人次,聘请名誉及客座教授 6 人,举办国际会议 12 场,海峡两岸会议 2 场,海外名师大讲堂 1 场。11 月 21 日,与美国哈佛大学合作成立疑难未诊断疾病联合研究中心;未诊断疾病国际联盟(UDNI)成员委员会正式批准浙江大学成为其中国首家 UDNI 成员单位;与加拿大多伦多大学正式签署双博士学位联合培养协议,开启"医+X"精准医学领域转化研究方向的复合型人才培养合作;获批国家留学基金管理委员会 2019 年创新型人才国际合作培养项目;筹划浙大主场,启动"一带一路"国际医学院全球五十佰伙伴计划;在澳门回归 20 周年之际,举办首届浙江大学—澳门大学粤港澳大湾区高校青年学者健康论坛。

7 家附属医院共有开放床位 12892 张,2019 年门诊、急诊人数达 2099.36 万人次,住院治疗人数 77.74 万人次,医院业务总收入 232 亿元。2019 年度浙江大学医德医风奖揭晓,附属第二医院郑树获好医生特别奖;附属邵逸夫医院王先法等 7 人获好医生奖;附属妇产科医院马冬梅等 8 人获好护士奖。

对接健康中国战略,发挥引领辐射作用。9 月 19 日,浙江省与国家卫生健康委员会签署委省共建国家区域医疗中心协议,浙江大学牵头 1 个国家医学中心及 6 个区域医疗中心建设,大力推进区域优质医疗资源共享。7 月 1 日,与杭州市疾病预防控制中心签约挂牌成立"浙江大学公共卫生学院附属杭州市疾病预防控制中心"(非直属);9 月 25 日,浙江大学与中国疾病预防控制中心签署战略合作协议,推动大健康战略下公共卫生领域的新发展。加快推进非直属附属医院建设。10 月 30 日,浙江大学与杭州市卫生健康委员会签订合作协议,共建 6 家非直属附属医院,共同推动杭州卫生健康事业和浙大医学学科高质量发展。

【增设脑科学与脑医学系】 根据校党委常委会决定(〔2020〕30 号),10 月 9 日,医学院增设脑科学与脑医学系。该系对外称脑科学与脑医学学院,按学校中层机构管理。作为全国首个脑科学和脑医学领域教学、科

项目	数据	项目	数据
教职工总数/人★	869	获国家级科技奖项目数/项	2
教授数/人	207	获国家级教学成果奖/项	0
副教授数/人	87	授权发明专利数/项	50
具有博士学位的教师比例/%	90.5	SCI 入选论文数/篇	2269
		EI 入选论文数/篇	2
两院院士/人	5	MEDLIME 入选论文数/篇	未统计
"国家特支计划"入选数/人	19	出版专著/部	1
"长江学者"数/人	17	在校本科生数/人	2407
省部级高等学校教学名师奖获得者/人	4	在学硕士研究生数/人	2077
"973 计划"首席科学家数*/人	10	其中:专业学位研究生数/人	1077
国家"百千万人才工程"入选数/人	5	在读博士研究生数/人	1915
国家杰出青年基金获得者/人	15	其中:专业学位研究生数/人	541
教育部新(跨)世纪优秀人才培养计划入选数/人	0	在校攻读学位的外国留学生数/人	614
浙江省特级专家/人	8	应届本科毕业生一次就业率/%	83.38
浙江大学求是特聘教授数/人	55	应届本科毕业生考研录取(出国)率/%	65.80
一、二级学科国家重点学科数/个	4	应届毕业研究生一次就业率/%	98.45
国家重点(专业)实验室/个	1	科研总经费/万元	70069
国家工程(技术)研究中心/个	0	其中:国家自然基金比重/%	30.35
国家人才培养基地(含教学、教育基地)/个	1	纵向经费比重/%	88.88
国家精品资源共享课、视频公开课/门	6	教师出国交流/人次	2257
		学生出国交流/人次	1025
社会捐赠经费总额/万元	9779.67	举办国际学术会议数/次	12

注:★不含附属医院职工数。

＊含重大科学研究计划、ITER 计划、青年科学家专题等。

研、临床有机结合的新兴学科,该系致力于成为国际一流人才汇聚和拔尖创新人才培养的重要脑科学交叉研究平台。

【获批 2 个国家临床医学研究中心】 5 月 21 日,科技部、国家卫生健康委、中央军委后勤保障部、国家药监局(国科发社〔2019〕177 号)认定第四批国家临床医学研究中心,医学院附属第一医院获批国家感染性疾病临床医学研究中心,附属儿童医院获批国家儿童健康与疾病临床医学研究中心。

【入选国家科技资源共享服务平台"国家脑库"】 6 月 5 日,科技部、财政部发布国家科技资源共享服务平台(简称国家平台)优化调整名单,浙江大学医学院中国人脑库入选该平台"国家健康和疾病人脑组织资源库"(简称国家脑库)。国家脑库整合神经科学、人体解剖学、病理学和其他相关学科专家和力量共同建设,集收集、诊断、储存和利用为一体,建成与国际接轨的国内一流的人类资源保存基础设施。自 2012 年 11 月收集第一例捐献大脑至今,已向国内 25 项科研项目提供人脑组织样本 3600 余份,包括多项国家重点研发计划等项目,涵盖了常见神经、精神疾病等样本。该国家平台为人类神经、精神等疾病的发病机制及治疗方法的研究提供高质量的科技资源共享服务,也为学科建设提供重要的技术支撑。

【获 2019 年度国家科学技术进步奖二等奖 2 项】 由姚克教授领衔的"白内障精准防治关键技术及策略的创新和应用"和方向明教授领衔的"围术期脓毒症预警与救治关键技术的建立和应用"项目分别获得该奖。

姚克团队系统揭示了白内障重要发病机制,找到了白内障药物防治突破口;通过干细胞技术体外诱导成具有类似人晶状体结构和光学特性的再生晶状体;显著降低了飞秒激光手术对角膜的伤害,并开发了新型手术辅助器械和软件。该研究实现了我国白内障防治水平全面提升。

方向明团队研究发现了脓毒症发病的关键"内源性危险分子",以及多个脓毒症的预警及早期诊断的重要生物标志物。在此基础上设计出一套多模式预警模型,创新性提出"滴定式麻醉诱导和复合麻醉方案",实现了从"大循环"过渡至"微循环"的精细麻醉管理。首创侧卧位可视化插管,显著降低呼吸道误吸并发症。该方案被美国麻醉医师协会评价"为国际围术期脓毒症的救治提供了中国方案"。

【获 2019 年度何梁何利科学与技术进步奖】 11 月 18 日,胡海岚教授获得该奖。胡海岚主要从事情绪与社会行为的分子与神经环路机制研究,在情绪的神经编码、抑郁症发生的分子机制等脑科学前沿方向,取得了一系列既有理论意义又有潜在应用价值的系统性原创成果。其主持科技部 973 重大

科学问题导向项目、国家杰出青年科学基金等多个项目的研究工作,近 10 年在 *Science*、*Nature* 等期刊发表多篇优秀论文,先后获谈家桢生命科学奖、中国女科学家奖、"国际脑研究组织—凯默理(IBRO-Kemali)奖"等。

(施杭珏撰稿　李晓明审稿)

药学院

【概况】 药学院下设药学系、中药科学与工程学系 2 个系,设有药学实验教学中心、药物安全评价研究中心以及药物发现与设计研究所等 6 个研究所,建有药物制剂技术国家地方联合工程实验室、中一印尼生物技术国家联合实验室、浙江省抗肿瘤药物临床前研究重点实验室、浙江省药物制剂工程实验室、全军特种损伤防治药物重点实验室、食品药品安全浙江省国际科技合作基地、浙江省"一带一路"国际联合实验室,拥有科技部创新人才推进计划重点领域创新团队和浙江省小分子药物研发关键技术科技创新团队。

药学为国家"双一流"建设学科;药物分析学为国家重点(培育)学科,也是国家精品课程、网络教育国家精品课程和浙江省精品课程;中药分析学和生药学(协建)2 个学科为国家中医药重点学科;药理学为浙江省精品课程;药学实验教学中心为浙江省教学示范实验中心。

学院设有药学一级学科博士后科研流动站,拥有药学一级学科博士学位授予权和硕士学位授予权、中药学一级学科硕士学位授予权、药学专业硕士学位授予权以及药学

项目	数据	项目	数据
教职工总数/人	251	获国家级科技奖项目数/项	0
教授数/人	28	获国家级教学成果奖数/项	0
副教授数/人	30	授权发明专利数/项	20
具有博士学位的教师比例/%	100	SCI 入选论文数/篇	208
两院院士/人	0.5	EI 入选论文数/篇	48
"国家特支计划"入选数/人	0	出版专著/部	0
"长江学者"数/人	1	在校本科生数/人	535
省部级高等学校教学名师奖获得者/人	0	在学硕士研究生数/人	262
"973 计划"首席科学家数*/人	0	其中:专业学位研究生数/人	148
国家"百千万人才工程"入选数/人	2	在读博士研究生数/人	208
国家杰出青年基金获得者/人	3	其中:专业学位研究生数/人	—
教育部新(跨)世纪优秀人才培养计划入选数/人	6	在校攻读学位的外国留学生数/人	19
浙江省特级专家/人	0	应届本科毕业生一次就业率/%	98.75
浙江大学求是特聘教授数/人	6	应届本科毕业生考研录取(出国)率/%	60
一、二级学科国家重点学科数/个	0	应届毕业研究生一次就业率/%	100
国家重点(专业)实验室/个	2	科研总经费/万元	15097
国家工程(技术)研究中心/个	0	其中:国家自然基金比重/%	7.7
国家人才培养基地(含教学、教育基地)/个	0	纵向经费比重/%	61.0
国家精品资源共享课、视频公开课/门	2	教师出国交流/人次	104
社会捐赠经费总额/万元	382	学生出国交流/人次	190
		举办国际学术会议数/次	2

注:* 含重大科学研究计划、ITER 计划、青年科学家专题等。

本科专业。

2019 年,招收博士研究生 56 人(其中留学生 1 人)、硕士研究生 90 人(其中留学生 1 人)、本科生 114 人,另 2019 级主修专业确认 119 人;毕业硕士研究生 58 人、博士研究生 50 人;本科生毕业 84 人、结业 7 人、延长学制 11 人、参军保留学籍 1 人。

现有教职工 251 人,其中正高级职称人员 36 人、副高级职称人员 39 人;博士研究生指导教师 49 人、硕士研究生指导教师 72 人。2019 年,学院引进浙江大学"百人计划"研究员 1 人,入选国家万人计划领军人才,浙江大学求是特聘教授和求是特聘科研岗教授各 1 人,获批"长江学者"青年项目 1 人。

全院教师发表教改论文 1 篇,主参编教材 2 部;获浙江大学优质教学一等奖 1 人;药学专业获国家级一流本科专业建设点;获批浙江省教改项目 5 项、浙江大学教改项目 12 项。

到位科研经费总额 15097 万元,其中纵向 9168 万元,占 61%;获国家自然科学基金

19 项,其中重点项目 1 项、面上项目 14 项、青年基金项目 4 项,平均资助率 28.8%,资助总经费 1161 万元;获国家重点研发计划政府间国际科技创新合作重点专项 1 项;获批浙江省重点研发计划择优委托项目 1 项,竞争性项目 1 项;获批浙江省自然科学基金项目 3 项,包括重点项目 2 项。

新增捐款有"韩建华基金"100 万元、"浙江大学教育基金会药学院陈枢青肿瘤研究基金"197 万元。

学院邀请新加坡国立大学、美国北卡罗来纳大学等多位世界一流高校主要负责人带队来访,新签海外一流院校合作协议 3 份,新增海外合作研究中心 1 个;本科生海外交流率 101.6%,博士生海外交流率 113%;接收英国诺丁汉大学、韩国首尔国立大学、日本大阪大学等来华实习生 17 人。

【科研经费和论文数量取得新突破】 学院获得科研经费 15097 万元,首次突破 1.5 亿元;发表 SCI 收录论文 208 篇,首次超过 200 篇,其中影响因子大于 10 的论文 20 篇,单篇最高影响因子 54.3,平均影响因子 5.3,均创历史最高。

【党建工作取得新进展】 中共浙江大学药学院药理毒理研究所教工支部委员会被浙江省教育厅列为首批全省高校党建工作样板支部培育创建单位,成为浙江大学 4 个培育创建单位之一。该支部重视政治建设,规范三会一课,开展"三结对",发挥辐射带动作用;支部书记获国家优秀青年科学基金,党员带头落实立德树人,教学科研、人才培养成绩卓著;助力学校药理与毒理学科 ESI 排名进入世界前 1‰,药学学科评估全国第三、入选教育部双一流建设学科。

【本科教育教学创佳绩】 药学专业入选"2019 年度国家级一流本科专业建设点";药学实验教学中心获批浙江省"十三五"省级重点建设实验教学示范中心;学院在学本科生、硕士研究生和博士研究生总人数达 1005 人,历史上首次超过 1000 人。

(刘　伟撰稿　胡富强审稿)

生命科学学院

【概况】 生命科学学院(简称生科学院)现有生物科学、生物技术、生物信息和生态学 4 个系,植物生物学、微生物等 6 个校级研究所;建有植物生理学与生物化学国家重点实验室(浙江大学)、国家濒危野生动植物种质基因保护中心、教育部生命系统稳态与保护重点实验室、浙江省细胞与基因工程重点实验室等国家与省部级重点实验室。

生物学、生态学入选国家一流学科建设名单,生态学、植物学、生物物理学 3 个二级学科国家重点学科,药用植物资源学浙江省中医药重点学科。

学院建有生物学、生态学博士后流动站;拥有生物学、生态学 2 个一级学科博士学位授予权,涵盖 12 个二级博士学位授予权和 13 个二级硕士学位授予权;设有生物科学、生物技术、生态学和生物信息学 4 个本科专业。

2019 年,招收硕士研究生 109 人、博士研究生 117 人,2019 级本科生 74 人确认进入学院主修专业,毕业本科生 108 人、硕士研究生 71 人、博士研究生 75 人。

现有教职工 117 人,其中正高级职称人员 45 人(2019 年新晋升 3 人)、副高级职称人员 32 人,博士研究生指导教师 42 人、硕

浙江大学年鉴

士研究生指导教师 64 人;另有在站学科博士后工作人员 42 人。2019 年,学院入选万人计划科技创新领军人才 1 人、"长江学者"青年项目 1 人、浙大求是特聘教授 1 人。

建有国家生物学理科基础科学研究和教学人才培养基地、国家生命科学与技术人才培养基地和国家级生物学实验教学示范中心;拥有植物生理学、生命科学导论、植物学、微生物学 4 门国家精品课程,植物生理学、生命科学导论、植物学 3 门国家级精品资源共享课程,生物化学、分子生物学、植物生理学 3 门国家"双语"示范教学课程和基因工程实验浙江省精品课程;有教育部高等学校教学名师和浙江省高等学校教学名师各 1 名,植物学与系统进化浙江省教学团队 1 个;生物科学专业列入国家一类特色专业建设和国家"基础学科拔尖人才培养计划",2019 年入选首批国家级一流本科专业建设点。2019 年度国家"基础学科拔尖学生培养计划"招收求是科学班(生物学)学生 20 名。

全年到款科研经费 6374 万元,其中纵向科研经费 5266 万元;新增国家重点研发计划课题 1 项,国家重点研发计划政府间国际科技创新合作专项 1 项,国家自然科学基金各类项目 19 项,其中重点项目 2 项、优青项目 1 项、重大研究计划培育项目 1 项、面上项目 9 项、青年科学基金项目 6 项;获资助直接经费 1475 万元,资助率 40%;发表 SCI 论文 140 篇,其中影响因子 10 分左右论文 10 篇。

2019 年,教师出国交流 61 人次,共有 68 位境外专家来访交流;学生参加境外交流项目 250 人次,其中本科生 128 人次。举办系列学术讲座 67 场,邀请国内外知名专家来院交流。主办"第七届生物信息学与计算生物学国际会议""浙江大学—比勒菲尔德大学生物信息学联合学术研讨会""浙江大学—爱丁堡大学第二届生命科学联合学术研讨会"。

【在《自然》杂志发表研究论文】 4 月 4 日,陈军和彭金荣团队在国际著名期刊《自然》在线发表题为"PTC-bearing mRNA elicits a genetic compensation response via Upf3a and COMPASS components"(无义突变 mRNA 通过 Upf3a 和 COMPASS 成分介导的遗传补偿效应)的研究论文,论文阐述了在遗传补偿效应分子机制方面的重要研究进展,首次揭示基因补偿效应是由携带提前终止密码子的信使核糖核酸(mRNA)所激起,由无义突变 mRNA 降解途径(NMD)中的上游移码蛋白 3a(Upf3a)参与。同时,还揭示同源序列核酸是上调补偿效应基因的必要条件,并进一步研究证明补偿效应基因转录水平的增加是补偿基因启动子区域组蛋白的表观遗传学修饰所引起的。该研究为疾病的治疗提供了新思路。

【举办建院 90 周年院庆纪念活动暨第二届校友学术论坛】 该活动于 5 月 20 日至 21 日在紫金港校区举行。中国科学院院士洪德元、朱玉贤、徐国良,浙江大学农业生命环境学部主任、中国工程院院士朱利中,以及海内外校友与师生代表等共计 250 余人参加了纪念大会。徐国良院士等 15 位从事生命科学研究的海内外校友分别作精彩报告,涵盖了分子遗传与发育、合成生物学、干细胞与肿瘤、疾病诊断治疗新策略等生命科学前沿领域。院庆期间还举办了"90 周年院庆座谈会""生命科学大讲堂""海外名师大讲堂"等活动,编写了《浙江大学生命科学学院校友名录(1929—2018)》,并在《浙江大学

项目	数据	项目	数据
教职工总数/人	117	获国家级科技奖项目数/项	0
教授数/人	41	获国家级教学成果奖数/项	0
副教授数/人	20	授权发明专利数/项	6
具有博士学位的教师比例/%	88	SCI 入选论文数/篇	140
		EI 入选论文数/篇	7
两院院士/人	0	出版专著/部	0
"国家特支计划"入选数/人	3		
"长江学者"数/人	4	在校本科生数/人	424
省部级高等学校教学名师奖获得者/人	1	在学硕士研究生数/人	282
"973 计划"首席科学家数[*]/人	1	其中:专业学位研究生数/人	0
国家"百千万人才工程"入选数/人	2	在读博士研究生数/人	422
国家杰出青年基金获得者/人	7	其中:专业学位研究生数/人	0
教育部新(跨)世纪优秀人才培养计划入选数/人	8	在校攻读学位的外国留学生数/人	16
浙江省特级专家/人		应届本科毕业生一次就业率/%	99
浙江大学求是特聘教授数/人	11	应届本科毕业生考研录取(出国)率/%	75
		应届毕业研究生一次就业率/%	98
一、二级学科国家重点学科数/个	3	科研总经费/万元	6374
国家重点(专业)实验室/个	1	其中:国家自然基金比重/%	23
国家工程(技术)研究中心/个	0	纵向经费比重/%	83
国家人才培养基地(含教学、教育基地)/个	2	教师出国交流/人次	61
国家精品资源共享课、视频公开课/门	3	学生出国交流/人次	250
社会捐赠经费总额/万元	100	举办国际学术会议数/次	3

注:[*] 含重大科学研究计划、ITER 计划、青年科学家专题等。

学报(英文版 B 辑生物医学与生物技术)》出版了院庆专刊,进一步凝聚了海内外校友,提升了学院知名度和影响力。

【举办 2019 全国生态学科"双一流"建设论坛】　该论坛由国务院学位委员会生态学科评议组和浙江大学主办,于 11 月 8 日至 10 日在浙江大学召开。中国科学院院士、云南大学校长方精云,及来自全国 65 所高校和研究机构的 120 多位专家学者共聚一堂,聚焦生态学科建设,探讨我国生态学科发展趋势。论坛汇集了我国高校生态学科建设的

即时信息,为生态学科评议组未来开展学科调研提供了重要信息,也为全国不同高校生态学科建设提供了相互学习和交流的平台。

(吕　琴撰稿　潘炳龙审稿)

生物系统工程与食品科学学院

【概况】　生物系统工程与食品科学学院(简

称生工食品学院)设有生物系统工程、食品科学与营养2个系和1个实验中心,建有农业生物环境工程、智能农业装备等5个研究所,拥有智能食品加工技术与装备国家地方联合工程实验室、农业农村部农业环境工程与智能化设备重点开放实验室、农业农村部农产品产后处理重点实验室、农业农村部农产品产地处理装备重点实验室、农业农村部光谱检测重点实验室、农业农村部农产品贮藏保鲜质量安全风险评估实验室、浙江省农产品加工技术研究重点实验室和浙江省食品加工技术与装备工程实验室。

农业机械化工程学科为二级学科国家重点学科,农业工程一级学科是国家"双一流"建设学科、浙江省一流建设学科(A类)、浙江大学高峰建设学科,食品科学与工程一级学科是浙江省一流建设学科(B类)、浙江大学优势特色建设学科。

学院建有农业工程、食品科学与工程2个博士后流动站,拥有农业工程、食品科学与工程2个一级学科博士学位授予权,农业机械化工程等10个二级学科硕士学位授权点以及农业工程、食品科学与工程2个本科专业,农业工程专业入选国家一流本科专业建设点,食品科学与工程专业通过IFT国际认证。

2019年,招收全日制硕士生88人(其中学术学位硕士生42人、专业学位硕士生46人)、博士研究生75人(其中工程博士1人、留学生20人),2019级本科生115人确认进入学院继续学习,毕业本科生118人、硕士研究生73人(其中全日制学术学位硕士41人、全日制专业学位硕士32人)、博士研究生42人(其中留学生2人)。

现有教职工150人教授职称人员37人(2019年新增2人)、副教授职称人员22人,研究员12人(浙江大学"百人计划"入选者),研究生导师76人(2019年新增7人),其中博士研究生导师60人(2019年新增6人)。2019年度引进国家"千人计划"创新人才长期项目1人、浙江大学求是特聘教授1人,聘任浙江大学讲座教授5人(其中院士4人);新增国家自然科学基金优秀青年基金获得者1人、"长江学者"青年项目1人,农业农村部现代农业产业技术体系岗位科学家3人、浙江省有突出贡献青年科技人才1人。

2019年,获浙江省"互联网+教学"优秀案例特等奖1项、浙江省高等教育"十三五"第二批教学改革研究项目1项、浙江大学优质教学奖一等奖1人。

2019年,到校科研经费1.2228亿元,创历史新高。新增主持国家自然科学基金24项(其中优秀青年科学基金项目1项)、浙江省重点研发计划2项、浙江省自然科学基金杰出青年项目1项和重点项目1项,其他基础公益项目7项,签订横向科技合作合同50余项,全年发表SCI收录论文250余篇,其中五年平均影响因子10以上论文12篇,2篇学术论文获2019年美国农业与生物工程师学会杰出论文奖。

全年接待10余个国家的专家来访120余人次,主办或承办2019年智能农业装备国际会议、浙江大学—利兹大学食品与环境交叉研讨会等5场国际学术会议。

【获批国家一流本科专业建设点】 12月24日,教育部公布2019年度国家一流本科专业建设点名单,学院农业工程专业入选国家一流本科专业建设点。农业工程专业积极推进新农科建设,根据社会发展需求,着力深化专业综合改革,对标国内外一流专业,完善人才培养方案,加强课程教材建设,强

附表 2019 年度生物系统工程与食品科学学院基本情况

项目	数据	项目	数据
教职工总数/人	150	获国家级科技奖项目数/项	0
教授数/人	37	获国家级教学成果奖数/项	0
副教授数/人	22	授权发明专利数/项	106
具有博士学位的教师比例/%	97.44	SCI 入选论文数/篇	256
两院院士/人	0	EI 入选论文数/篇	23
"国家特支计划"入选数/人	2	出版专著/部	0
"长江学者"数/人	2	在校本科生数/人	347
省部级高等学校教学名师奖获得者/人	2	在学硕士研究生数/人	263
"973 计划"首席科学家数*/人	0	其中:专业学位研究生数/人	130
国家"百千万人才工程"入选数/人	2	在读博士研究生数/人	221
国家杰出青年基金获得者/人	1	其中:专业学位研究生数/人	1
教育部新(跨)世纪优秀人才培养计划入选数/人	7	在校攻读学位的外国留学生数/人	46
浙江省特级专家/人	1	应届本科毕业生一次就业率/%	98.28
浙江大学求是特聘教授数/人	6	应届本科毕业生考取录取(出国)率/%	61.21
一、二级学科国家重点学科数/个	1	应届毕业研究生一次就业率/%	100
国家重点(专业)实验室/个	0	科研总经费/万元	12228
国家工程(技术)研究中心/个	0	其中:国家自然基金比重/%	9.5
国家人才培养基地(含教学、教育基地)/个	0	纵向经费比重/%	88.3
国家精品资源共享课、视频公开课/门	3	教师出国交流/人次	131
社会捐赠经费总额/万元	25	学生出国交流/人次	171
		举办国际学术会议数/次	5

注:* 含重大科学研究计划、ITER 计划、青年科学家专题等。

化专业特色,持续提升专业内涵和建设水平,积极探索卓越农林拔尖创新人才培养模式,不断提高人才培养质量。

【获教育部科研成果奖励 3 项】 12 月 10 日,由何勇教授主持的"农田信息空天地协同感知与精准管理技术及应用"获教育部2019 年高等学校科学技术进步奖一等奖,该项目围绕农田信息全方位感知与肥水药精准管理两大难题进行深入研究,研发了农田信息快速获取技术及装备,构建了多源信息融合获取与精准管理系统,为农业智能化

管理提供技术支撑。

由叶兴乾教授主持的"罐头食品节水及工艺水资源化利用关键技术与产业化"获教育部科学技术进步奖一等奖,该项目从节水、降 COD、资源回收利用三方面进行了深入研究,在节水、果胶绿色全回收和低分子量果胶回收等方面实现技术突破。

由罗自生教授主持的"特色果蔬精准物流保鲜关键技术研究与应用"获教育部科学技术进步奖一等奖,该项目系统研究了细胞程序性死亡与果蔬衰老及品质劣变的耦

合机制,研发纳米雾化、界面自组装、短时紫外辐照和三相臭氧等系列安全保鲜技术,为特色果蔬精准物流保鲜技术和装备提供新思路和新途径。

【承办中国农业工程学会成立40周年学术报告会】 12月7日至9日,该学术报告会在杭州召开,1000余位嘉宾、代表齐聚一堂,见证中国农业工程学会40年的发展历程。大会围绕"不忘初心发展农业工程,牢记使命助力乡村振兴"主题,开展深入交流研讨,凝聚新共识:落实创新驱动发展战略,加强农业工程科技创新;深化学科建设,加强农业工程人才培养;充分发挥学会平台载体作用,服务乡村振兴战略,加快农业农村现代化。大会期间,召开了中国农业工程学会十届三次理事会,选举了新一届理事长,明确了下一届年会的承办单位和召开地点。

(唐月明撰稿　李金林审稿)

环境与资源学院

【概况】 环境与资源学院(简称环资学院)由环境科学系、环境工程系和资源科学系组成,设有环境过程、环境健康等8个研究所及1个环境与资源实验教学中心,拥有污染环境修复与生态健康教育部重点实验室、浙江省农业资源与环境重点实验室、浙江省农业遥感与信息技术重点实验室、浙江省水体污染控制与环境安全技术重点实验室、浙江省有机污染过程与控制重点实验室、浙江省水污染控制工程实验室、浙江省土壤污染协同防治工程研究中心、环境污染与生态健康浙江省国际科技合作基地。

环境科学与工程一级学科入选国家"双一流"建设学科,农业资源与环境为一级学科国家重点学科。

学院设有环境科学与工程、农业资源与环境2个博士后流动站;拥有环境科学与工程、农业资源与环境2个一级学科博士学位授予权,资源与环境博士专业学位授权点,环境科学、环境工程等6个硕士学位授权点,以及3个硕士专业学位授权点;设置环境科学、环境工程、农业资源与环境、资源环境科学4个本科专业。

现有教职工128人。其中院士1人,正高级职称人员48人,副高级职称人员40人;博士生指导教师78人,硕士生指导教师21人,另有在站博士后49人。2019年,新引进中国工程院院士1人(双聘),求是讲座教授1人(中国科学院院士),新增万人计划2人(含青年拔尖人才1人),获国家优秀青年科学基金项目资助者1人,浙江大学求是特聘教授1人。

2019年,招收硕士研究生163人、博士研究生81人(其中留学生5人)。2019级本科生124人确认进入环资学院主修专业;毕业博士研究生41人、硕士研究生132人(含非全日制1人)、本科生103人。获全国高校环境类专业本科生优秀毕业论文2篇。入选浙江省高等教育"十三五"第二批教学改革研究项目1项、虚拟仿真实验教学项目直接认定和立项建设1项、产学合作协同育人项目1项。卢玲丽获浙江省第十一届高等学校青年教师教学竞赛理科组特等奖第一名。在2019年全国"大学生在行动"等社会实践、志愿服务和党团建设类活动中获组织奖5项及团体、个人奖项20余项。指导学生参与省校两级挑战杯大学生课外学术科技作品竞赛、省级"互联网+"大学生创

附表　2019 年度环境与资源学院基本情况

项目	数据	项目	数据
教职工总数/人	128	获国家级科技奖项目数/项	0
教授数/人	45	获国家级教学成果奖数/项	0
副教授数/人	31	授权发明专利数/项	36
具有博士学位的教师比例/%	97.75	SCI 入选论文数/篇	302
		EI 入选论文数/篇	221
两院院士/人	1	SSCI 入选论文数/篇	10
"国家特支计划"入选数/人	4	出版专著/部	7
"长江学者"数/人	6	在校本科生数/人	369
省部级高等学校教学名师奖获得者/人	1	在学硕士研究生数/人	484
"973 计划"首席科学家数[*]/人	1	其中:专业学位研究生数/人	229
国家"百千万人才工程"入选数/人	4	在读博士研究生数/人	284
国家杰出青年基金获得者/人	6	在校攻读学位的外国留学生数/人	37
教育部新(跨)世纪优秀人才培养计划入选数/人	8	应届本科毕业生一次就业率/%	97.12
浙江省特级专家/人	2	应届本科毕业生考研录取(出国)率/%	43.27
浙江大学求是特聘教授数/人	9	应届毕业研究生一次就业率/%	98.95
一、二级学科国家重点学科数/个	2	科研总经费/万元	20252.57
国家重点(专业)实验室/个	0	其中:国家自然基金比重/%	12.64
国家工程(技术)研究中心/个	0	纵向经费比重/%	68.84
国家人才培养基地(含教学、教育基地)/个	1	教师出国交流/人次	126
国家精品资源共享课、视频公开课/门	2	学生出国交流/人次	141
社会捐赠经费总额/万元	50.69	举办国际学术会议数/次	2

注：* 含重大科学研究计划、ITER 计划、青年科学家专题等。

新创业大赛等创新创业比赛并获奖 9 项。学院承办 2019 年海峡两岸暨香港地区绿色大学联盟学生绿色创意营,举办浙江大学第十届环境文化节和浙江大学"六五环境日"蓝天碧水净土保卫战游园会。

2019 年,新立科研项目 237 项,到款科研经费 2.025 亿元,获批国家自然科学基金项目 28 项。新增省级科研平台 2 个。获 2019 年度高等学校科学研究优秀成果奖(科学技术)自然科学奖一等奖 1 项、地理信息科技进步奖一等奖 1 项、2018—2019 年度神农中华农业科技奖科学研究类成果二等奖 1 项。浙江大学环境/生态学科连续十三年进入 ESI 世界十年引文次数前 1%,排名 119 位。3 位教授入选科睿唯安"高被引科学家"。

2019 年,学院共有 2 个一级学科均入选"海外一流学科伙伴提升计划",1 个项目入选"世界顶尖大学战略合作计划";新拓展斯坦福自然资本项目、美国 SLAC 国家加速器实验室合作研究项目等高水平海外交流项目。2019 年,非会议短期外国专家来访

浙江大学年鉴

40 余人次。

【"生态文明计划"启动】 2019 年 2 月,浙江大学发布启动创新 2030 计划之"生态文明计划"。通过多学科会聚融合,力争在环境污染协同整治、环境生态保护修复、清洁能源研发、生态环境大数据与智能分析、生态文明制度创新与文化传播等若干前沿方向优先取得重大突破,助力高水平打好污染防治攻坚战,推动节能环保科技产业发展,促进生态文化理念国际传播,引领国际生态环境科技领域创新发展,加快建设大环境、大生态高峰学科群。环境与资源学院作为生态文明计划牵头单位,积极探索创新计划实施机制,联合生命科学学院、化工学院、能源学院等,组建了 10 个多学科交叉创新团队,组织召开了系列交叉学术论坛,组织跨学科团队承接了省长专项、中国工程院重点咨询项目等一批重要科研项目,推进了长江经济带生态文明创新研究联盟建设。

【专业建设再上新台阶】 2019 年,学院按照学校"双一流"建设要求,通过专业培养方案优化调整,强化通、专、跨、国际化培养模式,深化本科专业内涵建设。完成本科专业优化调整,突显多学科交叉融合培养特色,主动对接国家需求,积极谋划"环境规划与管理"新专业。环境工程专业顺利通过工程教育认证,环境科学、农业资源与环境 2 个专业均入选首批国家一流专业建设点。

【科研经费突破 2 亿元】 2019 年,学院到款科研经费达 2.025 亿元,其中纵向经费 1.394 亿元。2019 年新立科研项目 237 项,其中纵向项目 78 项,横向项目 159 项。获批国家自然科学基金项目 28 项,其中重大项目课题、重点项目、重点国际合作项目、优秀青年项目各 1 项,批准直接经费 2151.5

万元。2019 年在研重大项目 10 项,其中国家基金创新研究群体项目 2 项,重点研发计划项目 6 项,国家科技重大专项 2 项。

（王　燕撰稿　夏标泉审稿）

农业与生物技术学院

【概况】 农业与生物技术学院(简称农学院)由农学系、园艺系、植物保护系、茶学系和应用生物科学系 5 个系组成,设有原子核农业科学研究所、生物技术研究所等 9 个研究所。学院与中国水稻研究所共建水稻生物学国家重点实验室,建有园艺产品冷链物流工艺与装备国家地方联合工程实验室,园艺植物生长发育与品质调控、核农学、作物病虫分子生物学 3 个农业部重点开放实验室,核农学、作物种质资源、园艺植物整合生物学研究与应用、作物病虫生物学 4 个浙江省重点实验室,园艺产品冷链物流工艺与装备浙江省工程实验室,园艺作物品质调控与应用科技部国际联合研究中心,园艺产品品质调控技术研创与应用、种质创新与分子设计育种(2019 年新增)2 个浙江国际合作基地,浙江长兴作物有害生物教育部野外科学观测研究站(2019 年新增),长兴作物有害生物浙江省野外科学观测研究站(2019 年新增),以及浙江大学—IBM 生物计算实验室、浙江大学中美分子良种联合实验室和国际原子能机构—浙江大学植物诱变种质创新与研发合作中心。

园艺学、植物保护为一级学科国家重点学科,作物遗传种、生物物理学为二级学科国家重点学科;农业昆虫与害虫防治、植物病理学为农业部重点学科;作物学、园艺学、植物保护为"十三五"浙江省一流学科（A类扶持）。园艺学、植物保护入选国家"双一流"建设认定学科。

学院建有作物学、园艺学等4个博士后流动站；拥有作物学、园艺学、植物保护、生物学（共建）等4个一级学科博士学位授予权，生物化学与分子生物学、生物物理学等13个二级学科的博士学位授予权，生物化学与分子生物学、生物物理学、生物信息学等13个二级学科的硕士学位授予权，以及农业和风景园林硕士专业学位的授予权，设有农学、园艺、植物保护、茶学、应用生物科学、园林等6个本科专业。

现有教职工216人，其中正高级职称人员108人（2019年新增7人）、副高级职称人员77人（2019年新增2人）；研究生指导教师176人，其中博士研究生指导导师116人（含兼职11人）。另有在站博士后工作人员120人。2019年，新增美国昆虫学会会士1人、国家杰出青年基金获得者1人、国家优秀青年基金获得者2人等各类人才称号14人。

现有国家自然科学基金委员会创新研究群体1个，教育部"创新团队发展计划"创新团队3个，科技部重点领域创新团队1个，农业部"农业科研杰出人才及其创新团队"5个，浙江省重点创新团队5个，浙江省领军型创新创业团队1个（2019年新增），浙江省2011协同创新中心1个。

2019年，招收博士生144人（其中外国留学生26人）、全日制硕士生218人（其中外国留学生1人），2019级本科生214人确认主修本学院各专业。毕业博士生102人、硕士生169人、非全日制专业学位研究生27人、本科生178人。农学、植物保护2个本科专业入选国家"一流本科建设专业"，继续实施应用生物科学农学试验班（神农班）招生，招收学生30人。学院学生获第五届中国"互联网＋"大学生创新创业大赛国赛金奖，第五届中国"互联网＋"大学生创新创业大赛浙江赛区金奖、银奖，2019第二届全国农科学子农业创新创业大赛（华东片区）二等奖，浙江省第二届乡村振兴创新创业大赛金奖和最佳创意奖。

2019年，实到科研经费20330万元，其中纵向项目经费17839万元，横向项目经费2491万元。新增科技三重项目6项，其中千万元级项目1项。48项国家基金项目获得资助，其中杰出青年1项、重点3项、重点国际合作1项、优秀青年2项；新上浙江省重大科技专项2项、省基金重点3项。全年，以第一完成单位获得浙江省自然科学奖一等奖3项、二等奖2项，高等学校科技进步奖二等奖1项，全国农牧渔业丰收奖一等奖1项，神农中华农业科技奖一等奖1项，参与获得国家科技进步奖二等奖1项。以第一单位发表IF大于10.0的高水平论文14篇；国家级主要农作物审定品种1个、非主要农作物登记品种3个、省级主要农作物审定品种7个、非主要农作物认定品种1个。全院共有14名国家现代农业产业技术体系岗位科学家和11名浙江省科技特派员活跃在农业生产和科技推广第一线。

2019年，国外学者来访合作、学术交流等35人次，举办外国专家学术报告、国际会议及国际研讨会23次；申报学校短期外专项目9项。

【获得浙江大学第四届引才育才奖（伯乐奖）】 2019年，农学院新增美国昆虫学会会士1人、国家杰出青年基金获得者1人、国家优秀青年基金获得者2人、教育部"长

附表　2019 年度农业与生物技术学院基本情况

项目	数据	项目	数据
教职工总数/人	216	获国家级科技奖项目数/项	0
教授数/人	81	获国家级教学成果奖数/项	0
副教授数/人	56	授权发明专利数/项	64
具有博士学位的教师比例/%	94	SCI 入选论文数/篇	336
两院院士/人	2	EI 入选论文数/篇	0
"国家特支计划"入选数/人	5	MEDLINE 入选论文数(篇)	0
"长江学者"数/人	6	出版专著/部	4
省部级高等学校教学名师奖获得者/人	1	在校本科生数/人	906
"973 计划"首席科学家数*/人	5	在学硕士研究生数/人	970
国家"百千万人才工程"入选数/人	4	其中:专业学位研究生数/人	614
国家杰出青年基金获得者/人	10	在读博士研究生数/人	542
教育部新(跨)世纪优秀人才培养计划入选数/人	20	在校攻读学位的外国留学生数/人	122
浙江省特级专家/人	3	应届本科毕业生一次就业率/%	96.59
浙江大学求是特聘教授数/人	17	应届本科毕业生考研录取(出国)率/%	63.07
一、二级学科国家重点学科数/个	4	应届毕业研究生一次就业率/%	97.99
国家重点(专业)实验室/个	1	科研总经费/万元	20330
国家工程(技术)研究中心/个	1	其中:国家自然基金比重/%	18.6
国家人才培养基地(含教学、教育基地)/个	0	纵向经费比重/%	87.7
国家精品资源共享课、视频公开课/门	6	教师出国交流/人次	126
社会捐赠经费总额/万元	60	学生出国交流/人次	428
		举办国际学术会议数/次	2

注:* 含重大科学研究计划、ITER 计划、青年科学家专题等。

江学者"奖励计划青年项目 1 人、浙江省"万人计划"杰出人才 1 人、浙江省"万人计划"科技创新领军人才 1 人、浙江大学第六届师德先进个人 1 人、求是特聘教授 1 人、求是特聘技术创新岗 1 人、引进浙大"百人计划"5 人。

【主要农作物品种审定】 2019 年 10 月,吴殿星教授团队选育的水稻品种"浙大两优 136"通过国家主要农作物品种审定。"浙大两优 136"品种系籼型两系杂交水稻品种,适宜在湖北省(武陵山区除外)、湖南省(武陵山区除外)、江西省、安徽省、江苏省的长江流域稻区以及浙江省中稻区、福建省北部稻区、河南省南部稻瘟病轻发区作一季中稻种植。

(袁熙贤撰稿　赵建明审稿)

动物科学学院

【概况】 动物科学学院(简称动科学院)设

有三系七所:动物科技系、动物医学系、特种经济动物科学系;饲料科学研究所、动物预防医学研究所、奶业科学研究所、蚕蜂研究所、动物养殖与环境工程研究所、应用生物资源研究所、动物遗传繁育研究所。学院建有生物饲料安全与污染防控国家工程实验室,动物分子营养学教育部重点实验室、农业部华东动物营养与饲料重点实验室、农业部动物病毒学重点开放实验室、浙江省饲料与动物营养重点实验室、浙江省动物预防医学重点实验室、浙江省蚕蜂资源利用与创新研究重点实验室、生物饲料研发与安全浙江省国际科技合作基地、浙江省饲料产业科技创新服务平台、杭州蜂业科技创新服务平台等。学院现为农业部中国蚕业信息网的挂靠单位。

畜牧学为浙江省一流学科,特种经济动物饲养(含:蚕、蜂等)为二级学科国家重点学科,动物营养与饲料科学为国家重点(培育)学科和农业部重点学科。

学院拥有畜牧学、兽医学2个一级学科博士学位授予权,涵盖了6个二级博士学位授予权和6个硕士学位授予权,另有共建2个硕士学位授予权;设有动物科学、动物医学2个本科专业,其中动物科学专业是国家级一流本科专业建设点。

2019年,学院招收硕士研究生103人、博士研究生46人,2019级本科生112人确认进入学院继续学习。毕业本科生81人、硕士研究生84人、博士研究生30人。

现有教职工113人。其中,正高级职称人员36人(2019年新增2人)、百人计划研究员9人、副高级职称人数41(2019年新增2人)、博士研究生指导教师49人(2019年新增4人)、硕士研究生指导教师88人(2019年新增7人)。另有外聘院士3人。

2019年,新增浙江大学求是讲座教授3人。

本科专业核心课程"动物营养学"为教育部第一批国家级精品资源共享课。"中国蚕丝绸文化"为浙江省级精品在线开放课程。录制了"动物组织胚胎学""动物解剖学"等9门MOOC课程,并对"小动物外科手术学""寄生虫与人类健康"等7门课程开展线上线下课程建设,其中"寄生虫与人类健康""中国蚕丝绸文化""兽医药理学"等课程获浙江省首批"互联网+教学"优秀案例。建有46个本科生专业实习基地(2019年新增3个海外实习基地)。学院开设本科海外教师全英文课程2门、专业核心课程4门。开设研究生全英文课程6门、核心课程3门、示范课程4门,素质与能力培养型课程1门,兽医学全英文课程建设项目1项,新增立项浙江大学第一批研究生课程思政建设项目1项。

2019年,学院实到科研经费7468.73余万元;新增科研项目130项,立项总经费为10490万元;获得国家自然科学基金立项资助16项;新增"三重"科技项目3项,其中科技部重点研发计划项目1项,国家基金重点项目1项,军工项目1项。

2019年,学院共有美国、加拿大等国家的专家学者来访共16人次,举行座谈会2次、学术报告5场。

【动物科学专业入选国家级一流本科专业建设点】 12月24日,教育部公布了2019年度国家级和省级一流本科专业建设点名单,认定了首批4045个国家级一流本科专业建设点,浙江大学共有36个专业入选,学院的动物科学专业入选此列。动物科学专业于2007年获教育部首批国家级特色专业建设点,该专业根据动物科学领域的发展趋势和国家社会发展需求,紧密围绕浙江大学建设

附表　2019 年度动物科学学院基本情况

项目	数据	项目	数据
教职工总数/人	113	获国家级科技奖项目数/项	1
教授数/人	27	获国家级教学成果奖数/项	0
副教授数/人	24	授权发明专利数/项	33
具有博士学位的教师比例/%	91.76	SCI 入选论文数/篇	212
两院院士/人	0	EI 入选论文数/篇	0
"国家特支计划"入选数/人	0	出版专著/部	2
"长江学者"数/人	2	在校本科生数/人	433
省部级高等学校教学名师奖获得者/人	0	在学硕士研究生数/人	313
"973 计划"首席科学家数*/人	1	其中:专业学位研究生数/人	162
国家"百千万人才工程"入选数/人	1	在读博士研究生数/人	169
国家杰出青年基金获得者/人	4	在校攻读学位的外国留学生数/人	12
教育部新(跨)世纪优秀人才培养计划入选数/人	8	应届本科毕业生一次就业率/%	97.56
浙江省特级专家/人	0	应届本科毕业生考研录取(出国)率/%	53.66
浙江大学求是特聘教授数/人	4	应届毕业研究生一次就业率/%	99.41
一、二级学科国家重点学科数/个	1	科研总经费/万元	7468.73
国家重点(专业)实验室/个	1	其中:国家自然基金比重/%	15.57
国家工程(技术)研究中心/个	0	纵向经费比重/%	81.82
国家人才培养基地(含教学、教育基地)/个	1	教师出国交流/人次	30
国家精品资源共享课、视频公开课/门	1	学生出国交流/人次	159
社会捐赠经费总额/万元	215.9	举办国际学术会议数/次	0

注:* 含重大科学研究计划、ITER 计划、青年科学家专题等。

世界一流大学的办学目标,以人才培养为根本,以教育质量为生命线,实施卓越教育计划,努力造就具有国际视野的高素质创新人才和未来领导者,是国家培养动物科学领域高层次人才的摇篮,是动物科学研究与技术开发的重要基地。动物科学专业将以新思想、新理念、新技术、新方法、新标准、新体系为引领,努力建成新农科示范性本科专业。

【获批国家留学基金委 2019 年乡村振兴人才培养专项】　2019 年 3 月,学院历经 4 个月申报的"畜牧学兽医学卓越研究生海外培养计划"项目,获得该专项资助。该项目在执行期间(2019—2021)拟与美国普渡大学、加拿大阿尔伯塔大学、丹麦哥本哈根大学、英国谢菲尔德大学、美国宾夕法尼亚大学、日本京都大学等 6 所国际知名高校开展研究生联合培养。2019 年度,学院已选派 5 名硕士研究生和 2 名博士研究生,赴海外进行为期 3～24 个月的交流。他们学成回国后将赴涉农一线或从事乡村振兴相关领域工作。

【浙江大学动物医学中心成立】　4 月 28

日,浙江大学党委常委会议研究决定,同意成立浙江大学动物医学中心,中心作为校设研究机构行政挂靠动物科学学院;同意动物科学学院与浙江大学控股集团有限公司按共建方案在五年合作期内共建"浙江大学动物科学学院附属动物医院(杭州浙大圆正动物医院有限公司)",医院为独立法人单位,面向社会、市场运行,反哺浙江大学动物医学中心和兽医学科建设。5月29日,浙江大学发文(浙大发科〔2019〕12号)成立浙江大学动物医学中心。

(周钗美撰稿 楼建悦审稿)

工程师学院

【概况】 浙江大学工程师学院(浙江工程师学院)是浙江大学直属单位,建在浙江大学城市学院北校区校址,旨在探索工程类专业学位研究生培养创新模式,内设7个管理部门(其中3个与城市学院相应职能部门合署)和7个面向产业交叉复合的工程中心。另设有互联网金融分院、宁波分院、衢州分院等办学机构。

2019年录取研究生1172人,含第二届非全日制工程博士研究生120人。全年毕业硕士研究生122人。截至2019年年底,学院在校研究生3146人,提前实现了到2020年在校生规模达到3000人的规划目标。

现有教职工68人。其中,正高级职称人员10人,副高级职称人员14人,教育部新(跨)世纪优秀人才培养计划入选者2人,浙江省有突出贡献中青年专家1人,浙江省"新世纪151人才工程"第二层次及以上培养人员6人。

2019年,学院重点推进面向行业、交叉复合的卓越培养项目(简称"项目制")试点。首次以工程师学院口径招收"项目制"工程硕士150名,成立"项目制"教学指导委员会,制订了汽车工程及其智能化、机器人与智能制造、移动智慧物联网、微电网技术及装备等4个项目的培养方案及课程体系,广泛邀请行(企)业专家参与同堂授课。新增沈阳飞机集团、内蒙古电力集团2个定向企业教学班。高标准开展工程师职称评审工作,首批7位研究生获得中级专业技术职务任职资格。

重视国际合作与交流,中法双硕士联培项目首届研究生毕业,10名学员全部获得法方学位。2019年共有40名研究生公派出国(境)交流,3位外国专家来院常驻授课。

至2019年年底,学院已与大型企事业单位建立专业学位研究生联合培养基地12个,其中2个获批为浙江省研究生联合培养基地。同时积极推动设备开放、共享,开设实训课程20余门,有序开展对外有偿测试服务,支撑高端工程培训等。全年共计完成高级工程技术和工程管理培训项目30个,培训超4000人次。

工程师学院校园一期建设(浙江大学城市学院改扩建项目)进展顺利,于2019年年底竣工。后勤安保继续依托城市学院相关力量为师生提供住宿、餐饮、水电、交通、治安、消防等优质服务。

【副省长高兴夫到工程师学院调研】 2019年3月20日,浙江省副省长高兴夫专程到工程师学院调研,听取学院办学进展情况汇报,研究学院改革发展中遇到的问题和困难,并结合浙江省发展战略,对学院未来努

浙江大学年鉴

力方向和工作要求作了具体指示。

【首届中法创新创业管理双硕士项目毕业典礼暨双学位授予仪式】 于 3 月 31 日在浙江大学紫金港校区举行。法方 3 所学校校长授予了该项目首届全部 10 名学员法方学位,浙江大学校长授予 5 名学员浙江大学学位,双方共同见证中法高层次人才培养合作结成硕果。

(李婷撰稿　吴　健审稿)

国际联合学院

【概况】 2019 年,国际联合学院(海宁国际校区)共有在校生 1086 人,其中留学生 181 人,博士生 90 人,硕士生 193 人,本科生 803 人。全年共引进专聘教师 11 人,其中外籍 5 人。国际联合学院现有专聘教师共 41 人,其中有 46.3％的专聘教师在世界综合排名前 50 的高校取得博士学位,非华裔外籍比例达到 53.7％。有 10 位教师获得UIUC(伊利诺伊大学厄巴纳香槟校区)兼聘教职,2 位教师获得 UoE(爱丁堡大学)兼聘教职。学院获国家自然科学基金立项项目 12 项(其中面上项目 7 项、青年项目 4 项、外国青年项目 1 项),以及国家重点研发计划项目课题、国家自然科学基金国际合作项目、浙江省自然科学基金青年项目及国家重点实验室开放项目各 1 项,横向项目 7 项;发表 SCI 学术论文 11 篇。

持续推进与国际知名院校机构的科研合作,与 UIUC、UoE 签署战略合作框架协议,共建 ZJU-UIUC(浙江大学—伊利诺伊大学厄巴纳香槟校区)联合研究中心、ZJU-UoE(浙江大学—爱丁堡大学)工程生物学中心、ZJU-UoE(浙江大学—爱丁堡大学)生物医学与大健康转化研究中心。与清华等高校院所联合发起并成立了"技术转移区块链联盟"。知识产权交易中心国际中心获批成为海宁市首个浙江省省级国际科技合作基地,全年共完成知识产权交易 1018 项,成交额超 1.5 亿元人民币。浙江大学—爱丁堡大学工程生物学中心申报嘉兴市海外院士工作站,获批成为海宁校区也是海宁市第一个海外院士工作站。

进一步完善"国际联合学院建设计划"等"双一流"项目并通过论证,"双一流"中期验收被评为学校的五个标杆项目之一。完善并实施《国际科教资源开放创新圈核心区建设工作实施方案》。根据长三角一体化规划的要求制定《国际合作教育样板区行动计划(讨论稿)》,推进建设国际联合创新中心,筹建长三角国际研究生院。全面服务教育开放战略的有关阶段性成果,由校长吴朝晖代表浙江大学在全国教育外事工作会议上作典型发言。

进一步完善人才培养模式。改革综合评价招生模式,并在部分省份实行提前批招生。ZJE(浙江大学爱丁堡大学联合学院)2019 年共有 87％学生参与国内外科研训练。ZJUI(浙江大学伊利诺伊大学厄巴纳香槟校区联合学院)进一步扩大本科生招生规模,创新设计实验室、可制造性设计实验室和智能技术创新实践基地等教学实验室成为学生科研训练的特色基地。ZJE 2019 年本科生 SCI 收录科研文章 3 篇。ZJUI 先后有学生获 ICEBE2019(第 16 届国际电子商务工程会议)国际会议最佳论文奖,在IEEE HONET-ICT(电气和电子工程师协会智慧城市国际会议:应用信息技术、物联网技术及人工智能技术优化城市生活品质)

院系基本情况

国际会议上发表论文并作学术报告,在美国大学生数学建模大赛上获特等奖等。12月,ZJUI 通过了国际工程技术教育认证(ABET)的模拟认证评估,专家组对 ZJUI 的国际化工程教育给予高度评价,一致认为 ZJUI 在其参与评估过的全球 80 多个工学院中名列前茅。

2019 年,学院不断推进校地合作,召开市校全面战略合作委员会会议,进一步完善校地合作机制。扩大市校人才基金使用范围,全职进入学院工作的浙大高水平师资同等获得海宁市人才基金支持。同时,协调争取海外基金对国际联合学院国际合作项目的支持,并与蚂蚁金服、城云科技签订合作协议。

国际联合学院图书馆和北教学楼成为全球首批通过 LEED V4.1 O+M(能源环境先锋 绿色运行和维护)铂金级认证的教育项目,整体校园获得英国 Eco Campus(生态校园)体系金奖认证。

【浙江大学爱丁堡大学联合学院(ZJE)办学进展】 2019 年,ZJE 开设生物医学专业(八年制特选)试点班,从竺可桢学院选拔 6 位本科生入读。持续推进招生模式改革,首次在综合评价招生过程中增加校园体验环节,更全面展示学院办学情况。按照爱丁堡大学入学标准严格筛选国际留学生,2019 年共录取了 2 名留学生。借鉴合作伙伴教学体系,整合爱丁堡大学、浙江大学基础医学院和 ZJE 三方教师资源,进一步加强课程内容建设,丰富授课形式,构建沉浸式国际化创新人才培养模式,强化小组讨论课和实验训练,实现了课程模式、作业形式和评价方式等多方面的多样化。本年度面向生物医学专业一年级学生开放选修生物信息学专业课程——生物信息学导论,进一步优化

转专业时间,为本科生专业选择提供了更广的空间。进一步加强以问题导向的教学模式,开设科研训练项目,拓展学生科研能力,有 87% 的学生在暑期开展科研训练和社会实践,其中不乏在哈佛大学、耶鲁大学等海外名校开展暑期科研训练。面向全球招收优秀博士后,加强学科梯队建设,提升学科科研实力,本年度新增师资博士后 11 人,已形成 22 人的优质博士后队伍。博士后队伍中,12 人(占 54.5%)博士毕业于全球 TOP100 的高校或研究所,2 人入选 2019 年度博士后国际交流计划引进项目,1 人获得中国博士后科学基金第 66 批面上资助,2 人获得 2019 年国家自然科学基金青年科学基金项目资助立项。

【浙江大学伊利诺伊大学厄巴纳香槟校区联合学院(ZJUI)办学进展】 从 2019 年起,本科生办学规模从每年 175 人增加到 225 人,并实行全年滚动招生。进一步推进与 UIUC(伊利诺伊大学厄巴纳香槟校区)的学科联动,按照浙大"新工科"建设目标深度参与学校相关学科的建设。建设了"智能城市、智能基础设施""数据挖掘和机器学习""信息系统和数字科学"等一批高质量的学术前沿交叉课程。进一步推进实践教学改革,创新设计实验室、可制造性设计实验室和智能技术创新实践基地已成为国际联合学院的实践教学特色基地。与伊顿(中国)投资有限公司合作共建的实践教学基地获得浙江省"十三五"省级大学生校外实践教学基地立项,并进一步巩固和深化与华为研究院、晶科能源、国家电网(海宁)、阿里巴巴等企业的合作。本科生获 ICEBE2019(第 16 届国际电子商务工程会议)国际会议最佳论文奖、RoboMaster2019 机甲大师赛国际预选赛上团队二等奖和美国大学生数学

建模大赛获特等奖。ZJUI 通过了 ABET（国际工程技术教育认证）模拟评估，人才培养的举措和成效获得评估组的高度认可。学院全职教师全部获得 UIUC 兼聘教师资格。1 位教师获得浙江大学暑期大学生社会实践十佳指导老师称号。高性能计算平台建成并投入使用，微纳平台、可持续发展平台、数字科学平台等若干重点平台已进入规划和设计阶段。

【浙江大学国际联合商学院（筹）（ZIBS）成立】 2019 年，ZIBS 初步形成运行体系，基本明确了管理与运行规则，并初步完成骨干管理团队建设。进一步加强 ZIBS 学位与学科建设。首个高管培训项目"浙大 ZIBS 总裁班"开课，招收并培养金融科技相关行业高管、创始人 24 名。首批 ZIBS 工商管理硕士项目（iMBA）学生于 2019 年 9 月入学。中国学项目有序推进。师资与人才队伍建设持续推进已聘任包括蚂蚁金服副总裁芮雄文、南非人文社科研究院 Dr. Jaya Josie、世界银行前首席技术官 Lesly Goh 在内的 10 名兼职师资参与 ZIBS 相关专业的课程教学，其中访问教授 5 人，实践教授 5 人。与蚂蚁金服集团已正式开展人才培养合作，蚂蚁金服已选派 10 名技术专家、高管担任 ZIBS 业界导师。持续深化与剑桥大学嘉治商学院(C)JBS 在跨境教育、合作研究、师资交流、人才培养等领域的全面合作。浙江大学—蚂蚁金服金融科技研究中心正式成立，中心下设首个实验室"数据安全与隐私保护实验室"已成立并开展工作。成功开设"ZIBS 未来发展基金"并募得首批校友捐赠，开设"国际联合商学院韩升洙教育基金"。

（叶治国撰稿　王玉芬审稿）

财务与资产管理

财务工作

【概况】 浙江大学 2019 年总预算收入 1,400,368 万元,总预算支出 1,218,186 万元。

预算收入情况 2019 年,浙江大学总预算收入比上年增加 140,547 万元,增长 11.16%。其中:财政拨款预算收入占总收入的 29.23%,事业预算收入占总收入的 51.37%,附属单位上缴预算收入、非同级财政拨款预算收入、投资预算收益及其他预算收入占总预算收入的 19.40%(详见表 1)。

表 1　浙江大学 2018—2019 年预算收入变动分析

项目	2019 年预算收入数/万元	增减额/万元(与 2018 年比)	增长率/%(与 2018 年比)
一、财政拨款预算收入	409,262	42,221	11.50
1.教育拨款预算收入	367,570	34,918	10.50
2.科研拨款预算收入	27,042	3,681	15.76
3.其他拨款预算收入	14,650	3,622	32.85
二、事业收入	719,365	74,965	11.63
1.教育事业预算收入	211,402	—319	—0.15
2.科研事业预算收入	507,963	75,284	17.40
2.1 非同级财政拨款	363,027	65,974	22.21
2.2 其他科研事业预算收入	144,936	9,309	6.86
三、上级补助预算收入	—	—	—
四、附属单位上缴预算收入	10,509	7,965	313.06
五、非同级财政拨款预算收入	154,710	27,343	21.47
1.中央拨款	7,563	2,075	37.81
2.地方拨款	147,147	25,268	20.73

项目	2019 年 预算收入数/万元	增减额/万元 （与 2018 年比）	增长率/% （与 2018 年比）
六、投资预算收益	19,612	−24,733	−55.77
七、其他预算收入	86,909	12,786	17.25
合　　计	1,400,368	140,547	11.16

预算支出情况　2019 年,浙江大学总预算支出比上年增加 87,352 万元,增长 7.72%。其中,工资福利支出占总支出的 29.06%;商品和服务支出占总支出的 47.77%;对个人和家庭补助支出占总支出的 9.63%;基本建设和其他资本性支出占总支出的 13.54%(详见表2)。

表 2　浙江大学 2018—2019 年预算支出变动分析

项目	2019 年 预算支出数/万元	增减额/万元 （与 2018 年比）	增长率/% （与 2018 年比）
一、工资福利支出	353,988	65,129	22.54
二、商品和服务支出	581,895	35,154	6.43
三、对个人和家庭的补助	117,349	8,078	7.39
四、基本建设支出	17,833	14,667	463.21
五、其他资本性支出	147,121	−35,676	−19.52
合　　计	1,218,186	87,352	7.72

资产情况　截至 2019 年末,学校资产总值 4,018,630 万元,比上年增加 278,476 万元,增长 7.45%。各类资产的构成如图 1。

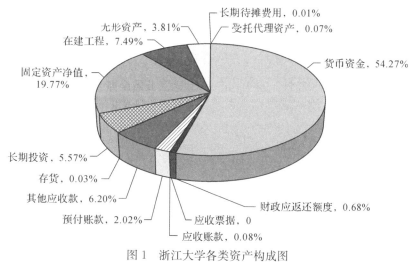

图 1　浙江大学各类资产构成图

财务与资产管理

负债情况 截至 2019 年末,浙江大学负债总额为 645,304 万元,比上年增加 313,796 万元,增长 94.66%。各类负债的构成如图 2。

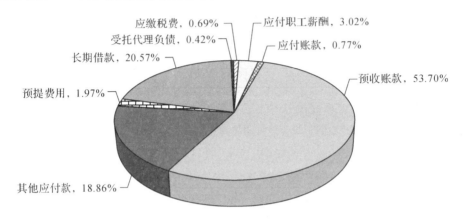

图 2 浙江大学各类负债构成图

净资产情况 2019 年末,浙江大学净资产总额 3,373,326 万元,比上年减少 35,320 万元,下降 1.04%。2019 年末净资产变动情况见表 3。

表 3 浙江大学 2018—2019 年末净资产变动情况分析

项目	2019 年年末 /万元	增减额/万元 (与 2018 年年末比)	增长率/% (与 2018 年年末比)
一、累计盈余	3,340,827	−37,594	−1.11
1.事业基金	1,275,705	81,842	6.86
2.非流动资产基金	1,448,758	73,704	5.36
3.财政补助结转结余	45,945	12,713	38.26
4.非财政补助结转	495,110	−194,911	−28.25
5.并表单位累计盈余	75,309	−10,942	−12.69
二、专用基金	32,499	2,274	7.52
1.职工福利基金	14,919	3,364	29.11
2.其他专用基金	17,580	−1,090	−5.84
三、权益法调整	—	—	—
合 计	3,373,326	−35,320	−1.04

实施政府会计制度 强化财务决策支持

一方面通过提前部署厘清旧账,优化账务 管理系统,完善会计核算规则,重构财务报表体系,顺利完成新旧会计制度的转换与衔接。同时采取编制政府会计制度操作手册，加强会计人员业务培训等举措，进一步推动会计核算规范化和标准化，确保会计信息全面、真实、合理反映我校的财务状况、预算执行情况和事业成果。另一方面，积极着手构建校院两级财务决策支持分析系统，深挖财务信息价值，为校院两级科学决策、资源优化配置提供信息保障，助推学校各项事业内涵式发展。

贯彻主题教育精神 树牢财务服务意识

以"不忘初心、牢记使命"主题教育为契机，打好"三会一课"、主题党日活动以及"请进来和走出去"等组合拳，引领全体财务人员锤炼政治品格，树牢宗旨意识，强化使命担当。推动部门上下聚焦财务政策宣传、上门驻点服务、解决"报销繁"以及打造智慧财务等主责主业，突出精准服务、智能服务、贴心服务的特色，不断提升学校财务管理服务水平和服务形象。

（董琦琦撰稿　胡素英审稿）

审计工作

【概况】 2019年，浙江大学进一步完善审计制度，修订了《浙江大学中层领导干部经济责任审计实施办法》（浙大发审〔2019〕1号）。组织实施各类审计共1970项，审计总金额为483.20亿元，查出有问题资金5222.44万元，其中违纪违规金额2042.17万元。通过审计，直接节约资金5707.04万元，已纠正违纪违规金额129.88万元，挽回损失金额530.47万元。

组织实施对经济学院等23个单位22位负责人的经济责任审计，重点关注被审计领导干部贯彻执行重大决策部署、贯彻落实中央八项规定精神、重大经济决策、内部监管以及个人廉洁自律情况，揭示个别领导干部经济责任履职不到位，重大经济决策缺乏科学、民主程序，财务监管不严和资产管理不规范等问题。通过审计，客观评价领导干部任期经济责任，强化了领导干部的经济责任意识、自我约束意识，促进了党风廉政建设。

对学校2018年预算执行情况与决算进行审计，重点关注学校预决算总体管理情况、具有经费二次分配权的教学科研人事等部门的预决算管理情况、专项经费的管理使用和绩效情况、内部控制建设情况等。通过审计，揭示和分析学校预算执行与决算、内控建设及风险防控、各项经济活动中存在的问题和薄弱环节，侧重从管理层面查找问题根源，梳理节点，促进各部门规范管理，完善相关内控制度，更加合理、有效地配置资源，提高资金使用效益。

对学校公务用车改革落实情况进行审计，重点对公务用车的内控制度建设、日常管理、公务车配备审批等进行审计。通过审计，防范公务用车使用风险，推进学校依法治校、依法管理的水平，确保国家重大改革任务能落地生效。对学校合同归口管理部门2018年5月至2019年9月的合同管理情况进行调研，并对内控情况做出评价，重点从合同内部控制制度建立和健全情况，合同归口管理情况，合同的签订、履行、变更、解除、终止、争议解决和登记、备案、归档全过程管理情况等方面进行评价。通过评价，进一步推进学校加强合同管理，防范合同风险，维护学校合法权益，提高依法治校水平，并推动学校内控体系的建设和完善。

对86个科研项目进行了抽查，涉及经

费总额 31999.82 万元。通过抽查，对科研经费使用起到较好的规范作用，杜绝了明显违规使用经费现象，切实推动营造良好科研创新和育人环境。

完成紫金港校区西区学生服务中心等 7 个项目共 10 个标段全过程审计；继续对紫金港校区学生生活区组团等 10 个项目共 14 个标段进行全过程审计；对超重力离心模拟与实验装置国家重大科技基础设施项目建设工程管理和财务运行进行全过程审计，完成对 2018 年度项目经费执行情况、3.95 亿元省配套经费预算表（2018 年—2024 年）、2019 年度用款计划、项目设计概算的审计，完成项目设计和施工发包的过程审计；对紫金港校区体育馆等 7 个项目进行竣工财务决算审计；完成紫金港校区西区求是书院施工总承包等 39 个工程合同项目的竣工结算审计；完成紫金西苑供配电项目竣工结算审计 1 项；完成 2018 年度投资估算 100 万元以下 19 个建设项目竣工工程结算抽审；完成各校区修缮工程项目结算审计 57 项；抽样审计合同价 50 万元以下零修工程项目竣工结算 1262 项并出具审计报告；完成 2017 年度中央高校改善基本办学条件专项资金修缮项目管理的专项审计并出具审计报告；组织实施 2018 年度舟山校区修缮工程管理的专项审计。自审完成 19 个新建工程合同项目的结算审计，参与校内修缮项目谈判、竣工验收、维修工程优质项目评比等 40 余项。

加强对学校二级单位内审工作的指导，组织召开学校内部审计工作调研交流会，确定建立学校内部审计系统定期交流机制，并建立交流工作平台；积极借助社会机构专业优势，采取集中培训、专题讲授、同审互学等方式，统一审计要求，提高审计质量；运用"巡审联动"机制，实行动态合作方式，在数学学院等部门单位的审计中作到同步进点、同步实施，通过联合监督，提高了威慑力，最大化发挥监督作用。

（高莫愁撰稿　周　坚审稿）

国有资产管理

【概况】　截至 2019 年 12 月 31 日，按浙江大学 2019 年度财务决算口径，国有资产总额为 401.86 亿元，比上年增长 7.45%；国有资产净额为 337.33 亿元，比上年下降 1.04%，详见附录 1。

截至 2019 年 12 月 31 日，浙江大学所属校办企业资产总额 38.15 亿元，所有者权益总额 26.75 亿元，归属于学校所有者权益合计 23.44 亿元。2019 年营业收入总额 28.86 亿元，净利润 1.94 亿元，其中归属于学校股东的净利润 1.87 亿元，净资产收益率 7.94%，详见附录 2。

2019 年，浙江大学紧紧围绕改革发展重心和国有资产管理关键环节，加强国有资产管理，全力推进所属企业体制改革试点工作，积极防范国有资产流失风险，确保国有资产保值增值。

为贯彻落实国家"放管服"改革要求，加快科技成果转化，提高国有资产评估管理效率，促进学校事业发展，修订了《浙江大学国有资产评估管理办法》，明确了国有资产评估范围、部门职责、评估要求和管理程序，规范了国有资产评估管理工作；为助力所属企业体制改革试点工作，接好上级主管部门下放的企业国有资产评估备案"权力棒"，出台了《浙江大学企业国有资产评估项目备案管理办法》，制定了《浙江大学企业国有资产评估项目专家评审管理暂行办法》，设立了企业国有资产评估评审专家库，进一步健全了学校企业国有资产评估管理工作机制，严格把控企业国有资产"出入关"。

事业性国有资产规范管理，完成履行报批报备管理手续。完成未达使用年限固定资产报废处置备案 1 项，涉及固定资产 996 台件，账面原值为 870.9 万元。完成已达使用年限且应淘汰报废处置固定资产季度汇总备案，涉及固定资产 18585 台件，账面原值 21258.65 万元。完成华家池校区 4 个房屋整体出租向教育部备案工作，房屋总面积 7536.59 平方米，账面原值为 189.77 万元。以公开竞价方式处置报废资产 35 批次，残值回收交易收入 87.01 万元。完成浙江大学农业科技园有限公司长兴综合楼房地产回购工作，为妥善做好农业科技园减资有关工作，农业科技园返还控股集团投资款 3000 万元，控股集团归还学校 4000 万元借款。

贯彻落实党中央、国务院决策部署，按照财政部、教育部批复同意的《浙江大学所属企业体制改革试点工作方案》，众志成城、合力攻坚，稳妥推进试点的各项工作。充分落实学校对企业经营发展、直管企业董监事和经营班子履职情况的监管权，校党委常委会、校务会议和校国资委共审议企业 17 个重大事项；完成了科技园公司章程修订，明确了企业党组织在公司法人治理结构中的法定地位，细化企业重大事项的决策主体；组织控股集团等 5 家直管企业就 2018 年度董、监事会工作和三伊公司（电工厂）2018 年度经营班子工作情况提交学校国资委审议；协助人事处完成了对控股集团等 4 家直管企业 2018 年度经营业绩考核，并完善了

2019 年考核指标。

2019 年，企业向财政部上交国有资本收益 1,861.89 万元，申报 2020 年度国有资本经营预算支出 2,550 万元。

【资产评估备案工作】 结合"放管服"改革要求，理顺校内科技成果评估备案关键节点，出台科技成果转化办事流程，推动科技成果转化工作规范高效。2019 年，完成科技成果资产评估备案 43 项，涉及评估金额 6,045.81 万元。浙江大学建立了"统一领导、归口管理、逐级审核"的企业国有资产评估项目备案工作机制，有效防范国有资产流失，确保国有资产交易价格公平公允。2019 年，共审核企业国有资产评估项目所涉资产评估报告 20 份；完成备案的资产评估项目 8 项，其中教育部备案 5 项、学校备案 3 项（专家评审 2 项）。

【公务用车车辆处置工作】 2019 年，按照教育部、浙江大学公务用车制度改革实施工作部署，积极推进学校本级取消公车处置专项工作及所属企业公车改革，完成 62 辆公车公开拍卖，总成交金额 283.45 万元。完成公车处置相关停车费、维修费、年检费等后续费用结算。2019 年，浙江大学所属 3 家全资控股企业名下 10 辆公务用车经评估备案后，在二手车市场公开转让。

【所属企业体制改革试点工作】 深入学习校企改革一系列文件，建立了校企改革试点工作进度定期报送制度，设计编制了《所属企业体制改革试点工作企业负责人名单》和《清理关闭、脱钩剥离所涉企业所处节点进度表》；编辑下发了《校企改革资料汇编》，完善了与企业改革相关的工作流程。积极探索省校联动、共赢发展的合作机制，将学校企业脱钩剥离、保留企业纳入经营性资产统一监管，与学校、浙江省共同打造省级科创

平台相结合,浙江大学和省国资委成立了联合工作组,强化组织领导,明确职责分工,切实推动学校所属企业清理规范、提质增效, 努力实现企业"整顿、清理、瘦身、正风"的目标。

【附录】

附录1　2019年浙江大学国有资产总额构成情况

项目	金额/万元	备注
一、流动资产	2,543,302.16	
二、长期投资	223,661.40	
三、固定资产净值	794,466.52	
固定资产原价	1,625,512.26	
减:累计折旧	831,045.74	
1.房屋及构筑物(原值)	689,368.15	校舍面积326.88万平方米
2.专用设备(原值)	152,819.46	
3.通用设备(原值)	681,690.63	
4.文物和陈列品	42.51	实有可移动文物藏品19,293件/套
5.图书(原值)	47,763.26	截至2019年末,学校实有纸质图书6,600,855册、电子图书3,286,126册;2019年新增纸质图书138,112册、电子图书16,838册
6.家具、用具、装具及动植物(原值)	53,828.25	
四、在建工程	301,041.02	
五、无形资产净值	152,949.08	
无形资产原价	153,038.61	
减:累计摊销	89.53	
1.土地使用权	152,562.53	学校占地面积622.34万平方米
2.浙大校名商标	0	四个浙大商标进行保护性注册

项目	金额/万元	备注
3.专利权	0.25	截至 2019 年末,学校实有授权专利数为 14,253 件;2019 年新增专利授权数 2,326 件
六、长期待摊费用	516.08	
七、委托代理资产	2693.66	
资产总额	4,018,629.92	

注:表中有关资产数据由各资产归口管理部门提供。

附录 2　2019 年浙江大学校办企业财务状况

序号	项目	金额	备注
1	资产总额	381,483.93 万元	
2	所有者权益总额	267,450.40 万元	
3	归属于学校所有者权益合计	234,440.89 万元	
4	营业收入	288,648.72 万元	
5	利润总额	23,766.17 万元	
6	净利润总额	19,375.68 万元	
7	归属于学校股东净利润	18,710.89 万元	
8	净资产收益率	7.94%	

注:以上表内数据摘自浙江大学 2019 年度企业财务会计决算报表。

（林丹凤 葛　颂撰稿　胡　放 娄　青审稿）

校园文化建设

校园文化

【概况】 浙江大学结合新中国成立70周年和五四运动100周年等重大纪念活动，举办"我和我的祖国"主题歌会、"青春接力二十载，情系凉山暖彝乡"感恩浙大支教20年等大型文艺活动，发挥文体活动的思政教育功能和价值引领作用。举办浙江大学第二十届学生科技文化节，开展"高雅艺术进校园"专场演出、第十一届主持人大赛等校级活动100余场，营造浓厚的校园文化氛围。成立浙江大学主持人队；校辩论队参加全国各项赛事，获长三角法学辩论赛亚军。

举办第六届学生节，坚持"守牢底色、挖掘特色"原则，遴选出65项学生节子活动，并通过举办红色文化周等活动，推动学生节转型升级。积极开展学风建设系列活动，营造勤学爱学的氛围。举办浙江大学首届最美学习笔记评选大赛、向知识行"注目礼"——优良学风倡议、"学霸开讲"学习方法分享、"传承和弘扬优良学风"主题沙龙等

活动，以及DMB(登攀)节、研究生体育文化节、"艺彩四季"等品牌活动，打造"学术生态圈"和"文化生活圈"。将全校31个"悦空间"基地打造为广大师生阅读、分享、研讨的基地，助力建设书香校园。

坚持以美育人、以美化人、以美培元，构建融课堂教学"博雅技艺类、文艺审美类、展演实训类"等教学与训练和课外实践"艺术季、体验艺术、学生社团艺术、院系(学园)艺术"等活动与展演为一体的美育教学课程新模式，并举办第七届浙江大学艺术季活动，含大型演出、展览、艺术沙龙等各类活动95场。

文琴艺术团作为浙江大学的一张文化名片，受澳门大学之邀参加京浙澳大学回归之夜文艺晚会，与澳门大学、清华大学3校合作，共同庆祝澳门回归20周年；参与举办了放飞梦想—浙江大学青春歌会、"我和我的祖国"浙江省青少年庆祝中华人民共和国成立70周年主题歌会、第五届中国"互联网＋"大学生创新创业大赛颁奖典礼等大型活动；还在浙江大学香港新春答谢会、浙江大学龙泉办学80周年纪念活动中进行了精彩的文艺演出；其民乐团受西澳大学

孔子学院邀请参加珀斯国际儿童艺术节，精彩纷呈的中国民族乐器演出得到了观众的高度赞誉，并获得 2019 第四届"敦煌杯"中国二胡演奏比赛"非职业青年组"银奖；其合唱团受邀参加第六届济南国际合唱节，演绎了《心灵的眼睛》和《钻鉧潭》两首作品，获"典范合唱团"称号；其黑白剧社《求是魂》受邀参加在汕头大学进行的"共和国的脊梁——科学大师名校宣传工程"会演。浙大文琴艺术团选送的 3 个节目(1 个十佳歌手节目、2 个舞蹈节目)在 2019 年浙江省大学生艺术节戏剧和舞蹈专场展演中均获一等奖。

2019 年，校工会在各校区开展瑜伽、太极、网球、排舞、肚皮舞、拉丁舞等健身活动，开设油画、茶艺、摄影等近 20 门各种各类兴趣课程，共有近 2 万人次教职工参与，满足了不同教职工的多样化需求。搭建亲子活动平台，推出"童心撞华诞，一起'六'一圈"首届教职工亲子嘉年华，参与人数达 3000 多人次。2019 年，集邮协会在庆祝中华人民共和国成立 70 周年杭州市集邮展览中获金奖 1 项、大镀金奖 1 项、银奖 1 项；围棋协会在全国高校教职工围棋赛、全国名校教授围棋赛中分获季军和冠军；"求是情·巾帼行"系列活动被评为浙江省工会女职工特色工作品牌。

（叶盛珺　卢俏　叶茵茵　许诺晗撰稿
薄拯　张荣祥　吴叶海　林俐审稿）

【**举办首届最美学习笔记评选大赛**】　2019 年 12 月，举办首届最美学习笔记评选大赛，通过海选、院系推荐、学生初评、网上投票、专家评审等环节进行评选，大赛共评选出特等奖和一二三等奖及专项奖若干名，其颁奖仪式于 12 月 31 日在紫金港校区举行。新华社、人民日报、光明日报等媒体对该活动

进行了报道。

（叶盛珺撰稿　薄拯审稿）

【**主办"我和我的祖国"浙江省青少年庆祝中华人民共和国成立 70 周年主题歌会**】　9 月 26 日，该歌会在浙大紫金港校区举行。歌会由"旭日东升 青春启航""改革开放 青春奋发""崭新时代 青春图强"3 个篇章构成，浙江青少年用歌声唱响青春旋律，向伟大祖国告白，为祖国 70 周年华诞献礼。浙江省各高校团委负责人、青联委员、团属各协会会员代表，大、中学生代表，少先队员代表，港澳台学生代表等共约 2500 人参加歌会。

（叶盛珺撰稿　薄拯审稿）

【**推出原创大戏《速写林俊德》**】　为纪念以林俊德院士为代表的一代代马兰人，12 月 23 日至 24 日，由公共体育与艺术部、浙江大学马兰工作室主办，黑白剧社承办的原创大戏《速写林俊德》在紫金港校区和玉泉校区首演。该剧以 1960 届机械系校友林俊德院士为原型。林俊德是中国爆炸力学与核试验工程领域专家、中国工程院院士、少将、全军挂像英模。该剧跨越时空，截取林俊德一生的典型片段，讲述他为了国防事业扎根大漠，隐姓埋名，直至生命最后一刻依然不忘责任与使命的感人事迹，展示他平凡却又伟大的一生，弘扬他以智许国、至死攻坚的崇高品格，寄托了当代浙大人对林俊德院士崇高品格的敬意。新华社、钱江晚报、浙江经济生活频道等国内多家媒体对演出进行了报道。

（叶茵茵撰稿　吴叶海审稿）

体育活动

【概况】 2019年，浙江大学进一步深化课程改革，开齐开足体育课，实施本科阶段体育课程全覆盖，即学生在大学期间须修满课内体育课程和课外体育课程的6＋N个必修学分方能毕业。课内体育课程从4个学期转变为6个学期，体育学分从4＋N转变为6＋N；体育学时从2017年前的144学时，转变为2018级学生修读216学时，2019级学时修读252学时。

2019年共举办"三好杯"本科生组比赛22项，研究生组8项，教职工组8项，在足球、乒乓球、篮球、跆拳道、网球、太极拳、水上运动、三棋、桥牌、体育舞蹈等项目的基础上，新增民族传统体育项目运动会。竞赛分布全年，其中本科生组参赛21501人次，研究生组参赛4080人次，受众广泛，影响力深远。29个体育社团共开展活动205场次，参赛人数达25196人次，如新生杯篮球赛、CC98杯足球赛等，大大丰富了校园体育文化氛围。全校各院系（学园）、部门、单位开展各类体育竞赛与活动共359场次，本科生、研究生、教职工30360人次参与；共有53位体育教师参与院系（学园）指导辅导工作。免费开设排球、篮球、网球、无线电测向、游泳、乒乓球等14个项目的二、三级裁判员培训班，共培养二级裁判员10人，三级裁判员712人。

2019年，全校本科学生实测人数为22791人，其中优秀率4.23%，良好率31.64%，合格率95.37%，在本年度浙江省教育厅组织的学生体质健康抽测中，学生体测合格率连续六年在全省抽测中排名第二。

全年，各类体育代表队在省级以上大赛中，共获得奖牌256枚（138金、61银、57铜），9个一等奖，1个金奖。其中，在浙江省第十五届大学生运动会10个项目中以甲组28金、11银、6铜的总成绩交上完美答卷，团体总分、金牌总数、奖牌总数均居浙江省高校第一，获得校长杯第一名的荣誉。此外，篮球队于6月赴澳门大学参加国际高校篮球邀请赛，武术队于8月赴香港参加国际传统武术比赛，乒乓球队于11月赴韩国丽水市交流。12月，基里巴斯全国运动会男女冠军足球队来访浙江大学，与浙大高水平女足队、普通生男足队进行了2场足球友谊赛，展现了两国青年积极向上、努力拼搏的精神面貌。

（叶茵茵撰稿 吴叶海审稿）

积极开展教职工"全民健身月"活动，组织"舒鸿杯"环紫金港师生接力赛、教职工乒乓球、羽毛球、气排球、网球等体育赛事，创新体育赛制，共吸引了3200余人次教职员工参与。组队参加浙江省和全国各类比赛，获全国职工乒乓球联赛总决赛社会组男子团体冠军和女子团体亚军、全国教科文卫体系统乒乓球比赛团体第4名、浙江省"钟声杯"羽毛球赛亚军、浙江省"钟声杯"乒乓球赛团体冠军等优异成绩，充分展示了浙大人的积极向上、努力进取、意气风发的精神面貌。各校区工会办因地制宜，组织趣味运动会、健步走、登山、拔河等群众性体育活动，共吸引了近万名教职员工参与。

（许诺晗撰稿 林 俐审稿）

【获第21届CUBA中国大学生篮球联赛32强赛全国第五名】 该比赛于5月18—25日在浙江大学紫金港校区体育馆举行，历经七场的激烈角逐，浙大男篮强势挺进八强，获得全国第五名的好成绩。同时浙江大学被授予优秀组织奖，为122周年校庆献礼。

（叶茵茵撰稿　吴叶海审稿）

【获全国大学生田径锦标赛2金】 第十九届全国大学生田径锦标赛于7月26日至31日在内蒙古师范大学举行。浙江大学田径队派出18名高水平运动员出战，经过6天的激烈角逐，获2金2银3铜。

（叶茵茵撰稿　吴叶海审稿）

【附录】

2019浙江大学运动队获奖情况

项目	赛事名称	比赛成绩	时间地点	队别
男子篮球	2019 CUBA区域对抗赛（杭州站）	冠军	2019.01 浙江杭州	A类队
	第21届CUBA中国大学生篮球联赛东南赛区	季军	2019.04 江苏徐州	A类队
	第21届CUBA中国大学生篮球联赛32强赛	全国第五名	2019.05 厦门大学	A类队
	第22届CUBA中国大学生篮球联赛浙江赛区	冠军	2019.12 浙江杭州	A类队
女子排球	2019年第六届海峡两岸暨港澳大学生运动交流赛	亚军	2019.08 上海	A类队
	中国大学生排球联赛（南方赛区）	第五名	2019.11 四川宜宾	A类队
网球	"农行杯"第二十四届中国大学生网球锦标赛	2金1铜	2019.07 重庆	A类队
	首届中国大学生网球精英赛	男单冠军、女单亚军	2019.01 广东五邑	A类队
	第二十四届中国大学生网球锦标赛分区赛（华东赛区）	乙组女子团体冠军乙组男子团体季军	2019.04 浙江杭州	A类队
田径	第十届耐克高校田径精英挑战赛	3金5银4铜	2019.09 浙江杭州	A类队
	中国田径街头巡回赛·成都站	季军	2019.07 四川成都	A类队

项目	赛事名称	比赛成绩	时间地点	队别
田径	2019年第十九届全国大学生田径锦标赛	2金2银3铜	2019.07 内蒙古呼和浩特	A类队
	浙江省第十五届大学生运动会	丁组团体第一 16金7银6铜	2019.11 浙江杭州	A类队
武术	2019年中国大学生武术锦标赛	2金2铜	2019.07 中国武汉	B类队
	第二十四届中国大学生网球锦标赛分区赛(华东赛区)	甲组男、 女团体季军	2019.04 浙江杭州	B类队
网球	浙江省大学生网球锦标赛	2金1银1铜	2019.05 浙江台州	B类队
游泳	中国大学生阳光体育游泳比赛	团体赛2金2银 个人赛1金 4银1铜 团体总分第二名 女子团体 总分第二名	2019.06 四川宜宾	B类队
跆拳道	2019年中国大学生跆拳道(品势)锦标赛	2金1铜	2019.07 浙江杭州	B类队
	第十一届紫金杯暨长三角地区高校跆拳道公开赛	团体总分第二 3金3银	2019.06 浙江杭州	B类队
龙舟	第八届中国名校龙舟竞渡暨在杭高校龙舟赛	中国名校组 一等奖 在杭高校组 一等奖 龙舟宝贝 一等奖	2019.06 浙江杭州	B类队
	第八届全国大学生龙舟锦标赛	1银1铜 一个第四	2019.09 甘肃兰州	B类队
赛艇	2019横琴天沐河名校赛艇邀请赛	亚军	2019.12 广东珠海	B类队
	中国赛艇大师赛·"浙江永利杯"绍兴柯桥站	季军	2019.10 浙江绍兴	B类队

校园文化建设

项目	赛事名称	比赛成绩	时间地点	队别
赛艇	2019年第五届全国大学生赛艇锦标赛暨一带一路赛艇挑战赛	女子四人双桨无舵手项目第六名	2019.09 浙江温州	B类队
	中外名校赛艇挑战赛	男子八人单桨第十一名、女子四人单桨第八名	2019.04 浙江上虞	B类队
乒乓球	C9高校乒乓球邀请赛	亚军	2019.04 上海	B类队
	2019年浙江省大学生乒乓球锦标赛	男子团体冠军	2019.06 浙江金华	B类队
排球	浙江省大学生排球锦标赛	季军	2019.05 浙江杭州	B类队
篮球	2019年ZUBA浙江省大学生篮球联赛男子甲A组、女子甲组	男子冠军女子亚军	2019.11 浙江奉化 2019.11 浙江海宁	B类队
	第21届CUBA中国大学生篮球三级联赛	男、女第八名	2019.06 山东泰安	B类队
啦啦操	2018—2019年全国啦啦操联赛（杭州站）	金牌2枚	2019.06 浙江杭州	C类队
棋类	第十四届在杭高校棋类邀请赛	围棋、中国象棋、国际象棋团体冠军、五子棋团体亚军个人赛围棋第一、三名、国际象棋第二、三名	2019.12 浙江杭州	C类队
	2019全国大学生象棋锦标赛	团体金奖	2019.08 上海	C类队
	第28届"应氏杯"大学生围棋锦标赛	普通组男团亚军	2019.07 辽宁大连	C类队
	2019年全国业余围棋棋王争霸赛暨"商旅杯"杭州国际城市围棋争霸赛（正赛）	4名同学均取得了5胜4负	2019.10 浙江衢州	C类队

续表

项目	赛事名称	比赛成绩	时间地点	队别
棋类	第六届世界大学生围棋锦标赛	第六名	2019.07 澳大利亚悉尼	C类队
	首届全国大学生国际象棋快棋邀请赛	团体第三	2019.07 江苏无锡	C类队
	第六届"云林杯"浙江省大学生围棋赛	团体赛冠军、季军	2019.11 浙江衢州	C类队
龙狮队	中华人民共和国第十二届大学生舞龙舞狮锦标赛	自选套路第三名规定套路第五名	2019.08 安徽安庆	C类队
攀岩	2019年中国大学生攀岩南区赛	男子组难度个人第五名	2019.06 上海	C类队
桥牌	"迁安杯"全国大学生桥牌锦标赛	团体冠军	2019.07 河北迁安	C类队
体育舞蹈	2019年浙江省大学生健美操比赛暨第六届大学生操舞锦标赛	拉丁舞女子全能项目铜牌	2019.12 浙江杭州	C类队

(叶茵茵撰稿　吴叶海审稿)

学生社团活动

【概况】 2019年，全校共有注册学生社团213家，全年累计开展学生社团活动1200余项，参与学生达55000余人次。修订《浙江大学学生社团管理条例》及相关细则，优化学生社团管理模式，明晰指导教师、指导单位权利义务，明确学生社团成立、注册、注销流程要求，完善学生社团星级调整制度和社团分类机制。以学生社团专项发展基金、青苗计划、恒星计划为载体，重点支持具有思想引领价值的学生社团。启动学生社团信息化管理平台建设，扎实推进学生社团事务信息一体化工作。打造学生社团精品课程平台，开课时长达1000余课时，参与学生达4000余人。

充分发挥学生社团和组织"自我教育、自我服务、自我管理、自我监督"教育功能，指导研究生艺术团、研究生创新创业中心、未来企业家俱乐部、研究生社会实践发展中心、研究生新闻媒体中心（"浙大研究生"微信公众号）、研究生心理互助会、研究生调研室、求是学社以及润莘社等研究生社团和学生组织开展工作。重点围绕社团发展、干部历练、理论学习和自身建设等方面加以指导，引导社团立足自身目标和定位，开展丰富多样的学生素质提升和校园文化活动。

浙江大学爱乐合唱团、书画协会、茶文化学会、求是户外俱乐部、气排球协会等教职工社团组织开展丰富多彩的专项特色活动,有效推动了校园文体活动的蓬勃发展。集邮协会在庆祝中华人民共和国成立70周年杭州市集邮展览中获金奖1项、大镀金奖1项、银奖1项;围棋协会在全国高校教职工围棋赛、全国名校教授围棋赛中分获季军和冠军;摄影学会组织"运动让生活更美好"——浙江大学庆祝建国七十周年主题摄影大赛,全方位、多角度展示浙大师生运动生活的珍贵瞬间和时代画卷。

(叶盛珺　卢　俏　许诺晗撰稿
薄　拯　张荣祥　林　俐审稿)

【举办"社团,让大学更精彩"专题座谈会】
12月31日,该座谈会在紫金港校区举行。校长吴朝晖与学生社团师生代表围绕学生社团发展情况、规范管理、校外服务、指导教师参与等主题进行座谈,鼓励各家学生社团发挥好育人功能,让学生社团成为建设世界一流大学的重要环节和学校育人体系的重要支撑。

(叶盛珺撰稿　薄拯审稿)

【浙江大学获"寻找全国高校百强学生社团"活动"高校最佳组织奖"】　由中国青年报举办的第二届"寻找全国高校百强学生社团"活动自2019年1月启动,共有500余所高校、2000余家学生社团参与。浙江大学获评该活动"高校最佳组织奖",学生灵韵音乐剧社获"优秀学生社团"荣誉称号。

(叶盛珺撰稿　薄拯审稿)

【打响浙江大学研究生艺术团品牌】　研究生艺术团声乐分团参加"第十一届新加坡中国国际声乐大赛",小组唱《Frozen》等曲目获得评委一致好评,获4金4银。2019年,艺术团承演研究生开学典礼、毕业典礼暖

场节目、玉泉新年狂欢夜节目,打造"春之源曲"研艺原创音乐收录、"仲夏民韵"中华传统文艺专场、"微凉的秋"户外弹唱会、"时光流转,琴音不辍"冬季钢琴音乐会品牌活动。

(卢　俏撰稿　张荣祥审稿)

青年志愿者活动

【概况】　2019年,浙江大学新增星级志愿者3196人,全年志愿服务总时长超过44万小时。组织志愿者参与第五届中国"互联网＋"大学生创新创业大赛、第六届世界互联网大会、2019年中国自动化大会、中国大学生篮球联赛(CUBA)等重大赛会志愿服务,不断完善"招募—选拔—培训—管理—保障"的全过程志愿服务工作体系。全面推广"志愿中国·志愿汇"管理平台,提升志愿服务管理信息化水平。结合"三·五"学雷锋志愿服务活动月等活动,不断创新志愿服务项目,打造志愿服务品牌。选派21名学生参加研究生支教团,到西部地区开展支教和精准扶贫工作。博士生报告团选派急需专业的30多个院系的80余位硕博研究生,围绕"两边两路、一个核心"开展社会服务活动,传播科技火种,助推产业发展。

浙江大学获浙江省2019年青年志愿服务项目大赛金奖2项、浙江省首届社会工作和志愿服务示范项目赛金奖1项。浙江大学支教团获第十二届中国青年志愿者优秀项目奖和"最美浙江人·青春领袖"荣誉称号。

(叶盛珺　卢　俏撰稿　薄　拯　张荣祥审稿)

【举行第五届中国"互联网＋"大学生创新创

业大赛志愿者表彰大会】 2019 年 11 月 22 日,该表彰大会在浙大紫金港校区举行,对大赛期间表现优秀的志愿者代表进行了表彰,为志愿者教师领队颁发了感谢状。大赛期间,浙江大学共有 3515 名学生志愿者、78 名教师领队参与志愿服务,志愿服务时长累计超过 10 万小时,服务对象超过 6 万人次。

(叶盛珺撰稿　薄拯审稿)

【参加首批中国青年志愿者海外服务计划——服务联合国机构项目】 12 月 19 日,该项目出征仪式在上海外国语大学举行,共选派 7 名大学生志愿者赴联合国机构开展国际志愿服务。浙江大学环境与资源学院学生汪蕾被选中,成为 7 名志愿者中的一员,于 12 月底赴位于土耳其伊斯坦布尔的联合国开发计划署开展为期 6 个月的志愿服务。

(叶盛珺撰稿　薄拯审稿)

【浙江大学研究生支教团获评"最美浙江人·青春领袖"荣誉称号】 1 月 21 日,2018 年"最美浙江人·青春领袖"颁奖典礼举行。浙江大学研究生支教团获 2018 年"最美浙江人·青春领袖"荣誉称号。20 年来,研究生支教团共选派 20 批 226 名志愿者赴四川、贵州、云南等中西部贫困地区开展扶贫支教工作。

(叶盛珺撰稿　薄拯审稿)

社会实践活动

【概况】 浙江大学积极探索社会实践 2.0 模式,探索建立集党建思政、社会服务、爱国荣校、行业教育、科研转化和职业规划等为一体的"大实践"工作体系。组织开展以"共

铸辉煌七十载,青春奋进新时代"等为主题的大学生社会实践活动,全校 1064 支团队、12330 名大学生利用寒暑期分赴全国各地和 20 余个国家(地区)开展社会实践活动。深化社会实践工作基地合作,新建立第六批大学生社会实践示范基地 4 个。浙江大学获 2019 年全国大中专学生志愿者暑期"三下乡"社会实践活动优秀单位,16 支团队获全国优秀社会实践团队,3 支团队获浙江省社会实践风采大赛十佳团队,5 支团队获浙江省优秀社会实践团队,9 名师生获得省级以上社会实践方面个人荣誉。

(叶盛珺撰稿　薄　拯审稿)

围绕学校"两边两路、一个核心"服务战略,2019 年新增中西部地区研究生社会实践基地 9 个,选派 1285 名研究生(其中博士生 1090 名,占比 84%)前往 48 个国内外校级基地和 135 个院级基地开展社会实践,实践人数较上年增加 27%。加强社会实践课程化建设,提升实践教学比重,开设"实践导论""实践安全教育"及"社会调查方法及调研报告撰写技巧"等行前培训课程。全年研究生社会实践活动共完成调研报告 340 篇,申请专利 1 项,技改项目 18 项,开发产品 21 项,专题报告 88 场,成功介绍合作项目 38 项。

围绕国家发展战略和新时代浙江大学人才培养目标,实施"人类命运共同体"国际交流实践计划和国际组织志愿实习生短期项目,并在此基础上,成立浙江大学 DMB 全球竞争力发展中心,支持引导研究生走向国际舞台,在实践历练中涵育家国情怀、世界胸怀和人类关怀。启动"人类命运共同体"国际交流实践计划,组织研究生赴巴西、俄罗斯、印度、南非开展短期访问,深入当地知名大学和中资企业交流学习,积极参与构

浙江大学年鉴

建人类命运共同体。选派 6 名研究生赴联合国教科文组织信息技术研究所、联合国教科文组织达卡与新德里办事处实习。

（卢　俏撰稿　张荣祥审稿）

【开展"青年学者社会责任行动"专项社会实践】　2019 年暑期，浙江大学特别开展该项社会实践，共有 263 名青年学者作为指导教师参与。该专项社会实践以"科技育人、创新驱动"为主线，秉持"青年服务青年、青年引领青年"的工作理念，按照需求导向、专业对口、精准对接、靶向合作的模式开展科技志愿服务，助力地区脱贫攻坚、乡村振兴，引导青年主动融入国家战略。

（叶盛珺撰稿　薄　拯审稿）

【浙江大学获评"最佳实践大学"】　在中国青年报组织的"2019 年第五届寻找全国大学生百强暑期实践团队"评选中，浙江大学获得"最佳实践大学"荣誉称号，全国仅 10 所高校获此奖项。浙江大学赴各省市"新长征路上的追梦人"暑期社会实践团获评最佳实践团队，另有 2 支实践团队获评百强实践团队。

（叶盛珺撰稿　薄　拯审稿）

【"致远"研究生海外社会实践行动计划】　紧紧围绕国家"一带一路"倡议，2019 年开展第二期"致远"研究生海外社会实践行动计划，支持 7 支海外社会实践团队 59 名研究生分赴阿联酋、巴西、塞尔维亚、印度尼西亚、柬埔寨、埃及、泰国、印度等"一带一路"沿线重要节点国家，研究生聚焦行业前沿，在课题研究、项目操作、文化交流等方面硕果累累，被新华社、人民网等权威媒体深入报道。

（卢　俏撰稿　张荣祥审稿）

创新创业教育与活动

【概况】　2019 年，浙江大学创新创业教育立足创新驱动和"大众创业、万众创新"战略，全面落实立德树人根本任务，主动适应经济发展新常态，以培养"时代高才"为核心，以深化科教融合与实践育人为特色，围绕学校"双一流"建设和国家级双创示范基地建设，统筹和集聚校内外创新创业教育资源，将创新创业教育作为学校教育教学改革的重要突破口，持续提升学生创业意识和创新创业能力。浙江大学牵头成立了中国高校众创空间联盟，举办了"建行杯"第五届中国互联网＋大学生创新创业大赛、"双创周"活动和"创响中国"浙江大学站系列活动，承办第一届中国研究生人工智能创新大赛；同时，举行了浙江大学第十二届"蒲公英"大学生创业大赛、"科协人的纪念日——浙江大学学生科协人大会暨第十二届"蒲公英"大学生创业大赛、第六届学生科技文化展，建立健全学生创新创业项目、科技竞赛项目培育的长效机制，择优予以立项培育和项目跟踪，培育国家级创业训练项目 9 项、"浙报—阿里极客计划"项目 39 项，努力培养学生的创新精神和科研实践能力。

浙江大学选送的创新创业团队在全国各大赛事中均取得好成绩。在"建行杯"第五届中国"互联网＋"大学生创新创业大赛中获金奖 7 项、银奖 3 项，"回车科技——未来全脑智能行业定义者"团队获全国亚军、最佳创意奖，"智网云联——无限共算全球算力交易平台"团队获全国季军，浙江大学获主赛道、"青年红色筑梦之旅"赛道高校集体总分 2 项全国第一。在第十六届"挑战杯"大学生课外学术科技作品竞赛中,"行动起来,向滥用抗生素说不——中国 13 省市 1345 家零售店无处方销售抗生素情况调查及应对研究"作品获特等奖,另获二等奖 2 项、三等奖 3 项,浙江大学获"优胜杯"。在第六届"创青春"中国青年创新创业大赛全国赛(互联网组)中,"哈姆科技——水下智能清洗行业领军者"团队项目获总冠军、金奖,"麻辣数据——点燃全民 AI 数据标注新时代"项目获得银奖。在研究生未来飞行器创新大赛、研究生数学建模竞赛等八大赛事中获全国一等奖 12 项、二等奖 20 项、三等奖 25 项。

(叶盛珺　詹美燕　卢　俏撰稿
薄　拯　金芳芳　张荣祥审稿)

【"创响中国"浙江大学站系列活动】 于 5 月 11 日至 6 月 7 日在浙江大学举行。该活动包括了 2019 世界青年创业沙龙、首届国际大学生混凝土龙舟邀请赛、"Ｎ·Ｅ·Ｗ·创"第五期暨 2019 年度大学生创新创业项目培训等,美国斯坦福大学、英国拉夫堡大学等多所世界知名大学教授和杰出创业者参加活动并分享交流经验,近 50 支优秀的国内外优秀大学生团队参加了相关赛事交流,100 多名师生接受了创新创业专业培训。

(詹美燕撰稿　金芳芳审稿)

【"建行杯"第五届中国"互联网＋"大学生创新创业大赛总决赛】 于 10 月 12 日至 15 日在浙江大学举行,共计有 581 个项目进入总决赛现场比赛。来自清华大学的"交叉双旋翼复合推力尾桨无人直升机"项目获得冠军,来自浙江大学的"回车科技——未来全脑智能行业定义者"项目获得亚军,来自浙江大学的"智网云联——无限共算全球算力

交易平台"项目和来自印度尼西亚泗水理工学院/浙江工业大学的"iHe@r"项目获得季军。本次大赛共产生金奖 121 项、银奖 286 项。其中,高教主赛道产生金奖 70 项(港澳台 6 项金奖)、银奖 140 项,职教赛道产生金奖 18 项、银奖 50 项,青年红色筑梦之旅赛道产生金奖 18 项、银奖 51 项,国际赛道产生金奖 15 项、银奖 45 项;共有 284 个总决赛参赛项目提交融资意向,335 名投资人参与对接,累计达成 406 个投资意向,共计金额超过 17 亿元。

在总决赛中,浙江大学学生创业团队共斩获 7 金 3 银,获得主赛道、"青年红色筑梦之旅"赛道高校集体总分全国第一,连续五届获先进集体奖。五届大赛,浙江大学累计获得总冠军 2 项、亚军 1 项、季军 2 项、最佳创意奖 2 项、最具商业价值奖 2 项;金奖 20 项,金奖总数稳居全国第一。

本届大赛由教育部等 12 个中央部委单位和浙江省人民政府共同主办,浙江大学和杭州市人民政府承办,构建了"高教、职教、国际、萌芽(中学生)"四大板块,实现了五大办赛目标,即"更全面、更国际、更中国、更教育、更创新",共有来自全球五大洲 124 个国家和地区、4093 所院校的 457 万名大学生、109 万个团队报名参赛,参赛项目和学生数接近前四届大赛的总和。本届大赛策划了"1+6"系列活动,"1"是主体赛事,"6"是同期配套活动,分别是"青年红色筑梦之旅"活动、大学生创客秀、大赛优秀项目对接巡展、对话 2049 未来科技系列活动、浙商文化体验之旅、联合国教科文组织创业教育国际会议。

(叶盛珺撰稿　薄　拯审稿)

【"英特尔杯"第一届中国研究生人工智能创新大赛全国总决赛】 于 11 月 22 日至 24

日在浙江德清举行,共评出一等奖 6 项、二等奖 11 项、三等奖 36 项,优秀指导教师 21 名,38 所高校获优秀组织奖。浙江大学"基于稠密方向场的物体三维位姿检测算法""儿童 ADHD 智能诊断系统"等 6 个项目分别获得大赛一、二、三等奖各 2 项,浙江大学获大赛优秀组织奖。

该大赛自 2019 年 5 月启动以来,共有来自全国 193 所高校的 1217 支队伍报名参赛,双一流高校覆盖率高达 92.86%,以"AI 赋能,创新引领"为主题,旨在培养创新型、复合型、应用型高端人才,为中国人工智能领域的健康发展提供人才支持。作为中国研究生人工智能领域的首创赛事,该大赛已被列入"中国研究生创新实践系列大赛"主题赛事之一。

(卢　俏撰稿　张荣祥审稿)

【中国高校众创空间联盟成立大会】 于 12 月 1 日举行。该联盟由浙江大学牵头联合全国高校和有志于大学生创业服务的社会组织机构共同发起,于 6 月 20 日获教育部高等教育司正式复函。全国共有 317 所高校、14 家企业成为联盟首批成员。该联盟致力于打造实体空间、线上空间和虚拟协同大空间这"三个空间"共建共享,整合各方资源,助推大学集群发展。至 2019 年底,已初步建立起导师、课程、活动等资源共享体系,共招募导师 74 位、创新创业课程 45 门,募集科技成果转化基金 6500 万元、高校创新成果转化基金 2500 万元。

(詹美燕撰稿　金芳芳审稿)

办学支撑体系建设

图书情报工作

【概况】 浙江大学图书馆共 8 座馆舍，总建筑面积 10.5 万平方米。2019 年，采购纸本中外文图书 8.3 万余种 10.6 万册。截至 2019 年 12 月 31 日，全馆实体馆藏总量 796.29 万册。全馆借还书总量 121.5 万册，预约图书 5.5 万册，进馆人数约 308 万人次；信息共享空间总使用量 20.5 万人次；图书馆微信公众号累积关注人数 5.4 万，全年推送图文 402 篇。举办面向全校师生的讲座、展览、现场体验等各类文化活动共计 125 次。接收科技查新项目 231 项，提供原文文献 8644 篇，论文收录 10.7 万篇。

加强文献资源保障体系建设，提升文献资源建设水平。重点建设语言文学和哲学西文典籍，丰富和完善馆藏。支持顶尖学科建设，提升药理与毒理学 ESI 期刊保障力度。推进学科特藏、中文大型文献、艺术与考古特藏建设。加强数字资源共建共享与新数据库试用。开拓"芸悦读"线上线下借购新模式，联合学院推荐学科必读学术经典书目。

建设古籍特藏资源，为传统人文学科和特色学科提供研究支撑。完成 2 批墓志拓片、夏智定旧藏信札手稿特藏和 28 种线装古籍的购买。馆藏民国宗教画像的修复工作基本完成，民国时期图书整理与古籍碑帖数字化工作继续开展。整理出版《孙诒让稿本汇编》和《浙江大学图书馆古籍普查登记目录》。建设"浙江大学图书馆古籍特藏资源发布平台"，筹建古籍修复实验室。

创新文化建设，打造文化品牌。推出"悦读·求知"月系列活动，发挥图书馆文化集聚地优势。主动加强与校内外各单位协作，举办各类文化展览与互动活动。开展"浙大东方论坛"系列讲座。推出"阅读嘉年华"系列活动，加快构建校园阅读推广体系。

围绕学校"双一流"建设与科技创新工作需要，为"创新 2030"计划、"顶尖学科"建设和"学科内生动力提升计划"等提供精准情报服务，发布《"双一流"建设浙大图情专报》与《QS 顶尖学科声誉提升及发展路径分析》等 6 期专题报告。知识产权信息服务深入教学、融入科研创新团队，探索新型服务模式。信息素养教育融入学校"三全育人"体系,通过始业教育、专题培训、"微课堂"、线上活动等方式,构建立体化的信息素养教育环境。

从师生需求出发,基础图书馆延长开放时间,全面完善延长开放条件,考试周期间提前开馆。升级读者自助服务体系,统一管理制度,提升服务质量。

建设浙江大学开放数据平台,促进科研数据开放共享,服务学术研究。与学校数据中心对接,建设基础数据平台,增强数据互联互通与一站式获取。建设信息资源分析与应用研究中心(CIRAA)网站,开展科研数据管理研究与实践。建设并推广使用图书馆 OA 系统,进一步优化图书馆办公流程,提升工作效率。

加强大学数字图书馆国际合作计划(CADAL)项目交流合作,2019 年新增共建共享签约单位 222 家,CADAL 新版门户网站通过验收并正式上线。

凝练紫金港西区主图书馆的功能定位、服务需求和发展特色,完成设计方案。开设紫金港基础图书馆"启真悦读"长廊、玉泉馆舍师生交流空间与朗读区、华家池馆舍信息共享空间。

【获 2018 年中国图书馆学会"全民阅读示范基地"称号】 7 月 31 日,图书馆获得该称号。图书馆在面向全校师生的阅读推广工作中,积极宣传和践行社会主义核心价值观,弘扬中华优秀传统文化,组织策划理念新颖、内容丰富、具有品牌效应的阅读推广活动,对开展全民阅读活动起到了良好的示范作用。

【获"2019 年全国高校信息文化与信息素质教育研讨会"案例类一等奖】 11 月 16 日,图书馆获得该奖项。图书馆秉承开环整合的"全人教育"人才培养理念,针对科普硕士的专业学习和就业特点,为其量身打造信息素养课程,积极嵌入实训项目。在课程中融入 PPT 制作和展示的媒体素养内容,在课堂汇报环节中采用翻转课堂和同伴教育的方式引导学生。

【附录】

附录 1　浙江大学 2019 年图书经费情况 （单位:万元）

经费类型	金　额
中文图书	621.31
外文图书	1000.06
港台图书	74.30
中文报刊	140.50
外文报刊	470.80
数字资源	3453.23
特种文献(拓片)	57.80
购置业务费	184.02
总计	6002.02

附录 2　浙江大学 2019 年图书馆藏及流通情况

文献种类		数量
图书	中文	439.95 万册
	外文	96.00 万册
	包括:古籍 18.70 万册,拓片 9753 件	
期刊	中文	63.17 万册
	外文	46.50 万册
报纸		7.63 万份
缩微、音像资料		6.83 万件
之江、舟山校区		25.79 万册
院系资料室(含医学院附属医院)		108.22 万册
其他(含悦空间、资料等)		2.20 万册
电子数据库		500 余个
馆藏总量		796.29 万册
图书流通量		121.5 万册

(冯越男编撰　吴　晨审稿)

实验室建设与设备管理

【概况】　截至 2019 年 12 月 31 日,全校仪器设备资产总台件数为 320257 台套,总额 825798.70 万元。其中,单价 10 万元以上 9578 台套,金额 490340.33 万元;单价 50 万元及以上 2220 台套,金额 312338.18 万元;单价 200 万元及以上 319 台套,金额 138496.91 万元。2019 年,全校新增仪器设备共计 33874 台套,总值为 93098.84 万元;减少 19522 台套,原值 22186.55 万元;全年处置报废仪器设备竞标 25 批次,残值收入 96.09 万元。

全校共有 6600 余台仪器纳入浙江大学大型仪器网络共享平台,828 台仪器加入国家科技基础条件平台对社会开放共享。全年投入大型仪器维修补贴基金 145.66 万元,修复了 54 台总价值为 1.54 亿元的大型仪器。首次组织开展全校性大型仪器技术系列培训讲座;设立了 21 项实验技术研究项目。

组织开展院(系)单位大型仪器设备开放共享和使用效益考核评价工作,农生环测试中心、化学系、医学院等单位考核结果为优秀;通过科技部、财政部组织开展的 2018 年度中央级高等学校和科研院所等单位大型科研仪器开放共享评价考核,考核结果为良好,较上一年有显著进步。研究制定了《浙江大学大型仪器功能开发与维修保养服务专项经费使用管理办法(试行)》,规范大型仪器功能开发与维修保养服务专项经费的使用和管理,首批给予校级公共技术平台的 16 台大型仪器共计 337.04 万元专项经费支持。

修订发布《实验室安全管理办法》,积极开展实验室安全管理工作。2019 年 1 月,将学校本级、核农所和校医院 3 本《辐射安全许可证》的"三证合一",取得了新辐射安全许可证(浙环辐证[A2159])。举办 2 次全校性实验室安全专项培训班,540 多师生参加。面向新生和新教工,发放新版《实验室安全手册》1.9 万册、英文版 1000 册。积极协调推进紫金港西区理工组团排风系统建设工作,其中,标段二、标段三和标段四已完成屋顶尾气处理装置及室外管道的安装,标段一的屋顶设备安装施工推进中。截至 2019 年底,化学品与材料采购平台入驻供应商 331 家,完成线上订单共计 10.28 万笔,金额 4106.46 万元。

【附录】

2019 年浙江大学教学科研仪器设备情况

单位名称		合计		其中:10 万元以上		其中:200 万元以上	
		台件数/件	金额/万元	台件数/件	金额/万元	台件数/件	金额/万元
院系	人文学院	2341	2077.72	8	241.27	0	0.00
	外国语言文化与国际交流学院	3196	1715.07	8	182.50	0	0.00
	传媒与国际文化学院	1069	1717.42	23	630.70	0	0.00
	艺术与考古学院	84	84.41	2	37.80	0	0.00
	经济学院	935	734.56	1	34.50	0	0.00
	光华法学院	676	568.35	3	92.40	0	0.00
	教育学院	1391	1437.81	19	461.36	0	0.00
	管理学院	1980	3062.00	35	1038.65	0	0.00
	公共管理学院	2232	2057.18	7	87.29	0	0.00
	马克思主义学院	215	119.80	0		0	0.00
	数学科学学院	1361	1213.30	3	36.56	0	0.00
	物理学系	7868	27502.41	253	18017.86	25	9765.15
	化学系	8928	24272.59	284	16058.46	17	6237.44
	地球科学学院	2952	7920.60	115	4626.67	3	911.80
	心理与行为科学系	1134	2511.37	39	1586.63	0	0.00
	机械工程学院	9349	31282.15	397	19083.03	8	2090.39

单位名称		合计		其中:10万元以上		其中:200万元以上	
		台件数/件	金额/万元	台件数/件	金额/万元	台件数/件	金额/万元
院系	材料科学与工程学院	5936	38998.80	326	31372.41	30	16973.72
	能源工程学院	9095	40312.22	466	27589.74	21	6757.96
	电气工程学院	10964	20734.59	323	10932.28	5	1503.28
	建筑工程学院	9797	24724.74	208	13771.63	13	6693.95
	化学工程与生物工程学院	7933	22415.44	322	13280.23	4	1276.44
	海洋学院	7108	36659.65	429	27871.67	18	11959.56
	航空航天学院	5615	23457.48	266	14961.24	12	4129.29
	高分子科学与工程学系	3512	9921.48	138	6195.64	1	236.95
	光电科学与工程学院	7536	36173.20	471	24749.90	17	7201.62
	信息与电子工程学院	8855	21824.31	234	12444.89	10	5060.24
	控制科学与工程学院	6884	21635.12	271	12095.51	3	671.05
	计算机科学与技术学院	12490	23417.88	153	7160.69	4	1695.78
	软件学院	14	9.63	0	0.00	0	0.00
	生物医学工程与仪器科学学院	3989	12403.90	194	7506.92	1	1781.00
	生命科学学院	9635	18692.06	227	9336.48	5	1713.00
	生物系统工程与食品科学学院	4875	11453.63	174	5219.53	0	0.00
	环境与资源学院	8211	20027.65	276	11298.94	5	1243.42
	农业与生物技术学院	15292	32723.29	451	15133.07	3	651.45
	动物科学学院	6057	12791.93	196	5858.78	1	278.71
	基础医学系	12034	25955.08	333	11092.34	1	335.27
	公共卫生系	2462	3307.99	40	881.02	0	0.00
	药学院	5048	13702.97	238	8208.97	2	720.33

单位名称		合计		其中:10万元以上		其中:200万元以上	
		台件数/件	金额/万元	台件数/件	金额/万元	台件数/件	金额/万元
直属单位	图书馆	1280	5909.99	60	3906.15	4	1092.44
	信息技术中心	9977	16753.27	259	8268.71	0	0.00
	竺可桢学院	23	37.85	0	0.00	0	0.00
	继续教育学院	2804	3087.75	30	1318.38	0	0.00
	国际教育学院	279	277.22	2	45.59	0	0.00
	公共体育与艺术部	3338	4165.99	26	1317.27	2	598.59
	工业技术转化研究院	1712	5876.13	47	3415.95	2	669.88
	建筑设计研究院	53	39.80	0	0.00	0	0.00
	国际联合学院(海宁国际校区)	4276	5639.50	62	1960.30	1	526.96
	工程师学院	3083	28775.49	419	25373.23	17	5992.29
校设科研机构及公共平台	浙江加州国际纳米技术研究院	878	4693.57	50	3827.88	5	2043.81
	求是高等研究院	264	748.50	11	310.17	0	0.00
	生命科学研究院	4650	13494.39	114	8640.24	12	4626.00
	水环境研究院	293	941.37	18	596.79	0	0.00
	转化医学研究院	1285	3150.88	41	1413.29	0	0.00
	中国西部发展研究院	398	569.02	10	298.05	0	0.00
	社会科学研究基础平台	380	694.11	7	441.30	0	0.00
	数学科学研究中心	281	178.01	0	0.00	0	0.00
	医学院公共平台	621	6701.67	70	5849.17	9	2895.20
	实验动物中心	958	2080.25	20	743.01	0	0.00
	农生环测试中心	330	2687.54	34	2403.08	3	861.30
附属医院	医学院附属第一医院	6519	26791.84	223	17074.89	18	7492.07
	医学院附属第二医院	2356	9113.34	75	6256.87	5	3110.99
	医学院附属邵逸夫医院	1085	1258.58	12	283.61	0	0.00

续表

单位名称	合计		其中：10万元以上		其中：200万元以上	
	台件数/件	金额/万元	台件数/件	金额/万元	台件数/件	金额/万元
附属医院 医学院附属妇产科医院	377	1144.91	19	531.16	0	0.00
医学院附属儿童医院	628	1666.11	20	980.68	0	0.00
医学院附属口腔医院	22	68.48	1	47.50	0	0.00
其 他	8876	36205.16	393	24167.88	13	10036.64
合 计	266079	762370.47	8956	458648.72	300	129833.95

（阮　俊撰稿　冯建跃审稿）

校园信息化建设

【概况】 2019年,浙江大学校园网连接7个校区、7家附属医院,杭州城区共80余公里双环形大网光缆。校园网出口总带宽97G,处理能力提升至100G。VPN(virtual private network)上网认证账号数量10万余个,校园卡持卡用户36.5万,活动用户19.3万。利用技术手段支撑保障教育部、浙江省及浙大110场活动,其中包括第5届"互联网＋"大学生创新创业大赛、教育部视频会议网络联网与保障。

"网上浙大"建设中期评估取得重要成果。以"网上浙大"五大空间为例:一是网上办事空间,持续打造"三张清单,一张网,一个厅","最多跑一次"的比例达到了82.7%。OA协同办公系统建立了所有院系部门的组织架构体系。二是在线教育空间,"学在浙大"2.0教学平台发布。建设线上课程150余门次,访问量突破200万次,并呈现快速增长的势头,创新VR课程,被人民日报、浙江日报等媒体关注报道。平台、课程云、智慧教室三者互动,通过知识图谱,形成了"三通一核"的学习2.0空间。有效支撑了学校在线教学、移动教学和混合教学活动的开展。三是学术科研空间。实现了MATLAB、微软和Adobe等软件的正版化。MATLAB激活人数2万人次;微软注册用户数4.7万人次,激活成功总量4.8万人次。上线专利助手、填表助手等支持学术科研信息化工具。论文、专利、著作等数据采集已达70多万条记录。四是个人信息空间,启动了个人数字档案建设。人脸识别技术已在迎新中应用。全面升级了教师个人主页,开通中文主页教师5955人。五是信息发布空间"一起看浙大"完成项目招标和相关测试工作。优化了网站群管理平台。制成校友经济大屏,进行了浙大排名指数数据分析。

外部联动,内部共享,以智云实验室为起点,向上级信息化单位取经,向兄弟院校学习,与知名企业战略牵手,壮大了信息化战略合作的"朋友圈",在全国高校信息化领域内逐步形成了区位辐射力和影响力。2019年共签署了13家合作伙伴；承办多次大型学术会议，依托了未来教育研究中心，打造校内"i-Space"智空间。

建设网络管理与性能监测系统，持续完善了校园网信息安全防护体系，加强了校园网络信息安全监测和威胁感知能力，全年共监测到紧急事件257起，高危事件29124起，其他威胁事件165267起，拦截外部攻击3468396次。强化了网络安全等级保护，新增了10个系统的等保定级。在全校宣传网络安全意识，组织培训、攻防演练、专题等活动10余次，累计超过100课时。

【筑网行动】 为了全面提升师生网络获得感，该行动推进了新一代无线网络建设，实现无线网络用户带宽翻一番，掉线率降至5%；并持续建设有线网络，对老校区楼宇有线网络设施进行了优化改造；结合网络升级工程，开展"绿灯行动"，向师生直观、全程展示无线网升级进度；开展一对一"网络之友"活动，保障了各学院系、部处单位在信息化的建设中"找得到人"，已对接60余家单位。

【"学在浙大"2.0平台上线】 该平台于11月18日上线，旨在以"网上浙大"在线教育空间为基础，构建线上开放互动的教与学。平台、课程云、智慧教室三者互动，通过知识图谱，形成了"三通一核"（"三通"即平台、课程云、智慧教室，"一核"即知识图谱）的学习2.0空间。搭建"1＋X"（"1"即教室基本配置，"X"即某些特殊功能模块）标准的智慧教室，启动课程云建设，挖掘课堂价值，对录制的课程和直播在线的课程作了同声传译、扫码带走讲义、协同笔记、精炼"金课"等多个方面的探索。"学在浙大"平台已培训种子教师325人，建设课程150余门次，访问量突破200万次，有效支撑了学校的在线教学、移动教学和混合教学活动的开展。

【承办中国教育和科研计算机网 CERNET 第二十六届学术年会暨会员代表大会】 该大会于11月11日至14日在杭州萧山水博园召开。会议以下一代互联网作为开启新时代的主题，联合政、产、学、研，多方探讨了互联网建设、网络安全技术、互联网促进高校教育等议题。来自全国660多所高校、各级政府部门的领导、专家、会员代表等1700余人齐聚本次年会。

（陈蓉蓉撰稿　陈文智审稿）

出版工作

【概况】 2019年，浙江大学出版社（以下简称出版社）全年出版新书品种1002种；重印图书1479种，图书总生产码洋5.23亿元；发货码洋2.83亿元（不含资助书、合作书）；总收入规模2.65亿元，利润2000万元左右。

年度入选国家出版基金项目3项，国家新闻出版署国家古籍整理资助项目1项，国家科技部年度国家科技出版基金项目9项，国家社科基金后期资助项目11项，国家新闻出版署数字出版精品遴选推荐计划1项，国务院新闻办公室与新闻出版署的中国图书对外推广计划11项，中宣部对外出版项目4项，国家新闻出版署"丝路书香"工程重点翻译资助项目3项，国家新闻出版署经典中国国际出版工程1项，国家社科基金中华学术外译项目7项。

品牌效益继续提升。出版社获得"2019—2020年度国家及浙江省文化出口重点企业""2019中国图书海外馆藏影响力出版 100 强""2019 中国图书海外馆藏影响力英文图书 10 强"。2 种出版物获得第七届中华优秀出版物奖,57 种出版物获得第四届全国党员教育培训教材、浙江省精神文明建设"五个一工程"、浙江省树人出版奖、第 35 届浙江优秀出版物编辑奖、第 18 届书出版引进版优秀图书推介、浙江省第 20 届哲学社会科学优秀成果奖、新中国 70 周年百种优秀外译图书等。1 人入选第 18 届输出版引进版优秀图书推介推动引进输出的典型人物;1 人入选浙江省优秀编校工作者。

市场影响力持续提升。124 种重点图书入选 230 项榜单,比上年增长 21.56%。《怎样读经典》等 4 种图书入选《人民日报》新年推荐书单,《神王之国:良渚古城遗址》等 2 种图书入选中国图书评论协会"中国好书"榜;《联合国教科文组织吴哥古迹国际保护行动研究》被评为全国文化遗产十佳图书之优秀图书,《探访榆林窟》入选《中华读书报》好书榜及年度百佳图书,《何以良渚》等 3 种图书入选《中国新闻出版广电报》优秀畅销书榜,10 种图书入选《中国出版传媒商报》影响力书榜,8 种图书入选百道好书 2019 年度榜等。

新增 3 种高水平学术期刊 Infectious Microbes & Disease(《感染微生物与疾病》)、IET Cyber-Systems and Robotics(《智能系统与机器人》)和《地基处理》,期刊集群规模提升至 30 种。2 种新刊 Bio-Design and Manufacturing(《生物设计与制造》)和 World Journal of Emergency Medicine(《世界急诊医学杂志》)被 SCI 数据库收录。学报 SCI 影响因子持续上升,《信息与电子工程前沿》首次进入 JCR Q3 区,3 种期刊 Food Quality and Safety(《食

品质量与安全》)、Visual Informatics(《可视信息学》)和《浙江大学学报(农业与生命科学版)》进入 Scopus 数据库,1 种期刊 Bio-Design and Manufacturing(《生物设计与制造》)进入 IM/Medline。学术期刊影响力进一步扩大,《浙江大学学报》(人文社会科学版)入选国家社科基金优秀期刊,5 种期刊入选 2019 年中国科技期刊卓越行动计划;《浙江大学学报(英文版)A 辑》《浙江大学学报(英文版)B 辑》获得 2019 中国最具国际影响力学术期刊荣誉称号(5% Top);《浙江大学学报(人文社会科学版)》和 Frontiers of Information Technology & Electronic Engineering(《信息与电子工程前沿》)获得 2019 中国国际影响力优秀学术期刊(10% Top)。

【2 种图书在第七届中华优秀出版物评选中获奖】 12 月 13 日,该奖揭晓,出版社出版的图书《赢在转折点:中国经济转型大趋势》和《中国西北地区奥陶系达瑞威尔阶至凯迪阶的笔石研究》分获图书奖和图书提名奖。这是出版社第二次荣膺中华优秀出版物奖图书奖正式奖,也是首次同时获得 2 个奖项。

【"中国历代绘画大系"献礼新中国成立 70 周年】 9 月 23 日,"中国历代绘画大系"实物在北京展览馆举行的"伟大历程 辉煌成就——庆祝中华人民共和国成立 70 周年大型成就展"上展示;9 月 26 日,由国家新闻出版署主管的《中国新闻出版广电报》庆祝新中国成立 70 周年特刊"70 家出版社推荐 70 部经典图书"中,"中国历代绘画大系"被列为其中之一,并于第一版作整版报道;10 月 9 日,"中国历代绘画大系"实体书在中国国家博物馆举行的"书影中的 70 年——新中国图书版本展"上展示。国家重大出版工

程"中国历代绘画大系"项目是目前全球范围内最大限度地还原中国古代绘画神韵的高精度、大开本图像文献集成,共入编海内外 260 余家文博机构的纸、绢(含帛、绫)、麻等材质的绘画作品 12250 余件(套),将于 2021 年建党一百周年前夕基本完成。

(阎 崴撰稿 袁亚春审稿)

档案工作

【概况】 截至 2019 年 12 月 31 日,校档案馆本年度收集常规档案 4051 卷、52007 件。提供档案利用 5097 人次,复制档案 61778 页。馆藏档案案卷级目录 210249 条,文件级目录 4419714 条,电子文件 2108260 个。加强档案法制建设和安全保密建设,持续做好档案"八防",确保档案馆环境安全和档案实体安全。

2019 年,档案数字化扫描共 163.7 余万页,录入条目共 30 余万条,馆藏珍贵和常用档案数字化率达 85% 以上。采购开发新数字档案管理系统,强化数字档案资源管理与利用体系建设。探索将研究生学位服照自助上传采集节点纳入毕业生离校系统,进一步方便学生完成学位服照归档。在学校信息中心建立数字档案资源备份并定期更新,实现学校办学记录纸质、电子双套制存储。因在数字档案馆建设方面的突出成就,2019 年 6 月被评为"浙江省示范数字档案馆"。

继续实施"珍贵史料传承典藏计划",征集特色档案,"全军挂像英模"林俊德,两院院士王元、施教耐、金国章、唐孝威,文科资深教授史晋川,原杭州大学校长、党委书记

吕志先,射电天文学家朱含枢和央视"2018 特别关注教师"蒋克铸等杰出校友珍贵档案史料 1400 余件入馆;李岚清亲笔题赠浙江大学的篆刻印痕"大美杭州"以及李岚清致邹晓东、吴朝晖同志的亲笔回函入馆;著名花鸟画家和美术教育家陆抑非书画作品、老校长邵裴子书法扇面和部分温州籍书法家作品入馆。一大批西迁时期校史资料入馆。联合浙江大学公众史学研究中心,开展老领导、老校友的"口述校史"视频档案拍摄采集工作,建立真实生动的口述校史档案。

持续开展档案编研工作,编纂出版《李辅燿诗词集》,出版、分发《浙江大学馆藏档案》(2018 年);升级、运维"浙江大学档案馆"微信公众号;与宣传部合作完成学校党建成果展览布展,发挥档案文化资政育人作用。

继续开办《浙江大学学报》校史研究专栏,续办《浙江大学校史研究》刊物;组织学科专家力量,继续编撰七卷本《浙江大学史》,编写大纲已经学校审定并展开具体编写。开展浙大史料整理汇编,出版《国立浙江大学龙泉分校史料》等研究成果;优化升级校史馆,加装全覆盖监控系统并跨校区远程监控管理,提供 1 周 7 天及寒暑假无休的全开放参观服务,校史馆全年共计接待 20 余万人次。

发挥档案文化服务社会的作用,配合浙大西迁地建德梅城建设"浙江大学西迁建德办学旧址纪念馆",协助龙泉市政府改建"浙大龙泉分校办学旧址陈列馆",举办龙泉分校成立 80 周年纪念座谈会。完成华家池校区民主馆"跨越发展·校史展馆"建设,大力弘扬浙大办学精神和文化传承。

2019 年 1 月,南京校友项宗筠捐资 10 万元人民币,设立"浙江大学教育基金会校

友档案研究基金",支持学校档案馆开展校友档案征集、整理、研究、编撰工作。

【"老书的故事——向先辈致敬"图书特展(第二期)】 于5月10日至6月10日在紫金港校区基础图书馆开展。该展从档案馆和图书馆典藏中精选老书30余本,配以老书背后的感人故事,展现浙大前辈们的卓越贡献和感人事迹,献礼学校122周年校庆。

【"不畏浮云遮望眼——丰子恺的浙大缘与温州情"展出】 5月16日至6月15日,该展在浙江大学紫金港校区基础图书馆举办,展出丰子恺及其师友书画、手稿等珍贵作品59件,展现了浙大师生临危不惧、砥砺奋进的精神风貌。展览由浙江大学与温州博物馆、温州衍园美术馆共同推出。

【见证·与新中国共成长——浙江大学精品档案展】 于9月26日至10月24日在浙江大学紫金港校区基础图书馆一楼大厅举行。该展览精选档案馆藏实物档案、图书馆藏珍贵图书,展现新中国成立70年来,浙江大学与祖国同频共振,改革发展,服务国家,争创一流的光辉历程和辉煌成就,向新中国成立70周年华诞献礼。

【附录】

附录1 浙江大学2019年档案进馆情况

类目	数量	类目	数量
党政	14938 件	设备	800 件、345 卷
教学	13825 件、1782 卷	外事	10623 件
科技	7887 件、1557 卷	财会	1019 件
出版	250 件、1 卷	涉密档案	434 件、25 卷
基建	133 件、341 卷	声像	119956 件
产品	159 件	人物	1478 件、396 卷
资料	1939 件	实物	897 件
合计	174338 件,4447 卷		

附录2 浙江大学2019年馆藏档案情况

全宗	类别	卷	件
浙江大学全宗	党群(DQ)	665	51016
	行政(XZ)	9543	115848
	教学(JX)	59529	135715
	科研(KY)	27924	108401
	产品(CP)	116	2314
	基建(JJ)	10935	36660

办学支撑体系建设

全宗	类别	卷	件
浙江大学全宗	设备(SB)	3694	7557
	出版(CB)	2582	3206
	外事(WS)	1470	89402
	财会(CK)	24346	131791
	声像(SX)	3020	105621
	人物(RW)	5986	2408
	实物(SW)	3932	118
	资料(ZL)	3272	44249
	保密档案	1358	11789
	沈德绪个人档案	1940	
	其他	1309	
杭州大学全宗	各类	19526	5622
浙江农业大学	各类	18606	4496
浙江医科大学	各类	14396	4849
之江大学	各类	12	
国立英士大学	各类	65	
杭州工学院	各类	1941	
浙江省农干院	各类	754	
合　计	216921 卷，861062 件(卷、件不重复)		

(金灿灿撰稿　蓝　蕾审稿)

采购工作

【概况】 2019年,全校通过加强采购管理,发挥集中采购优势,全年完成货物、服务和工程(基建工程除外)采购2200多单,共完成采购预算总金额为113283.55万元,共计节约经费6664.59万元。通过集中采购预算83233.19万元,成交金额为77507.76万元,为学校节约经费5725.42万元。其中:

货物采购方面,全年预算为54959.04万元,成交金额为52243.98万元,节约经费

2715.06 万元。

服务采购方面,全年预算为 17489.82 万元,成交金额为 17154.06 万元,节约经费 335.76 万元。

维修工程方面,全年落实实施维修工程项目总预算金额 10784.32 万元,成交金额为 8109.72 万元,节约经费 2674.60 万元。

合理利用国家对科教仪器的免税政策,进口免税设备 4195.02 万美元,共计免税金额 640.48 万美元。

另外:通过浙江大学科教服务公司完成 319 单货物采购,预算金额为 2208.82 万元,成交金额为 2198.81 万元,节约经费 10.01 万元。

【附录】

2019 年浙江大学采购情况

采购执行单位	货物		服务		工程		节约总额/万元	招标项目数/个
	预算金额/万元	成交金额/万元	预算金额/万元	成交金额/万元	预算金额/万元	成交金额/万元		
采购中心	35490.30	33791.19	12882.80	12631.05	9841.32	7233.59	4558.59	180
各招标代理公司等	19468.74	18452.79	4607.02	4523.01	943.00	876.13	1166.83	85
科教服务公司	2208.82	2198.81	0	0	0	0	10.01	0
合　计	57167.86	54442.79	17489.82	17154.06	10784.32	8109.72	5735.43	265

(沈伟华撰稿　包晓岚审稿)

后勤服务与管理

基本建设

【概况】 2019 年,浙江大学基建工程共投资 7.53 亿元,文科类组团(二期)、学生生活区组团、游泳馆三个项目 28.56 万平方米的竣工验收。

紫金港校区在建项目建筑面积 39.85 万平方米。其中,理工农组团(一期)机械与教学大楼已进入室内精装修和室外工程阶段;理工农组团(二期)理科大楼已完工,基本完成规划验收、人防验收、防雷验收;理工农组团(三期)材化大楼、动物中心已基本完工,室内精装修和室外工程基本完成;博士后宿舍已完成质检验收和消防验收整改;图书馆、档案馆项目于 12 月 31 日开工建设。

拟建项目稳步推进。其中,学生生活区组团(北)完成施工总承包单位招标,正在进行现场工地围挡、临水临电、临时设施施工;农业科技创新试验中心完成初步设计评审、施工图设计、施工临设搭设,并确定了分包单位;生命科学研究交叉中心完成方案设计和深化、初步设计(初稿)及概算;体育馆(亚运会篮球比赛馆)提升改造工程、紫金港校区游泳池附房(亚运会篮球比赛热身馆)改建工程完成方案设计、初步设计、改造(新建)需求和技术要求,确定 EPC 总承包单位;主干道路及桥梁工程(二期)完成工程规划许可证、施工许可证的申领以及各项审批和评估论证;教工宿舍(后勤保障用房)完成方案设计、初步设计(初稿)及概算。

市政配套项目有序展开。其中,完成博士后宿舍至吉英路、吉英路(花蒋路—万安路)、规划支路(吉英路—生物物理楼)、六号路及美川路(二期)、西行河市政工程(余杭塘河—中心湖)、护校河(博士后段)的施工;西区 10kV 供电工程(除理工农组团一期机械大楼)已通电运行,为项目的完工调试提供必要条件。

2019 年,合计送审项目为 141 项(含历年送审工程),造价为 141049 万元;其中 78 个项目已结算审核,送审造价为 17670 万元,审核后造价为 15443 万元,核减额 2227 万元。

浙江大学 2019 年在建工程进展情况

名称	面积/平方米	进展状态	计划竣工时间
紫金港校区西区理工农组团(一期)机械及教学大楼	100879	已进入室内精装修和室外工程阶段	2020.8
紫金港校区西区理工农组团(二期)理科大楼	101238	已完工,基本完成规划验收、人防验收、防雷验收	2020.4
紫金港校区西区理工农组团(三期)材化大楼、动物中心)	106771	已完工,室内精装修和室外工程基本完成	2020.4
紫金港校区西区博士后宿舍	18958	完成质检验收和消防验收整改	2020.2
紫金港校区西区图书馆、档案馆	61491	12 月 31 日开工建设	2022.2

(黄禾青撰稿　李凤旺审稿)

房地产管理

【概况】　2019 年,总务处继续加强房地产资源管理制度建设,出台《浙江大学余杭区块预留商品房申购管理办法》和《浙江大学历史文物建筑保护管理办法(试行)》等文件,完善《浙江大学教师公寓物业考核管理办法》。

在房地产资源保障方面,根据学校空间布局规划,进一步整合院系用房、优化公用房资源配置,加强对"双一流"建设的空间支撑保障,重点保障高层次引进人才(研究团队)以及重大专项、国家重点研究基地等的用房需求,2019 年完成各类公用房调整分配累计 9269.63 平方米(建筑面积)。进一步推动用房有偿使用工作,2019 年核算各类公用房有偿使用费共计 8200 余万元,收取各类住房使用费共计 5400 余万元。全面清理、规范校设研究机构和继续教育用房的使用,保障校园正常教学科研稳定有序。

提升教师公寓硬件设施和智能化水平,启动 693 套教师公寓整修,完成求是村 45 幢、46 幢、59 幢等教师公寓改造工程。完成 2018 年教师公寓物业考核,优化教师公寓中心服务。全年共开展 46 期教师公寓选房服务,提供房源 853 套,累计 389 位教职工参加选房。2019 年组织三次单位借房集中申报工作,本年度新增借出房源 284 套。推动景坛南村省直教工住宅公建配套项目实施相关手续,全年审拨景芳二区公建配套项目建设资金 474.859 万元。进一步做好家

浙江大学年鉴

属区相关工作,出售专用房车库(位)14个,收取车库(位)款164余万元。

启动年度住房一次性补贴工作,审批发放金额183万元。做好1105位教职工的住房公积金补贴缴存与年度调整工作,累计缴存880万元。做好9060位教职工住房公积金按月缴存和年度调整工作,累计缴存约4.01亿元。

增置土地面积67346.5平方米(约101亩),增加金额5000.0001万元。增加房屋面积8219.83平方米,增加金额24687714.29元。截至2019年12月底,新增家具35915件,金额4124.51万元;报废家具12433件,金额290.11万元。

完成之江校区三期保护修缮工程7幢房屋的专项验收和红房等5幢楼的施工图报批及保护资金申请,启动后六号楼的抢修工程。完成华家池校区红五楼、民主馆保护修缮方案和东大楼装修方案的报批,以及毛主席像、教二门厅、教五门厅日常保养方案的报备。持续做好文物(历史)建筑"四有档案"编制准备工作,获批文物(历史)建筑保护修缮补助资金494万元。

【"1250安居工程"建设取得阶段性成果】
至2019年12月31日,西湖区块人才房建设清点移交3000余份结算送审资料,形成并签认114条踏勘记录,完成846条对账意见核对确认,回复落实56项审计查询事项;完成紫金西苑12个项目的结算送审工作,送审资金12.21亿元;全年共审拨建设资金2464万元,支出贷款利息1825万元。余杭区块商品房建设完成五方责任主体、竣工排水、人防、消防、绿化、综合分项、通邮、规划等各项验收;完成竣工备案,推动小区社会化物业管理工作步入正轨;完成不动产初始登记,取得现房销售证;完成外销证更新;全年共审拨借款资金10449万元,支出贷款利息3124万元。

完成西湖区块人才专项房第三批申购,共办理入住1842户;开展地下车位使用权第三、四次集中申购,共售出车位117个;推进办证工作,截至2019年年底共计办证1828件,其中2019年办理813件。启动余杭区块预留商品房申购、资格审查、现房销售工作,截至2019年年底通过资格审查383户,网签合同171户。全年共回笼资金6.11亿元,归还贷款3.14亿元。

【附录】

附录1　2019年浙江大学土地资源情况　　　　　　　　　(单位:亩)

校区	教育用地(有证)	教育用地(未办证)	总土地面积
玉　泉	1235.86	0	1235.86
西　溪	500.23	0	500.23
华家池	968.38	30.04	998.42
之　江	653.83	0	653.83
紫金港	1558.31	3604.72	5163.02
其　他	5.91	0.23	6.14

续表

校区	教育用地(有证)	教育用地(未办证)	总土地面积
海南陵水县椰林镇	0.47	0	0.47
舟山校区	499.37	0	499.37
海宁校区	2.12	0	2.12
浙医四院土地	174.68	0	174.68
长兴农业科技园	11.87	0	11.87
超重力项目	89.15	0	89.15
总　计	5700.18	3634.98	9335.16

附录2　2019年浙江大学校舍情况　　　　　　（单位:平方米）

校舍用途	学校产权建筑面积				正在施工校舍建筑面积	非学校产权建筑面积		
	总面积	危房	当年新增校舍	被外单位借用		总计	独立使用	共同使用
总　　计	3547223	0	800846			399262	399262	
一、教学科研及辅助用房	1495258		532178			167049	167049	
教室	180631		37165			35420	35420	
图书馆	99249		12677			8750	8750	
实验室、实习场所	673657		253021			41464	41464	
专用科研用房	436185		192591			56244	56244	
体育馆	67935		26748			11631	11631	
会堂	37601		9976			13540	13540	
二、行政办公用房	173261		34867			21619	21619	
三、生活用房	1108895		113801			158618	158618	
学生宿舍(公寓)	694049		78720			99903	99903	
学生食堂	78897		18748			9935	9935	
教工宿舍(公寓)	85244		0			10379	10379	
教工食堂	4810		0			1140	1140	
生活福利及附属用房	245895		16333			37261	37261	
四、教工住宅	575199	0	0			0	0	
五、其他用房	194610		120000			51976	51976	

（姜雄晖编撰　吴红瑛审稿）

学生公寓建设与管理

【概况】 2019 年,浙江大学学生宿舍管理工作继续坚持以人为本理念,将学生宿舍的安全稳定作为重中之重常抓不懈。不断强化安防工作,完善安全管理工作要点和检查要素,特别突出对消防安全、消监控室及安防设施设备的管理。增加宿舍楼内外的巡查频次,特别在重点维稳时段严防死守。加强电瓶车管理,所有校区全部实现电瓶车划区域停放和不进封闭自行车库停放,严禁将电瓶车电池带入寝室充电,保障了学生宿舍安全稳定。

充分发挥筑魂育人功能,突出主题系列教育。根据实际每月推出不同的主题宣传,如推出了"祖国大美河山""新垃圾分类""学生宿舍文明现象""安全用电""大学生活指引"等系列主题教育,开展多主题的宿舍文化活动。继续推进宿舍楼"五个一"工程建设,新增紫金港校区南区 2 个毕至居,7 个洗衣房,2 个服务室。

师生服务满意度不断提高。尝试在紫金港校区推广"外卖不落地",从教育引导学生的行为习惯入手,整治宿舍楼门口外卖乱存放、拿取不及时等现象。治理共享单车在园区乱停放现象,紫金港校区三大学园已经全面实现了"共享单车不入园",园区秩序和交通都有很大程度的改观。

积极响应教育部、杭州市政府号召,深入推进垃圾分类管理。经过积极努力,至2019 年底,紫金港校区已全面推行垃圾下楼。玉泉校区已尝试在有条件的宿舍楼 32舍建立了室外垃圾房,一步到位实现垃圾下楼和分类。华家池校区除 9 舍外,所有宿舍楼都已经实现垃圾出楼和分类。西溪校区在宿舍楼下配置了分类垃圾桶,引导学生对垃圾分类丢弃。

推进智慧宿舍建设。整合宿舍服务各网络系统,自主开发小宇物业云平台,初步实现学生宿舍的智能化服务,实时观测宿舍服务各项数据为学校管理、校园文化建设等提供管理依据。配合总务处把学生宿舍服务移动端内容与"浙大生活"公众号进行对接,实现学生多入口体验线上服务。改进完善服务预约系统。试点宿舍楼进入人脸识别系统。利用浙大学生公寓微信公众号及时发布有关住宿生活的各类通知通告,师生粉丝人数已达 10 万多人。

加强工程及设施设备管理,2019 年学生宿舍完成专项维修共计 67 项。对设施设备重新统一粘贴标识,对消防门加装磁力锁,对老宿舍屋顶天窗进行改造,加装安防监控探头等。

【紫金港西区 2 幢研究生宿舍楼启用】
2019 年 9 月初,紫金港西区新启用 2 幢研究生宿舍楼,楼高 17 层,男女生各 1 幢,共有双人间 852 个,可住宿学生 1704 人。每个寝室配备低床、书桌、多功能书柜、衣柜等生活设施,有独立卫生间。每个宿舍楼门厅设置休闲区,供学生休闲会客、聚会交流使用,同时对门厅进行了文化氛围布置,让学生的住宿生活温馨舒适、安心放心。

(潘晓燕撰稿　徐　瀛审稿)

后勤管理

【概况】 总务处继续推进综合服务制度建设，出台《浙江大学修缮管理办法》和《浙江大学修缮管理实施细则》。

在后勤服务支撑方面，与后勤集团签订第十八个全成本核算工作协议，继续实行契约式管理。全年经常性开展饮食安全、在建工程及基础设施等安全隐患排查，做好自然灾害的应急处置和安全管理。继续推进后勤服务综合督导员队伍工作，拓宽师生参与后勤服务监督的渠道。优化班车运行管理服务，对之江校区班车运行进行调整，对现有运行的所有班车线路进行调研、分析、优化调整，将教师班车和校园观光车服务从紫金港校区东区延伸至西区。保障紫金港校区西区院系单位入住，根据搬迁进度，对院系大楼进行了前期开荒并提供物业服务。推进学生宿舍管理服务创新，完成全校93幢61万平方米学生宿舍及4幢5万平方米楼宇的管理服务招标；开展紫金港西区新启用学生宿舍基础条件建设改善住宿环境。共完成12座校园5G基站建设。完成本科生和研究生迎新工作，总计发车180余趟次，运送新生4300余人。协同完成学校重大活动、会议、接待等相关后勤保障的方案设计、布置和落实。

争取并落实2019年中央高校改善基本办学条件房屋修缮类、基础设施维修改造类、设备资料购置类共计38项，专项经费22575万元；落实"2019年学校修缮工程计划"维修资金3500万元；完成2020年中央高校改善基本办学条件专项项目申报工作

共计申报项目81项，评审金额33195万元，下拨金额24709万元。全年完成维修公开招标项目47项，投资额约11543万元，通过竞争性谈判或议标13项，投资额约383万元。全年与施工单位共签订工程类、服务类等合同261份，合同金额约13824万元。完成校园各类修缮项目的方案制定、立项审批与现场管理，实施项目约1207项，投入经费约1.7亿元。基本完成结算审核约1220项，送审金额达15036万余元。共计完成1498项工程款项进出，金额约1.74亿元。

拓展绿化空间，完成2.9万平方米黄土露天的绿化补植。加强校园美化建设，完成8项绿化精品景观提升项目，打造迎国庆"壮丽70年"主题花坛。丰富校园国际化标识，完成更新道路标牌13块。加强水环境综合治理，完成启真湖北段5000余立方米的清淤工作，启动华家池水域试点治理工作。做好生活垃圾日产日清工作，积极开展垃圾分类，建设分类垃圾房7座，配备室外分类垃圾桶约2000个，规范大件垃圾处置管理，全年共运送大件垃圾约700车。规范化学废弃物处置，全年清运处置约292.15吨，集中安排处置约400瓶高危废试剂、80瓶含汞试剂（不含剧毒品）。

2019年，学校节能工作在确保教学科研能源保障的基础上，水电汽各项用能控制指标、能耗费总支出、水电表抄表率均达到了年度工作目标。完成各项大型活动供能保障任务113次，收回历年水电欠费4850万元，清欠率达52%，并探索试点预付费计量模式的长效机制。开展玉泉校区文保建筑智慧安全用电试点工作，在新一代低功耗物联网供水监测平台的建设基础上，完善各校区水表计量网络（含40余处Lora基站、300余处水表）。开展校园绿色宣传，引导

大学生积极参与校园治理,培养绿色人才,完成浙江省机关事务管理局能源审计、杭州市建委 2018 年建筑节能示范项目验收工作,顺利通过水利部"浙江省节约用水监督飞检"。共获国家、省、市各级荣誉 8 项。

(姜雄晖编撰　吴红瑛审稿)

医疗保健工作

【概况】　校医院是按照国家二级甲等医院标准建设和管理的综合性医疗机构,是浙江省、杭州市医保定点医疗机构,是中国高教学会保健医学分会副理事长单位、浙江省高校保健医学学会理事长单位。

校医院本部设在玉泉校区,下设紫金港校区、西溪校区、华家池校区 3 个分院及求是社区医务室、紫金文苑医务室、之江校区医务室、舟山校区医务室、海宁国际校区医务室。在岗职工数 342 人,其中卫生专业技术人员 290 人,高、中、初级职称比例分别为18%、51%、32%,护理人员 95 人;郑新宇获"浙大好医生"的光荣称号。2019 年,校医院新增 100 万及以上设备有:GE16 排 CT1台、DR 体检车 1 台、西门子彩超 1 台、奥林匹斯 290 系列胃肠镜 1 套。

2019 年,心理治疗中心完成心理疾病诊治 600 人次,临床心理咨询 400 人次,对患有重度抑郁症有自杀风险的大学生进行心理危机干预 20 余例。内镜中心开展无痛胃肠镜检查(体检 X 项目)309 例,联络办(双向转诊中心)完成附属医院转诊服务 69人次,远程会诊 2 人次。全年完成门急诊量62.98 万人次,比上年增加 3.07%,入院1264 人次,出院 1281 人次,与上年持平,业务收入 2.03 亿元;完成学校各项医疗保健任务 6 万人次,成功抢救 3 例心跳呼吸骤停病例。校医院全年无重大医疗事故和医疗纠纷发生,得到学校和社会群众的广泛好评与肯定。

认真做好肺结核、肠道、呼吸道等常见传染病的管理,全年无群体性食物中毒事件发生。在"10.23"诺如病毒聚集暴发疫情中,处置得当确保了校园平安稳定,受到省市疾控部门和校领导的表彰。

医保和计生服务窗口实现"最多找一人",医保办新制定《浙江大学教职工子女医疗保障管理办法》,方便教职工子女就诊,也为学校节约子女统筹经费 200 万元。计生工作模式顺利转型,红十字会工作扎实推进,2019 年组织无偿献血 2230 人次,献血量 66 万毫升。

【附录】

2019 年浙江大学校医院概况

建筑面积/ 平方米	固定资产/ 万元	职工总数/ 人	核定床位/ 张	门诊量/ 万人次	急诊量/ 万人次	健康检查/ 万人次
22000	6058	342	130	55.45	8.15	22.05

(徐　俊撰稿　张仁炳审稿)

校友与浙江大学教育基金会

校友工作

【概况】 2019 年,浙江大学校友总会以第五届校友代表大会为工作重点,进一步构建校友和学校的发展共同体,加强校友和学校的情感共鸣,完善各地校友会规范化建设,定向邀请校友参加校友总会换届工作座谈会、海外校友座谈会、校友企业家座谈会等。

泰国校友会、高分子科学与工程学系校友分会、丹麦校友会、抚州校友会、泰州校友会先后成立,内蒙古、衢州、香港、苏州、吉林、广州、上海、温州、泉州、龙泉、安徽、扬州等地方校友会和地球科学学院、电气学院校友分会进行了换届,国内四大片区以及北美、欧洲、亚太地区校友会举行联谊会年会。

加强与校友的联络与服务工作,聘任2019 届班级联络员 634 人,往届班级联络员 170 人;开展值年返校活动,校友返校登记在册 5500 余人,并为毕业(或入学)50 周年、60 周年的 1968 位校友发放荣誉证书。

继续办好"缘定浙大"校友集体婚礼、

"大学之声"新年音乐会、地方校友会"送新迎新系列活动"(欢送新生和迎接新校友)、校友桥牌赛、浙大学子走访校友行等特色品牌活动,组织或参加各类重要活动 30 余项(详见附录)。

做好中国高教学会校友工作研究分会会长和秘书长单位有关工作。全年共发展 18 家高校入会,会员单位总数达 393 家;组织召开 1 次理事会会议、2 次常务理事会会议,举办 2 期中国高校校友工作干部培训班,举行全国高校校友工作第 26 次研讨会;召开高校校友工作专项课题中期检查会议。

【召开浙江大学校友总会第五届校友代表大会暨理事会五届一次会议】 该会议于 5 月 18 日在紫金港校区召开,听取了第四届理事会工作报告和第五届理事会筹备工作情况报告,审议通过了章程(修订稿草案),选举产生第五届理事会理事、理事会领导机构成员,通过了名誉会长、顾问名单,就声誉提升、教育教学、招生就业、学科建设与人才工作、校地校企合作、校友工作等主题开展专题座谈会,还推出了《校友工作案例集》。浙江大学党委书记任少波,校长吴朝晖,校友总会名誉会长张曦、金德水、杨卫、郑树出席会议,党委副书记郑强主持会议,来自海外20个国家以及国内31个省级行政区的近500位校友参会。

【举行浙江大学校友工作培训班(第一期)】

该培训于7月27日在杭州举行,从学校的总体战略和各方面工作、校友会工作的政策法规、校友会的服务宗旨等方面进行培训。浙江大学副校长罗卫东出席活动,来自海内外45个浙江大学校友会组织的会长、秘书长及工作骨干60余人参加培训。

【举行第五届浙江大学校友创业大赛】 该赛事以"科技·创新"为主题,于4月20日在紫金港校区正式启动,校领导吴朝晖、罗卫东出席。12月8日,创业大赛总决赛、首届浙江大学校友创新创业年度盛典暨创业大赛颁奖典礼在海宁校区举行,浙江省副省长成岳冲、嘉兴市委书记张兵、校领导任少波和罗卫东等出席。共有11个初创组项目、9个成长组项目入围总决赛,最终"木链科技—工业信息安全首选合作伙伴"和"靶向抗肿瘤药物开发"分别摘得初创组、成长组桂冠。该赛事通过海外北美、欧洲、亚太和国内东、南、西、北、杭州等八大赛区联动,新增国际赛道,吸引了500余个项目参赛,100余家知名创投机构参与、100余位企业家担任导师,得到多个地方政府的支持,已成为广受浙大校友和社会各界关注的品牌活动。

【附录】

2019年浙江大学校友工作重要活动

序号	时间	活动主题	地点
1	1月1日	浙江大学校友总会金融投资界校友联谊会年会	浙江杭州
2	1月1日	2019大学之声·第十二届浙江大学新年音乐会	浙江杭州
3	1月19日	北京校友会新春团拜会暨人工智能论坛	北京
4	3月12日	校友企业家座谈会	浙江杭州
5	4月20日	第五届浙江大学校友创业大赛启动仪式	浙江杭州
6	4月20日	浙江大学校友总会上市公司企业家校友联谊会(2019)理事会议	浙江杭州
7	4月27日	浙江大学长三角论坛	上海
8	4月28日	泰国校友会成立大会	泰国曼谷
9	5月18日	浙江大学校友总会第五届校友代表大会暨理事会五届一次会议	浙江杭州
10	6月1日	浙江大学校友总会高分子科学与工程学系校友分会成立大会	浙江杭州
11	6月14日	浙江大学校友讲堂创新创业系列讲座暨2019浙大学子走访校友行启动仪式	浙江杭州

序号	时间	活动主题	地点
12	7 月 27 日	浙江大学校友工作培训班（第一期）	浙江杭州
13	8 月 10 日	北部地区地方校友会联谊会年会	黑龙江哈尔滨
14	8 月 18 日	亚太地区地方校友会联谊会年会暨第五届浙江大学校友创业大赛亚太赛区复赛	韩国首尔
15	9 月 21 日	浙江大学全球校友四川行	四川成都
16	9 月 27 日	"不忘初心、牢记使命"主题教育调研校友代表座谈会	浙江杭州
17	10 月 2 日	丹麦浙江大学校友会成立大会	丹麦哥本哈根
18	10 月 5 日	欧洲地区地方校友会联谊会第六届年会暨第五届浙江大学校友创业大赛欧洲赛区复赛	西班牙马德里
19	10 月 19 日	北美校友会第 43 届年会	美国亚特兰大
20	10 月 27 日	2019 年"缘定浙大"校友集体婚礼	浙江杭州
21	11 月 2 日	浙江大学第七届校友桥牌邀请赛	贵州贵阳
22	11 月 11 日	海外浙江大学校友座谈会	浙江杭州
23	11 月 11 日	第五届浙江大学校友创业大赛国际名校邀请赛	浙江海宁
24	11 月 27 日	全国高校校友工作第二十六次研讨会	上海
25	12 月 1 日	华东地区地方校友会联谊会第十五次年会	浙江衢州
26	12 月 8 日	第五届浙江大学校友创业大赛总决赛、首届浙江大学校友创新创业年度盛典暨第五届校友创业大赛颁奖仪式	浙江海宁
27	12 月 14 日	抚州校友会成立大会	江西抚州
28	12 月 15 日	南部地区地方校友会联谊会年会暨广州校友会年会	广东广州
29	12 月 21 日	四川校友会第一次会员代表大会	四川成都
30	12 月 29 日	泰州校友会成立大会	江苏泰州

（孙敏译撰稿　党　颖审稿）

浙江大学年鉴

浙江大学教育基金会

【概况】 2019年，浙江大学教育基金会（以下简称基金会）秉承"汇八方涓流，襄教育伟业"的宗旨，主动担当，积极作为，在"社会资源拓展、捐赠项目执行、资金投资运作、服务全校师生"等领域取得新成绩，为学校"双一流"建设贡献新力量。

2019年，基金会接受社会捐赠394项，签约捐赠额折合人民币9.28亿元，实际到款折合人民币6.11亿元，此外，利用艺博馆开馆契机，募集实物（文物）捐赠28件。获中央捐赠配比7745万元，实现投资收益1.50亿元。截至2019年12月31日，基金会资金规模达31.78亿元人民币。基金会成功获得12项1000万元以上的重大捐赠项目，争取到多家世界TOP500企业或TOP100慈善榜富豪或知名基金会等有重大影响力的捐赠，包括李嘉诚基金会、阿里巴巴公益基金会、广东省国强公益基金会等。创新地与具有公募资质的基金会和平台合作，首次在"小脚丫儿童关爱基金"项目上作了资源拓展渠道的探索。

根据基金会章程及相关协议规定，2019年基金会支出人民币2.56亿元，主要用于支持学校基础建设、院系发展、学科建设、科学研究、人才培养、创新创业、定点帮扶等。其中发放奖助学金、海外交流奖学金等逾6000万元，受益学生逾4000人次。发放永平奖教金、仲英青年学者基金等逾1200万元。支出600万元做好云南省景东县的定点扶贫任务。

【基金会理事会换届暨三届一次会议召开】

4月10日，基金会理事会换届暨三届一次会议在紫金港校区举行。校党委书记任少波、校长吴朝晖，基金会理事、监事等出席会议，副校长罗卫东主持会议。会议听取并审议了第二届理事会秘书长胡炜作的工作报告，审议并表决通过《浙江大学教育基金会章程》修订稿。按照基金会章程，选举产生第三届理事会；选举任少波为基金会理事长，罗卫东为基金会副理事长，选举王立忠、石毅铭、叶民、叶桂方、包迪鸿、朱世强、任少波、邬小撑、刘继荣、许翾、李凤旺、应飚、沈黎勇、陈昆松、罗卫东、罗建红、赵建、胡炜、胡征宇、傅强为基金会理事，选举沈黎勇为基金会秘书长。会议决定继续聘请路甬祥担任第三届理事会名誉理事长，聘请吴朝晖担任顾问；聘任罗泳江、胡素英为监事。

【专项捐赠支持学校脑科学和医学人工智能】 6月21日，北京安德医智科技有限公司向基金会捐赠签约仪式在紫金港校区举行。该项捐赠用于支持学校脑科学和医学人工智能领域的研究与人才培养，发挥学校在人工智能领域的技术优势，通过多学科交叉会聚和协同创新，引领人工智能在医学领域发展的新潮流。校党委书记、基金会理事长任少波出席仪式并讲话，副校长、基金会副理事长罗卫东主持仪式并向捐赠方颁发铭牌和证书。北京安德医智科技有限公司董事长梁伟民、北京安德医智科技有限公司高级合作人、副总裁兼大中华区CEO李晶珏出席仪式。罗卫东与李晶珏代表双方签约。

【浙江大学教育基金会富春专项基金成立】

12月26日，浙江大学与富春控股集团有限公司在杭州市余杭区签署战略合作框架协议，并成立浙江大学教育基金会富春专项基金，用于支持学校医学及相关学科的发展和浙江大学医学院附属第一医院的学科建设与发展。校长、基金会顾问吴朝晖院士，杭州市委副书记张仲灿，杭州市委常委、余杭区委书记张振丰，余杭区委副书记、区长陈如根，副校长、基金会副理事长罗卫东，学校发展委员会副主席罗建红，富春控股集团董事长张国标等出席仪式。根据战略合作框架协议，浙江大学与富春控股集团将发挥双方综合优势，在发展战略咨询、科学技术、人才培养、产业转化等领域开展广泛交流与合作，深化产教融合，并将共建"浙江大学—富春控股康复联合研究中心""浙江大学康复医院、浙江大学医学院附属第一医院康复中心"。

【附录】

2019 年浙江大学教育基金会接收社会各界捐赠实际到款情况（人民币 50 万元及以上）

序号	捐赠单位/个人	捐赠项目(用途)	金额/万元
1	BUDDHIST DIGITAL RESOURCE CENTER,INC(佛教数字资源中心有限公司)	浙江大学佛教资源与研究中心专项基金	214.16
2	JANE AND TOM TANG FOUNDATION FOR ED(汤氏教育基金会)	汤永谦化工大楼	250.11
3	MORNINGSIDE FOUNDATION LIMITED(晨兴基金会有限公司)	文化中国人才计划(香港)	75.00
4	阿里巴巴(中国)有限公司	浙报—阿里大学生新媒体创新创业基金	65.00
5	阿里巴巴公益基金会	浙江大学立法研究院发展建设基金	1000.00
6	奥克斯集团有限公司	浙江大学立法研究院发展建设基金	250.00
7	北京常青藤房地产开发有限公司	光华法学院李浩培基金	50.00
8	北京乐信圣文科技有限责任公司	计算机学院乐信圣文科研创新奖学金	50.00
9	北京世纪凯悦投资有限公司	总务处观光电瓶车项目	166.00
10	北京威联德骨科技术有限公司	医学院医工信学科交叉医学创新平台	87.50
11	北京银行股份有限公司杭州分行	浙江大学教育发展基金	500.00
12	北京银泰公益基金会	浙江大学立法研究院发展建设基金	250.00

序号	捐赠单位/个人	捐赠项目(用途)	金额/万元
13	泊星(北京)科技有限公司	浙江大学誉馨助学金	60.00
14	博雅生物制药集团股份有限公司	浙江大学教育基金会医学院附属第一医院发展基金	100.00
15	陈小英	医学院陈小英医学教育教学奖励基金	200.00
16	成都市温江区新尚致和置业有限公司	唐立新教育发展基金	361.00
17	广东步步高电子工业有限公司工会委员会	浙江大学永平自立贷学金、浙江大学永平留学贷学金	689.03
18	韩建华校友	药学院韩建华基金	100.00
19	瀚晖制药有限公司	医学院附属第一医院胰腺癌基金等	210.00
20	杭州滨江房产集团股份有限公司	浙医一院公众急救知识的普及和急救技能培训基金	100.00
21	杭州博誉置业有限公司	浙江大学教育发展基金	179.20
22	杭州城拍档商务咨询有限公司	浙江大学发展基金	65.00
23	杭州广科安德生物科技有限公司	医学院广科安德质谱检测中心专项基金	200.00
24	杭州海维特化工科技有限公司	化工学院潘祖仁—海维特奖学金	50.00
25	杭州吉达汽车配件有限公司	浙江大学教育发展基金	50.00
26	杭州锦江集团有限公司	浙江大学教育发展基金	94.00
27	杭州乐善社区养老公益服务中心	药学院陈枢青肿瘤研究基金	60.00
28	杭州联合农村商业银行股份有限公司	浙江大学教育发展基金	605.00
29	杭州鹿图文化创意有限公司	医学院浙大一院麻醉创新与科研基金	100.00
30	杭州启明医疗器械股份有限公司	医学院附属第二医院心脏瓣膜病救助基金	65.00

续表

序号	捐赠单位/个人	捐赠项目(用途)	金额/万元
31	杭州睿智置业有限公司	睿智置业专项基金	5000.00
32	杭州盛禾嘉成贸易有限公司	医学院医工信学科交叉医学创新平台	177.50
33	杭州市德信蓝助学基金会	浙江大学教育发展基金	217.50
34	杭州市余杭区浙江大学良渚创业育成中心	合作办育成合作基金	195.10
35	杭州新海建设工程实业有限公司	土木建筑规划教育动本基金	100.00
36	杭州轩禄投资管理有限公司	浙江大学教育发展基金	95.20
37	杭州银行股份有限公司	浙江大学教育基金会医学院附属第一医院发展基金	751.00
38	杭州英泽锐科技有限公司	医学院第四临床医学院发展及文化促进基金	50.00
39	杭州永盛集团有限公司	浙江大学教育发展基金	50.00
40	杭州中美华东制药有限公司	医学院附属第二医院儿童肝移植基金等	400.00
41	杭州筑家易网络科技股份有限公司	经济学院人居产业基金等	200.00
42	恒丰银行股份有限公司杭州分行	浙江大学教育发展基金	480.00
43	洪钢	数学高等研究院发展基金	175.82
44	湖南新长海科技产业发展有限公司	出版社高端艺术研究、出版和推广基金等	131.00
45	华为技术有限公司	华为奖学金等	67.50
46	黄山市黄山区康开泰信息技术服务有限公司	医学院医工信学科交叉医学创新平台	50.00
47	黄山市黄山区研盛贸易商行	医学院医工信学科交叉医学创新平台	200.00
48	江苏豪森药业集团有限公司	浙大一院癌症药物创新研究基金等	443.00
49	江苏恒瑞医药股份有限公司	浙江大学恒瑞医药国际奖教金等	530.00

序号	捐赠单位/个人	捐赠项目(用途)	金额/万元
50	江苏银行股份有限公司杭州分行	浙江大学教育发展基金等	1121.00
51	金成房地产集团有限公司	建筑学院金成城乡规划学科发展专项基金等	300.00
52	金华市中心医院	医学专项基金	375.00
53	巨人慈善基金会	数学科学学院新大楼建设项目	1000.00
54	吕建明校友捐赠古树名木	基建处吕建明校友捐赠树木项目	1868.43
55	宁波市浩亿医疗器械有限公司	医学院医工信学科交叉医学创新平台	340.00
56	宁波市健洋机器人有限公司	基础医学院应成医学教育专项基金	280.00
57	宁波市君宙贸易有限公司	医学院医工信学科交叉医学创新平台	50.00
58	宁波思索医疗器械有限公司	医学院医工信学科交叉医学创新平台	50.00
59	宁波银行股份有限公司杭州分行	浙江大学教育发展基金	2796.00
60	齐鲁制药有限公司	医学院附属第一医院胰腺癌基金	100.00
61	青山慈善基金会	材料学院青山海外交流基金等	200.00
62	全民认证科技(杭州)有限公司	公管学院社会治理研究院发展基金	100.00
63	日本电气硝子公司(NIPPON ELECTRIC GLASS CO. ,LTD,NEG)	光电学院光子材料与器件研究室建设专项基金	100.00
64	润美实业(杭州)有限公司	医学院润美健康专项基金	50.00
65	山东省乐安慈孝公益基金会	化工学院李伯耿团队京博学科建设基金等	305.00
66	山西平遥峰岩煤焦集团有限公司	药学院陈枢青肿瘤研究基金	125.00
67	上海景权贸易有限公司	医学院第二临床医学院骨科学科建设基金	150.00

序号	捐赠单位/个人	捐赠项目(用途)	金额/万元
68	上海遂真投资管理有限公司	艺术与考古博物馆访问学者基金等	122.00
69	上海泰然互联网金融信息服务有限公司	经济学院泰然互联网金融教育基金	500.00
70	上海寻梦信息技术有限公司	计算机学院寻梦创新发展基金	100.00
71	上海怡亚投资管理有限公司	香港上海总会浚生助学金	100.00
72	上海益中亘泰(集团)股份有限公司	医学院卫生政策与医院管理研究中心医院后勤管理分中心专项基金	50.00
73	上海银行股份有限公司杭州分行	浙江大学教育发展基金	50.00
74	深圳市菲凡数据科技有限公司	数学科学学院菲凡数据专项基金	100.00
75	深圳市凤吕承启资产投资管理有限公司	艺博馆张曦艺术与考古教育留本基金收益	100.00
76	沈阳全运村建设有限公司	绿城大学生助学金	120.00
77	石药集团百克(山东)生物制药有限公司	医学院微创技术与器械临床医学专项基金等	300.00
78	石药集团欧意药业有限公司	浙江大学临床医学创新研究中心	100.00
79	四川科伦药业股份有限公司	医学院附属第一医院胰腺癌基金	150.00
80	台州给力培训学校有限公司	教育学院给力教育基金	250.00
81	台州市竞辉电子有限公司	数学学院竞辉教授基金等	100.00
82	唐仲英基金会(美国)江苏办事处	仲英青年学者基金等	173.00
83	陶松锐	浙江大学教育基金会西迁感恩基金	125.00
84	完美(中国)有限公司	医学院完美康复专项基金	300.00
85	万里扬集团有限公司	经济学院"万里扬丝绸之路"基金	200.00
86	汪槱生、严晓浪	电气学院槱生基金	600.00

序号	捐赠单位/个人	捐赠项目(用途)	金额/万元
87	吴泳铭	浙江大学教育基金会医学院附属第一医院发展基金	1004.09
88	香港海鸥助学团有限公司	浙江大学香港海鸥助学金	150.00
89	香港浙江大学教育基金会有限公司	医学院巴德年医学班发展基金等	1032.26
90	新道科技股份有限公司	中国"互联网+"大学生创新创业大赛基金	80.00
91	新海科技集团有限公司	浙江大学新海发展基金	50.00
92	新和成控股集团有限公司	化学系新和成专项基金	1000.00
93	信达生物制药(苏州)有限公司	医学院附属第一医院胰腺癌基金等	150.00
94	信兴教育及慈善基金	理学部信兴教育及慈善基金	487.64
95	徐永吉	浙江大学教育发展基金	190.00
96	义乌复元医院有限公司	医学院郑树医学精英奖学金基金	100.00
97	溢倡(上海)管理有限公司	支持杭州市南山村的建设与发展	100.00
98	云集共享科技有限公司	管理学院云集社交零售基金	200.00
99	张一翼	生命科学学院教育基金"勤学励志"学生成长基金等	100.00
100	浙江大学城乡规划设计研究院有限公司	建筑学院建筑与规划学科发展基金	80.00
101	浙江大学创新创业研究院有限公司	浙江大学发展基金	10000.00
102	浙江大学建筑设计研究院有限公司	建筑学院建筑与规划学科发展基金	450.00
103	浙江敦和慈善基金会	人文学院"复性书院"基金等	2500.00
104	浙江国富慈善基金会	医学院附属一院器官移植基金	200.00
105	浙江恒逸集团有限公司	浙江大学恒逸卓越发展基金等	4000.00
106	浙江晶盛机电股份有限公司	机械工程学院晶盛专项基金	950.00

序号	捐赠单位/个人	捐赠项目(用途)	金额/万元
107	浙江明铸置业有限公司	邹安妮医学教育留本基金	80.00
108	浙江普天园林建筑发展有限公司	社会学系兼任教师专项基金	64.00
109	浙江钱江晚报币港湾慈善基金会	计算机学院和软件学院熔金计划	50.00
110	浙江上药新欣医药有限公司	浙江大学教育基金会医学院附属第一医院发展基金	100.00
111	浙江尚湖置业有限公司	浙江大学教育发展基金	190.00
112	浙江省李书福公益基金会	医学院附属一院器官移植基金	100.00
113	浙江省台州医院	医学专项基金	250.00
114	浙江省王麒诚吴艳慈善基金会	浙江大学发展基金	100.00
115	浙江天册律师事务所	法学院立法研究暨浙江立法研究院专项资金	50.00
116	浙江通策控股集团有限公司	浙江大学国际合作与交流(斯坦福)专项基金等	2000.00
117	浙江维科创业投资有限公司	经济学院财富管理与传承研究基金	200.00
118	浙江卫健科技有限公司	医学院公共系卫健专项基金	100.00
119	浙江新源控股集团有限公司	社会学系兼任教师专项基金等	104.00
120	浙江一鸣食品股份有限公司	动科院一鸣教育发展基金等	210.00
121	浙江宜顺实业有限公司	浙江大学教育发展基金	55.40
122	浙江泽大律师事务所	法学院泽大奖教金	50.00
123	浙江正凯集团有限公司	浙江大学发展基金	50.00
124	浙江紫金港智慧健康大数据研究院	浙江大学健康医疗大数据国家研究院母婴健康研究中心专项基金	200.00
125	浙商银行股份有限公司杭州分行	浙江大学教育发展基金	585.00
126	正大天晴药业集团股份有限公司	浙江大学临床医学创新研究中心	100.00
127	中达电通股份有限公司	电气学院中达电通电力电子学科发展基金等	59.12

序号	捐赠单位/个人	捐赠项目(用途)	金额/万元
128	中国教师发展基金会	中国教师发展基金会"杰出教学奖"等	200.00
129	中科天翔(杭州)科技有限公司	财税大数据与政策研究中心中科天翔基金	100.00
130	舟山医院	医学专项基金	200.00
131	祝云翔	浙江大学发展基金	136.00
132	扬子江药业集团江苏扬子江医药经营有限公司	浙江大学教育基金会医学院附属第一医院发展基金	100.00
	总计		56667.56

(张灿燕撰稿 翁 亮审稿)

浙江大学校董

姓名	单位职务	聘任时间	校董/名誉校董
查刘璧如	查济民夫人、求是科技基金会理事、桑麻基金会高级顾问、刘国钧教育基金会理事长、香港仁济医院董事会永远顾问、香港妇协名誉会长	2010 年	名誉校董
郭婉仪	新鸿基地产郭氏基金会执行董事	2010 年	名誉校董
曹其镛	香港永新企业有限公司副董事长、中国侨商投资企业协会副会长	2014 年	名誉校董
李达三	声宝——乐声(香港)有限公司董事会顾问、香港宁波同乡会永远名誉会长(创会会长)、香港浙江省同乡会联合会永远名誉会长(创会会长)、世界中华宁波总商会创会名誉会长、原浙江省政协常委、浙江省"爱乡楷模"	2015 年	校董
潘方仁	台湾潘氏企业集团、东方高尔夫国际集团董事长	2016 年	校董
唐立新	新尚集团创始人,现任新尚集团董事长兼总裁	2016 年	校董

续表

姓名	单位职务	聘任时间	校董/名誉校董
叶庆均	浙江敦和投资有限公司董事长、浙江敦和慈善基金会名誉理事长	2017 年	校董
邵根伙	北京大北农科技集团股份有限公司董事长	2017 年	校董
吕建明	浙江通策控股集团有限公司董事局主席	2017 年	校董
朱 敏	美国网迅(WebEX)公司创始人,赛伯乐(中国)创业投资管理有限公司董事长	2018 年	校董
邱建林	浙江恒逸集团有限公司董事长	2018 年	校董

（张灿燕撰稿　翁　亮审稿）

附属医院

附属第一医院

【概况】 附属第一医院(又名浙江省第一医院)由浙江大学老校长竺可桢创建于1947年,是浙江大学创建的首家附属医院,医院系三级甲等医院,跻身国家区域医疗中心、国家临床医学研究中心,正稳步向国际一流的现代化医疗集团迈进。医院拥有庆春、之江、余杭、城站、大学路、钱塘6大院区。其中,之江院区于11月1日开业,一期占地面积150亩,建筑面积约18万平方米。

现有职工6530人,博士生导师105人,硕士生导师302人;中国工程院院士2人,国家级有突出贡献中青年专家4人。2019年,医院共引进12人,新增国家万人计划领军人才3人,国家优秀青年科学基金获得者1人,浙江省万人计划领军人才1人,浙江大学求是特聘医师岗1人,浙江大学求是特聘科研岗1人。

医院"科技量值"排名全国第四,8个学科进入"全国前十",传染病学和普通外科学位列全国第一名,其中传染病学连续六年蝉联全国第一。2019年,获批成为国家传染病医学中心,并新增浙江省感染性疾病临床医学研究中心、浙江省肝胆胰疾病临床医学研究中心、浙江省重症肝胆疾病(移植)诊治技术研究中心、浙江省肺部肿瘤疾病诊治技术研究中心、浙江省增龄与理化损伤性疾病诊治研究重点实验室、数理心理健康浙江省工程研究中心。

医院是国家临床教学培训示范中心、国家住院医师规范化培训示范基地、"中国精英教学医院联盟"创始成员单位和高校附属医院临床实践教育联盟副理事长单位。拥有国家级教学团队1个,国家级精品资源共享课程2门、国家级精品视频公开课1门,主编/副主编国家级规划教材22部;国家住院医师规范化培训专业基地22个、国家专科医师规范化培训试点基地8个、国家级继续教育基地2个、英国爱丁堡皇家外科学院—香港外科医学院联合认证的高级医师培训基地2个。

全年到位科研经费2.86余亿元,创历史新高;获2019年国家科学技术进步奖二等奖1项;中国科技论文统计中SCI收录

附表　2019 年度附属第一医院基本情况

项目	数量	项目	数量
建筑面积/平方米	244353	国家重点实验室数/个	1
固定资产/万元	300691.83	卫生部重点实验室数/个	2
床位数/张	3500	省部级重点实验室数/个	14
在编职工数/人	6530	国家药监局临床药理研究基地数/个	24
主任医师数/人	283	卫生部专科、住院医师培训基地数/个	56
副主任医师数/人	380	业务总收入/亿元	73.71
具有博士学位的医师比例/%	43.1	药品占总收入比例/%	29.89
两院院士/人	2	门急诊人次/万	506.67
国家"百千万人才工程"入选者/人	3	住院人次/万	21.39
国家杰出青年科学基金获得者/人	3	出院人次/万	21.43
"973 计划"首席科学家/人	3	手术台数/万	12.15
"长江学者"数/人	4	平均床位周转率/%	62.75
浙江省特级专家数/人	2	实际床位利用率/%	101.94
浙江大学求是特聘教授/人	7	SCI 入选论文数/篇	805
教学总面积/平方米	3400	MEDLINE 入选论文数/篇	665
教学投入资金/万元	3817.26	出版学术专著/部	12
一、二级学科国家重点学科数/个	2	科研总经费/万元	28638
国家精品资源共享课、视频公开课/门	3	其中:国家自然科学基金比重/%	19.3
获国家级科技奖项目数/个	1	纵向经费比重/%	95.1
获国家级教学成果奖数/个	0	出国交流/人次	413
		举办国际学术会议数/次	13
		社会捐赠经费总额/万元	12893

article、review 两类论文 647 篇,全国医疗机构排名第六位,2019 年发表影响因子大于 10 论文 19 篇。

2019 年,医院持续推进全球范围内交流合作,共选派优秀医务人员赴海外机构进修交流 80 人,接收国(境)外医学生及医技护人员来院交流学习 42 人;接待国(境)外来访团 49 批次 271 人次;新签署合作备忘录 2 项、合作协议 1 项;与美国斯坦福大学、美国约翰霍普金斯医院等多家世界顶尖高校和医疗机构推进多领域合作,加入"一带一路"医学人才培养联盟,推进与匈牙利的实质性合作,并探索与印度尼西亚等其他沿线国家合作契机。

积极探索医联体建设,以国家医改政策为引领,先后与省内外 85 家市、县级医院建立多种医疗协作关系,托管医院 11 家,其中 2019 年新增托管医院 2 家,6 家托管医院在 2018 年度"双下沉、两提升"考核中均为优秀,浦江分院在城市医院托管的 90 家县级医院中考核排名第一,医院对北仑分院的帮扶在省级医院考核中排名第一。医院构建"省、县(区)、乡、村四级医疗服务网络",与省内外 206 家医院、349 家社区卫生服务中心(乡镇卫生院)远程联网,充分实现了优质医疗资源下沉,形成具有特色

浙江大学年鉴

的医疗联合体。

【医院获批委省共建国家医学中心、国家区域医疗中心】 9 月,中共浙江省委副书记、省长袁家军与国家卫生健康委主任马晓伟在北京共同出席委省共建国家区域医疗中心签约仪式,并签署协议。医院获批牵头建设国家传染病医学中心和综合类别国家区域医疗中心,器官移植、血液病和重症医学三大专科获重点培育学科。

【医院多项排行榜再创新高】 11 月,复旦大学医院管理研究所发布《2018 年度中国医院排行榜》和《2018 年度中国医院专科综合排行榜》。医院综合排名位列全国 14,连续 10 年保持浙江第一,六大专科进入全国前 10。12 月,中国医学科学院发布《2018 年度中国医院科技量值》,医院综合排名跻身全国前 4,八大专科进入全国前 10,其中传染病学连续六年蝉联全国第一。

【全省首例活体小肠移植手术】 该手术于 8 月 24 日,由医院党委书记、著名器官移植专家梁廷波教授与新引进的小肠移植中心主任、国际著名专家吴国生教授联袂主刀。截至年底,成立仅数月的医院小肠移植中心已成功开展 8 例,居 2019 年小肠移植数全国第一。

（吴李鸣撰稿　梁廷波审稿）

附属第二医院

【概况】 附属第二医院创建于 1869 年,是浙江省西医的发源地,全国首家三级甲等医院、全国首批国家区域医疗中心建设单位、浙江省唯一入选自然指数全球百强的医院;以重大疾病综合救治能力和医疗质量精细化管理闻名海内外。150 年来,从“济人寿世”到“患者与服务对象至上”,附属第二医院始终坚守医者初心、牢记健康使命,开拓创新,不断推动医院高质量发展,得到了患者与各界的认可。

医院现有解放路和滨江两个院区,床位 3200 张;拥有数十个国家临床重点专科、重点学科及省部级重点实验室,尤以经导管心血管介入治疗、复杂白内障诊治、大肠肿瘤多学科诊治以及急诊创伤救治全国领先,产学研一体化有着深远的影响力;新增首批国家区域医疗中心（心血管病、创伤）、培育区域医疗中心（骨科、神经疾病）、全国首批“综合癫痫中心”,新增浙江省第三批重大疾病诊治技术研究中心两个（脑卒中和心脏大血管疾病）、浙江省运动系统疾病研究与精准诊治重点实验室、浙江省智能预防医学重点实验室、浙江省肿瘤免疫诊断与治疗新技术创新基地;拥有国内首家最大的国际远程医学中心,以及国际认可的联合专科医师培训基地。

2019 年,医院总门急诊量近 562 万人次,出入院近 19 万人次,手术量近 15 万台,平均住院日 6.09 天。手术总量位居全国第三、浙江省第一,工作量、三类以上手术总量、CMI（case mix index 病例组合系数）均浙江省第一;新开展了经导管心脏瓣膜置换、脊柱肿瘤切除前供血动脉栓塞治疗、原发性醛固酮增多症分型诊断、埋伏阻生齿拔除和髂骨取骨等多项技术,积极开展达芬奇外科手术系统在临床中的应用,直升机医疗应急救援工作实现浙江省首例 ECMO 直升机转运及 ECMO 下 PET-CT（正电子发射计算机断层显像 CT）;作为牵头医院打造浙江省罕见病联动就医体系;“5G 远程急救指挥中心”项目获工信部主办的第二届“绽放杯"5G应用征集大赛一等奖;智慧医疗实现刷脸就医、健康服务一卡通、互联网医疗、信息互联互通等,并整合流程与资源,预约、出入院等多项服务实现一站式集成服务,进一步提升百姓就医获得感,"最多跑一次"改革广受肯定。

国家自然科学基金项目总数和经费总数连续九年蝉联浙江省医院榜首;牵头申报国家重点研发计划5项;SCI学科影响因子前1/10的期刊论文64篇,全国医疗机构排名第6名,浙江省内第一;获得浙江省卫生健康转化对接会项目路演金奖1项、银奖2项、优秀项目6项参加2019年"中国医学创新大赛";2018年度中国医院排行榜(复旦版)综合声誉浙江省第一;护理部获全国三八红旗集体荣誉称号,实现浙江大学历史上零的突破。

牵手美国斯坦福大学、英国皇家内科医师学会联盟、美国加州大学洛杉矶分校、法国格勒诺贝尔大学、英国爱丁堡大学、澳大利亚乔治全球健康研究院等六家全球顶级医疗机构,合作培养医学人才。

医院"优质医疗资源下沉"签约早、覆盖面广、派出专家多、合作内涵丰富,先后与浙江省内10家基层医院缔结分院关系,形成独特的"10+1"模式,并与长兴县人民医院建立浙江大学医学院附属第二医院长兴院区,在衢州地区建设高水平医联体,在遂昌分院首创"省属县用"基层人才培养机制试点。通过输血与造血并举、线上与线下联动、常驻与定期互补、医疗与管理并进,因地制宜开展多元化医联体合作模式,建设百姓家门口的"浙医二院";积极响应国家号召,对台江县人民医院进行组团式帮扶,医疗扶贫"台江经验"成为全国扶贫的璀璨明珠,同时还精准扶贫云南景东、江西泰和、福建龙岩等地。

2019年,医院在建院150周年之际建成了院史馆,系统回顾梳理了近现代发展大格局下的医院嬗变脉络;同时,秉承"传承"和"创新"两大主题,举办第八届海峡两岸医院院长论坛暨附属二院150周年系列学术活动,编写系列书籍《浙二模式》《150周年画册》等,获得国内外同道友人、社会各界的广泛赞誉。

【"白内障精准防治关键技术及策略的创新和应用"获国家科学技术进步二等奖】 眼科中心姚克教授团队在2019年度国家科学技术奖励大会上获得此项殊荣。项目全面系统地揭示了白内障重要发病机制,首创体外人类克隆晶状体,成功合成并筛选出有效防治药物新分子实体;创新精准屈光性白内障手术技术,实现我国在世界白内障手术技术发展上的"领跑"地位;研发手术设备耗材,创新白内障精准防治中国模式,取得重大社会和经济效益。

白内障是首位致盲疾病,我国白内障患者总数高达1.12亿,若进展为硬核或乳白核等复杂性白内障,患者将面临极高的致盲风险。2008年,我国急需手术的白内障患者有近2000万,但当年全国手术量仅为88.7万,接受手术治疗的白内障患者只占4.4%。针对白内障发病机制不明、复杂白内障缺乏有效治疗手段以及国内外精准白内障防治水平差距悬殊三大难题,项目组历经11年的攻关取得重大成果,实现了我国白内障防治水平全面提高。

【中央电视台《新闻联播》专题报道帮扶台江分院】 10月28日,中央电视台《新闻联播》用时2分28秒专题报道附属第二医院对台江县人民医院的对口帮扶。2016年4月,在中组部的协调和浙江大学的支持下,

附表　2019 年度附属第二医院基本情况

项目	数量	项目	数量
建筑面积/平方米	386818.29	国家重点实验室数/个	0
固定资产/万元	334522.00	卫生部重点实验室数/个	0
床位数/张	3200	省部级重点实验室数/个	10
在编职工数/人	4334	国家药监局临床药理研究基地数/个	19
主任医师数/人	263	卫生部专科、住院医师培训基地数/个	29
副主任医师数/人	412	业务总收入/亿元	62.24
具有博士学位的医师比例/%	50.3	药品占总收入比例/%	29.80
两院院士/人	0	门急诊人次/万	561.90
国家"百千万人才工程"入选者/人	1	住院人次/万	18.61
国家杰出青年科学基金获得者/人	5	出院人次/万	18.61
"973 计划"首席科学家/人	10	手术台数/万	14.95
"长江学者"数/人	6	平均床位周转率/%	58.34
浙江省特级专家数/人	4	实际床位利用率/%	96.18
浙江大学求是特聘教授/人	18	SCI 入选论文数/篇	648
教学总面积/平方米	7260.23	MEDLINE 入选论文数/篇	624
教学投入资金/万元	8665.49	出版学术专著/部	7
一、二级学科国家重点学科数/个	2	科研总经费/万元	16542.5433
国家精品资源共享课、视频公开课/门	0	其中:国家自然科学基金比重/%	36
		纵向经费比重/%	79
获国家级科技奖项目数/个	1	出国交流/人次	375
获国家级教学成果奖数/个	0	举办国际学术会议数/次	4
		社会捐赠经费总额/万元	0

附属第二医院与台江县人民医院结成对口支援对子,随后,台江县人民医院增挂"浙江大学医学院附属第二医院台江分院"牌。2016 年 9 月,附属第二医院委派汪四花到台江分院担任院长,全面实施"组团式"医疗帮扶工作。三年时间,台江县人民医院完成了一场彻底的蜕变,从最初的日均门诊量 200 人次发展为如今的日均门诊量 600 人次,转诊量也从原来的 50% 减少到目前的 4.6%,住院人次增长 36%,手术人次增长 121%,外县门诊就诊人次增长 301.7%,外县住院病人增长 262.8%。并且从 2017 年 6 月开始,台江分院尚在建设过程中即转亏为盈。附属第二医院的帮扶工作先后获得中央政治局常委、时任中组部部长赵乐际、原国务院副总理刘延东、中组部部长陈希等党和国家领导的亲自肯定。

截至 2019 年 10 月,附属第二医院往台江分院派驻帮扶专家 33 批次 52 人,帮扶了管理、ICU、财务、妇科、消化内科、血液内科等近 20 个科室,并在帮扶过程中积极培养人才,变"输血"为"造血",留下了一支带不走的医疗队。

【心脏团队向拉美直播"杭州方案"】 8 月 2 日凌晨,王建安教授受拉美心脏介入学会的邀请,应用"杭州方案"向拉美最大的心血管病大会转播挑战性经导管主动脉瓣置换术（TAVR）。

心脏瓣膜疾病在老年人中发病率高达13%，是老年人心衰的首要病因，约1/3重症患者1年内死亡。传统的开胸换瓣手术风险大、患者痛苦多。对此，附属第二医院心脏团队研究用不开刀的方式进行瓣膜置换，自主研发经导管介入的瓣膜产品，同时针对中国人特点，对国际经验进行大胆突破改良，创新的瓣膜介入理论和关键技术，被世界同行所认可、采纳。

截至目前，附属第二医院心脏团队利用"杭州方案"和"杭州产品"现场指导欧洲、南美、亚太等地4国7大中心和国内51家医学中心的TAVR手术。受邀全球国际顶级心血管病会议如美国的TCT和ACC、欧洲的CSI、亚太地区的AP-Valves等进行手术转播或特邀报告。来自美国、韩国、印度、巴西、阿根廷、哥伦比亚、菲律宾等全世界各地的心脏介入医生来附属第二医院接受培训。

（胡卫林撰稿　王建安审稿）

附属邵逸夫医院

【概况】　附属邵逸夫医院建院于1994年，总占地235亩，核定床位2400张，是中国大陆首家通过国际医院评审（JCI）的公立医院；医院连续五年获得"中国医疗机构最佳雇主"荣誉称号；2019年通过磁性医院认证。

全年医院总收入51.53亿元；门急诊量3763926万人次；出院人数167403人次；平均住院日5.71天。医院通过浙江省第四周期三级甲等综合医院复评，并担起了该期等级医院评审标准验证的角色。获批牵头建

设国家呼吸区域医疗中心，联合建设综合类别国家区域医疗中心。获批国家卫生健康委员会肝、肾、心、肺脏移植执业资格，4月肝肾移植成功，6月双肺移植成功。日间手术中心通过国际船级社（Inter national Association of Class fication Societies，IACS）认证的现场复核，成为全球首家。国内首个标准化国家级肿瘤患者营养指导中心通过评审。11月，作为大型公立医院与监狱系统合作样板，双菱院区正式运行，位于浙江省青春医院3号楼。

全年获批国家重点研发"政府间国际合作"项目2项、国家自然科学基金重点项目1项、国家自然科学基金优秀青年科学基金1项、国家自然科学基金49项，总计科研经费7799.52万元（比上年增长43.1%）；完成SCI论文357篇，影响因子10分以上9篇（上年5篇）。牵头第三批浙江省重大疾病诊治中心建设（重症肝胆疾病—微创），建设高水平肝胆疾病诊治创新高地。浙江省心血管介入与再生修复研究重点实验室获批省级创新基地。新增博士生导师5名，硕士生导师15名；新增博士培养学位点2个，硕士培养学位点3个。2015级硕士研究生陈元雷（导师李恭会）的论文获2018年浙江省优秀硕士学位论文。

医院联合美国梅奥诊所、浙江大学共同成立国际罕见病诊治中心；与美国罗马琳达大学、浙江大学城市学院共同成立国际健康科学中心；医院领衔加入"一带一路"医学人才培养联盟并成为副理事长单位。

【多项举措助推创新】　医院融汇人才、平台优势，深度挖掘科技创新潜力。邵逸夫医院拥有8个浙江省重点实验室（2019新批省级创新基地1个：浙江省心血管介入与再生修复研究重点实验室）；牵头第三批省重大

浙江大学年鉴

附表　2019 年度附属邵逸夫医院基本情况

项目	数量	项目	数量
建筑面积/平方米	299284	国家重点实验室数/个	0
固定资产/万元	76916.37	卫生部重点实验室数/个	0
床位数/张	2400	省部级重点实验室数/个	8
在编职工数/人	3250	国家药监局临床药理研究基地数/个	14
主任医师数/人	181	卫生部专科、住院医师培训基地数/个	23
副主任医师数/人	266	业务总收入/亿元	50.43
具有博士学位的医师比例/%	35.40	药品占总收入比例/%	28.06
两院院士/人	0	门急诊人次/万	376.39
国家"百千万人才工程"入选者/人	1	住院人次/万	16.76
国家杰出青年科学基金获得者/人	0	出院人次/万	16.74
"973 计划"首席科学家/人	0	手术台数/万	14.04
"长江学者"数/人	1	平均床位周转率/%	61.72
浙江省特级专家数/人	1	实际床位利用率/%	96.54
浙江大学求是特聘教授/人	8	SCI 入选论文数/篇	419
教学总面积/平方米	4659	MEDLINE 入选论文数/篇	—
教学投入资金/万元	6614	出版学术专著/部	—
一、二级学科国家重点学科数/个	3	科研总经费/万元	7799.52
国家精品资源共享课、视频公开课/门	0	其中:国家自然科学基金比重/%	35.97
		纵向经费比重/%	84.56
获国家级科技奖项目数/个	0	出国交流/人次	175
获国家级教学成果奖数/个	0	举办国际学术会议数/次	11
		社会捐赠经费总额/万元	0

疾病诊治中心建设(重症肝胆疾病—微创),打造高层次肝胆疾病协同诊治技术平台,并契合临床与基础研究需求,推进高水平创新平台建设。院内实施"高峰学科"建设,普外科(肝胆胰外科)、感染科、骨科、心内科(冠心病介入和基础研究)、妇产科学、内分泌科、检验科等 7 个学科,列入高峰学科建设支持计划,出台《邵逸夫医院各类研究所及重点实验室建设支持方案》、实施卓越人才计划;加大教授、副教授双聘、兼聘实施力度。充分释放创新活力,发展成效显著。项目成果获浙江省科技进步奖一等奖、省自然科学奖二等奖、省医药卫生科技奖一等奖各

一项。

【持续领跑"互联网＋医疗健康"跑出新速度】 医院通过搭建智慧医疗系统提升医疗服务和医院管理水平;建设区域协作平台提升基层医疗卫生服务能力;完善配套措施加快推进分级诊疗制度落实;领跑"互联网＋医疗健康"。5 月 8 日国务院深化医药卫生体制改革领导小组简报(第 59 期)专门刊发了《浙江省邵逸夫医院探索"互联网＋医疗服务"新模式提升医疗服务和医院管理水平》经验做法,并向全国转发推广。

7 月国家卫生健康委员会副主任于学军专题调研医院信息化建设,以"先行者、贡

献者、传播者"称赞建设成果。以邵医（纳里）健康云平台为底层架构的浙江省互联网医院平台正式上线，医院成为首批入驻单位；医院承建的浙江省认知医疗工程技术研究中心完成建设验收，成为浙江省医疗人工智能开发的支撑平台；医院筹建的浙江省医院协会互联网医院管理分会成立；作为核心骨干参与了《国家医学人工智能社会实验实施方案》的制定。"互联网＋医疗健康"系列实践相继获"2019 互联网＋医疗健康惠民便民十大案例""2019 全国智慧医疗大赛'互联网＋医疗健康'十佳实践案例"等奖项。

【文化引领构建优质生态】 医院以新中国建国 70 周年、医院建院 25 周年为契机，高度凝聚核心价值观"感恩、敬业、创新、卓越"，并以内涵丰富的活动，内强医院凝聚力，外树医院品牌形象，构建医院文化新生态。作为一家独具"邵医模式"管理典范且有温度的医院，连续五年蝉联丁香园"中国医疗机构最佳雇主"称号。医院五期工程建筑设计获美国建筑师协会公众选择奖；第三临床医学院在浙江大学医学院第六届临床技能竞赛中获特等奖 1 名、一等奖 2 名、二等奖 1 名，创造了邵逸夫医院历年参赛的最佳成绩；眼科姚玉峰教授获"最美奋斗者""中国最美医生""浙江省杰出教师"等荣誉称号；普外科王先法主任医师、护理部潘红英主任护师分别获 2019 年度浙江大学好医生、好护士称号。检验科张钧主任医师获2019 年度全国住培"优秀专业基地主任"；全科医学科卢崇蓉医师获中国医师协会2019 年度"优秀全科专业指导医师"。

（陆红玲　王家铃撰稿　蔡秀军审稿）

附属妇产科医院

【概况】 附属妇产科医院是浙江省妇产科医疗、教学、科研及计划生育、妇女保健工作的指导中心，是浙江省三甲妇产科医院（妇女保健院）。浙大妇院是国家妇产区域医疗中心建设单位，学科优势突出，专业特色鲜明，享有较高声誉。医院在 2018 年度中国医院排行榜（专科综合）妇产科学排名第五，中国科技量值医院排行榜（STEM）排名第六。曾先后获得全国妇幼卫生先进集体、全国计划生育先进集体、全国优秀爱婴医院、全国母婴友好医院、浙江省市文明医院、浙江省示范文明医院、浙江省计划生育科研先进集体。

2019 年，医院门急诊总量 163.2 万余人次，比上年增长 6.89％；住院病人达 8.69万人次，比上年增长 7.68％；出院病人达8.7 万人次，比上年增长 0.64％；手术台数4.41 万台，比上年下降 21.53％；年分娩量20994 人，比上年增长 8.82％，平均住院天数为 4.78 天，同比下降 0.34％，其中平均住院天数在浙江省内三甲医院中保持较低水平。

医院软实力不断提升，学科建设取得新进展。2019 年获得省部级及以上科研项目数共 48 项，国家自然科学基金资助项目 19项，项目总数和经费数持续增长；论文发表保持较高质量水平，发表 SCI 论文总计 179篇，其中 IF≥5.0 有 28 篇，IF≥10.0 有 6篇；出版学术专著 10 篇。中国科学技术信息研究所发布的 2019 中国科技论文统计结果显示，谢幸教授主编的《妇产科学》获2018 年被引用次数最多的图书第三位，居医学类著作被引次数排名第一位；2019 年以"浙江大学医学院附属妇产科医院"为专利权人授权专利共 28 项；获全国妇幼健康科学技术一等奖 1 项，获全国妇幼健康科学技术二等奖 1 项，获中华中医药学会年度中青年创新人才奖 1 项，获"全国优秀专业基地主任"和"优秀带教老师"称号各 1 人。

继续推进"以患者为中心，提升医疗服务质量"的精细化管理，实现"信息化＋医疗服务"的黄金组合。2019 年，医院开展"出生一件事""用血服务不用跑""身后一件事""刷脸就医""医后付"等服务。全面优化"互联网＋医疗""互联网＋药事""互联网＋护理"等服务。与此同时，在原有住院 MDT（多学科诊疗模式）以及产科多学科联合门诊的基础上，不断丰富多学科联合门诊范畴，提高医院疑难病例多学科会诊质量，节省患者就医时间。

发挥妇女保健特色，助力健康浙江共建共享。2019 年，医院协助浙江省卫健委开发上线全省统一的两癌检查系统。根据基层和社区女性健康需求，一方面以民革支部花样年华科普讲师团为主力军，走进农村文化礼堂，开展 1000 余场健康讲座。另一方面，选派医疗专家，赴全省各地开展 2019 年浙江省公民健康素质大讲堂健康巡讲。

9 月，医院正式签约成为国家妇产区域医疗中心建设单位。医院利用国家妇产区域医疗中心的影响力，紧紧围绕妇科肿瘤诊治、重大妇科疾病防治、孕产妇危重症救治、出生缺陷"孕前—产前—产后"综合防治、生育力保存、辅助生殖等重点领域，形成以国家妇产区域（华东）医疗中心为核心的医联体和远程医疗协作网，发挥辐射力和影响力，促进优质医疗资源的纵向和横向流动，基本建立符合我国国情的分级诊疗制度。

【精准聚焦"一带一路"合作，共筑"健康丝绸之路"】 4 月，医院加入"一带一路"医学人才培养联盟。与土耳其生殖中心开展双边合作与平台构建，探索临床及科研技术输出新模式；拓展与新加坡一流院校及医疗机构的交流与合作关系，参与"一带一路"框架下消除艾滋病、梅毒和乙肝母婴传播项目合作；2019 年 10 月，参加泰国公共卫生部健康署（DOH）和联合国儿童基金会（UNICEF）联合举办的"消除艾滋病、梅毒和乙肝母婴传播（E）MTCT 研讨会"等。2019 年 11 月，承办"一带一路"妇幼卫生促进官员研修班访问活动。来自阿塞拜疆、哥斯达黎加、多米尼加、赤道几内亚、加纳、牙买加、马来西亚、蒙古、莫桑比克、巴基斯坦、巴拿马、菲律宾、坦桑尼亚、越南等 15 个发展中国家的 48 位妇幼卫生领域的官员访问医院，就妇幼健康领域进行深入交流。

【5G＋VR 技术，浙江省首个"新生儿远程探视"平台上线】 9 月，该平台正式上线。该平台联合中国移动杭州分公司共同打造，利用 VR 技术，将新生儿实时画面上传至服务器管理平台，通过 5G 网络传输到高清电视屏、平板电脑等终端设备，让探视者"零距离"观察新生儿状况。以此为契机，与中国移动杭州分公司签署了战略合作协议，为今后将信息化技术运用到医院就诊、手术演示、远程教学等方面向纵深推进，进一步优化医疗服务流程，提升患者就医体验奠定平台基础和拓展技术合作渠道。

【泛长三角麻醉联盟成立】 7 月，由浙江大学医学院附属妇产科医院、复旦大学附属妇产科医院、南京市妇幼保健院、安徽省妇幼保健院、江西省妇幼保健院等共同发起，浙江大学医学院附属妇产科医院牵头，本着

附表　2019 年度附属妇产科医院基本情况

项目	数量	项目	数量
建筑面积/平方米	96530	国家重点实验室数/个	0
固定资产/万元	89871.15	卫生部重点实验室数/个	0
床位数/张	1134	省部级重点实验室数/个	2
在编职工数/人	1503	国家药监局临床药理研究基地数/个	1
主任医师数/人	72	卫生部专科、住院医师培训基地数/个	6
副主任医师数/人	94	业务总收入/亿元	13.25
具有博士学位的医师比例/%	28.21	药品占总收入比例/%	21.32
两院院士/人	2	门急诊人次/万	163.2
国家"百千万人才工程"入选者/人	0	住院人次/万	8.69
国家杰出青年科学基金获得者/人	0	出院人次/万	8.70
"973 计划"首席科学家/人	0	手术台数/万	4.41
"长江学者"数/人	0	平均床位周转率/%	76.97
浙江省特级专家数/人	2	实际床位利用率/%	96.97
浙江大学求是特聘教授/人	0	SCI 入选论文数/篇	173
教学总面积/平方米	3500	MEDLINE 入选论文数/篇	165
教学投入资金/万元	2445.07	出版学术专著/部	10
一、二级学科国家重点学科数/个	1	科研总经费/万元	1828.37
国家精品资源共享课、视频公开课/门	3	其中:国家自然科学基金比重/%	41.87
获国家级科技奖项目数/个	1	纵向经费比重/%	94
获国家级教学成果奖数/个	0	出国交流/人次	86
		举办国际学术会议数/次	2
		社会捐赠经费总额/万元	49.5

　　备注:其中业务总收入算法二:如加上财政补贴及科教收入:总收入为 14.69 亿元,药占比相应变为 19.22%。

"优势互补、相互开放、联合创新、共同发展"的原则,联合成立了区域性、行业性、非营利性的群众团体——泛长三角产科麻醉联盟。该联盟响应习近平总书记确定的"长三角区域一体化"国家战略,借助长三角地区经济、技术、人才和学术的区域优势,充分利用联盟成员医院的现代医疗技术,整合国内外基础研究、临床研究和现有科技资源,更好地促进产科麻醉的发展。

（陈军辉撰稿　吴弘萍审稿）

附属儿童医院

【概况】　附属儿童医院建院于 1951 年,是浙江省最大的三级甲等综合性儿童医院,是儿科学国家重点学科单位,拥有儿科重症专业、新生儿专业、小儿消化专业、小儿呼吸专业 4 个国家临床重点专科,拥有新生儿专业、心胸外科专业、儿童保健专业、小儿围手

浙江大学年鉴

术期医学、青春期医学、儿童肾脏病学、小儿心血管病学、小儿麻醉学、血液肿瘤、中西医结合儿童康复医学 10 个浙江省医学重点学科。医院是国家出生缺陷诊治国际科技合作基地、国家干细胞临床研究备案机构、国家首批儿童早期发展示范基地、国家药物临床试验机构。同时，拥有浙江大学生殖遗传教育部重点实验室、浙江省新生儿疾病防治重点实验室和国内首个遗传性出生缺陷疾病国际联合实验室。2019 年，医院获批国家儿童健康与疾病临床医学研究中心和国家儿童区域医疗中心牵头建设单位，综合实力迈入儿科学"国家队"行列。医院现设有滨江和湖滨 2 个院区。

医院学科发展特色显著，临床业务能力、服务水平及综合实力在全国儿童医院中位居第一方阵，并形成了新生儿、小儿消化、小儿呼吸、儿科重症、小儿内分泌、小儿血液肿瘤、小儿心血管、儿童保健等优势学科群。2019 年医院成立 12 个多学科诊疗团队、10 个临床医学中心，积极开展新生儿危重症、儿童 ECMO、儿童肝移植、达芬奇机器人手术等高精尖临床技术，同时获批全国首批儿童血液病定点医院和儿童恶性肿瘤诊疗协作组牵头单位、浙江省儿童代谢性疾病诊治技术中心、中国脊髓性肌萎缩症（SMA）诊治中心联盟单位，儿童危重症救治水平不断提升。医院承办第二十九届全国儿童医院院长书记会、中华医学会小儿外科学分会第十五次全国小儿外科学术年会。医院专家在国内外儿科学术机构中担任中华医学会儿科学分会前任主任委员、中华医学会小儿外科学分会副主任委员、中华医学会儿科分会常委、中国医院协会儿童医院管理分会副主任委员、中国抗癌协会小儿肿瘤专业委员会主任委员、中国医师协会毕教委执委会

评估工作委员会副主任委员、BMC Pediatrics 副主编等，学科声誉度、显示度进一步增强。学术影响力和知名度进一步提升。

2019 年，获科研项目 80 项，其中牵头国家重点研发计划政府间重点专项项目 2 项，经费 672 万元；国家重点研发计划项目子课题 1 项，经费 125 万元；还获得国家自然科学基金项目 12 项、中国博士后科学基金资助项目 2 项；获 2019 年国家科学技术进步二等奖 1 项（第二完成人）、全国妇幼健康科学技术科技成果奖二等奖 1 项，发表 IF ≥5 论文 20 篇，IF≥10 论文 4 篇，最高 IF 19.809；主编专业杂志 2 本。

作为浙江大学儿科学院所在地，医院承担浙大医学生、住院医师规范化培训等在职继续教育及面向全国医务人员接收进修培训等教学工作，形成全链条儿科人才培养模式；与英国帝国理工大学开展联合培养研究生项目，打造"5+1"（5 年浙江大学儿科卓越班学士学位＋1 年帝国理工大学生物医学研究硕士学位）人才培养模式。

2019 年，共接待外宾访问团体 57 批，共 146 人次；接收 44 名外国医学生、5 名外国医师来院实习轮转。与美国国家儿童医学中心、美国费城儿童医院签署合作备忘录，并加入"一带一路"医学人才培养联盟，推动构建儿科健康命运共同体。

【获批国家儿童健康与疾病临床医学研究中心】 5 月 21 日，科学技术部、国家卫生健康委员会、军委后勤保障部及国家药品监督管理局发布了第四批国家临床医学研究中心名单，浙大儿院正式获批成为国家儿童健康与疾病临床医学研究中心依托单位，实现了浙江省在国家级临床医学科研创新平台"零"的突破。

附表　2019 年度附属儿童医院基本情况

项目	数量	项目	数量
建筑面积/平方米	171501	国家重点实验室数/个	0
固定资产/万元	85361	卫生部重点实验室数/个	0
床位数/张	1300	省部级重点实验室数/个	1
在编职工数/人	2275	国家药监局临床药理研究基地数/个	10
主任医师数/人	102	卫生部专科、住院医师培训基地数/个	8
副主任医师数/人	132	业务总收入/亿元	17.96
具有博士学位的医师比例/%	16.2	药品占总收入比例/%	25.75
两院院士/人	0	门急诊人次/万	348.4
国家"百千万人才工程"入选者/人	0	住院人次/万	8.1
国家杰出青年科学基金获得者/人	0	出院人次/万	8.1
"973 计划"首席科学家/人	0	手术台数/万	3.67
"长江学者"数/人	0	平均床位周转率/%	57.58
浙江省特级专家数/人	0	实际床位利用率/%	97.17
浙江大学求是特聘教授/人	1	SCI 入选论文数/篇	159
教学总面积/平方米	2460	MEDLINE 入选论文数/篇	145
教学投入资金/万元	1440.2	出版学术专著/部	4
一、二级学科国家重点学科数/个	1	科研总经费/万元	2735
国家精品资源共享课、视频公开课/门	0	其中:国家自然科学基金比重/%	19.3
获国家级科技奖项目数/个	1	纵向经费比重/%	84.4
获国家级教学成果奖数/个	0	出国交流/人次	29
		举办国际学术会议数/次	5
		社会捐赠经费总额/万元	12120

【获批国家儿童区域医疗中心建设牵头单位】　9 月 30 日,浙江省卫生健康委与附属儿童医院签订了国家儿童区域医疗中心目标管理任务书,医院成为首批国家儿童区域医疗中心建设牵头单位。

【打造高水平学术期刊平台】　医院主编的 World Journal of Pediatrics(WJP,《世界儿科杂志》)影响力连续 9 年居亚洲同类期刊第一,连续 5 年获"中国最具国际影响力学术期刊"称号,并入选国家高质量科技期刊分级目录儿科学科技期刊 T1 级别第 8 名,获批中国科技期刊卓越行动计划梯队项目和浙江大学高水平学术期刊建设资助项目 C 类资助。World Journal of Pediatric Surgery(WJPS,《世界小儿外科杂志》)入选 DOAJ 及 Google Scholar 数据库,获批浙江大学高水平学术期刊建设资助项目 C 类资助。

(方思齐撰稿　林　平审稿)

附属口腔医院

【概况】　附属口腔医院(又名浙江省口腔医院)是浙江省唯一一家三级甲等(参照)口腔

浙江大学年鉴

专科医院,是浙江省口腔医疗、科研、教学、预防指导中心,浙江省口腔医学会、浙江省口腔质量控制中心、浙江省口腔卫生指导中心、浙江省口腔正畸中心、浙江省口腔种植技术指导中心所在单位,也是国家住院医师规范化临床培训基地和国家医师资格考试实践技能考试基地。

医院建筑面积约6493平方米,核定床位50张,开放床位20张,现有牙科综合治疗椅155台(含城西分院、华家池口腔诊疗中心)。在院职工628人,其中在编职工351人,副高以上职称50人,博士生导师7人,硕士生导师18人。

2019年,门诊量达到58.59万人次,比上年增长9.06%;医院总收入41176.56万元,比上年增长21.37%,其中医疗收入为36359.67万元,同比去年增长14.72%;出院人次1925人,比上年增长12.44%;医院总资产77854.18万元,比上年增长14.64%。

2019年度医院获批科研项目32项,科研经费723万元,国家自然科学基金5项,国家重点研发计划子课题2项,浙江省基础公益项目5项,浙江省重点研发计划1项,厅局级课题19项。"基于医工信融合的口腔健康"获得浙江大学优势特色学科,建设经费800万元。共发表SCI论文29篇,影响因子共计104.39分,平均影响因子3.60,其中最高影响因子为10.273分。获国家级发明专利2项,实用新型专利3项。获华东地区青年教师教学技能比赛三等奖、优胜奖,浙江大学医学院青年教师教学竞赛一等奖,全国口腔本科生临床技能操作展示优秀之星,第三届光华杯口腔医学生临床技能展示3项优秀团队奖项。获浙江大学优质教学奖1人、浙江大学医学院陈小英育人奖

1人。

聚焦深化"最多跑一次"改革,加速推进医院数字化转型。积极推广"健康医保卡"、人脸支付、医后付、电子票据等便民措施,门诊智慧结算服务列18家省级医院首位。持续提升门诊综合服务中心一站式服务能力和投诉沟通中心接待服务能力,改善患者就医体验。

深化对外合作交流,进一步提升国际声誉。4月,医院承办第十七届泛太平洋口腔种植学会议暨第二届西湖国际口腔种植高峰论坛。5月,访问多伦多大学牙学院并推动实质性合作。与日本东北大学、荷兰阿姆斯特丹牙科学术中心(ACTA)进一步深化合作方案。

继续深化"双下沉 两提升",加大对武义分院的帮扶力度,下沉2批次16名医师,投入信息化建设资金80万元。武义县口腔医疗联盟正式成立,东干、王宅乡镇口腔诊疗中心正式挂牌开诊。积极响应浙江大学衢州医联体建设工作,2019年新增口腔黏膜学科帮扶计划。本年度继续派出1名援疆医生进驻新疆生产建设兵团第一师医院,捐赠器材设备价值约20万元。2019年11月,与第一师医院口腔团队联合启动"2019年阿克苏首次免费窝沟封闭活动",为7500余名小学生进行免费窝沟封闭龋齿治疗。

【签署《浙江省重点培育专科建设任务书》】
2019年9月,浙江省卫生健康委与浙江大学签订委校合作协议,与省内10家医院签署目标任务书,明确3年建设目标,全力打造浙江医学高峰和生命健康科创高地。附属口腔医院作为口腔医学重点培育专科的牵头建设医院,与浙江省卫生健康委签订了重点培育专科建设项目目标管理任务书。

附表　2019年度附属口腔医院基本情况

项目	数量	项目	数量
建筑面积/平方米	6493	国家重点实验室数/个	0
固定资产/万元	5433.41	卫生部重点实验室数/个	0
床位数/张	20	省部级重点实验室数/个	1
在编职工数/人	351	国家药监局临床药理研究基地数/个	0
主任医师数/人	19	卫生部专科、住院医师培训基地数/个	1
副主任医师数/人	31	业务总收入/亿元	3.64
具有博士学位的医师比例/%	35.3	药品占总收入比例/%	1.02
两院院士/人	0	门急诊人次/万	58.5945
国家"百千万人才工程"入选者/人	0	住院人次/万	0.1919
国家杰出青年科学基金获得者/人	1	出院人次/万	0.1925
"973计划"首席科学家/人	0	手术台数/万	0.1822
"长江学者"数/人	1	平均床位周转率/%	97.32
浙江省特级专家数/人	0	实际床位利用率/%	90.28
浙江大学求是特聘教授/人	1	SCI入选论文数/篇	29
教学总面积/平方米	833	MEDLINE入选论文数/篇	27
教学投入资金/万元	420	出版学术专著/部	1
一、二级学科国家重点学科数/个	0	科研总经费/万元	841.7
国家精品资源共享课、视频公开课/门	0	其中:国家自然科学基金比重/%	27.44
获国家级科技奖项目数/个	0	纵向经费比重/%	94.57
获国家级教学成果奖数/个	0	出国交流/人次	33
		举办国际学术会议数/次	0
		社会捐赠经费总额/万元	0

【引进教育部"长江学者"陈谦明】　2019年12月,引进教育部"长江学者"特聘教授、国家杰出青年基金获得者陈谦明教授,担任浙江大学医学院附属口腔医院院长。陈谦明,口腔医学博士,遗传学博士后,浙江大学求是特聘教授,主任医师,博士研究生导师。曾获国家万人计划领军人才、卫生部有突出贡献中青年专家、享受国务院特殊津贴专家、国家教学名师奖、全国百篇优秀博士论文指导教师、中国科协第七届全国优秀科技工作者等荣誉。主攻口腔疾病的分子发病机制与精准防治,尤其擅长口腔内科疾病、口腔黏膜病的病因与防治以及口腔疾病与系统性疾病的关联研究与临床诊治。主持国家及部省级科研项目20余项。获部省级科技成果奖3项,主编国家规划教材等专著、教材8部。

【城西分院扩建工程】　医院城西分院扩建工程于2019年6月正式启动开工,12月完成三层医疗区、行政办公区、大面公共通道及中庭管廊的安装与装饰工程。扩建后建筑总面积6480平方米,牙椅数107张,预计于2020年4月底投入使用。

(胡　军撰稿　王慧明审稿)

附属第四医院

【概况】 附属第四医院是浙江大学首家在异地建设并全面管理的直属综合性附属医院,是集医教研于一体的省级医院。医院占地面积189.3亩,建筑面积12.33万平方米,床位920张;在职员工1550人,卫技人员1206人,学科带头人28人,高级职称专家107人。

现开设临床科室35个,医技科室15个,开放病区24个,实际可用床位980张;实现医疗收入9.39亿元,比上年增长39.91%;门急诊量117.97万人次,比上年增长33.63%;出院量3.91万人次,比上年增长44.63%;住院手术量1.64万台,比上年增长44.88%;门诊外地医保病人的占比从3.31%提高到6.16%,住院外地医保病人的占比从8.09%提高到10.51%。

医教协同和科教融合体系不断完善,学科建设持续加强,已建成4000余平方米的开放性实验教学平台,引进院士专家团队2个,培育核心科研团队12个;升展临床、基础和转化医学类科研项目246项,其中国家级项目14项、省部级项目37项;启动区域健康大数据库和疾病队列研究。发表SCI论文82篇,最高影响因子9.616,获得浙江省医药卫生科技奖励7项。新增全科医学浙江省住院医师规范化培训专业基地,执业医师考核通过率为94.4%;合作医学院校11个,建成11个临床教学课程体系,开展教学改革项目14项,发表教学研究论文9篇,参与学校课程体系建设,承担MOOC课程6项。

2019年,医院组团赴新加坡国立大学、美国梅奥诊所等访问交流,开启与日本静冈县立综合医院远程医疗,拓展新的合作平台。全年共派出员工出国(境)学习交流近50余人次,接待来访外籍专家40余人次,并首次接收来自澳大利亚和加拿大的外籍医学实习生。医院还加入了国家"一带一路"医学人才培养联盟,举办"深化市校合作共建一带一路国际医学高地"高峰论坛。

【正式纳入省级医院管理】 4月3日,浙大四院正式纳入浙江省省级医院管理,机构、床位、大型医用设备等医疗卫生资源配置纳入省公立医院规划,并将学科建设、人才培养和科研管理纳入省级医院管理序列,并按照省级医院的要求进行考核,纳入省级公立医院综合监管平台。

【成功救治80cm钢筋穿身工人】 9月7日,医院收治了一位被两根80厘米长钢筋穿身后命悬一线的建筑工人,其两根钢筋一根从后背刺穿到胸前,另一根从尾骨刺穿到大腿。医院联合多学科力量救治了这位严重多发伤的病人。

【胸痛中心通过国家标准版认证】 10月31日,医院通过中国胸痛中心认证,成为义乌首家获得国家级胸痛中心(标准版)认证的医院。医院对急性心肌梗死等胸痛疾病的综合救治能力,已到达国家级标准和水平。

附表 2019 年度附属第四医院基本情况

项目	数量	项目	数量
建筑面积/平方米	1233226	国家重点实验室数/个	0
固定资产/万元	100909.8	卫生部重点实验室数/个	0
床位数/张	920	省部级重点实验室数/个	0
在编职工数/人	908	国家药监局临床药理研究基地数/个	0
主任医师数/人	30	卫生部专科、住院医师培训基地数/个	0
副主任医师数/人	55	业务总收入/亿元	9.39
具有博士学位的医师比例/%	11.4	药品占总收入比例/%	36.34
两院院士/人	0	门急诊人次/万	179700
国家"百千万人才工程"入选者/人	0	住院人次/万	39383
国家杰出青年科学基金获得者/人	0	出院人次/万	39069
"973 计划"首席科学家/人	0	手术台数/万	16385
"长江学者"数/人	0	平均床位周转率/%	44.64
浙江省特级专家数/人	0	实际床位利用率/%	89.68
浙江大学求是特聘教授/人	0	SCI 入选论文数/篇	15
教学总面积/平方米	6000	MEDLINE 入选论文数/篇	15
教学投入资金/万元	1245	出版学术专著/部	0
一、二级学科国家重点学科数/个	0	科研总经费/万元	795.5
国家精品资源共享课、视频公开课/门	0	其中:国家自然科学基金比重/%	17.6
		纵向经费比重/%	96.0
获国家级科技奖项目数/个	0	出国交流/人次	56
获国家级教学成果奖数/个	0	举办国际学术会议数/次	1
		社会捐赠经费总额/万元	288

(王俊超撰稿 王 芳审稿)

机构与干部

学校党政领导班子 *(2019 年 12 月 31 日在任)*

党 委 书 记　任少波
校　　　　长　吴朝晖
副　书　记　吴朝晖　郑　强(正厅级)　张宏建　朱世强　叶　民　邬小撑
副　校　长　罗卫东　严建华　张宏建　何莲珍　王立忠　周天华

中共浙江大学委员会委员 *(2019 年 12 月 31 日在任，以姓氏笔画为序)*

万春根　马春波　王立忠　王建安　石毅铭　叶　民　叶桂方　包迪鸿　朱世强
任少波　邬小撑　刘继荣　严建华　吴朝晖　何莲珍　应　飚　沈黎勇　张光新
张宏建　张荣祥　陈云敏　周天华　郑　强　姚玉峰　夏文莉　楼成礼

中共浙江大学常务委员会委员 *(2019 年 12 月 31 日在任)*

任少波　吴朝晖　郑　强　严建华　张宏建　朱世强　叶　民　王立忠　邬小撑
应　飚　包迪鸿

中共浙江大学纪律检查委员会委员

（2019 年 12 月 31 日在任，以姓氏笔画为序）

委 员　马春波　王志强　叶 民　叶晓萍　朱 慧　张永华　陈君芳
　　　　罗泳江　徐国斌　郭文刚
书 记　叶 民
副书记　马春波　叶晓萍

总会计师、校长助理 *（2019 年 12 月 31 日在任）*

总会计师　石毅铭
校长助理　陈昆松　李凤旺　胡 炜

党委办公室、校长办公室负责人

（2019 年 12 月 31 日在任）

部 门	职 务		姓 名
党委办公室 校长办公室 （含国内合作办公室、保密办公室、信访办公室、法律事务办公室）	主 任		叶桂方
	副主任		林伟连　陈 浩　黄任群　江雪梅 褚如辉　曹 磊
	国内合作 办公室	主 任	林伟连
		副主任	章丽萍　曹 磊（兼）
	保密 办公室	主 任	陈 浩
		副主任	史红兵（兼）
	信访 办公室	主 任	黄任群（兼）
	法律事务 办公室	主 任	江雪梅（兼）

党委部门负责人（2018年12月31日在任）

部　门	职　务		姓　名
纪委办公室	主　任		马春波（兼）
	副主任		叶晓萍（兼）　张建富
	内部巡察办公室	主　任	叶晓萍
		副主任	沈　玉
组织部	部　长		包迪鸿
	副部长		刘艳辉（兼）　王　东（兼）　朱　慧 蔡　荃　钟永萍
	副处职组织员		胡昱东
宣传部、 （含网络信息办公室）	部　长		应　飚
	副部长		卢军霞　章　旻
	网络信息办公室	主　任	应　飚（兼）
		副主任	张川霞
统战部	部　长		楼成礼
	副部长		钱智敢
教师工作部 （与人事处合署）	部　长		刘继荣（兼）
	副部长		陈海荣
学生工作部	部　长		郭文刚
	副部长		薄　拯（兼）　阮俊华（兼）　吴子贵 叶　艇　金芳芳　潘贤林
研究生工作部	部　长		张荣祥
	副部长		王　珏　陈凯旋（援藏）　刘　波　张晓洁
安全保卫部 （与安全保卫处合署）	部　长		徐国斌（兼）
	副部长		胡　凯（兼）　胡义镰（兼）　赵增泽（兼）
人民武装部 （与学生工作部合署）	部　长		郭文刚（兼）
	副部长		吴子贵（兼）
机关党委	党委书记		刘艳辉
	党委副书记		陈　飞（兼）　吕朝晖
	纪委书记		吕朝晖
离休党工委 （与离退休工作处合署）	书　记		王　东（兼）
	常务副书记		朱　征
	副书记		王剑忠（兼）　韩东晖（兼） 李　民（兼）　成光林（兼）

行政部门负责人 (2019 年 12 月 31 日在任)

部 门	职 务		姓 名
发展规划处	处 长		夏文莉
	副处长		楼建晴　徐贤春
政策研究室	主 任		李铭霞
	副主任		徐宝敏
人事处	处 长		刘继荣
	副处长		许　翾(兼)　陈素珊　吕黎江 陈海荣(兼)　钟鸣文
人才工作办公室 （与人事处合署）	主 任		许　翾
	副主任		阮　慧　陆飞华
国际合作与交流处、 港澳台事务办公室	处 长		李　敏
	副处长		沈　杰(兼)　陈伟英　房　刚(兼) 刘郑一
	港澳台事务 办公室	主 任	李　敏(兼)
		副主任	房　刚(挂职教育部发展规划司事 业发展处副处长)
本科生院	院 长		张光新
	副院长		郭文刚(兼)　徐　骁(兼)
	教务处	处 长	胡吉明
		副处长	金娟琴　刘有恃　张　良
	学生工作处 （与党委学生 工作部合署）	处 长	郭文刚(兼)
		副处长	吴子贵(兼)　叶　艇(兼) 金芳芳(兼)　潘贤林(兼)
	本科生招生处	处 长	朱佐想
		副处长	孙　健
	教学研究处	处 长	李恒威
		副处长	谢桂红
	求是学院	院 长	邱利民
		书 记	郭文刚(兼)
		副书记	邱利民　陈立明　谭　芸　翁　亮
		纪委书记	谭　芸
		丹阳青溪学 园主任	翁　亮(兼)
		紫云碧峰学 园主任	谭　芸(兼)
		蓝田学园 主任	陈立明(兼)

部　门	职　务		姓　名
研究生院	院　长		周天华
	副院长		叶恭银
	研究生招生处	处　长	周文文
		副处长	王　征
	研究生培养处	处　长	江全元
		副处长	王晓莹　陈智峰
	研究生管理处（与党委研究生工作部合署）	处　长	张荣祥（兼）
		副处长	王　珏（兼）　陈凯旋（兼） 刘　波（兼）　张晓洁（兼）
	学科建设处	处　长	叶恭银
		副处长	梁君英
	学位评定委员会办公室（与学科建设处合署）	主　任	叶恭银（兼）
		副主任	蒋君英（兼）
科学技术研究院	院　长		杨　波
	常务副院长		史红兵
	副院长		柯越海（兼）　孙崇德（兼）
	科技项目过程管理中心副主任		项品辉
	高新技术部部长		蒋　啸
	农业与社会发展部部长		程术希
	基础研究与海外项目部部长		吴勇军
	开发与技术转移部部长		翁　宇
	成果与知识产权管理部部长		李寒莹
社会科学研究院	常务副院长		褚超孚
	副院长		袁　清　胡　铭　徐宝敏
	平台管理部部长		程　丽

浙江大学年鉴

续表

部　门	职　务		姓　名
继续教育管理处	处　长		郑　胜
	副处长		陈　军
医院管理办公室	主　任		朱　慧
	副主任		李　伟
计划财务处 （含经营性资产 管理办公室、国有 资产管理办公室、 采购管理办公室、 采购中心）	处　长		胡素英
	副处长		丁海忠　朱明丰　杨　柳　杨学洁 包晓岚（兼）
	经营性资产 管理办公室	主　任	张宏建（兼）
		副主任	娄　青
	国有资产管 理办公室	主　任	石毅铭（兼）
		副主任	胡　放
	采购管理办 公室	主　任	包晓岚
	采购中心	主　任	俞欢军
审计处	处　长		罗泳江
	副处长		周　坚　胡敏芳
监察处 （与纪委办公室合署）	处　长		马春波（兼）
	副处长		叶晓萍（兼）　方炎生
实验室与设备管理处	处　长		冯建跃
	副处长		雷群芳　孙　益
校综合治理委员会	常务副主任		李友杭
总务处 （含"1250安居工程" 办公室）	处　长		吴红瑛
	副处长		朱宇恒　刘辉文　胡志富　傅加林 吴小红（兼）
	"1250安居 工程"办公室	主　任	吴红瑛（兼）
		副主任	吴小红
基本建设处	紫金港校 区西区基 本建设指 挥部	常务副总指挥	李凤旺（兼）
		副总指挥	林忠元（兼）
	处　长		李凤旺
	副处长		林忠元　温晓贵　匡亚萍　梅祥院 李剑峰

部　门	职　务	姓　名
超重力离心模拟与实验装置项目建设（推进）指挥部办公室	主　任	杜尧舜
	副主任	楼笑笑　林伟岸
安全保卫处	处　长	徐国斌
	副处长	胡　凯　胡义镰　赵增泽
离退休工作处	处　长	王　东
	副处长	朱　征（兼）　王剑忠　韩东晖 李　民　成光林
新闻办公室（与党委宣传部合署）	主　任	应　飚（兼）

学术机构负责人 *(2019 年 12 月 31 日在任)*

部　门	职　务	姓　名
校学术委员会秘书处	秘书长	李浩然
	专职副秘书长	朱敏洁
人文学部	主　任	黄华新
	副主任	王　杰　刘海涛
社会科学学部	主　任	吴晓波
	副主任	何文炯
理学部	主　任	罗民兴
	副主任	陈汉林　沈模卫
工学部	主　任	杨德仁
	副主任	徐志康　申有青
信息学部	主　任	陆　纯
	副主任	陈耀武　陈积明
农业生命环境学部	主　任	朱利中
	副主任	刘建新　喻景权
医药学部	主　任	段树民
	副主任	管敏鑫　曾　苏

学院（系）负责人 (2019 年 12 月 31 日在任)

学部、学院(系)	职　务	姓　名
人文学院	院　长 副院长	楼含松 苏宏斌　冯国栋
	党委副书记 纪委书记	楼含松　蔡　荃　楼　艳 楼　艳
外国语言文化与 国际交流学院	院　长 副院长	程　工 姚　信(兼)　方　凡　李　媛　程　乐
	党委书记 党委副书记 纪委书记	姚　信 程　工　沈　燎 沈　燎
传媒与国际文化学院	院　长 副院长	韦　路 王庆文(兼)　王建刚　范志忠
	党委书记 党委副书记 纪委书记	王庆文 韦　路　叶建英 叶建英
艺术与考古学院	院　长 副院长	白谦慎 王小松
	党委副书记 纪委书记	方志伟(主持工作)　赵蕾蕾 赵蕾蕾
经济学院	院　长 副院长	黄先海 张子法(兼)　潘士远　郭继强　王义中 方红生
	党委书记 党委副书记 纪委书记	张子法 黄先海　卢飞霞 卢飞霞
光华法学院	名誉院长 常务副院长 副院长	张文显 周江洪 张永华(兼)　赵　骏　郑春燕
	党委书记 党委副书记 纪委书记	张永华 周江洪　吴卫华 吴卫华
教育学院	院　长 副院长	顾建民 吴巨慧(兼)　阚　阅　周丽君
	党委书记 党委副书记 纪委书记	吴巨慧 包　松 包　松

学部、学院(系)	职务		姓名
管理学院	院 长 副院长		魏 江 朱 原(兼) 周伟华 汪 蕾 谢小云
	党委书记 党委副书记 纪委书记		朱 原 魏 江 潘 健 吴为进 吴为进
公共管理学院	院 长 副院长		郁建兴 杨国富(兼) 毛 丹 钱文荣 张蔚文 谭 荣
	党委书记 党委副书记 纪委书记		杨国富 郁建兴 阮俊华 阮俊华
	社会 学系	系主任 党总支书记	赵鼎新 毛 丹
马克思主义学院	院 长 副院长		刘同舫 李小东(兼) 张 彦
	党委书记 党委副书记 纪委书记		李小东 徐晓霞 徐晓霞
数学科学学院	院 长 副院长		包 刚 闻继威(兼) 盛为民 邰传厚
	党委书记 党委副书记 纪委书记		闻继威 姚 晨 姚 晨
物理学系	系主任 副系主任		王业伍 颜 鹏(兼) 赵道木 王 凯
	党委书记 党委副书记 纪委书记		颜 鹏 王业伍 方 磊 方 磊
化学系	系主任 副系主任		王 鹏 应伟清(兼) 史炳锋 王 敏
	党委书记 党委副书记 纪委书记		应伟清 潘贤林 潘贤林

学部、学院(系)	职　务	姓　名
地球科学学院	院　长 副院长	夏群科 王　苑(兼)　程晓敢　曹　龙
	党委书记 党委副书记 纪委书记	王　苑 陈宁华 陈宁华
心理与行为科学系	系主任 副系主任	何贵兵 高在峰
	党委书记 纪委书记	何贵兵　尹金荣　何　洁 何　洁
机械工程学院	院　长 副院长	杨华勇 梅德庆(兼)　居冰峰　刘振宇
	党委书记 党委副书记 纪委书记	梅德庆 项淑芳 项淑芳
材料科学与工程学院	院　长 副院长	韩高荣 王晓燕(兼)　陈立新　皮孝东
	党委书记 党委副书记 纪委书记	王晓燕 韩高荣　张士良 陈立新
能源工程学院	院　长 副院长	高　翔 金　滔(兼)　郑津洋　俞自涛 黄群星
	党委书记 党委副书记 纪委书记	金　滔 高　翔　赵传贤 赵传贤
电气工程学院	院　长 副院长	盛　况 汤海旸(兼)　郭创新　沈建新 齐冬莲
	党委书记 党委副书记 纪委书记	汤海旸 陈　敏　徐超炯 郭创新
建筑工程学院	院　长 副院长	罗尧治 刘峥嵘(兼)　董丹申(兼)　吕朝锋 朱　斌　吴　越
	党委书记 党委副书记 纪委书记	刘峥嵘 罗尧治　傅慧俊　张　威 傅慧俊

学部、学院(系)	职　务	姓　名
化学工程与生物工程学院	院　长 副院长	邢毕斌 沈文华(兼)　张　林　潘鹏举
	党委书记 党委副书记 纪委书记	沈文华 邢华斌　沈律明 沈律明
海洋学院	院　长 常务副院长 副院长	王立忠 徐　文 王瑞飞(兼)　阮　啸(兼) 韩喜球(海洋二所)　王晓萍　陶向阳
	党委书记 党委副书记 纪委书记	王瑞飞 阮　啸　陈　庆 陈　庆
	党政办公室主任	陈　庆
	组织人事部部长	吴　锋
	学生思政工作部部长	王万成
	教学管理部部长	马忠俊
	科研管理部部长	吴嘉平
	图书信息中心主任	吴颖骏
	总务部部长	周亦斌
	财务资产部部长	袁路明
	实验室与设备管理部部长	潘先平
航空航天学院	名誉院长 院　长 常务副院长 副院长	沈荣骏 阮祥新 陈伟球 毕建权(兼)　金仲和　曲绍兴
	党委书记 党委副书记 纪委书记	毕建权 陈伟球　戴志潜 戴志潜
高分子科学与工程学系	系主任 副系主任	高长有 楼仁功(兼)　张兴宏　宋义虎
	党委书记 党委副书记 纪委书记	楼仁功 王　齐 王　齐

续表

学部、学院(系)	职　务	姓　名
光电科学与工程学院	院　长 副院长	刘向东 刘玉玲(兼)　郑臻荣　戴道锌
	党委书记 党委副书记 纪委书记	刘玉玲 刘向东　郑丹文 郑丹文
信息与电子工程学院	院　长 副院长	杨建义 钟戎蓉(兼)　赵民建　陈红胜
	党委书记 党委副书记 纪委书记	钟戎蓉 杨建义　赵颂平 赵颂平
微电子学院	名誉院长 副院长	严晓浪 程志渊
控制科学与工程学院	院　长 副院长	邵之江 叶　松(兼)　侯迪波　许　超
	党委书记 党委副书记 纪委书记	叶　松 邵之江　丁立仲 丁立仲
计算机科学与 技术学院	院　长 副院长	陈　刚 彭列平(兼)　吴　飞　陈　为　尹建伟 任　奎(兼)
	网络空间安全学 院院长	任　奎
软件学院	常务副院长 副院长	卜佳俊 陈　丽　蔡　亮
计算机科学与技术学院 和软件学院党委	党委书记 党委副书记	彭列平 陈　刚　单珏慧　许亚洲(挂职云南省 普洱市景东彝族自治县副县长) 楼华梁　张栋梁
	纪委书记	张栋梁
生物医学工程与 仪器科学学院	院　长 副院长	张　宏 王春波(兼)　周　泓　刘清君
	党委书记 党委副书记	王春波 张　宏　孟　礁(挂职义乌市人民政府 副市长)　杨　扬
	纪委书记	杨　扬
生命科学学院	院　长 副院长	彭金荣 潘炳龙(兼)　程　磊　余路阳
	党委书记 党委副书记 纪委书记	潘炳龙 孙　棋 孙　棋

学部、学院(系)	职 务	姓 名
生物系统工程与食品科学学院	院 长 副院长	何 勇 李金林(兼) 刘东红 徐惠荣
	党委书记 党委副书记 纪委书记	李金林 何 勇 费兰兰 费兰兰
环境与资源学院	院 长 副院长	陈宝梁 夏标泉(兼) 史 舟 胡宝兰 陈丁江
	党委书记 党委副书记 纪委书记	夏标泉 陈宝梁 包永平 包永平
农业与生物技术学院	院 长 副院长	陈学新 赵建明(兼) 祝水金 孙崇德 马忠华
	党委书记 党委副书记 纪委书记	赵建明 陈学新 金 敏 金 敏
动物科学学院	院 长 副院长	汪以真 楼建悦(兼) 杨明英 李肖梁
	党委书记 党委副书记 纪委书记	楼建悦 汪以真 吴建绍 吴建绍
医学院	名誉院长 院 长 常务副院长 副院长	巴德年 刘志红 李晓明 黄 河(兼) 许正平(兼) 欧阳宏伟 王伟林(兼) 王建安(兼) 蔡秀军(兼) 方向明 柯越海 徐 骁
	党委书记 党委副书记 纪委书记	黄 河 朱 慧(兼) 陈国忠 陈周闻 陈国忠
	科研办公室主任	易 平
	教学办公室主任	徐凌霄
	基础医学系 主任 副主任	王青青 邵吉民(兼) 杨 巍 王 迪
	基础医学系 党总支书记 党总支副书记	邵吉民 王青青

续表

学部、学院(系)		职 务	姓 名
医学院	脑科学与脑医学系	主 任	段树民
		副主任	蒋笑莉(兼) 斯 科 周煜东
		党总支书记	蒋笑莉
	公共卫生系	主 任	吴息凤
		副主任	陈光弟 王红映
		党总支副书记	吕黎江
药学院		院 长	杨 波
		副院长	胡富强(兼) 高建青 范骁辉
		党委书记	胡富强
		党委副书记	杨 波 王 芳
		纪委书记	王 芳

医学院附属医院负责人 (2019年12月31日在任)

医 院	职 务	姓 名
附属第一医院	党委书记	梁廷波
	党委常务副书记	顾国煜
	党委副书记	陈君芳 邵浙新
	纪委书记	陈君芳
	常务副院长	裘云庆
	副院长	顾国煜(兼) 沈 晔 许国强 陈作兵 郑 敏
附属第二医院	党委书记	陈正英
	党委副书记	王建安 王伟林 项美香
	纪委书记	项美香
	院 长	王建安
	常务副院长	王伟林
	副院长	陈正英(兼) 黄 建 王志康 丁克峰 吴志英

医　院	职　务	姓　名
附属邵逸夫医院	党委书记 党委副书记 纪委书记	刘利民 黄　昕　丁国庆 丁国庆
	院　长 常务副院长 副院长	蔡秀军 黄　昕 刘利民（兼）　俞云松　谢鑫友　潘宏铭 张松英
附属妇产科医院	党委书记 党委常务副书记 党委副书记 纪委书记	吕卫国 吴弘萍 吴瑞瑾 吴瑞瑾
	院　长 副院长	汪　辉 吴弘萍（兼）　王新宇　程晓东　陈新忠 张　丹
附属儿童医院	党委书记 党委常务副书记 党委副书记 纪委书记	舒　强 李　强 邹朝春 邹朝春
	常务副院长 副院长	傅君芬 龚方戚　毛建华
附属口腔医院	党委书记 党委常务副书记 党委副书记 纪委书记	王慧明 章伟芳 朱赴东 朱赴东
	院　长 副院长	王慧明 章伟芳（兼）　谢志坚　傅柏平　姚碧文
附属第四医院	党委书记 党委副书记 纪委书记	徐　键 王　凯 戴慧芬
	院　长 副院长	徐　健 徐志豪　王　凯　周庆利　戴慧芬 胡振华

独立学院负责人 (2019 年 12 月 31 日在任)

独立学院	职 务	姓 名
浙江大学城市学院	院　长 常务副院长 副院长	韦　巍 斯荣喜 朱永平
	党委书记 党委副书记 纪委书记	吴　健 韦　巍　赵　阳　李　磊 李　磊
浙江大学宁波理工学院	院　长 副院长	章献民 冯建波　毛才盛　梅乐和　杨灿军
	党委书记 党委副书记 纪委书记	胡征宇 冯建波　黄光杰　顾禹标 顾禹标

校区党工委、管委会负责人 (2019 年 12 月 31 日在任)

校 区	部 门	职 务	姓 名
紫金港校区 (与机关党委合署)	党工委	书 记	罗长贤
		副书记	陈　飞　吕朝晖(兼)
	管委会	主 任	罗长贤(兼)
		副主任	陈　飞(兼)　吕朝晖(兼)
玉泉校区	党工委	书 记	马银亮
		副书记	周小萍
	管委会	主 任	马银亮(兼)
		副主任	周小萍(兼)
西溪校区	党工委	书 记	吕国华
	管委会	主 任	吕国华(兼)
		副主任	毛一平

校 区	部 门	职 务	姓 名
华家池校区	党工委	书 记	王志强
		副书记	陈 炯 潘 新
	管委会	主 任	王志强(兼)
		副主任	陈 炯(兼) 潘 新(兼)
之江校区	党工委	书 记	张永华
		副书记	柴 红
	管委会	主 任	张永华(兼)
		副主任	柴 红(兼)
宁波("五位一体")校区	党工委	书 记	胡征宇
	管委会	主 任	章献民

群众团体负责人 *(2019 年 12 月 31 日在任)*

部 门	职 务	姓 名
工 会	主 席	叶 民(兼)
	常务副主席	楼成礼
	副主席	程荣霞 林 俐 叶 艇(兼)
团 委	书 记	薄 拯
	副书记	吴维东 梁 艳 夏 雷 卓亨逵(正科职)

直属单位负责人 *(2019 年 12 月 31 日在任)*

直属单位	职 务	姓 名
发展联络办公室(含发展委员会办公室、校友总会秘书处、教育基金会秘书处)	主 任	沈黎勇
	副主任	顾玉林 党 颖 翁 亮

直属单位	职务	姓名
就业指导与服务中心	主任	董世洪
	副主任	谢红梅　仇婷婷
图书馆	副馆长	吴　晨（兼）　黄　晨　田　稷
	党委副书记	吴　晨
信息技术中心	主任	陈文智
	副主任	程艳旗　郭　晔　董　榕
档案馆	馆长	马景娣
	副馆长	蓝　蕾
艺术与考古博物馆	馆长	白谦慎
	常务副馆长	楼可程
竺可桢学院	院长	吴朝晖（兼）
	常务副院长	葛　坚
	副院长	张光新（兼）　张　帆　应颂敏
	党委书记	葛　坚
	党委副书记	李文腾
继续教育学院、成人教育学院、远程教育学院（合署）	院长	楼锡锦
	副院长	童晓明（兼）　姚　青　王正栋　周兆农（兼）
	党委书记	童晓明
	党委副书记	楼锡锦
	纪委书记	周兆农
全国干部教育培训浙江大学基地（办事机构与继续教育学院合署）	主任	邹晓东（兼）
	常务副主任	童晓明（兼）
	副主任	楼锡锦　周兆农　蔡　荃（兼）
国际教育学院	院长	沈　杰
	副院长	唐晓武　徐　莹　卢正中　孙方娇

直属单位	职务		姓名
公共体育与艺术部	主任		吴叶海
	副主任		刘玉勇(兼)　周聪
	直属党总支书记		刘玉勇
	直属党总支副书记		吴叶海　傅旭波
中国科教战略研究院 (办事机构与政策研究室合署)	副院长		魏江(兼)　顾建民(兼) 叶桂方(兼)　李铭霞(兼) 夏文莉(兼)　张炜
	办公室主任		徐宝敏(兼)
工业技术转化研究院	院长		赵荣祥
	副院长		张丽娜　赵朝霞(兼)　柳景青 邵明国　钱秀红　翁宇(兼)
	直属党总支	书记	张丽娜
		副书记	赵朝霞
先进技术研究院	院长		史红兵
	副院长		金钢　翁沈军(兼)　王国雄
	直属党总支副书记		金钢
	总工程师		郑耀
	舟山海洋分院	院长	翁沈军
新农村发展研究院 (含农业技术推广中心)	院长		陈昆松
	常务副院长		王珂
	副院长		叶兴乾(兼)　钱文荣(兼) 程术希(兼)　陈平
	农业技术推广中心	主任	叶兴乾
		副主任	杜爱芳
校医院	院长		张仁炳
	副院长		缪锋(兼)　刘剑　陈立峰
	党委书记		缪锋
	党委副书记		张仁炳　王为
	纪委书记		王为

直属单位	职 务	姓 名
出版社	社 长	鲁东明
	总编辑	袁亚春
	副社长	金达胜（兼） 黄宝忠 金更达
	党委书记	金达胜
	党委副书记	鲁东明
	纪委书记	黄宝忠
建筑设计研究院	建筑设计研究院有限公司 董事长	董丹申
	建筑设计研究院有限公司 副董事长	吕淼华
	院 长	杨 毅
	副院长	吕淼华（兼） 黎 冰
	党委书记	吕淼华
	党委副书记	杨 毅 周家伟
	纪委书记	周家伟
国家大学科技园管理委员会（与科学园发展有限公司、工业技术转化研究院合署）	主 任	赵荣祥（兼）
	常务副主任	张丽娜（兼）
	副主任	赵朝霞（兼） 柳景青（兼） 邵明国（兼） 钱秀红（兼）
农业科技园管理委员会、农业试验站（合署）	站 长	林福呈
	副站长	王建军（兼） 林咸永 宋文坚
	农业科技园管理委员会主任	林福呈（兼）
	直属党总支书记	王建军
	直属党总支副书记	林福呈
医学中心（筹）（归口医学院管理）	主 任	刘志红
	常务副主任	许正平
	副主任	田 梅
国际联合学院（海宁国际校区）	院 长	何莲珍
	副院长	傅 强（兼） 欧阳宏伟 丁冠中
	党工委书记	傅 强

直属单位	职 务		姓 名
国际联合学院 （海宁国际校区）	党工委副书记		诸葛洋　王玉芬
	纪工委书记		诸葛洋
	院长助理		周金其　屈利娟
	综合办公室主任		诸葛洋（兼）
	人力资源部部长		徐晓忠
	学生事务部部长		王玉芬
	教务部部长		周金其
	计划财务部部长		邱　萍
	总务部部长		屈利娟
	图书信息中心主任		江肖强
	科研与技术转化部部长		许亚丹
	国际联合 商学院 （筹）	院　长	贾圣林
		副院长	瞿海东
浙江大学爱丁堡 联合学院	院　长		欧阳宏伟（兼）
	执行院长		Sue Welburn
	副院长		鲁林荣　陈　晔
浙江大学伊利诺伊大学 厄巴纳香槟校区联合学院	院　长		李尔平
	执行院长		Philip Theodore Krei
	副院长		马　皓
工程师学院	常务副院长		韦　巍　周天华（兼）
	副院长		吴　健　江全元（兼） 斯荣喜　陈丰秋
	党工委常务副书记		吴　健
	党工委副书记		赵　阳
	综合事 务办公 室	主　任	沈　哲
		副主任	俞伟东
	教学管理部部长		赵张耀
	学生事务部部长		刘　翔

续表

直属单位	职务	姓名
工程师学院	后勤管理部部长	陆卫平（兼）
	安全保卫部部长	张 樑（兼）
创新创业研究院	常务副院长	王玲玲
	副院长	陈肖峰
杭州国际科创中心	主 任	王靖岱
	党工委书记	傅方正

产业与后勤系统负责人 (2019 年 12 月 31 日在任)

单位	职务	姓名
控股集团有限公司	董事长 总 裁 副总裁	郑爱平 徐金强 楼润正
	党委书记 党委副书记 纪委书记	郑爱平（兼） 徐金强　盛亚东 楼润正
	创新技术研究院　副院长	赵 成　舒旭云
产业与后勤党工委	书 记	郑爱平
	副书记	盛亚东
后勤集团	总经理 副总经理	林旭昌 万春根（兼）　程宁佳
	党委书记 党委副书记 纪委书记	万春根 林旭昌　姜群瑛 姜群瑛

表彰与奖励

2019 年部分获奖(表彰)集体

人力资源和社会保障部、教育部授予
　　全国教育系统先进集体　　　　　　　　　　　　机械工程学院
中华全国妇女联合会授予
　　全国三八红旗集体　　　　　　　　　　医学院附属二院护理部
浙江省妇联授予
　　浙江省三八红旗集体　　　　　　　　　　　　　女教授联谊会
　　　　　　　　　　　　　　　医学院附属妇产科医院生殖内分泌科

2019 年部分获奖(表彰)个人

中华全国总工会授予
　　全国五一劳动奖章　　　　　　　　　　高　翔　能源工程学院
人力资源和社会保障部、教育部授予
　　全国模范教师　　　　　　　　　刘　旭　光电科学与工程学院
浙江省人民政府授予
　　浙江省劳动模范　　　　　　　　　　　高　翔　能源工程学院
　　　　　　　　　　　　　　　　　　　柯映林　机械工程学院

浙江省人民政府授予

　　浙江省杰出教师　　　　　　　　　　　　　姚玉峰　医学院附属邵逸夫医院

　　浙江省有突出贡献中青年专家　　　　　　　韦　路　传媒与国际文化学院

　　　　　　　　　　　　　　　　　　　　　　王浩华　物理学系

　　　　　　　　　　　　　　　　　　钱国栋　材料科学与工程学院

　　　　　　　　　　　　　　　　　　　邱利民　能源工程学院

　　　　　　　　　　　　　　　　陈积明　控制科学与工程学院

　　　　　　　　　　　　　　　鲍虎军　计算机科学与技术学院

　　　　　　　　　　　　　　　　　　　李晓明　医学院

　　　　　　　　　　　　　　　项美香　医学院附属第二医院

共青团中央授予

　　2018 年度全国优秀共青团员　　　　　　　　孟详东　能源工程学院

共青团浙江省委授予

　　第十二届"浙江青年五四奖章"　　　　　　　薄　拯　校团委

浙江省妇联授予

　　浙江省三八红旗　　　　　　　　　　　　　杨　波　药学院

浙江省教育工会授予

　　浙江省第六届师德标兵　　　　　　　　　　魏　江　管理学院

　　浙江省第六届师德先进个人　　　鲍永军　盛群力　赵道木　金　滔　赵羽习

　　　　　　　　　　　　　　　　　王　慧　郑晓冬　朱利中　梁廷波　卢　芬

2019 年度浙江大学校级先进工作者

人文学院	刘进宝　陈　叶
外国语言文化与国际交流学院	刘海涛　杨丹旎
传媒与国际文化学院	徐三成
艺术与考古学院	项隆元
经济学院	朱希伟
光华法学院	陈　思
教育学院	梅伟惠
管理学院	陈　俊　曹思源*
公共管理学院	陈　帅
社会学系	揭爱花

马克思主义学院	董海樱
数学科学学院	王　伟（职工号 0015008）
物理学系	王大伟　郑　远
化学系	黄建国　林旭锋
地球科学学院	沈忠悦
机械工程学院	闫小龙　欧阳小平
材料科学与工程学院	朱铁军　陈　洁
能源工程学院	钟　崴
电气工程学院	孙　晖　季湘铭
建筑工程学院	王　竹　王笑笑*　李庆华　徐日庆
化学工程与生物工程学院	何　奕　高　翔
海洋学院	宋春毅　梁　旭
航空航天学院	李铁风
高分子科学与工程学系	李昌治
光电科学与工程学院	沈亦兵
信息与电子工程学院	张　婷　周金海
控制科学与工程学院	贺诗波
计算机科学与技术学院	伍　赛　潘云鹤
生物医学工程与仪器科学学院	吴　丹
生命科学学院	陈　军（职工号 0009001）
生物系统工程与食品科学学院	郑晓冬
环境与资源学院	卢玲丽
农业与生物技术学院	卢　钢　张国平　徐海君
动物科学学院	孙红祥
医学院	Dante Neculai　叶元庆　任　琳*
	李永泉　余美月　陈　超（辅导员）　周　民　章道会*
医学院附属第一医院	于吉人　马　量　方　强　孔　梅
	卢晓阳　叶　娟　白雪莉　伍峻松
	刘云夫　许　媚　许利军　孙彩英
	严森祥　李兰娟　来　岚　何玲英
	余　斐　余国友　汪启东　沈陶冶
	张　琴　张　微　张文玥　张洁苹
	张晓健　陈水芳（挂职干部）　陈江华
	陈洪潭　金百冶　周水洪　周文静
	孟海燕　赵　力　赵　鹏　赵齐羽

	施　毓	袁　静	袁静云	倪　剑
	徐小波	高丽娟	郭晓纲	屠振华
	程晓斌	谢　珏	楼定华	詹仁雅
	蔡　真	滕理送	潘志杰	
医学院附属第二医院	丁　元	王　萍	巴　立	叶小云
	史明敏	玄方甲	朱春鹏	许晓明
	孙希文	寿　军	严继承	李　军
	李　宏	李伯休	肖家全	吴凌燕
	沈中华	张　茂	张　昱	张　梁
	张裕方	陈　芳	陈贤谊	郁丽娜
	周燕燕	赵俐菁	夏　旸	钱　磊
	徐　菁	徐　鹏	徐亚平	翁　燕
	黄　佳	戚芳丽	龚丽文	葛　赟
	蒋国平	蒋鸿杰	程海英	谢　芳
	蔡浩雷	潘敏强		
医学院附属邵逸夫医院	王明超	方　莉	方　晓	方小婷
	乐志安	冯利锋	朱　涛（职工号 3300055）	
	朱琼彬	刘嫚嫚	祁海鸥	阮文静
	李　霖	李丽君	李迪琼	何　杰
	应可净	沈　杰	宋光辉	宋淑萍
	陈　钦	陈兴东	陈昊路	
	陈　剑（职工号 3312022）　范华美			
	林迦密	周　伟	周丽娟	项　波
	胡红杰	施　伟	顾丹燕	徐　瑾
	徐虹霞	黄　嚣	黄丞一	斯笑彩
	程丽丽	雷娇娇	廖伟超	
医学院附属妇产科医院	王红萍	王译靖	王雅萍（职工号 5506046）	
	毛卿蓉	石依群	田燕萍	兰义兵
	李　雯	吴巍巍	何源远	陈　冲
	邵宏奇	罗晓芬	周冰晨	周露璐
	贺　晶	凌敏赟	唐郁文	崔　龙
	谢　幸			
医学院附属儿童医院	丁　雯	王晶晶	木爱静	方　罗
	向宇俊	刘喜旺	汪　伟	汪国芳
	沈美萍	张　峰	张　凌（职工号 6508001）	
	陈青江	林　茹	林忠款	项文清

	赵永根	赵莉萍	胡　坚	洪云霞
	袁金娜	徐香芝	蒋铁甲	
医学院附属口腔医院	陆　瑛	邵明亮	樊立洁	
医学院附属第四医院	包芳萍	吴青青	张　莹	陈丽霞
	季顺仙	金南星	莫　俊	夏淑东
	徐　伟	盛丽燕	盛洁华	虞卫华
药学院	应美丹			
党委办公室、校长办公室	邹安川			
机关党委	苏传令			
人事处	李　涛			
科学技术研究院	翁静波			
计划财务处	张吕园			
总务处	汪士清			
基本建设处	吴乾富			
安全保卫处	尤小涛			
发展联络办	满　丰			
农业生命环境学部办公室	吴筱丹			
信息技术中心	张紫徽*			
图书馆	董津菁	阙忱忱		
继续教育学院	芦　洁*	吴文明	郎珊珊*	
国际教育学院	胡晓慧			
公共体育与艺术部	金熙佳			
先进技术研究院	叶凌云			
新农村发展研究院	曹　阳			
校医院	刘倩倩	沈立峰	曹晓东*	
出版社	阮海潮			
建筑设计研究院	胡慧峰			
浙江大学国际联合学院（海宁国际校区）	Mikael Bjorklund	吴　行（辅导员）		
工程师学院	任洪波			
后勤集团	邓　勇	孙谷珍	陈有发	
控股集团	楼茂芬			
城市学院	骆小欢			
中国西部发展研究院	周谷平			
浙江加州国际纳米技术研究院	宓娅娜			

注：＊者为单位自筹经费聘用人员。

浙江大学 2018—2019 学年优秀班主任

人文学院	于 文	秦桦林	
外国语言文化与国际交流学院	赵 佳	卢巧丹	沈国琴
传媒与国际文化学院	林 玮		
艺术与考古学院	李承华		
经济学院	张小茜	宋华盛	
光华法学院	周 淳		
教育学院	黄亚婷	成守彬	
管理学院	钱美芬	施 杰	
公共管理学院	孔小惠	任 强	沈永东
数学科学学院	于 飞		
物理学系	朱 萍		
化学系	毛侦军		
地球科学学院	何毓新		
心理与行为科学系	陈 辉		
机械工程学院	马超虹	朱新杰	裴 辿
材料科学与工程学院	王宗荣		
能源工程学院	徐象国	朱绍鹏	
电气工程学院	杜 丽	沈 红	吴立建 张 健
建筑工程学院	何国青	吴津东	张 燕
化学工程与生物工程学院	俞迪虎	戴立言	
海洋学院	黄 滨	马东方	
航空航天学院	杜昌平		
高分子科学与工程学系	任科峰		
光电科学与工程学院	郭 欣		
信息与电子工程学院	王维东	楼 姣	潘 翔
控制科学与工程学院	张建明		
计算机科学与技术学院	陈 翔	张宏鑫	刘海风 李瑞丽
生物医学工程与仪器科学学院	田 雨	尹巍巍	
生命科学学院	吴世华		
生物系统工程与食品科学学院	朱加进		
环境与资源学院	朱小莹		

农业与生物技术学院	吴迪	吕静		
动物科学学院	王华兵			
医学院	吴华香	王心华	苏俊威	王杭祥
	潘驰	盛静浩	马涛	
药学院	朱虹			
竺可桢学院	王岳飞	张克俊	吴军	陈红胜
	洪宇	程洪强	路欣	
求是学院丹阳青溪学园	冯培红	徐维东	傅荣校	韩双淼
	章晨	何桂金	杜震洪	孙怡
求是学院紫云碧峰学园	郑婧	吴仍茂	邹宁	苗慧莹
	饶传坤	王嘉琪		
求是学院蓝田学园	耿光超	司玉林	张春利	刘小峰
	张良	应晓英	许冠华	

2019 年浙江大学优秀辅导员

人文学院	陈文丽
外国语言文化与国际交流学院	沈晓华
经济学院	陶甄
机械工程学院	王芳官
电气工程学院	李济沅
计算机科学与技术学院	奚婉
农业与生物技术学院	邱慧
竺可桢学院	卢佳颖
求是学院丹青学园	杨祎（兼职辅导员）
求是学院云峰学园	刘帅

浙江大学 2018—2019 学年优秀研究生德育导师

人文学院	王诚	王淼
外国语言文化与国际交流学院	卢燕飞	傅政
传媒与国际文化学院	顾晓燕	

艺术与考古学院	陈　虹			
经济学院	顾国达	俞　彬	李兴建	
光华法学院	金承东			
教育学院	王素文			
管理学院	谭　椰	陈发动	陈　俊	
公共管理学院	周　颖	肖　武	陈　帅	
马克思主义学院	方　瑞			
数学科学学院	郭正初			
物理学系	景　俊			
化学系	王从敏			
地球科学学院	苏　程			
心理与行为科学系	吴明证			
机械工程学院	金　波	王宣银	王　进	杨将新
	毕运波			
材料科学与工程学院	潘新花	王江伟		
能源工程学院	林晓青	刘建忠	何　勇	姚栋伟
	初　宁	张绍志		
电气工程学院	徐习东	于　淼	潘丽萍	
建筑工程学院	国　振	董　梅	吴　珂	徐海巍
	张　鹤	俞亭超		
化学工程与生物工程学院	孙婧元			
海洋学院	高洋洋	潘依雯	叶观琼	于　洋
航空航天学院	朱林利			
高分子科学与工程学系	沈　烈			
光电科学与工程学院	袁　波	沈建其		
信息与电子工程学院	丁　勇			
控制科学与工程学院	黄平捷	刘之涛	宋春跃	
计算机科学与技术学院	张克俊	徐雯洁	章方铭	胡高权
	张　寅	蔡　铭		
软件学院	苏　腾	方红光	柳栋桢	
生物医学工程与仪器科学学院	张孝通	周　凡		
生命科学学院	杜　娟	葛云法	朱永群	
生物系统工程与食品科学学院	裘正军	叶章颖	李　莉	
环境与资源学院	吴东雷	梁建设	张奇春	
农业与生物技术学院	蔡圣冠	陶　增	周　泓	
动物科学学院	胡彩虹	张金枝	徐海圣	王华南

医学院	胡少华	陈俊春	饶跃峰	王　跃
	李　超	黄　昕	周　炯	蒋桂星
	张文斌	张　丹	朱赴东	冯　晔
	陈　烨	夏桤丹	沈　静	汤慧芳
	王启闻	韩卫东	申屠形超	
药学院	应美丹			
工程师学院	黄毅方	申永刚	黄群赟	林晓青
	喻嘉乐	林志红	陈金飞	

2019 年第十届浙江大学"十佳大学生"获得者

刘文杰	光电科学与工程学院
许堪鑫	生物系统工程与食品科学学院
阮杨峻	信息与电子工程学院
巫诺雅	教育学院
闵　歆	计算机科学与技术学院
张宝文	电气工程学院
张　骏	材料科学与工程学院
陈　杰	医学院
陈雨凡	心理与行为科学系
倪飞达	竺可桢学院

浙江大学本科生 2018—2019 学年国家奖学金获得者

人文学院

王　铠　杨　森　陈企依　陆丹琦　叶竞成　章懿颖

外国语言文化与国际交流学院

宫凯璇　胡笛韵　季辰旸　江雨欣　沈雨晴　魏浚桐　羊靖乐　周毅鹏

传媒与国际文化学院

李　芮　黄倩如　史蒙苏　赵东山　朱恬逸

艺术与考古学院

陈叶雨　黄炎子　庞悦欣

经济学院

李　沁　叶　静　梁子奕　刘司宇　庞宁婧　孙思炜　王博申

光华法学院

何思扬　金微之　潘億佳　于红运　章晓涵

教育学院

高　涵　吴　玥　黄捷扬　戚博特　巫诺雅　余晨然

管理学院

陈忆南　董梦璐　季雯洁　蓝越奕　陶静巧

公共管理学院

李　华　裘　瑾　赵　一　楼涵宁　邱家璇　阮钰涵　沈心怡　张雨亭

数学科学学院

高伊杭　韩松烨　林雨欣　邱云昊　唐一苇　王铭泽

物理学系

王　栋　王亦韬　许宏荆

化学系

张　燮　金王骁　章佳琰

地球科学学院

陈奕卓　赵佳晖

心理与行为科学系

陈雨凡　辛宇辰

机械工程学院

高　淦　韩翔宇　衡文正　李坰其　马梦瑶　章贝宁

材料科学与工程学院

何百哲　何方仪　姜子玮　姚颖沛

能源工程学院

潘　豪　孙金池　王浩任　王宇轩　翁昕晨　张润辉　竺丸琛

电气工程学院

姜　威　刘　硕　陈张昊　何威振　刘豪杰　毛意涵　王一航　谢琦蔚　杨梓锋　张东博
周子航

建筑工程学院

孙　源　应　婕　陈奕扬　胡铃儿　胡沽沽　宋丘吉　王嘉伟　姚璘杰　赵嘉成　邹诗环

化学工程与生物工程学院

陈润道　林笑蔚　任高鹏　王伟豪

海洋学院

梁　兢　邵　珺　丁奕凡　黄融杰　刘旭林　徐璞儿　郑宇谦

航空航天学院

夏家桢　郑浩然

高分子科学与工程学系

董瑞临　刘岳铭　夏俊杰

光电科学与工程学院

任　政　邵　奇　田　越　韩佳晓

信息与电子工程学院

陈　红　王　迪　王　璟　傅婧芸　顾涵雪　阮杨峻　涂剑凯　应佳成　朱灵挺　朱雪颖

控制科学与工程学院

陈筱荞　崔卓凡　戴清阳　沈泽弘

计算机科学与技术学院

江　号　梁　超　马　宁　章　晨　柴子炜　陈奕舟　郝家辉　黄炯睿　黄文璨　简缙瑶
刘锡安　任宇凡　沈心逸　杨瑶莹

生物医学工程与仪器科学学院

杨　涛　祖　涛　许冬冬　杨泽昆

生命科学学院

陈一清　何晨琪　张齐心

生物系统工程与食品科学学院

董俊岑　沈煜韬　王一凡　吴晨媛

环境与资源学院

韩博文　胡孝依　王嘉清　王亦晨

农业与生物技术学院

姚　沽　胡婕雯　李煜博　廖人玉　楼嘉焌　彭影彤　谢之耀

动物科学学院

范埃米　谢哲宇　杨秀莉　赵书荻

医学院

黄　玥　周　琦　陈慧琪　陈加佳　傅梦蝶　傅伊甸　李惠娜　李姝婵　李心慧　李雅雯
林冰汝　刘惠楠　卢蕴睿　梅子轩　陶宇航　汪存艺　王佩珊　赵童辉　周敬鑫　周恬静
朱世煜

药学院

洪文翔　金文绎　吴佳璐　朱露雯

竺可桢学院

陈　洁　刘　异　潘　晟　沈　莹　苏　瀚　唐　宁　张　翌　杜林峰　段宇萱　黄思思
黄怡琪　李续双　林皓泓　马万腾　倪飞达　尚田田　史琳洁　汤舒雯　王路遥　王升千

许诗蕊　占子越　章启航　赵逸智　郑欣阳

求是学院丹阳青溪学园

杜　语　璜　磊　卢　媛　王　妍　吴　冕　蔡心怡　陈大同　陈金露　戴筠卜　邓正宽
董力铭　方泽铭　顾思茗　郭子嘉　胡倞成　黄诗涵　林诗音　鲁亚虹　钱璞凡　唐呈凌
汪奕晨　王弋璇　魏奕英　谢宝玲　徐以捷　严欣怡　占开研　张力尹　郑俊磊　郑舒怡
郑哲凡　周旭霁

求是学院紫云碧峰学园

程　序　王　雕　谢　昊　袁　汛　毕予然　冯奕天　傅一超　高溯楠　何扬槊　胡江鹏
贾鑫朋　蒋辰星　李青洋　林思仪　林依泉　潘凯航　苏文超　屠锡涛　汪碧妍　王泽寒
温晨怡　徐润森　严子涵　严子莹　杨昂琦　尹若寒　张莹莹

求是学院蓝田学园

陈　阳　陈　营　胡　杰　周　升　曾浩洲　董怡滟　方胡彪　干乐天　谷安祺　韩朋秀
胡丽雅　胡兆涵　林雨洁　凌家瑞　刘一鹏　麻航翔　牟联瑞　聂群霖　潘湄蝶　裴海月
绳文静　施梦佳　吴建阳　武庚雨　武玉玲　项龙祯　杨灵方　叶文恺　臧睿宸　张辰潇
张迅旗　赵文燕　郑涵奇

国际联合学院海宁国际校区

程宇琛　何雨薇　赖心怡　廖铭扬　刘博闻　罗凯闻　莫瞰涯　吴振邦

浙江大学 2018—2019 学年本科生优秀学生奖学金获得者

优秀学生一等奖学金

人文学院

崔乔丹　朱元颜　祝文昇　陆丹琦　陈企依　陈思捷　马沛萱

外国语言文化与国际交流学院

史慧琳　周丹丹　李嘉彦　李潇玥　李红叶　胡箚韵　谢梦璐　邓吴婧　马芊芊

传媒与国际文化学院

徐　菁　王　潇　陈　默　史蒙苏　朱恬逸　陈扁舟

艺术与考古学院

吴　荻　尚元悦　朱雯睿　陈叶雨

经济学院

叶　静　王　茜　庞宁婧　戴昀祥　杨朗悦　汤希珍　王博申　薛田园　郑伊婧
阮诗赟

法学院

章　蒙　潘億佳　祁继恺　章晓涵　饶逸雯　龚雨菁

教育学院

吴　玥　夏煜琳　姜晓慧　李南燕　沈俊婕　郭笑荷　黄捷扬

管理学院

季雯洁　朱晨希　林恒旭　蓝越奕　赵梓婷　辛曼青

公共管理学院

李　华　裘　瑾　赵　一　魏　祯　戴高云　朱弘鼎　李婷婷　李津龙　胡明泽
邱家璇　阮钰涵　魏沁羽

数学科学学院

应　浩　殷　颖　张新楠　李翔天　林雨欣　王铭泽　解雅淇　邱云昊

物理学系

王　栋　黄　飞　任梓洋　胡含远

化学系

张　燮　张一冉　王凯丽　章佳琰　郑卜航

地球科学学院

敬昊昱　罗笑含　郑慧阳　陈奕卓

心理与行为科学系

潘晗希　王宣懿　辛宇辰

机械工程学院

冯思航　吴凯帆　周伊凡　章贝宁　陈佳威　陈铭佳　韩翔宇

材料科学与工程学院

何方仪　何百哲　叶智超　魏强龙

能源工程学院

潘　豪　余潋滟　傅国涛　吴靖风　康立文　竺丸琛　许乘彰　黄铖飞

电气工程学院

刘　硕　杨　博　肖　璇　万文婕　何威振　刘豪杰　周子航　和嘉睿　施轶凡
柯鸿飞　梁志烜　王一航　王雪一　肖理中　葛明阳　谢琦蔚　边玥心　陈宏舟
陈张昊

建筑工程学院

应　婕　董　梁　孙竞超　李江栋　林鸿达　梅如禾　王嘉伟　胡铃儿　赵嘉成
阮晨昕　陈雨佳

化学工程与生物工程学院

李　杨　陈　杰　王伟豪　穆洪锋

海洋学院

梁　兢　刘旭林　吴璐佳　李月婷　李柏欣　杨一群　章可为　陈一泓　黄融杰

航空航天学院

任一翔　王海俊

高分子科学与工程学系

夏俊杰　赵昕晨　陈彦臣

光电科学与工程学院

任　政　刘　宁　刘慧文　刘若然　韩佳晓

信息与电子工程学院

王　迪　陈　红　傅婧芸　刘永城　司雨轩　宣扬帆　张晨威　徐心怡　朱灵挺
朱雪颖　李小婷　林鹿宁　王璐茜　缪雨辰

控制科学与工程学院

崔卓凡　徐李琳　李盈萱　陈安哲　陈星周　陈筱荞

计算机科学与技术学院

马　宁　刘锡安　夏豪诚　应承峻　林浩通　柴子炜　汤心祎　沈心逸　王逸安
章含挺　童鑫远　简缙瑶　苏嘉婕　诸炳帆　贺婷婷　金书婷　陈奕舟　黄炯睿

生物医学工程与仪器科学学院

何叶飞　杨泽昆　沈哲民　许冬冬　金铭铭

生命科学学院

谢　义　陈一清　陈怡宁

生物系统工程与食品科学学院

牟　璇　仇睿瑜　沈煜韬　胡晓海　董俊岑

环境与资源学院

夏意宁　拓绎宽　王亦晨　胡孝依　莫洁菲　郑浩阳

农业与生物技术学院

周　正　黄　妍　叶乐萱　叶晶晶　张鸣亚　彭影彤　楼嘉焌　胡婕雯　胡玉屏
谢之耀　裴夏雨荷

动物科学学院

李　燕　林一丹　留怡勤　谢哲宇

医学院

谢　颖　陈　露　严诗钰　任子扬　傅梦蝶　刘子昂　周恬静　张为诚　张名焕
李伟奇　李千慧　李惠娜　李雅雯　查雨欣　蒋依如　赵童辉　达莉娟　陶宇航

药学院

吴佳璐　宋艳玲　林如意　王偲琪　王思婕　金文绎

竺可桢学院

刘　异　吴　璇　唐　宁　张　翌　徐　震　曾　彩　李　涵　江　颢　沈　莹
潘　晟　潘　静　王　杨　王　雪　章　菁　艾　娇　赵　朔　赵　画　邱　洎
陈　洁　陶　晓　马　沄　丁雨馨　于昭宽　俞锦琦　傅再扬　冯海瀚　刘书含

刘书悉	刘可欣	刘新梓	刘昕怡	刘晨露	刘洵孜	刘虎贲	刘雨辰	刘馨宇
匡柯颖	占子越	史琳洁	史进之	叶弘毅	叶梦真	吕士洋	周寒靖	周琦丰
唐瑜悦	姚宸宇	姚鑫霞	姜岩伯	宋俊杰	寿逸凡	尚田田	尤文雯	张开欣
张睿达	张鸿博	戴暄耕	方腾逸	施屹林	曹一佳	曹家扬	曹雨萱	曾一欣
曾君益	曾昱蒙	朱德烨	朱思萌	李不言	李举仁	李卓书	李宝学	李煜航
李瑞麒	李祉颐	李续双	李逸飞	李雨珂	李雲霜	李鸿鑫	林九鸣	林皓泓
武子越	沈夕琳	沈雨萱	王一鸣	王俊杰	王升千	王天琪	王思成	王竺卿
王英建	王路遥	田玉琢	章启航	胡晨旭	胡蔚涛	胡馨允	苏晓雯	茅一宁
蔡文晔	虞近人	许可淳	许诗蕊	谭智洋	费雨蝶	贺情怡	连佳宜	郑家瑜
郑福军	钱昕玥	钱晗欣	闫昌智	陆金涛	陈昕源	陈泽文	陶鋈奕	韦婉笛
马万腾	魏辰帅	鲁瑜婷	黄宇星	黄思思	黄怡琪	姜徐贝尔		

求是学院丹青学园

卢 媛	吴 冕	吴 晓	吴 杰	孙 静	张 彤	施 涵	杜 语	洪 奇
王 妍	璜 磊	邱 丰	丁谱尔	严欣怡	何嘉兴	刘佳棋	刘雪凝	占开研
印依婷	叶睿佳	吴思航	吴欣雅	吴炎霖	周旭霁	唐呈凌	孙艺宁	应周梦
廖欣怡	张力尹	张漫桦	张馨笛	徐以捷	徐加越	徐安琪	徐韵词	戴子惠
戴筠卜	方泽铭	曾维权	朱雨恬	李俐青	李王镕	林奕序	林子欣	林志伟
林诗音	林雨欣	汪奕晨	洪子宸	熊雨豪	王弋璇	王慧琼	王文晓	王泽宇
王淑琳	王甄仪	王语嫣	肖佳恬	胡倞成	董力铭	蓝寅梦	蔡心怡	许乐乐
谢宝玲	谢杨畅	边家鸿	邓正宽	邱若琳	郑俊磊	郑哲凡	郑舒怡	郑蓉忆
郭子嘉	郭雅燕	钱璞凡	闵佳俊	陈大同	陈天淇	陈金露	雷力恒	顾思茗
顾静怡	魏奕荧	鲁亚虹	黄晨舟	黄渝乔	黄诗涵	龚子怡		

求是学院云峰学园

华 颖	吕 串	徐 隆	忻 铄	曾 充	李 向	王 雕	程 序	罗 幻
袁 汛	谢 昊	金 莎	陈 骁	黄 磊	严子涵	严子莹	何宇捷	何扬槊
何豪杰	侯明欣	俞安彤	傅一超	冯奕天	刘轩铭	吕雪妍	吴浩麒	吴焕宇
吴靓靓	喻迎颖	孔潇祐	宋炜铁	尹若寒	屠锡涛	常博宇	庄可欣	张宇晴
张知宇	张莹莹	张馨予	徐恺蔚	徐晓丹	徐浩格	徐润森	方琳玥	朱祉盈
李丹月	李敬宇	李青洋	杨之洲	杨昂琦	林依泉	林宇瑶	林思仪	毕予然
汪碧妍	沈寒暑	温晨怡	游添予	潘凯航	焦笑然	王明祎	王泽寒	王祚滨
程书洋	胡江鹏	苏文超	蒋辰星	蔚岱蓉	蔡乐昀	贾鑫朋	郑宇辰	陈丁佳
陈泓旭	陈琪佳	项千漪	马静怡	高溯楠				

求是学院蓝田学园

吴 量	周 升	杨 丹	王 媚	胡 杰	邱 轲	郑 祎	郭 闯	钱 煜
陈 营	陈 阳	何雅琴	侯纳敏	冯愉沁	冯煜焜	凌家瑞	刘一鹏	刘偌璇
刘懿静	卜凯程	叶文恺	吴建阳	吴沈喆	吴浩民	吴灿烂	吴雨思	周欢丽

周泽锟	宋昭南	干乐天	张辰潇	张迅旗	徐雨杉	方胡彪	施梦佳	曾浩洲
朱志豪	李淑婷	李飞凡	杜嘉航	杨嘉敏	杨灵方	林玉玲	林雨洁	柯惠虹
梅瀚墨	樊于止	樊嘉怀	武庚雨	武玉玲	江在渊	沈晨涛	洪欢玉	潘湄蝶
牟联瑞	王一涵	王君妍	王晨韵	王梦婷	王鑫雨	石金泽	绳文静	聂群霖
胡丽雅	胡兆涵	胡哲哉	臧睿宸	董怡滟	蒋依蔚	蒋又瑾	蔡子婉	裴海月
计满意	许腾叶	谭郡瑶	谷安祺	赵慧锋	赵文燕	邵可炜	郑娟娟	郑欣怡
郑涵奇	钟志翔	韩朋秀	项家豪	项龙祯	马洪宽	马雪娇	麻航翔	黄雨晨

国际联合学院(海宁国际校区)

潘波	吴沁	张雨	陈浩楠	程宇琛	冯楚灏	何雨薇	江凤清	蒋立妃
赖心怡	廖铭扬	林航正	林云帆	刘博闻	罗凯闻	莫瞰涯	邵寒吟	汪思涵
翁文栋	吴振邦	张楚沁	张振宁	朱思蕾				

浙江大学二等奖学金(1088人,名单略)

浙江大学三等奖学金(2682人,名单略)

浙江大学 2018—2019 学年本科生外设奖学金及获奖情况

(单位:人)

序号	奖学金名称	奖励人数	序号	奖学金名称	奖励人数
1	"浙报—阿里"新媒体奖学金	62	11	海亮一等奖学金	2
2	CASC 一等奖学金	1		海亮二等奖学金	5
	CASC 二等奖学金	2		海亮三等奖学金	10
	CASC 三等奖学金	4	12	恒逸奖学金	20
3	宝钢奖学金	5	13	宏信奖学金	10
4	不动产基金奖学金	50	14	华为奖学金	4
5	岑可法一等奖学金	9	15	华谊集团奖学金	10
	岑可法二等奖学金	6	16	黄宏、邬小蓓奖学金	8
6	大和热磁奖学金	10	17	建德奖学金一等奖	12
7	大连化物所奖学金	20		建德奖学金二等奖	24
8	葛克全奖学金	15	18	金龙鱼奖学金	30
9	光华奖学金	25	19	南都一等奖学金	7
10	海航奖学金	15		南都二等奖学金	18

序号	奖学金名称	奖励人数	序号	奖学金名称	奖励人数
19	南都三等奖学金	33	32	唐立新奖学金	59
	南都创新奖学金	10	33	万华奖学金	6
20	康而达一等奖学金	3	34	王老吉奖学金	40
	康而达二等奖学金	19	35	希望森兰奖学金	5
21	纳思奖学金	20	36	协鑫奖学金	12
22	潘家铮水电奖学金	2	37	新加坡科技工程奖学金	8
23	阙端麟奖学金	5	38	杨咏曼奖学金	12
24	润禾奖学金	12	39	姚禹肃、贺建芸奖学金	20
25	三井物产奖学金	9	40	亿利达刘永龄奖学金	10
26	三星奖学金	15	41	永平奖学金	50
27	深交所奖学金	2	42	郑志刚奖学金	2
28	士兰微电子奖学金	8	43	中国港湾一等奖学金	2
29	世茂创新创业奖学金	5		中国港湾二等奖学金	4
30	世茂学业优秀奖学金	5		合计	766
31	宋都一等奖学金	1			
	宋都二等奖学金	3			

浙江大学 2019 届浙江省优秀本科毕业生

人文学院

薛　莹　殷　可　陈舒怡　陈怡雯　陈鑫颖　董心悦　郭圣钰　陆海燕　邵瑞敏
吴琳琳　周诗佳　朱伊凡

外国语言文化与国际交流学院

林　熙　陈紫璇　胡温婕　倪雪琪　沈昀潞　魏圣蕾　杨玢璐　钟晨露　淦心语

传媒与国际文化学院

王　方　朱　露　顾天舒　林伊乔　沈心怡　盛亦容　施依宏

经济学院

高 天 吕 娉 陶 涛 陈冠群 陈品植 陈浏新 孙依晓 夏珊巧 姚沁雪
张文蓓 张雨辰

法学院

陈亦欣 高哲韵 胡相宜 陆佳炜 吴倩孜 游晓薇 余佩樨

教育学院

阚 昊 何子薇 胡思昀 马依群 徐迎紫 张嘉堃 张银露

管理学院

王 喆 程珊珊 郭涵雨 刘紫捷 马齐婕 沈晓斌 吴敬华

公共管理学院

丁千容 贺维婷 王凯文 吴铭谦 徐佳怡 严许梦 赵子琪

数学科学学院

孙 全 陈嘉烨 陈子涵 符泽南 郭相楷 姜心怡 马辰辰 覃相森

物理学系

金锦涛 魏凌枫 裴高炜

化学系

常 奔 顾 锴 赵 昶 白帅帅

地球科学学院

戴豪成 梅玮烨 徐嘉钰

心理与行为科学系

孔令航 孙宁宁 魏艳萍

机械工程学院

楼 嵩 陈力源 付松卿 李成乾 彭昱翔 王云江 王增豪 卫佳辰 武鹏程
夏晨杰 金钟博宇

材料科学与工程学院

胡 益 林 晨 范清源 郭伟豪 冷子晗 王逸琪

能源工程学院

郭 勇 母 娟 王 均 陈舒航 方鹤祯 洪佳楠 李梓瑞 汪琳琳 王亚彬
王玉玮 郑盛睿 於金泓

电气工程学院

金 卫 龙 颜 孙 菲 章 意 张 谦 张 卓 白若飞 杜诗嘉 冯星月
冯雨心 惠恒宇 李良浩 潘云洁 沈宏辉 唐滢淇 王文婷 谢海葳 叶昊亮
于丰源 张君黎

建筑工程学院

方 菲 李 辉 赖皓欣 林若洲 孙浩淞 王驰迪 王文昊 吴炎阳 姚文彬
尤书剑 张晓笛 张殷楠

化学工程与生物工程学院

刘　畅　蔡一婷　杜叶蓉　王敏嘉　吴浩亮

海洋学院

陈灵乐　方泽宇　侯锦睿　黄伊佳　刘希丹　孟文简　王英强　王紫荆　杨铭哲
杨毅锋

航空航天学院

岑　诺　曹昱泽　金飘飘　王莉倩

高分子科学与工程学系

康　婷　谢　瑞　高芳情　马培元

光电科学与工程学院

韩姗姗　黄佩争　卢斌杰　潘乐扬　余致远

信息与电子工程学院

黄　冠　王　泰　肖　蕊　陈剑辉　陈书豪　丁光耀　高佳宝　顾佳琦　金宸琦
劳骁贤　李梦园　林溥靖　熊远昊　徐英豪　杨嘉豪　欧阳胜雄

控制科学与工程学院

高　晗　靳　晴　王　裴　傅梦瑶　官孝清　林之怡

计算机科学与技术学院

边　淞　方　浩　马　丁　方宏波　冯首博　黄佳雯　江志锋　蒋晨恺　康自蓉
柯成龙　林志杰　沈贤杰　孙占林　王书琪　吴亦全　徐晓雪　伊陈场　张佳慧
张若霏

生物医学工程与仪器科学学院

童　欢　高思敏　留屹浩　罗文菁　沈佳栖　孙凡原　王心怡

生命科学学院

费　越　辛　敏　孔令根

生物系统工程与食品科学学院

林文丰　刘丁瑜　刘姝好　姚靖东　尤诗莹　闫天一

环境与资源学院

杜佳杰　傅雨杰　姜舒扬　宁友峥　王梅晔

农业与生物技术学院

林　娜　陈杰标　李晗婧　梁靖婷　涂梦欣　吴格非　徐哲靖　袁雯馨　赵小妹
闻怡清

动物科学学院

钱　昱　王　鹏　缪　珊　丁圣森

医学院

徐　懿　张　奕　赵　帆　陈以宁　陈奕曈　丁理峰　付常铸　高金峰　高金锐
黄琦雅　林婷婷　钱钰玲　唐陈曦　张冬燕　张锦娜　张俊磊　张啸涛　张严烨

濮佳琦

药学院

王　霞　罗永超　孙自玉　肖子愉

竺可桢学院

查　玥　陈　晟　何　源　侯　冰　夏　天　高艺洋　高知远　谷松韵　刘纯一
沈皓天　杨雨柔　于博雅　郁佳俐　展祥皓

浙江大学 2018—2019 学年研究生国家奖学金获得者

人文学院

博士生　史婷婷　赵江红　韩宇瑄　郭敬一　卢　涵　林施望　马继伟

硕士生　洪铭蔚　洪峥怡　刘泽鑫　徐　麟　黄君如

外国语言文化与国际交流学院

博士生　裴佳敏　欧阳静慧

硕士生　余　薇　陈学良　肖　雅　李　悦　吴昕蔚

传媒与国际文化学院

博士生　史晓林　左　蒙

硕士生　林　雅　董晓萌　刘　奥　徐健悦

艺术与考古学院

博士生　孔德超

硕士生　金　瑶　马鑫宇　黄　雪

经济学院

博士生　王　煌　朱丹丹　房　超　郭继文

硕士生　胡稳权　潘修扬　陈梦涛　张秀豪　吕琳颖　曾佳阳　周依琳　任溥瑞

光华法学院

博士生　郭　栋　钱文杰　杨　帆

硕士生　盛　佳　童　璇　胡阳谷　赵计义　宁　倩　杜泽卿　李诗涵　洪晓慧
　　　　杨　涛　刘佳玮

教育学院

博士生　周　正　周婷婷

硕士生　徐玲玲　郭华玲　李婷婷

管理学院

博士生　俞鸿涛　孙　聪　付亚男　党敬淇　李　欧　宋　迪　李思涵

硕士生　姜玉帛　许　帅　王锦雯　丛　玮　姜仕元

公共管理学院

博士生　裴双双　胡伟斌　石　浩　郑淋议　王田雨　林耀奔　张琦峰

硕士生　姚燕飞　董泽宽　祝子航　唐祎祺　王雨洁　赵育恒　张雨晴

马克思主义学院

博士生　程　丙

硕士生　何　丽　鲍铭烨

数学科学学院

博士生　习代青　张晶晶　龚宇璇　李伟聪

硕士生　赵博南　田　瑶　刘　旋　张少杰　兰美芳　金睿哲

物理学系

博士生　吴　帆　马嵩松　张　蒙　谢笛舟　沈栋辉　万里鹏

硕士生　邵烨挺　程　豪　周玉洁

化学系

博士生　侯小琪　焦天宇　庞振峰　沈利波　李二锐　李　琪　陈盼盼　朱黄天之

硕士生　陈　凯　李旭峰　宋玉龙　谢信锐　张雨晨　周秋月

地球科学学院

博士生　贺传奇　王　旻　刘文娣

硕士生　黄国容　张　佳　陶　圆　钟　翼

心理与行为科学系

博士生　翟舒怡　朱婷飞

硕士生　翁文其　蒋贵妹　娄佳飞

机械工程学院

博士生　商　策　叶瑶瑶　陈冬阳　谢可人　陈旭颖　杨　洋　焦中栋　张　楠
　　　　彭　鹏　顾　叶　颉　俊

硕士生　张圣麟　林炜奕　韩晨阳　管扬扬　庞高阳　刘　淦　云冲冲　戚昱宸
　　　　何　顺　张　磊　周璐瑜　李康杰　叶靖雄　许　桢　周慧颖

材料科学与工程学院

博士生　刘　杨　应　文　顾桐旭　权　乐　祝　祺　夏凯阳　汪建立　沈盛慧

硕士生　陈同舟　魏思远　线跃辉　张凯丽　王欣伟　郝晓靖　马　旭　陈鸿文

能源工程学院

博士生　邵嘉铭　刘　飞　赵　源　山石泉　张佳凯　林炳丞　焦　鹏　李　智
　　　　邢江宽　谢黄骏　马华庆　胡　楠

硕士生　赖　鑫　李　澧　杨　倬　马玉锋　汪焓煜　孔琳琳　樊雨晨

电气工程学院

博士生　梁梓鹏　曾志强　惠红勋　黄林彬　黄日胜　韩绍文　胡　伟　夏　梦

　　　　　　　　沈燚明

硕士生　刘梓权　侯佳萱　阮晨辉　吴昊天　卞腾跃　玉林威　熊慕枫　邓　卿
　　　　　李龙祥　赵　磊　刘银象　杨　阳　罗志昆

建筑工程学院

博士生　翁建涛　吴君涛　林　亨　肖　月　金　涛　高　超　王　巧　周文杰
　　　　　董飞龙　陈　蓉　张帅超

硕士生　何绍衡　曾　彧　周凌霄　朱家毅　王小虎　张计炜　林秋风　王　晨
　　　　　沈亦农　叶昕欣　陈潇逸　凌俐云　李雨杰　叶建设　汪华钢　刘梦琳
　　　　　张旗旗　艾科热木江·塞米

化学工程与生物工程学院

博士生　李良英　吉加鹏　邓诗泓　韩敬恺　彭虎红　雷超君　王　海
硕士生　程肖帝　宋慧洁　陈鑫超　张　鹏　杨新蔚　沈　涛　张魏栋　候宇坤
　　　　　靳　浩　张　鑫　汤星阳

海洋学院

博士生　陈梦宣　蒋永俊　江曲图　黄方昊　张雲策　夏克泉
硕士生　楼映中　吴姝瑜　鄢祖鹏　周航海　王体涛　王　辰　韩　林　盛博文
　　　　　王　超　傅疆铭　郭　庸　祝志鹏

航空航天学院

博士生　袁震宇　钟旦明　孙　星　陈　哲　戴　刚　范启阳
硕士生　吕旭峰　吴传斌　王　振　陈加政　令狐昌鸿

高分子科学与工程学系

博士生　邓永岩　吴铭榜　张成建　刘志玺
硕士生　张蕾蕾　李　通　张歆宁

光电科学与工程学院

博士生　吴　迪　周雨迪　刘　群　王　婷　罗　皓　洪晓建　刘大建
硕士生　李华兵　董　月　张　璋　杨健晗　陈雯洁

信息与电子工程学院

博士生　朱　翔　杨　光　许红升　唐　中　李殊昭　钱　超　陶　琴　陆阳华
硕士生　焦建尧　董淑琴　王维佳　严仁辉　贾润东　孟宪令　高小丁　齐　俏

控制科学与工程学院

博士生　王　鑫　张镇勇　罗　浩　沈　英　余万科　王宇鑫
硕士生　张志铭　王静波　张鑫宇　叶　鑫　孙庆强　吴在强　卢华歆　蒋雅萍
　　　　　嵇　程　胡振铭

计算机科学与技术学院

博士生　黄兆嵩　付　聪　陈共龙　乔婷婷　叶静雯　潘博远　李鹏飞　翁　荻
　　　　　文　俊　闵　歆　黄　乔　王伽臣

硕士生　周志斌　何淂劲　黄昭阳　刘宗涛　曹　一　马　芮　李进锋　王豪烨
　　　　徐逸志　王得利　张佳健　洪枝青　尹健文　董峻廷　彭思达　张　竹
　　　　谢嘉豪　王皓波　卢　涛　潘　哲　杨嘉琪　陈文望

软件学院

硕士生　孟林昊　朱世豪　沈吴越　黄钰纯　鲁家南　俞锦丽　章梓航　窦虹麟
　　　　李　硕　黄　琳

生物医学工程与仪器科学学院

博士生　潘宇祥　钟卓珩　朱礼芳　甘　颖　邹家杰
硕士生　顾陈磊　孙嘉弟　王品一　陈博阳　黄　利　高　昕

生命科学学院

博士生　范柯琪　戴兴兴　肖政云　周洪竹　万木阳　郑路倩　冯　钰　冯　雪
　　　　罗晓翠　成琪璐　桑凌杰
硕士生　郭润泽　王加佳　魏　冉　郑艳艳　梁雅静　郝亚军　胡振升

生物系统工程与食品科学学院

博士生　庄　攀　吴启芳　蓝玲怡　陈卫军　钱　程
硕士生　裘启明　朱素素　姜成美　舒　琴　刘　懿　王　蕾

环境与资源学院

博士生　康　达　何明江　曹雪蕊　郑启明　陈　成　楼子墨　赵侃侃
硕士生　陈丝雨　蒋阳冰　黄秀英　刘媛利　陆东辉　罗亚婷　费　凯　王润泽
　　　　许冬冬　朱璐瑶

农业与生物技术学院

博士生　王郭婷　蹇韵晴　朱佳晨　赵　静　王文球　石蓉懿　傅良波　陶瑞岩
　　　　李　蒙　朱学明　白玉雪
硕士生　茹炜崇　邝刘辉　刘　军　殷　磊　高莹莹　梁雨薇　陈　楠　朱丽霞
　　　　郑博颖　葛祺晴　钟宣伯　蔡卓彧　洪纤纤　王　宽

动物科学学院

博士生　周忆莲　吴睿帆　蔡　杰　潘　航
硕士生　汪　丽　管晓帆　谢　超　邱家凌　王乐烽　应易恬

医学院

博士生　刘　玲　陆　嵒　严海朦　周　颖　谢子昂　王　战　谢彬彬　胡晓茜
　　　　董一言　金雪潇　池哲勖　果冯冯　陈璐祎　吴银芳　王怡栋　李凯程
　　　　刘景琪　陈　琳　陈卉卉　雷　雨　祝欣培　范郑晓　许方潇　高修奎
　　　　许　镭　何　佳　周飞飞　张子明　岑志栋　周晓璇　吴奕征　陈云浩
　　　　刘　晨　岑　栋　龚佳幸　李　昳　钟丹妮　吴静静　吴伦坡　叶陈毅
　　　　李青青　俞　巍　周雨晴　戴思雅　李嘉琪　陈　杰　王艺芸　万建钦
　　　　吴秦川　陈超露

硕士生	唐晓冬	傅晓芳	杨 帆	蔡昌洲	方 娟	李 圣	颜华卿	黄海涛
	任晋璇	夏乐欣	沈依敏	倪婷娟	陈 思	龚 哲	阮登峰	陆佳楠
	骆宇杰	卢园飞	屠蒙姣	孙 竞	邱朋程	陈君鑫	贾烨玮	唐莎莎
	毛米莎	许雨晴	程欣瑜	王 丹	李勇正	李聪聪	张惠伦	侯梦云
	李荣荣	叶培武	沈 郁	朱 瑶	王怡敏	代晓晴	戴安娜	冯 冰
	高 斐	涂晓璇	杨 帆	潘越芸	任倩楠			

药学院

博士生	吴佳禾	杨喜琴	徐志飞	曾林伟	陈 義	翁高棋
硕士生	洪嘉俊	叶嘉薇	刘 丽	曹月婷	李雅珍	张振涛

工程师学院

硕士生	王 娟	姚辛励	杨 琳	闫景涛	王依川	叶帆帆	田 洋	吴正阳
	马梦娇	邵 彬	张沁茗	林沛颖	刘 毅	沈坤荣	王 彬	郑 郝
	陈增朝	高鹏飞	于 桢	周亚星				

国际联合学院(海宁国际校区)

博士生	赵志山

浙江大学—西湖大学联培项目

博士生	赵翩翩	孙 瑞	丁 野	崔乐阳	赵 峰	王嘉璐

2018—2019 学年浙江大学研究生专项奖学金及获奖情况

(单位:人)

序号	奖学金名称	奖励人数	序号	奖学金名称	奖励人数
1	光华奖学金	200	9	岑可法奖学金	15
2	宝钢奖学金	2	10	葛克全奖学金	9
3	CASC 奖学金	11	11	杨咏曼奖学金	12
4	庄氏奖学金	40	12	潘家铮水电奖学金	1
5	温持祥奖学金	20	13	王愓悟奖学金	13
6	金都奖学金	18	14	阙端麟奖学金	5
7	黄子源奖学金	10	15	宋都奖学金	3
8	南都奖学金	58	16	希望森兰奖学金	7

序号	奖学金名称	奖励人数	序号	奖学金名称	奖励人数
17	旭化成株式会社（中国）人才培养奖学金	3	28	郑志刚奖学金	2
18	康而达奖学金	22	29	三星奖学金	7
19	宏信奖学金	6	30	国睿奖学金	20
20	世茂学业优秀奖学金	10	31	海亮奖学金	18
21	世茂创新创业奖学金	10	32	中国港湾奖学金	6
22	万华奖学金	10	33	士兰微电子奖学金	8
23	润禾奖学金	8	34	TCI奖学金	4
24	新和成奖学金	45	35	中电莱斯奖学金	20
25	深交所奖学金	11	36	华谊集团奖学金	30
26	大和热磁奖学金	10	37	唐立新奖学金	63
27	华为奖学金	14			

浙江大学 2019 届浙江省优秀毕业研究生

人文学院

博士生　王佳黎　沈宇彬

硕士生　赵　琳　周　颖　方　圆　孙晓雪　陈婉纱　谢晓烨

外国语言文化与国际交流学院

博士生　薛　倩　陈海容　方　昱

硕士生　汪燕妮

传媒与国际文化学院

硕士生　仇　璜　钱　婷　林心婕　杨琳惜　金雨婷

艺术与考古学院

博士生　王思怡

硕士生　娄佳清

经济学院

博士生　杨芊芊　薛天航

硕士生　潘治东　秦诗画　梁银锋　黄　茵　兰廷蓬　夏丽霞　巫　姮　邵婧儿

光华法学院

博士生　陈兆誉　陈锦波

硕士生　金　超　陈志强　蒋筱悦　潘若喆　张琼珲

教育学院

博士生　郝人缘

硕士生　杨佳欣　王思遥　杜雪琪

管理学院

硕士生　胡丽芳　杨婉莹　方倩如　陈树葳　严高宏　黄得列

公共管理学院

博士生　王荣宇　俞振宁　罗娇娇　贺锦江　杨　帆　陈晓伟

硕士生　金娟霞　王禅童　刘　娜

马克思主义学院

硕士生　林　威

数学科学学院

博士生　方　洲　陈仁栋

硕士生　吴娇娇　李　正　朱梦婷

物理学系

博士生　郭春煜　沈孔超　夏春生

化学系

博士生　王　虎　周　炯　郭　军　程　彪

硕士生　陈佳熠　孔祥千　施浙琪　虞景露

地球科学学院

博士生　王　鑫　段　磊

硕士生　姜保平

心理与行为科学系

博士生　薛　将　朱诚峰

硕士生　施彦玮

机械工程学院

博士生　厉明波　王　喆

硕士生　沈洋洋　刘鑫鑫　张　钊　黄梓亮　陈金成　赵　耀　黄林新　夏　能
　　　　王　靖

材料科学与工程学院

博士生　张序清　王倩男　郭　弈　傅铁铮　张　新

硕士生　陈晓桐　肖承诚

能源工程学院

博士生　王　帅　李佳琦　张梦玫　白聪儿　高志新

硕士生　方纯琪　王金乾　董桥桥　陈香玉　刘影影

电气工程学院

博士生　夏杨红　吴　超　王霄鹤

硕士生　刘祚宇　孙　翀　崔文琪　朱　越　卓　硕　李　瑞　徐乃珺　王泽民

建筑工程学院

博士生　肖　偲　付　鹏　徐　卿

硕士生　童魏烽　文　凯　李天纵　何　瑞　曹　聪　史梦珊　王芳莹　李贝贝
　　　　刘亚冰

化学工程与生物工程学院

博士生　褚文宁　洪小东　范小强　郑　宁

硕士生　顾苏芳　张春燕　魏梦怡　郑洁怡

海洋学院

博士生　赵　亮　石煜彤

硕士生　叶涛焱　冯　卓　朱黄超　李文婧　李　俏

航空航天学院

博士生　夏　懿　欧阳振宇

高分子科学与工程学系

博士生　薛锦巧　陈婷珽　占玲玲

硕士生　文　斌

光电科学与工程学院

博士生　李东宇　陈　磊　黄　潇　杨恺伦　胡映天

硕士生　江小辉　郑晓雯

信息与电子工程学院

博士生　李　达　吴志乾　梁　晗　杨超群

硕士生　刘可心　刘仲阳　张　艺　李佳琪

控制科学与工程学院

博士生　肖　龙　姚　乐　王　湛　董山玲　郎　恂

硕士生　王艺林　茅婷婷　蒋　昊

计算机科学与技术学院

博士生　薛弘扬　李　超

硕士生　夏索辰　孙婉轩　葛现隆　张家玄　胡　玥　汪　欢　张　娜　程哲豪
　　　　张远亮　静永程　张　腾　付永钦　王冠颖　周燕真

软件学院

硕士生　林江科　胡安东　朱雅丽　单黎莎　刘　宇　梁　钥　陈丽霞　唐　秀

　　　　王蔚扬　白　涛

生物医学工程与仪器科学学院

博士生　李　爽

硕士生　谭　拢　杨利娟　伍舒婷

生命科学学院

博士生　李江湲　孟　秋　沙倩倩　张梦梦

硕士生　魏　俊

生物系统工程与食品科学学院

博士生　邓伶俐　徐　阳

硕士生　鲍伟君　董　涛　张　华

环境与资源学院

博士生　尹杉杉　马庆旭　张康宇

硕士生　陈香洁　曹妙凤　姚幸之　吕　丹　朱　珺

农业与生物技术学院

博士生　李卉梓　韩令喜　田忠玲　王桂瑶　李九龙

硕士生　朱新恬　于家华　郭　娜　程丹妮　韦奕莹

动物科学学院

博士生　吴艳萍　施　巍

硕士生　刘晨星　黄晓翠　姚永曦

医学院

博士生　沈晨杰　刘盛铎　侯显良　孙　璐　王　喆　史飞娜　徐　力　姚梦云
　　　　尤志远　陈达之　管晓军　陈天驰　丁少杰　陈　钶　周校澎　陈尔曼
　　　　亚森·买买提依明

硕士生　林锦雯　吴　敏　庞倩倩　谢　轲　沈佳燕　张　望　洪剑桥　张南南
　　　　蔡　文　蒋苏静　赵响得　揭志伟　刘丽芳　王佳薇　姜文红　张圆圆
　　　　孟　珂　陆思铭　杨春林　李何阳子

药学院

博士生　温丽娟　赵文彬　郑艳榕　陆楠楠　罗利华

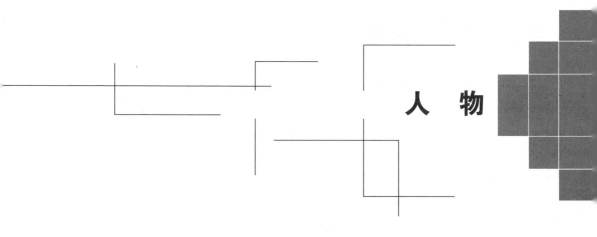

人　物

在校两院院士（*为双聘院士）

中国科学院院士（按院士当选年份、姓氏笔画排列）

唐孝威	沈家骢*	陈子元	曹楚南	路甬祥	沈之荃	韩祯祥	张　泽
朱位秋	杨　卫	贾承造*	杨文采	麻生明*	段树民	翟明国*	励建书
朱诗尧	杨树锋	陈云敏	陈仙辉*	罗民兴	杨经绥*	杨德仁	吴朝晖
蒋华良*	叶志镇						

中国工程院院士（按院士当选年份、姓氏笔画排列）

巴德年*	汪槱生	路甬祥	孙优贤	岑可法	董石麟	潘云鹤	欧阳平凯*
郑树森	宫先仪*	邬江兴*	刘志红*	王　浩*	李兰娟	许庆瑞	谭建荣
侯立安*	龚晓南	杨华勇	陈　纯	朱利中	夏长亮*	王金南*	
Donald Grierson（唐纳德·格里尔逊外籍）				任其龙			

浙江大学文科资深教授

序号	姓名	所在院（系）	所在学科	聘任时间
1	王重鸣	管理学院	企业管理	2012 年 12 月
2	田正平	教育学院	教育史	2014 年 1 月
3	张涌泉	人文学院	中国古典文献学	2014 年 1 月
4	张文显	光华法学院	法学理论	2015 年 1 月
5	徐　岱	传媒与国际文化学院	文艺学与美学	2015 年 1 月
6	史晋川	经济学院	西方经济学	2015 年 1 月
7	姚先国	公共管理学院	劳动经济学	2015 年 1 月
8	王贵国	光华法学院	国际法学	2015 年 9 月
9	许　钧	外语学院	外国语言文学	2016 年 10 月
10	桑　兵	人文学院	中国近现代史	2018 年 9 月
11	倪梁康	人文学院	哲学	2019 年 2 月
12	李　实	公共管理学院	应用经济学	2019 年 6 月
13	刘海峰	教育学院	教育学	2019 年 9 月

在校中共中央候补委员、中共浙江省委委员

中国共产党第十九届中央委员会候补委员　　吴朝晖
中国共产党浙江省第十四届委员会委员　　　吴朝晖

在校全国和省市三级人大代表（以姓氏笔画为序）

第十三届全国人民代表大会　　常委会委员　姒健敏

第十三届浙江省人民代表大会	副 主 任	姒健敏		
	常委会委员	范柏乃	唐睿康	
	代 表	任少波	邹先定	姚玉峰
第十三届杭州市人民代表大会	代 表	方 洁	任少波 刘利民 陈正英	
		胡征宇	舒 强	

在校全国和省市三级政协委员（以姓氏笔画为序）

中国人民政治协商会议第十三届全国委员会

常 委	杨 卫			
委 员	王贵国	杨华勇	罗建红	罗卫东	段树民
	蔡秀军			

中国人民政治协商会议第十二届浙江省委员会

副主席	蔡秀军			
常 委	王 珂	方向明	杨华勇	陈 忠（调出）
	罗建红	贲圣林	段会龙	段树民	徐志康
	谢志坚	裘云庆	鲍虎军	
委 员	马景娣	王良静	韦 路	田 梅	包迪鸿
	华中生	严 敏	李有泉	李浩然	杨 波
	杨 程	时连根	吴 兰	吴良欢	沈黎勇
	张 英	陈艳虹	林 平	欧阳宏伟	罗 坤
	金洪传	周坚红	黄 英	盛 况	蒋焕煜
	雷群芳	魏 江		

中国人民政治协商会议浙江省杭州市第十一届委员会

常 委	蒋吉清			
委 员	韦 巍	叶 民	邵浙新	林 平
	林 进	曾玲晖		

在校各民主党派委员（以姓氏笔画为序）

中国国民党革命委员会

浙江省委员会　　　　　副主委　段会龙

	常　委	金洪传	周坚红			
	委　员	吕秀阳	陈芝清	徐三中	高海春	戴连奎
浙江大学委员会	主　委	段会龙				
	副主委	金洪传	周坚红	唐吉平	戴连奎	

中国民主同盟

中央委员会	委　员	罗卫东	雷群芳			
浙江省委员会	副主委	罗卫东	唐睿康	谢志坚		
	常　委	时连根	罗　坤	郎友兴		
	委　员	肖龙海	严森祥	金传洪	袁　清	夏群科
		滕元文				
浙江大学委员会	主　委	唐睿康				
	副主委	袁清（常务）	肖龙海	时连根	罗　坤	谢志坚

中国民主建国会

中央委员会	委　员	钱弘道				
浙江省委员会	常　委	张　英				
	委　员	邬义杰	盛　况			
浙江大学委员会	主　委	华中生				
	副主委	吴建华	张启龙	陈昆福	胡税根	盛　况

中国民主促进会

中央委员会	常　委	蔡秀军				
	委　员	鲍虎军	陈　忠（调出）	陈亚岗		
浙江省委员会	主　委	蔡秀军				
	副主委	鲍虎军	陈　忠（调出）			
	常　委	许国强	喻景权			
	委　员	于吉人	王青青	邹　煜	陈　洁	黄　英
		傅柏平	童裳伦	魏启春		
浙江大学委员会	主　委	喻景权				
	副主委	汤谷平（常务）	于吉人	王青青	李建华	
		金小刚	周建光			

中国农工民主党

中央委员会	常　委	罗建红				
浙江省委员会	主　委	罗建红				
	副主委	徐志康				
	常　委	严　敏	吴良欢	欧阳宏伟		
	委　员	叶庆富	许祝安	苏宏斌	吴　芳	张　茂
		张　林	张信美	陈定伟	钱文斌	

人　物

	浙江大学委员会	主　委	欧阳宏伟
		副主委	吴良欢（常务）　许祝安　张　林　张　茂
			苏宏斌　陈定伟　周以偍　韩　伟
中国致公党			
	浙江省委员会	副主委	裘云庆
		常　委	李劲松
		委　员	马景娣　白　剑　佟红艳　范　杰　茅林春
	浙江大学委员会	主　委	裘云庆
		副主委	茅林春（常务）　白　剑　陈秋晓
九三学社			
	中央委员会	常　委	姒健敏
		委　员	方向明　李有泉　范柏乃
	浙江省委员会	主　委	姒健敏
		副主委	方向明　范柏乃
		常　委	王庆丰　王良静　蒋焕煜
		委　员	王　健　冯建跃　郑绍建　高建青　黄建荣
	浙江大学委员会	主　委	方向明
		副主委	王良静　郑绍建　程乐鸣　程　乐　胡宝兰
			张立新　黄飞鹤
台湾民主自治同盟			
	浙江省委员会	委　员	陈艳虹
	浙江大学支部	主　委	陈艳虹
		副主委	林　平

教育部"长江学者奖励计划"入选者

序号	姓名	院系	批准年度	批次	备注
特聘教授					
1	何赛灵	光电科学与工程学院	1999	1	特聘
2	杨　卫	航空航天学院	1999	1	特聘
3	骆仲泱	能源工程学院	2000	2	特聘
4	彭方正	电气工程学院	2000	2	特聘， 调出（2004 年）

序号	姓名	院系	批准年度	批次	备注
5	杨德仁	材料科学与工程学院	2000	3	特聘
6	樊建人	能源工程学院	2000	3	特聘
7	赵 昱	药学院	2000	3	特聘，调出（2011 年）
8	徐世烺	建筑工程学院	2000	3	特聘，引进（2009 年）
9	李伯耿	化学工程与生物工程学院	2001	4	特聘
10	郑 耀	航空航天学院	2001	4	特聘
11	冯明光	生命科学学院	2001	4	特聘
12	李有泉	物理学系	2001	4	特聘
13	郑 波	物理学系	2001	4	特聘
14	胡 汛	医学院	2001	4	特聘
15	周向宇	数学科学学院	2001	4	特聘，调出（2007 年）
16	曹一家	电气工程学院	2001	4	特聘，调出（2008 年）
17	叶修梓	计算机科学与技术学院	2001	4	特聘，调出（2007 年）
18	包 刚	数学科学学院	2001	4	特聘
19	宋永华	电气工程学院	2001	4	特聘，引进（2012 年）
20	肖 岩	国际联合学院	2001	4	特聘，引进（2018 年）
21	陈湘明	材料科学与工程学院	2002	5	特聘
22	麻生明	化学系	2002	5	特聘（非全职）
23	杨肖娥	环境与资源学院	2002	5	特聘
24	严建华	能源工程学院	2002	5	特聘
25	戴伟民	化学系	2002	5	特聘，调出（2007 年）

浙江大学年鉴

序号	姓名	院系	批准年度	批次	备注
26	于晓方	附属第二医院	2002	5	特聘
27	王明海	附属第一医院	2002	5	特聘，调出(2009 年)
28	郑 强	高分子科学与工程学系	2004	6	特聘
29	鲍虎军	计算机科学与技术学院	2004	6	特聘
30	华跃进	农业与生物技术学院	2004	6	特聘
31	许祝安	物理学系	2004	6	特聘
32	何建军	光电科学与工程学院	2005	7	特聘
33	唐睿康	化学系	2005	7	特聘
34	杨华勇	机械工程学院	2005	7	特聘
35	陈云敏	建筑工程学院	2005	7	特聘
36	王荣福	附属第二医院	2005	7	特聘，调出(2014 年)
37	周雪平	农业与生物技术学院	2005	7	特聘（校级保留）
38	张涌泉	人文学院	2006	7	特聘
39	蒋建中	材料科学与工程学院	2006	8	特聘
40	喻景权	农业与生物技术学院	2006	8	特聘
41	罗民兴	物理学系	2006	8	特聘
42	梁永超	环境与资源学院	2006	8	特聘，引进(2014 年)
43	彭金荣	动物科学学院	2007	9	特聘
44	高长有	高分子科学与工程学系	2007	9	特聘
45	徐建明	环境与资源学院	2007	9	特聘
46	周 昆	计算机科学与技术学院	2007	9	特聘
47	袁辉球	物理学系	2007	9	特聘
48	盛 况	电气工程学院	2008	10	特聘，引进(2009 年)

序号	姓名	院系	批准年度	批次	备注
49	刘 旭	光电科学与工程学院	2008	10	特聘
50	庄越挺	计算机科学与技术学院	2008	10	特聘
51	沈华浩	附属第二医院	2008	10	特聘
52	成少安	能源工程学院	2008	10	特聘
53	应义斌	生物系统工程与食品科学学院	2008	10	特聘
54	陈启瑾	物理学系	2008	10	特聘
55	邱建荣	光电科学与工程学院	2008	10	特聘
56	游建强	物理学系	2008	10	特聘，引进（2018 年）
57	周继勇	动物科学学院	2009	11	特聘
58	吴忠标	环境与资源学院	2009	11	特聘
59	高 翔	能源工程学院	2009	11	特聘
60	陈学新	农业与生物技术学院	2009	11	特聘
61	郑绍建	生命科学学院	2009	11	特聘
62	葛根年	数学学院	2009	11	特聘，调出（2013 年）
63	施 旭	外国语言文化与国际交流学院	2009	11	特聘，调出（2015 年）
64	蔡秀军	附属邵逸夫医院	2009	11	特聘
65	方向明	附属第一医院	2009	11	特聘
66	钱国栋	材料科学与工程学院	2011	12	特聘
67	郑津洋	能源工程学院	2011	12	特聘
68	梁廷波	附属第二医院	2011	12	特聘
69	邱利民	能源工程学院	2011	12	特聘
70	华中生	管理学院	2011	12	特聘，引进（2014 年）
71	许 钧	外国语言文化与国际交流学院	2011	12	特聘，引进（2016 年）

序号	姓名	院系	批准年度	批次	备注
72	陈 忠	药学院	2012	13	特聘
73	沈模卫	心理与行为科学系	2012	13	特聘
74	苏宏业	控制科学与工程学院	2012	13	特聘
75	童利民	光电科学与工程学院	2012	13	特聘
76	郁建兴	公共管理学院	2012	13	特聘
77	眭依凡	教育学院	2012	13	特聘，引进(2018 年)
78	陈红胜	信息与电子工程学院	2014	14	特聘
79	黄先海	经济学院	2014	14	特聘
80	李晓明	医学院	2014	14	特聘
81	潘洪革	材料科学与工程学院	2014	14	特聘
82	申有青	化学工程与生物工程学院	2014	14	特聘
83	田 梅	附属第二医院	2014	14	特聘
84	王云路	人文学院	2014	14	特聘
85	吴晓波	管理学院	2014	14	特聘
86	徐 骁	附属第一医院	2014	14	特聘
87	王 杰	传媒与国际文化学院	2014	14	特聘
88	陈积明	控制科学与工程学院	2015	15	特聘
89	陈伟球	航空航天学院	2015	15	特聘
90	胡海岚	医学院	2015	15	特聘
91	计 剑	高分子科学与工程学系	2015	15	特聘
92	居冰峰	机械工程学院	2015	15	特聘
93	王立忠	建筑工程学院	2015	15	特聘
94	陈宝梁	环境与资源学院	2016	16	特聘
95	徐 兵	机械工程学院	2016	16	特聘
96	徐小洲	教育学院	2016	16	特聘

人 物

续表

序号	姓名	院系	批准年度	批次	备注
97	陈 刚	计算机科学与技术学院	2017	17	特聘
98	黄飞鹤	化学系	2017	17	特聘
99	刘同舫	马克思主义学院	2017	17	特聘
100	王靖岱	化学工程与生物工程学院	2017	17	特聘
101	桑 兵	人文学院	2004	6	特聘，引进（2018年）
102	倪梁康	人文学院	2006	8	特聘，引进（2019年）
103	李 实	公共管理学院	2011	12	特聘，引进（2019年）
104	刘海峰	教育学院	2011	12	特聘，引进（2019年）
105	杨大春	人文学院	2018	18	特聘
106	廖备水	人文学院	2018	18	特聘
107	刘海涛	外国语言文化与国际交流学院	2018	18	特聘
108	魏 江	管理学院	2018	18	特聘
青年学者					
1	边学成	建筑工程学院	2015	1	
2	何 艳	环境与资源学院	2015	1	
3	黄厚明	人文学院	2015	1	
4	刘永锋	材料科学与工程学院	2015	1	
5	魏 江	管理学院	2015	1	
6	徐海君	农业与生物技术学院	2015	1	
7	冯国栋	人文学院	2016	2	
8	高在峰	心理与行为科学系	2016	2	
9	郝田虎	外国语言文化与国际交流学院	2016	2	

浙江大学年鉴

人 物

序号	姓名	院系	批准年度	批次	备注
10	胡铭	光华法学院	2016	2	
11	胡新央	医学院	2016	2	
12	罗坤	能源工程学院	2016	2	
13	佟超	生命科学研究院	2016	2	
14	汪浩	医学院	2016	2	
15	邢华斌	化学工程与生物工程学院	2016	2	
16	杨建立	生命科学学院	2016	2	
17	周江洪	光华法学院	2016	2	
18	朱斌	建筑工程学院	2016	2	
19	朱永群	生命科学研究院	2016	2	
20	邹俊	机械工程学院	2016	2	
21	薄拯	能源工程学院	2017	3	
22	程鹏	控制科学与技术学院	2017	3	
23	贺永	机械工程学院	2017	3	
24	吕朝锋	建筑工程学院	2017	3	
25	史炳锋	化学系	2017	3	
26	干迪	医学院	2017	3	
27	王俊	人文学院	2017	3	
28	韦路	传媒与国际文化学院	2017	3	
29	杨景华	农业与生物技术学院	2017	3	
30	杨翼	管理学院	2017	3	
31	岳文泽	公共管理学院	2017	3	
32	张海涛	药学院	2017	3	
33	赵骏	光华法学院	2017	3	
34	方红生	经济学院	2018	4	

序号	姓名	院系	批准年度	批次	备注
35	阚 阅	教育学院	2018	4	
36	苗 青	公共管理学院	2018	4	
37	陈 辉	心理与行为科学系	2018	4	
38	陈远流	机械工程学院	2018	4	
39	胡 亮	机械工程学院	2018	4	
40	张彦威	能源工程学院	2018	4	
41	许 贤	建筑工程学院	2018	4	
42	罗仕鉴	计算机科学与技术学院	2018	4	
43	徐 娟	生命科学学院	2018	4	
44	陈士国	生物系统工程与食品科学学院	2018	4	
45	武 亮	农业与生物技术学院	2018	4	
46	应美丹	药学院	2018	4	

国家杰出青年科学基金项目获得者

序号	姓名	所属单位	获得年度	备注
1	樊建人	能源工程学院	1994	
2	谭建荣	机械工程学院	1994	
3	冯明光	生命科学学院	1995	
4	杨 卫	航空航天学院	1995	引进(2006 年)
5	马利庄	计算机科学与技术学院	1996	调出(2002 年)
6	徐世烺	建工学院	1996	引进(2009 年)
7	林建华	化学系	1997	校级保留

序号	姓名	所属单位	获得年度	备注
8	肖丰收	化学系	1998	引进(2009 年)
9	林建忠	航空航天学院	1999	
10	杨肖娥	环境与资源学院	1999	
11	鲍虎军	计算机科学与技术学院	1999	
12	陈湘明	材料科学与工程学院	2000	
13	何振立	环境与资源学院	2000	调出(2014 年)
14	骆仲泱	能源工程学院	2000	
15	苏宏业	控制科学与工程学院	2000	
16	张天真	农业与生物技术学院	2000	引进(2017 年)
17	邱建荣	材料科学与工程学院	2001	
18	李伯耿	化学工程与生物工程学院	2001	
19	郑 强	高分子科学与工程学系	2001	
20	朱利中	环境与资源学院	2001	
21	周雪平	农业与生物技术学院	2001	校级保留
22	杨德仁	材料科学与工程学院	2002	
23	陈红征	高分子科学与工程学系	2002	
24	曹一家	电气工程学院	2002	调出(2008 年)
25	陈 劲	公共管理学院	2002	调出(2013 年)
26	郑 耀	航空航天学院	2002	
27	刘维屏	环境与资源学院	2002	
28	李有泉	物理学系	2002	
29	许祝安	物理学系	2002	
30	杨卫军	生命科学学院	2002	
31	曾 苏	药学院	2002	
32	刘建新	动物科学学院	2003	
33	郑 波	物理学系	2003	
34	喻景权	农业与生物技术学院	2003	

续表

序号	姓名	所属单位	获得年度	备注
35	方盛国	生命科学学院	2003	
36	曹新伍	物理学系	2003	引进（2019 年）
37	蒋建中	材料科学与工程学院	2004	
38	高长有	高分子科学与工程学系	2004	
39	徐建明	环境与资源学院	2004	
40	杨华勇	机械工程学院	2004	
41	陈云敏	建筑工程学院	2004	
42	罗民兴	物理学系	2004	
43	沈志成	农业与生物技术学院	2004	
44	华跃进	农业与生物技术学院	2004	
45	童利民	光电科学与工程学院	2004	
46	于晓方	医学院	2004	
47	宋金宝	海洋学院	2004	引进（2014 年）
48	周俊虎	能源工程学院	2005	
49	庄越挺	计算机科学与技术学院	2005	
50	许宜铭	化学系	2005	
51	吴朝晖	计算机科学与技术学院	2005	
52	章晓波	生命科学学院	2005	引进（2007 年）
53	徐志康	高分子科学与工程学系	2006	
54	钱国栋	材料科学与工程学院	2006	
55	周继勇	动物科学学院	2006	
56	陈学新	农业与生物技术学院	2006	
57	郑绍建	生命科学学院	2006	
58	何赛灵	光电科学与工程学院	2006	
59	游建强	物理学系	2006	引进（2018 年）
60	陈伟球	航空航天学院	2007	
61	王 平	生物医学工程与仪器科学学院	2007	
62	何建军	光电科学与工程学院	2007	

序号	姓名	所属单位	获得年度	备注
63	陈　忠	药学院	2007	
64	华中生	管理学院	2007	引进（2014 年）
65	申有青	化学工程与生物工程学院	2008	
66	彭金荣	动物科学学院	2008	
67	邱利民	能源工程学院	2008	
68	周　昆	计算机科学与技术学院	2008	
69	葛根年	数学科学学院	2008	调出（2004 年）
70	方　群	数学科学学院	2008	
71	应义斌	生物系统工程与食品科学学院	2008	
72	沈华浩	医学院	2008	
73	方向明	医学院	2008	
74	林　强	物理学系	2009	调出（2014 年）
75	林福呈	农业与生物技术学院	2009	
76	梁廷波	医学院	2009	
77	黄志龙	航空航天学院	2010	
78	王晓光	物理学系	2010	
79	潘远江	化学系	2010	
80	汪以真	动物科学学院	2010	
81	叶恭银	农业与生物技术学院	2010	
82	潘洪革	材料科学与工程学院	2010	
83	计　剑	高分子科学与工程学系	2010	
84	罗尧治	建筑工程学院	2010	
85	季葆华	航空航天学院	2010	引进（2018 年）
86	肖　磊	动物科学学院	2010	调出（2015 年）
87	冯　波	物理学系	2011	
88	黄飞鹤	化学系	2011	
89	罗英武	化学工程与生物工程学院	2011	
90	金勇丰	生命科学学院	2011	

序号	姓名	所属单位	获得年度	备注
91	周天华	医学院	2011	
92	高 翔	能源工程学院	2011	
93	何晓飞	计算机科学与技术学院	2011	
94	欧阳宏伟	医学院	2011	
95	吴志英	医学院	2011	引进（2015 年）
96	王 鹏	化学系	2011	引进（2015 年）
97	张立新	数学科学学院	2012	
98	盛 况	电气工程学院	2012	
99	陈仁朋	建筑工程学院	2012	调出（2018 年）
100	李晓明	医学院	2012	
101	王福俤	医学院	2012	引进（2013 年）
102	胡有洪	药学院	2012	调出（2017 年）
103	胡海岚	求是高等研究院	2012	引进（2015 年）
104	夏群科	地球科学学院	2012	引进（2015 年）
105	高 超	高分子科学与工程学系	2013	
106	鲁林荣	医学院	2013	
107	黄 俊	生命科学研究院	2013	
108	王立忠	建筑工程学院	2013	
109	陈宝梁	环境与资源学院	2014	
110	居冰峰	机械工程学院	2014	
111	仇 旻	光电科学与工程学院	2014	调出（2018 年）
112	张 宏	医学院	2014	
113	霍宝锋	管理学院	2015	
114	刘华锋	光电科学与工程学院	2015	
115	曲绍兴	航空航天学院	2015	
116	金仲和	航空航天学院	2015	
117	王靖岱	化学工程与生物工程学院	2015	
118	吴传德	化学系	2015	

序号	姓名	所属单位	获得年度	备注
119	林道辉	环境与资源学院	2015	
120	马忠华	农业与生物技术学院	2015	
121	叶 升	生命科学研究院	2015	
122	刘雪明	光电科学与工程学院	2015	引进（2017 年）
123	谢 涛	化学工程与生物工程学院	2016	
124	唐睿康	化学系	2016	
125	李寒莹	高分子科学与工程学系	2016	
126	詹良通	建筑工程学院	2016	
127	陈红胜	信息与电子工程学院	2016	
128	吴 飞	计算机科学与技术学院	2016	
129	沈 颖	医学院基础医学系	2016	
130	杨 波	药学院	2016	
131	徐 骁	附属第一医院	2016	
132	杨小平	地球科学学院	2016	引进（2017 年）
133	刘建祥	生命科学学院	2016	引进（2017 年）
134	王宏涛	航空航天学院	2017	
135	王浩华	物理学系	2017	
136	邢华斌	化学工程与生物工程学院	2017	
137	徐平龙	生命科学研究院	2017	
138	朱铁军	材料科学与工程学院	2017	
139	王树荣	能源工程学院	2017	
140	张朝阳	信息与电子工程学院	2017	
141	戴道锌	光电科学与工程学院	2017	
142	田 梅	医学院	2017	
143	周艳虹	农业与生物技术学院	2018	
144	周 昊	能源工程学院	2018	
145	尹建伟	计算机科学与技术学院	2018	
146	杨仲轩	建筑工程学院	2018	

序号	姓名	所属单位	获得年度	备注
147	康 熙	物理学系	2018	引进(2019 年)
148	吕朝锋	建工学院	2019	
149	史炳锋	化学系	2019	
150	王晓伟	农业与生物技术学院	2019	
151	张 龙	生命科学研究院	2019	
152	李武华	电气工程学院	2019	
153	罗 坤	能源工程学院	2019	
154	徐文渊	电气工程学院	2019	
155	潘 纲	计算机科学与技术学院	2019	
156	周欣悦	管理学院	2019	
157	朱永群	生命科学研究院	2019	

国家自然科学基金创新研究群体

序号	批准年度	项目名称	负责人	学院(系)
1	2000、2003	网络视觉计算的基础理论和算法研究	鲍虎军	计算机科学与技术学院
2	2004、2007	工业过程的控制理论与总线技术及其应用研究	褚健(兼任教师)	控制科学与工程学院
3	2010、2013	农业害虫生物防治的基础研究	刘树生	农业与生物技术学院
4	2011、2014、2017	人工肝与肝移植治疗终末期肝病的基础应用研究	郑树森(退休)	医学院
5	2012、2015	突触和神经环路调控的分子机制及其在神经精神疾病中的作用	段树民	医学院
6	2012、2015	机电液系统基础研究	谭建荣	机械工程学院
7	2013、2016	智能材料和结构的力学与控制	陈伟球	航空航天学院

序号	批准年度	项目名称	负责人	学院（系）
8	2016	有机污染物环境界面行为与调控技术原理	陈宝梁	环境与资源学院
9	2016	复杂石化过程建模和优化控制理论、技术及应用	苏宏业	控制科学与工程学院
10	2016	复杂组分固体燃料热转化机理及清洁利用	严建华	能源工程学院
11	2016	偏微分方程反问题的理论、计算与应用	包刚	数学科学学院
12	2017	半导体光电材料的微纳结构和器件	杨德仁	材料学院
13	2017	土壤污染过程与修复原理	徐建明	环资学院
14	2018	服务科学与创新管理	华中生	管理学院

优秀青年科学基金项目获得者

序号	姓名	所属单位	获得年度	备注
1	曲绍兴	航空航天学院	2012	
2	王浩华	物理学系	2012	
3	范　杰	化学系	2012	
4	秦安军	高分子科学与工程学系	2012	调出（2013 年）
5	苏　彬	化学系	2012	
6	邢华斌	化学工程与生物工程学院	2012	
7	李正和	农业与生物技术学院	2012	
8	汪　洌	医学院	2012	
9	杨建立	生命科学学院	2012	
10	刘永锋	材料科学与工程学院	2012	
11	金传洪	材料科学与工程学院	2012	
12	李寒莹	高分子科学与工程学系	2012	

序号	姓名	所属单位	获得年度	备注
13	邹 俊	机械工程学院	2012	
14	罗 坤	能源工程学院	2012	
15	李武华	电气工程学院	2012	
16	边学成	建筑工程学院	2012	
17	吴建营	建筑工程学院	2012	调出（2015 年）
18	蔡 登	计算机科学与技术学院	2012	
19	陈积明	控制科学与工程学院	2012	
20	刘妹琴	电气工程学院	2012	
21	皮孝东	材料科学与工程学院	2012	
22	邱利焱	药学院	2012	
23	刘建祥	生命科学学院	2012	引进（2017 年）
24	吕朝锋	建筑工程学院	2013	
25	王宏涛	航空航天学院	2013	
26	杜滨阳	高分子科学与工程学系	2013	
27	王从敏	化学系	2013	
28	杨 坤	环境与资源学院	2013	
29	易 文	生命科学学院	2013	
30	汪方炜	生命科学研究院	2013	
31	何 艳	环境与资源学院	2013	
32	马 列	高分子科学与工程学系	2013	
33	冯毅雄	机械工程学院	2013	
34	杨仲轩	建筑工程学院	2013	
35	陈红胜	信息与电子工程学院	2013	
36	朱永群	生命科学研究院	2013	
37	陈玮琳	医学院	2013	调出（2017 年）
38	周欣悦	管理学院	2013	引进（2016 年）
39	冯 涛	数学科学学院	2014	
40	王 凯	物理学系	2014	

序号	姓名	所属单位	获得年度	备注
41	孟祥举	化学系	2014	
42	史炳锋	化学系	2014	
43	潘鹏举	化学工程与生物工程学院	2014	
44	吕镇梅	生命科学学院	2014	
45	程 磊	生命科学学院	2014	
46	赵 斌	生命科学研究院	2014	
47	施积炎	环境与资源学院	2014	
48	曹 龙	地球科学学院	2014	
49	王智化	能源工程学院	2014	
50	陈 为	计算机科学与技术学院	2014	
51	赵春晖	控制科学与工程学院	2014	
52	余学功	材料科学与工程学院	2014	
53	戴道锌	光电科学与工程学院	2014	
54	余路阳	生命科学学院	2014	
55	应颂敏	医学院	2014	
56	许威威	计算机学院	2014	引进（2016 年）
57	周 舟	医学院公共卫生系	2014	引进（2017 年）
58	张兴旺	化学工程与生物工程学院	2015	
59	工 迪	医学院	2015	
60	陈 伟	医学院	2015	
61	王立铭	生命科学研究院	2015	
60	徐海君	农业与生物技术学院	2015	
61	梁新强	环境与资源学院	2015	
62	张 辉	材料科学与工程学院	2015	
63	金一政	化学系	2015	
64	唐建斌	化学工程与生物工程学院	2015	
65	万灵书	高分子系	2015	
66	吴新科	电气工程学院	2015	

浙江大学年鉴

续表

序号	姓名	所属单位	获得年度	备注
67	段元锋	建筑工程学院	2015	
68	闫东明	建筑工程学院	2015	
69	高云君	计算机科学与技术学院	2015	
70	黄 劲	计算机科学与技术学院	2015	
71	杨 翼	管理学院	2015	
74	龚渭华	医学院	2015	
75	陈 晓	医学院	2015	
76	王 勇	化学系	2016	
77	王晓光	数学科学学院	2016	
78	王佳堃	动物科学学院	2016	
79	汪 浩	医学院	2016	
80	佟 超	生命科学研究院	2016	
81	宋吉舟	航空航天学院	2016	
82	年 珩	电气工程学院	2016	
83	马天宇	材料科学与工程学院	2016	调出（2017 年）
84	楼 敏	医学院	2016	
85	梁 岩	农业与生物技术学院	2016	
86	李庆华	建筑工程学院	2016	
87	金崇伟	环境与资源学院	2016	
88	黄健华	农业与生物技术学院	2016	
89	胡新央	医学院	2016	
90	贺 永	机械工程学院	2016	
91	丁寒锋	化学系	2016	
92	程党国	化学工程与生物工程学院	2016	
93	李卫军	地球科学学院	2016	引进（2017 年）
94	黄 萃	公共管理学院	2017	引进（2018 年）
95	李敬源	物理学系	2017	
96	贾晓静	地球科学学院	2017	

序号	姓名	所属单位	获得年度	备注
97	姜银珠	材料科学与工程学院	2017	
98	李昌治	高分子科学与工程学系	2017	
99	瞿逢重	海洋科学与工程学院	2017	
100	鲍宗必	化学工程与生物工程学院	2017	
101	柏　浩	化学工程与生物工程学院	2017	
102	薄　拯	能源工程学院	2017	
103	葛志强	控制科学与工程学院	2017	
104	单体中	动物科学学院	2017	
105	殷学仁	农业与生物技术学院	2017	
106	刘杏梅	环境与资源学院	2017	
107	张海涛	药学院	2017	
108	孟卓贤	医学院	2017	
109	马　欢	医学院	2017	
110	胡薇薇	医学院	2017	
111	郭国骥	医学院	2017	
112	徐承富	附属第一医院	2017	
113	周　琦	生命科学研究院	2017	
114	王　亮	化学系	2018	
115	叶肖伟	建筑工程学院	2018	
116	廖祖维	化学工程与生物工程学院	2018	
117	赵　骞	化学工程与生物工程学院	2018	
118	李铁风	航空航天学院	2018	
119	夏振华	航空航天学院	2018	
120	毛峥伟	高分子科学与工程学系	2018	
121	杨　青	光电科学与工程学院	2018	
122	章国锋	计算机科学与技术学院	2018	
123	谷保静	环境与资源学院	2018	
124	师　恺	农业与生物技术学院	2018	

序号	姓名	所属单位	获得年度	备注
125	方 磊	农业与生物技术学院	2018	
126	张翔南	药学院	2018	
127	王 毅	药学院	2018	
128	凌代舜	药学院	2018	
129	刘 婷	医学院	2018	
130	靳 津	生命科学研究院	2018	
131	王 伟	数学科学学院	2019	
132	孔学谦	化学系	2019	
133	王林军	化学系	2019	
134	陆 展	化学系	2019	
135	李 昊	化学系	2019	
136	杜震洪	地球科学学院	2019	
137	张军辉	机械工程学院	2019	
138	黄晓艳	电气工程学院	2019	
139	辛焕海	电气工程学院	2019	
140	陈喜群	建筑工程学院	2019	
141	郑飞飞	建筑工程学院	2019	
142	侯 阳	化学工程与生物工程学院	2019	
143	邓 见	航空航天学院	2019	
144	时尧成	光电科学与工程学院	2019	
145	钟财军	信息与电子工程学院	2019	
146	徐 娟	生命科学学院	2019	
147	平建峰	生物系统工程与食品科学学院	2019	
148	翁小乐	环境与资源学院	2019	
149	陈 云	农业与生物技术学院	2019	
150	周 杰	农业与生物技术学院	2019	
151	崔一卉	医学院	2019	
152	韩晓平	医学院	2019	
153	梁 平	医学院	2019	
154	张 岩	医学院	2019	

浙江大学年鉴

教育部创新团队

序号	负责人	所属学院（系）	研究方向	批准年度
1	骆仲泱	能源工程学院	清洁燃烧中的重大基础问题研究	2004
2	冯明光	生命科学	农业害虫生物防治	2005
3	杨肖娥	环境与资源学院	污染环境修复与生态系统健康	2005
4	杨德仁	材料科学与工程学院	信息功能材料	2006
5	庄越挺	计算机科学与技术学院	网络多媒体智能信息处理技术	2006
6	郑树森（退休）	医学院	终末期肝病综合治疗研究	2007
7	许祝安	物理学系	非常规超导电性和强关联电子体系	2007
8	杨华勇	机械工程学院	全断面大型掘进装备关键技术研究	2008
9	李伯耿	化学工程与生物工程学院	聚合物产品工程	2009
10	周雪平（调出）	农业与生物技术学院	水稻重要病害的成灾机理和持续控制	2009
11	段树民	医学院	神经精神疾病的基础研究	2010
12	刘旭	光电科学与工程学院	新一代微纳光子信息技术与工程应用	2010
13	彭金荣	动物科学学院	动物消化系统发育与功能研究	2010
14	陈云敏	建筑工程学院	软弱土与环境土工	2011
15	黄荷凤（兼任教师）	医学院	生殖安全转化医学研究	2011
16	郑绍建	生命科学学院	植物营养生理与分子改良	2011
17	喻景权	农业与生物技术学院	园艺作物生长发育与品质调控	2012
18	张泽	材料科学与工程学院	功能材料微结构调控及能源应用	2013

人物

"973 计划"首席科学家

序　号	批准年度	项目类型	负责人	所属单位	备注
1	2002、2008	973 计划	鲍虎军	计算机科学与技术学院	
2	2003、2008	973 计划	郑树森	医学院	退休
3	2004	973 计划	何赛灵	光电科学与工程学院	
4	2005	973 计划	吴　平	生命科学学院	去世
5	2007	973 计划	骆仲泱	能源工程学院	
6	2007、2012	973 计划	项春生	附属第一医院	
7	2007、2012	973 计划	杨德仁	材料科学与工程学院	
8	2007、2012	973 计划	杨华勇	机械工程学院	
9	2008	973 计划	喻景权	农业与生物技术学院	
10	2009	973 计划	娄永根	农业与生物技术学院	
11	2009	重大科学研究计划	罗建红	医学院	
12	2010	973 计划	张　泽	材料科学与工程学院	
13	2010	973 计划	段树民	医学院	
14	2010	973 计划	李伯耿	化学工程与生物工程学院	
15	2010	973 计划	谭建荣	机械工程学院	
16	2010	973 计划	严建华	能源工程学院	
17	2010	973 计划	杨立荣	化学工程与生物工程学院	
18	2011	973 计划	陈云敏	建筑工程学院	
19	2011	973 计划	蒋建中	材料科学与工程学院	
20	2011	973 计划	庄越挺	计算机科学与技术学院	
21	2011	重大科学研究计划	冯新华	生命科学研究院	
22	2011	重大科学研究计划	黄荷凤	医学院	兼任教师
23	2011	重大科学研究计划	彭金荣	动物科学学院	
24	2011	ITER 计划	肖　湧	物理学系	

序　号	批准年度	项目类型	负责人	所属单位	备注
25	2012	973 计划	陈学新	农业与生物技术学院	
26	2012	973 计划	吴朝晖	计算机科学与技术学院	
27	2012	973 计划	周劲松	能源工程学院	
28	2012	重大科学研究计划	杨小杭	生命科学学院	
29	2012	973 计划青年科学家专题	蔡　登	计算机科学与技术学院	
30	2013	973 计划	朱利中	环境与资源学院	
31	2013	973 计划	管敏鑫	医学院	
32	2013	973 计划	王青青	医学院	
33	2013	重大科学研究计划	许祝安	物理学系	
34	2013	重大科学研究计划	申有青	化学工程与生物工程学院	
35	2013	重大科学研究计划	王建安	医学院	
36	2013	973 计划青年科学家专题	李武华	电气工程学院	
37	2014	973 计划	刘旭	光电科学与工程学院	
38	2014	973 计划	郑津洋	化学工程与生物工程学院	当前所属单位:能源工程学院,2014 年在化工学院
39	2014	重大科学研究计划	华跃进	农业与生物技术学院	当前所属单位:生命科学学院,2014 年在农学院
40	2014	重大科学研究计划	黄　河	医学院	
41	2014	重大科学研究计划青年科学家专题	陈　伟	医学院	

注:含重大科学研究计划、ITER 计划、青年科学家专题项目。

国家"百千万人才工程"入选者

序号	姓名	所属单位	获得时间	备注
1	何振立	环境与资源学院	1996	调出（2014 年）
2	陈杰诚	数学科学学院	1996	调出（2011 年）
3	王 坚	心理与行为科学系	1996	调出（2000 年）
4	刘树生	农业与生物技术学院	1996	
5	杨 卫	航空航天学院	1996	调入（2006 年）
6	马利庄	计算机科学与技术学院	1996	调出（2002 年）
7	张小山	医学院	1996	调出（2000 年）
8	郝志勇	能源工程学院	1996	
9	叶志镇	材料科学与工程学院	1997	
10	胡建淼	光华法学院	1997	校级保留
11	林建忠	航空航天学院	1997	
12	杨肖娥	环境与资源学院	1997	
13	朱利中	环境与资源学院	1997	
14	樊建人	能源工程学院	1997	
15	骆仲泱	能源工程学院	1997	
16	陈云敏	建筑工程学院	1997	
17	潘兴斌	数学科学学院	1997	调出（2004 年）
18	张涌泉	人文学院	1997	
19	冯明光	生命科学学院	1997	
20	李伯耿	化学工程与生物工程学院	1999	
21	文福拴	电气工程学院	1999	
22	项保华	管理学院	1999	调出（2007 年）
23	谭建荣	机械工程学院	1999	
24	杨华勇	机械工程学院	1999	
25	严建华	能源工程学院	1999	

序号	姓名	所属单位	获得时间	备注
26	史晋川	经济学院	1999	
27	刘康生	数学科学学院	1999	
28	陈学新	农业与生物技术学院	1999	
29	何 勇	生物系统工程与食品科学学院	1999	
30	张耀洲	生命科学学院	1999	调出（2004 年）
31	曾 苏	药学院	1999	
32	陈江华	医学院	1999	
33	王玉新	机械工程学院	1999	调出（2011 年）
34	郑 强	高分子科学与工程学系	2004	
35	徐建明	环境与资源学院	2004	
36	陈 鹰	海洋学院	2004	
37	周俊虎	能源工程学院	2004	
38	鲍虎军	计算机科学与技术学院	2004	
39	许祝安	物理学系	2004	
40	周雪平	农业与生物技术学院	2004	校级保留
41	喻景权	农业与生物技术学院	2004	
42	廖可斌	人文学院	2004	调出（2012 年）
43	应义斌	生物系统工程与食品科学学院	2004	
44	王 平	生物医学工程与仪器科学学院	2004	
45	来茂德	医学院	2004	校级保留
46	宋金宝	海洋学院	2004	引进（2014 年）
47	王殿海	建筑工程学院	2004	
48	柯映林	机械工程学院	2006	
49	庄越挺	计算机科学与技术学院	2006	
50	李有泉	物理学系	2006	
51	章晓波	生命科学学院	2006	引进（2007 年）
52	杨德仁	材料科学与工程学院	2007	
53	曹一家	电气工程学院	2007	调出（2008 年）

续表

序号	姓名	所属单位	获得时间	备注
54	孙笑侠	光华法学院	2007	调出（2011 年）
55	周　昊	能源工程学院	2007	
56	蔡袁强	建筑工程学院	2007	
57	徐小洲	教育学院	2007	
58	朱祝军	农业与生物技术学院	2007	调出（2008 年）
59	何莲珍	外国语言文化与国际交流学院	2007	
60	金建祥	控制科学与工程学院	2007	
61	蔡秀军	医学院	2007	
62	陈　劲	公共管理学院	2009	调出（2013 年）
63	郁建兴	公共管理学院	2009	
64	葛根年	数学科学学院	2009	调出（2013 年）
65	高　翔	能源工程学院	2009	
66	吴朝晖	计算机科学与技术学院	2009	
67	冯冬芹	控制科学与工程学院	2009	
68	沈志成	农业与生物技术学院	2009	
69	华中生	管理学院	2009	引进（2014 年）
70	李浩然	化学系	2013	
71	汪以真	动物科学学院	2013	
72	蒋建中	材料科学与工程学院	2014	
73	黄先海	经济学院	2014	
74	梁廷波	附属第二医院	2014	
75	邱利民	能源工程学院	2015	
76	苏宏业	控制科学与工程学院	2015	
77	王文海	控制科学与工程学院	2015	
78	王福俤	医学院	2015	
79	陈宝梁	环境与资源学院	2017	
80	杨　波	药学院	2017	
81	韦　路	传媒与国际文化学院	2019	
82	卜佳俊	计算机科学与技术学院	2019	

浙江省特级专家入选者

序号	姓名	所属单位	批准年度
1	杨肖娥	环境与资源学院	2005
2	樊建人	能源工程学院	2005
3	陈　纯	计算机科学与技术学院	2005
4	陈云敏	建筑工程学院	2005
5	田正平	教育学院	2005
6	李有泉	物理学系	2005
7	林正炎	数学科学学院	2005
8	郑小明	化学系	2005
9	朱　军	农业与生物技术学院	2005
10	崔富章	人文学院	2005
11	张涌泉	人文学院	2005
12	刘　旭	光电科学与工程学院	2005
13	蔡秀军	医学院	2005
14	叶志镇	材料科学与工程学院	2008
15	杨树锋	地球科学学院	2008
16	刘祥官	数学科学学院	2008
17	杨华勇	机械工程学院	2008
18	刘树生	农业与生物技术学院	2008
19	朱利中	环境与资源学院	2008
20	姚　克	医学院	2008
21	王重鸣	管理学院	2008
22	束景南	人文学院	2008
23	金建祥	控制科学与工程学院	2008

序号	姓名	所属单位	批准年度
24	林建忠	航空航天学院	2008
25	陈 鹰	海洋学院	2011
26	来茂德	医学院	2011
27	骆仲泱	能源工程学院	2011
28	王建安	医学院	2011
29	吴朝晖	计算机科学与技术学院	2011
30	杨德仁	材料科学与工程学院	2011
31	杨 辉	材料科学与工程学院	2011
32	喻景权	农业与生物技术学院	2011
33	庄越挺	计算机科学与技术学院	2014
34	严建华	能源工程学院	2014
35	杨立荣	化学工程与生物工程学院	2014
36	应义斌	生物系统工程与食品科学学院	2014
37	沈华浩	附属第二医院	2014
38	张土乔	建筑工程学院	2014
39	陈江华	附属第一医院	2014
40	陈耀武	生物医学工程与仪器科学学院	2014
41	柯映林	机械工程学院	2014
42	高 翔	能源工程学院	2014
43	何莲珍	外国语言文化与国际交流学院	2017
44	金雪军	经济学院	2017
45	郁建兴	公共管理学院	2017
46	包 刚	数学科学学院	2017
47	李浩然	化学系	2017
48	严 密	材料科学与工程学院	2017
49	郑津洋	能源工程学院	2017
50	何湘宁	电气工程学院	2017
51	王文海	控制科学与工程学院	2017

浙江大学年鉴

序号	姓名	所属单位	批准年度
52	张国平	农业与生物技术学院	2017
53	王伟林	医学院	2017
54	黄　河	医学院	2017
55	冯新华	生命科学研究院	2017

2019 年新增浙江大学光彪讲座教授

聘请院（系）	受聘人姓名	受聘人任职单位及职务
外国语言文化与国际交流学院	Andrew Ira Nevins	伦敦大学学院语言学教授
物理学系	Takabatake Toshiro	日本广岛大学教授
控制科学与工程学院	Petros G. Voulgarious	美国 UIUC 大学教授
动物科学学院	Shelley C. Rankin	美国宾夕法尼亚大学兽医学院临床微生物学终身教授

2019 年新增浙江大学求是特聘教授

序号	所在院（系）	姓　名	批准年度
求是特聘教授			
1	数学科学学院	蔡天新	2019
2	机械工程学院	欧阳小平	2019
3	电气工程学院	韦　巍	2019
4	航空航天学院	胡国庆	2019

序号	所在院(系)	姓 名	批准年度
5	航空航天学院	黎 军	2019
6	控制科学与工程学院	杨春节	2019
7	生物系统工程与食品科学学院	肖 航	2019
8	环境与资源学院	史 舟	2019
9	医学院	王青青	2019
10	药学院	何俏军	2019
求是特聘医师岗			
1	医学院附属一院	胡 坚	2019
2	医学院附属二院	丁克峰	2019
3	医学院附属妇产科医院	朱依敏	2019
4	医学院附属儿童医院	傅君芬	2019

浙江大学 2019 年在职正高职人员名单

人文学院

王 俊　王 勇　王云路　王志成　王海燕　王德华　方一新　孔令宏　叶 晔
丛杭青　乐启良　包利民　冯国栋　冯培红　吕一民　朱仁民　庄初升　刘进宝
刘国柱　刘慧梅　关长龙　池昌海　许志强　许建平　孙竞昊　孙敏强　苏宏斌
杜正贞　李旭平　李咏吟　李恒威　杨大春　杨雨蕾　肖如平　吴 笛　吴秀明
吴艳红　何欢欢　何善蒙　邹广胜　汪维辉　汪超红　沈 坚　张 杨　张涌泉
陆敏珍　陈 洁　陈 新　陈亚军　陈红民　林志猛　金 立　周启超　周明初
胡可先　祖 慧　姚晓雷　贾海生　倪梁康　徐永明　徐向东　陶 然　桑 兵
黄 擎　黄华新　盛晓明　盘 剑　梁敬明　彭利贞　彭国翔　董 萍　董小燕
傅 杰　楼 巍　楼含松　廖备水　潘立勇

外国语言文化与国际交流学院

Benno Hubert Wagner　　　David Machin　　　Timothy John Osborne　　马博森
王 永　王小潞　方 凡　刘海涛　许 钧　李 媛　吴义诚　何辉斌　沈国琴
陈新宇　赵 佳　郝田虎　聂珍钊　高 奋　郭国良　梁君英　隋红升　董燕萍
蒋景阳　程 工　程 乐　瞿云华

传媒与国际文化学院

王 杰　王建刚　韦 路　苏振华　李 杰　李 岩　李红涛　吴 飞　陆建平
陈 强　范志忠　赵 瑜　胡志毅　徐 岱

艺术与考古学院

Bai Qianshen（白谦慎）　　WangXiaosong（王小松）　　严建强　吴小平　张颖岚
金晓明　周少华　胡小军　黄河清　黄厚明　曹锦炎　谢继胜　缪 哲　薛龙春

经济学院

WangRuqu（王汝渠）　　马良华　马述忠　王义中　王志凯　王维安　方红生
史晋川　朱希伟　朱柏铭　朱燕建　严建苗　李建琴　杨柳勇　余林徽　汪 炜
汪淼军　宋华盛　陆 菁　陈菲琼　罗德明　金雪军　郑备军　顾国达　钱雪亚
翁国民　郭继强　黄先海　葛 赢　蒋岳祥　熊秉元　潘士远　戴志敏

光华法学院

王为农　王贵国　王冠玺　王敏远　叶良芳　巩 固　李永明　李有星　何怀文
余 军　张 谷　张文显　陈信勇　金伟峰　金彭年　周 翠　周江洪　郑春燕
赵 骏　胡 铭　胡敏洁　夏立安　钱弘道　翁晓斌　章剑生　葛洪义　焦宝乾
霍海红

教育学院

于可红　王 进　王 健　叶映华　司 琦　刘正伟　刘海峰　孙元涛　李 艳
肖 朗　肖龙海　吴雪萍　汪利兵　张 辉　林小美　周丽君　郑 芳　单亚萍
胡 亮　祝怀新　顾建民　徐小洲　徐琴美　诸葛伟民　　盛群力　眭依凡
商丽浩　温 煦　蓝劲松　阚 阅　魏贤超

管理学院

Avraham Carmeli Yugui Guo（郭玉贵）　　王小毅　王求真　王明征　王重鸣
王婉飞　王端旭　孔祥维　邢以群　朱 原　华中生　邬爱其　刘 南　刘 渊
寿涌毅　杨 俊　杨 翼　吴晓波　汪 蕾　张 钢　张大亮　陈 俊　陈 凌
陈 熹　陈明亮　周 帆　周伟华　周宏庚　周欣悦　周玲强　郑 刚　宝贡敏
贲圣林　施俊琦　贾生华　徐晓燕　郭 斌　黄 灿　黄 英　韩洪灵　谢小云
窦军生　熊 伟　霍宝锋　魏 江

公共管理学院

Chen Zhigang（陈志钢）　　Gu Xin（顾昕）　　Peter Ho　　丁关良　卫龙宝
王诗宗　王景新　石敏俊　叶艳妹　田传浩　师小芹　刘卫东　米 红　阮建青
李 实　李 艳　李金珊　吴次芳　吴宇哲　吴结兵　何文炯　余逊达　余潇枫
汪 晖　张忠根　张跃华　张蔚文　陆文聪　陈丽君　陈国权　陈建军　苗 青
范柏乃　茅 锐　林 卡　林 由　郁建兴　岳文泽　金少胜　金松青　周 萍
周洁红　郎友兴　胡税根　姚先国　钱文荣　徐 林　郭红东　黄 萃　黄祖辉
曹正汉　崔顺姬　韩洪云　傅荣校　童菊儿　靳相木　蔡 宁　谭 荣　谭永忠

戴文标

社会学系

王志坚　毛　丹　刘朝晖　阮云星　张国清　周丽萍　赵鼎新　菅志翔　梁永佳

马克思主义学院

马建青　王东莉　代玉启　成　龙　吕有志　刘召峰　刘同舫　张　盾　张　彦
张应杭　庞　虎　段治文　黄　铭　程早霞　潘恩荣

中国西部发展研究院

杜立民　邹大挺　周谷平　董雪兵

数学科学学院

Zhang Peng(张朋)　　王　伟　王　梦　王成波　方道元　尹永成　孔德兴
卢兴江　卢涤明　包　刚　刘康生　阮火军　阮勇斌　孙方裕　孙利民　苏中根
苏德矿　李　方　李　冲　李　松　李胜宏　杨海涛　励建书　吴庆标　吴志祥
张　挺　张　奕　张立新　张庆海　张泽银　张荣茂　张振跃　陈志国　陈叔平
武俊德　林　智　郜传厚　谈之奕　黄正达　盛为民　董　浙　程晓良　蔡天新
蔺宏伟　翟　健

物理学系

Fu Guoyong(傅国勇)　　Ma Zhiwei(马志为)　　Stefan Bernd Kirchner
万　歆　王　凯　王　淼　土业伍　土立刚　王晓光　王浩华　仇志勇　方明虎
尹　艺　叶高翔　冯　波　宁凡龙　朱国怀　许祝安　许晶波　阮智超　李有泉
李宏年　李敬源　肖　湧　吴建澜　吴惠桢　何丕模　应和平　张　宏　张俊香
张剑波　陆璇辉　陈一新　陈飞燕　陈庆虎　陈启瑾　武慧春　罗民兴　罗孟波
金洪英　郑　波　郑大昉　赵学安　赵道木　袁辉球　曹光旱　曹新伍　盛正卯
康　熙　章林溪　景　俊　鲁定辉　游建强　路　欣　谭明秋　潘佰良

化学系

Simon Lukas Duttwyler　　丁寒锋　马　成　王　勇　王　敏　王　琦　王　鹏
王从敏　王建明　王彦广　方　群　方文军　史炳锋　吕　萍　朱　岩　朱龙观
邬建敏　刘迎春　汤谷平　许宜铭　苏　彬　李浩然　肖丰收　吴　军　吴　起
吴　韬　吴天星　吴传德　吴庆银　何巧红　张　昭　张子张　张玉红　陆　展
陈万芝　陈卫祥　陈林深　范　杰　林旭锋　林贤福　周仁贤　孟祥举　赵华绒
胡吉明　胡秀荣　侯昭胤　费金华　唐睿康　黄飞鹤　黄志真　黄建国　商志才
彭笑刚　傅春玲　曾秀琼　滕启文　潘远江

地球科学学院

Jia Xiaojing(贾晓静)　　Li Xiaofan(李小凡)　　Xia Jianghai(夏江海)
Wu Renguagn(吴仁广)　　王　琛　王勤燕　田　钢　刘仁义　孙永革　杜震洪
杨小平　肖安成　邹乐君　汪　新　沈忠悦　沈晓华　陈生昌　陈汉林　陈宁华
林　舟　林秀斌　金平斌　饶　灿　夏群科　徐义贤　黄克玲　黄智才　曹　龙

人　物

章孝灿　程晓敢

心理与行为科学系

Zhang Jin(张锦)　马剑虹　何贵兵　沈模卫　张智君　陈树林　林伟连　周吉帆
钟建安　钱秀莹　高在峰

理学部办公室

葛列众

机械工程学院

王　青　王庆丰　王林翔　王宣银　甘春标　付　新　冯毅雄　朱伟东　邬义杰
刘　涛　刘振宇　阮晓东　纪杨建　李江雄　李德骏　杨世锡　杨华勇　杨克己
杨灿军　杨将新　何　闻　余忠华　邹　俊　汪久根　宋小文　张树有　陆国栋
陈章位　林勇刚　欧阳小平　金　波　周　华　居冰峰　赵　朋　胡　亮
柯映林　费少梅　贺　永　顾大强　徐　兵　唐任仲　陶国良　梅德庆　曹衍龙
龚国芳　葛耀峥　程　锦　傅建中　童水光　谢　金　谢海波　雷　勇　谭建荣
黎　鑫　魏建华　魏燕定

能源工程学院

Tomoaki Kunugi(功刀资彰)　　　Qiu Yi(邱毅)　　　马增益　王　飞　王　涛
王　勤　王树荣　王智化　王勤辉　方梦祥　甘智华　叶笃毅　成少安　刘宝庆
刘建忠　池　涌　许忠斌　李　蔚　李晓东　杨卫娟　肖　刚　吴　锋　吴大转
吴学成　邱利民　邱坤赞　何文华　余春江　谷月玲　张小斌　张学军　张彦威
陆胜勇　陈光明　陈志平　陈玲红　罗　坤　金　涛　金　滔　金志江　金余其
周　昊　周志军　周劲松　周俊虎　郑水英　郑成航　郑传祥　郑津洋　赵　虹
赵永志　钟　崴　俞小莉　俞自涛　洪伟荣　骆仲泱　顾超华　倪明江　高　翔
唐黎明　黄群星　盛德仁　董　宏　蒋旭光　韩晓红　程　军　程乐鸣　曾　胜
樊建人　薄　拯

材料科学与工程学院

Bei Hongbin(贝红斌)　　　Han Weiqiang(韩伟强)　　　马向阳　王　勇　王小祥
王智宇　王新华　毛传斌　叶志镇　皮孝东　朱丽萍　朱铁军　刘　芙　刘永锋
刘宾虹　严　密　杜丕一　李东升　李吉学　杨　辉　杨杭生　杨德仁　吴进明
吴勇军　余学功　张　泽　张　辉　张溪文　陈立新　陈胡星　陈湘明　罗　伟
金传洪　赵高凌　赵新兵　姜银珠　洪樟连　钱国栋　徐　刚　翁文剑　凌国平
高明霞　郭兴忠　涂江平　黄靖云　崔元靖　彭华新　彭新生　蒋建中　韩高荣
程　逵　曾跃武　樊先平　潘洪革

化学工程与生物工程学院

Wang Wenjun(王文俊)　　　Cao Yi(曹毅)　　　Shen Youqing(申有青)　　　于洪巍
王　立　王正宝　王靖岱　尹　红　叶向群　申屠宝卿　　　包永忠　冯连芳
邢华斌　吕秀阳　任其龙　闫克平　关怡新　阳永荣　李　伟　李伯耿　李洲鹏

杨　健　　杨双华　　杨立荣　　杨亦文　　吴坚平　　吴林波　　吴素芳　　何潮洪　　张　林
张庆华　　张兴旺　　张安运　　张治国　　陈丰秋　　陈圣福　　陈纪忠　　陈志荣　　陈英奇
陈新志　　范　宏　　林东强　　林建平　　罗英武　　单国荣　　孟　琴　　施　耀　　姚　臻
姚善泾　　钱　超　　徐志南　　唐建斌　　曹　堃　　梁成都　　程党国　　温月芳　　谢　涛
雷乐成　　詹晓力　　鲍宗必　　潘鹏举　　戴立言

高分子科学与工程学系

万灵书　　上官勇刚　　　　马　列　　王　齐　　王利群　　毛峥伟　　计　剑　　朱宝库
任科峰　　江黎明　　孙景志　　杜滨阳　　李寒莹　　邱利焱　　宋义虎　　张兴宏　　陈红征
胡巧玲　　施敏敏　　徐志康　　徐君庭　　凌　君　　高　超　　高长有

电气工程学院

丁　一　　马　皓　　韦　巍　　文福拴　　方攸同　　邓　焰　　甘德强　　石健将　　卢琴芬
卢慧芬　　史婷娜　　年　珩　　刘妹琴　　齐冬莲　　江全元　　江道灼　　许　力　　孙　丹
李武华　　杨　欢　　杨　强　　杨仕友　　杨家强　　吴建华　　吴新科　　何奔腾　　何湘宁
辛焕海　　汪　震　　沈建新　　宋永华　　张军明　　张森林　　陈国柱　　陈辉明　　林　平
林振智　　周　浩　　项　基　　赵荣祥　　祝长生　　姚缨英　　徐　政　　徐文渊　　徐德鸿
郭吉丰　　郭创新　　黄　进　　黄晓艳　　盛　况　　彭勇刚　　颜文俊　　颜钢锋

建筑工程学院

Bai Yong（白勇）　　　　　　Cheng Jung-June Roger（郑荣俊）
Chung Bang Yun（尹槙邦）　　Giorgio Monti　　　　Xie Jiming（谢霁明）　　　　万五一
王　竹　　王　洁　　王　晖　　王亦兵　　王柏生　　王奎华　　王振宇　　王海龙　　王殿海
韦　华　　毛义华　　方火浪　　邓　华　　叶肖伟　　冉启华　　边学成　　吕　庆　　吕朝锋
朱　斌　　华　晨　　刘国华　　刘海江　　闫东明　　许　贤　　许月萍　　李王鸣　　李庆华
李育超　　杨仲轩　　杨建军　　吴　越　　余　健　　余世策　　汪劲丰　　张　宏　　张　燕
张土乔　　张仪萍　　张永强　　陈　驹　　陈云敏　　陈水福　　邵　煜　　尚岳全　　罗尧治
金伟良　　金贤玉　　金南国　　周　建　　周燕国　　项贻强　　赵　宇　　赵　阳　　赵羽习
赵唯坚　　胡安峰　　柯　瀚　　柳景青　　段元锋　　俞亭超　　贺　勇　　袁行飞　　夏唐代
钱晓倩　　徐　雷　　徐日庆　　徐世烺　　徐荣桥　　凌道盛　　高博青　　高裕江　　黄　博
黄志义　　黄铭枫　　龚顺风　　葛　坚　　蒋建群　　韩昊英　　童根树　　谢　旭　　谢海建
楼文娟　　詹良通　　詹树林

航空航天学院

马慧莲　　王　杰　　王宏涛　　王惠明　　邓　见　　曲绍兴　　李永东　　李铁风　　杨　卫
吴　禹　　余钊圣　　应祖光　　沈新荣　　宋广华　　宋开臣　　宋吉舟　　陆哲明　　陈　彬
陈伟芳　　陈伟球　　陈建军　　邵雪明　　林建忠　　郁发新　　季葆华　　金仲和　　郑　耀
孟　华　　胡国庆　　宦荣华　　钱　劲　　陶伟明　　黄志龙　　崔　涛　　黎　军

海洋学院

George Christakos　　　　Taewoo Lee　　　　ZhangZhizhen（张治针）　　　马忠俊

浙江大学年鉴

王　岩　王赤忠　王晓萍　厉子龙　龙江平　叶　瑛　朱嵘华　孙红月　孙志林
李　明　李春峰　李培良　李新刚　吴　斌　吴嘉平　冷建兴　宋金宝　张大海
张海生　张维睿　张朝晖　陈　鹰　陈家旺　赵西增　贺治国　夏枚生　徐　敬
徐志伟　黄豪彩　程年生　楼章华　漆家福　瞿逢重

光电科学与工程学院

HeJianjun（何建军）　　　　He Sailing（何赛灵）　　　Ronnier Luo Ming（罗明）

丁志华　马云贵　车双良　叶　辉　白　剑　冯华君　匡翠方　刘　东　刘　旭
刘　承　刘　柳　刘　崇　刘华锋　刘向东　刘雪明　牟同升　严惠民　李　强
李晓彤　李海峰　杨　青　时尧成　吴　兰　吴兴坤　邱建荣　余飞鸿　汪凯巍
沈永行　沈伟东　沈亦兵　林　斌　郑晓东　郑臻荣　姚　军　钱　骏　徐之海
徐海松　高士明　黄腾超　章海军　斯　科　舒晓武　童利民　戴道锌

信息与电子工程学院

Ji Chen(吉晨)　　　Nick Tan Nianxiong（谭年熊）　　Zhang Zhongfei（张仲非）

丁　勇　于慧敏　王　匡　王　玮　车录锋　尹文言　史治国　冉立新　任德盛
刘　旸　孙一军　杜　阳　李　凯　李尔平　李建龙　李春光　杨子江　杨冬晓
杨建义　何乐年　余官定　沈会良　沈海斌　沈继忠　张　明　张宏纲　张朝阳
陈红胜　陈惠芳　林时胜　金　韬　金心宇　金晓峰　周柯江　郑史烈　项志宇
赵　毅　赵民建　赵航芳　钟财军　俞　滨　徐　文　徐　杨　徐明生　章献民
董树荣　程志渊　储　涛　虞　露　虞小鹏　蔡云龙　魏兴昌

控制科学与工程学院

Zhu Yucai（朱豫才）　　　　王　宁　王文海　王保良　毛维杰　卢建刚　冯冬芹
冯毅萍　刘　勇　刘兴高　许　超　牟　颖　苏宏业　李　光　杨春节　杨秦敏
吴　俊　吴维敏　宋执环　宋春跃　张光新　张泉灵　陈　剑　陈　曦　陈积明
邵之江　金建祥　金晓明　周建光　赵春晖　侯迪波　徐正国　黄文君　黄志尧
梁　军　葛志强　程　鹏　谢　磊　熊　蓉　戴连奎

生物医学工程与仪器科学学院

王　平　叶学松　田景奎　宁钢民　吕旭东　刘济全　刘清君　许迎科　李劲松
余　锋　陈　杭　陈祥献　陈耀武　周　凡　周　泓　封洲燕　段会龙　夏　灵
黄正行

计算机科学与技术学院

Kui Ren　Uehara Kazuhiro　Whitfield Diffie　卜佳俊　于金辉　王　锐　王跃宣
王新宇　尹建伟　邓水光　史　烈　冯结青　朱建科　庄越挺　刘玉生　刘新国
汤永川　许端清　孙守迁　孙建伶　孙凌云　寿黎但　李　玺　李石坚　李善平
杨小虎　肖　俊　吴　飞　吴春明　何钦铭　何晓飞　应　晶　应放天　宋宏伟
宋明黎　张三元　张东亮　张国川　陈　为　陈　刚　陈　纯　陈　越　陈文智
陈华钧　林　海　林兰芬　罗仕鉴　金小刚　周　昆　周　波　郑小林　郑扣根

耿卫东　柴春雷　钱　徽　钱沄涛　高云君　高曙明　唐　敏　唐华锦　黄　劲
章国锋　董　玮　韩劲松　童若锋　鲍虎军　蔡　登　潘　纲　潘云鹤

生命科学学院

Huang Liquan(黄力全)　丁　平　于明坚　王根轩　毛传澡　方卫国　方盛国
卢建平　冯明光　吕镇梅　朱旭芬　刘建祥　寿惠霞　严庆丰　杨万喜　杨卫军
杨建立　吴　敏　吴忠长　邱英雄　余路阳　应盛华　陈　军　陈　欣　陈　铭
陈才勇　邵建忠　易　文　罗　琛　金勇丰　周耐明　郑绍建　赵云鹏　莫肖蓉
徐　娟　高海春　常　杰　章晓波　葛　滢　蒋德安　程　磊　傅承新

生物系统工程与食品科学学院

Wu Binxin(吴斌鑫)　　　Wu Jianping（吴建平）　　　Zhu Songming（朱松明）
王　俊　王剑平　叶兴乾　叶章颖　冯凤琴　成　芳　刘　飞　刘东红　李建平
肖　航　吴　坚　何　勇　何国庆　应义斌　沈立荣　张　英　陆柏益　陈　卫
陈士国　陈启和　陈健初　茅林春　罗自生　郑晓冬　泮进明　胡亚芹　饶秀勤
徐惠荣　盛奎川　章　宇　蒋焕煜　傅迎春　谢丽娟　裴正军

环境与资源学院

Yu Shaocai(俞绍才)　　　王　珂　卢升高　田光明　史　舟　史惠祥　吕　军
朱利中　庄树林　刘　越　刘　璟　刘杏梅　刘维屏　李廷强　杨　坤　杨肖娥
杨京平　吴东雷　吴伟祥　吴良欢　吴忠标　何　艳　汪海珍　张清宇　陈　红
陈丁江　陈宝梁　陈雪明　林咸永　林道辉　金崇伟　周文军　郑　平　官宝红
赵和平　胡宝兰　施积炎　倪吾钟　徐向阳　徐建明　徐新华　黄敬峰　章明奎
梁永超　梁新强　童裳伦　曾令藻　谢晓梅

农业与生物技术学院

Chalhoub Paul Boulos　　　Donald Grierson　马忠华　王岳飞　王政逸　王校常
王晓伟　方　华　尹燕妮　甘银波　卢　钢　叶庆富　叶恭银　田　兵　包劲松
师　恺　华跃进　邬飞波　刘树生　孙崇德　李　飞　李　方　李　斌　李　鲜
李正和　李红叶　杨景华　肖建富　吴　迪　吴建祥　吴殿星　何普明　余小林
汪俏梅　沈志成　宋凤鸣　张　波　张天真　张传溪　张国平　张明方　陈　云
陈利萍　陈昆松　陈学新　林福呈　周　杰　周伟军　周艳虹　郑经武　赵　烨
胡　晋　涂巨民　娄永根　祝水金　祝增荣　莫建初　夏宜平　夏晓剑　柴明良
徐昌杰　徐建红　徐海君　徐海明　殷学仁　高中山　郭得平　黄　佳　黄　鹂
曹家树　章初龙　梁月荣　屠幼英　蒋立希　蒋明星　喻景权　程方民　舒小丽
舒庆尧　虞云龙　鲍艳原　蔡新忠　樊龙江　滕元文　戴　飞

动物科学学院

王佳堃　王敏奇　方维焕　占秀安　冯　杰　刘广绪　刘红云　刘建新　孙红祥
杜爱芳　李卫芬　杨明英　时连根　吴小锋　吴跃明　邹晓庭　汪以真　张才乔
陈玉银　邵庆均　周继勇　胡松华　胡彩虹　胡福良　钟伯雄　黄耀伟　彭金荣

韩新燕

农业生命环境学部办公室

洪　健　高其康

医学院

Anna Wang Roe（王菁）　Charlie Xiang Chunshen（项春生）

Chen Gongxiang（陈功祥）　　Daniel Henry Scharf　　Dante Neculai

Li Mingding（李明定）　Luo Yan（骆严）　　Stijn van der Veen

Therese Hesketh　Tang Xiuwen（唐修文）　Toru Takahata

Wang Xiujun（王秀君）　Xu Fujie（徐福洁）　Yan Weiqi（严伟琪）

Yang Xiaohang（杨小杭）	Yu Hong（余红）	丁克峰	丁美萍	刁宏燕	于晓方			
马　骏	王　迪	王　凯	王　爽	王伟林	王兴祥	王红妹	王良静	王青青
王英杰	王杭祥	王凯军	王炜琴	王建安	王建莉	王选锭	王晓健	王雪芬
王福俤	王慧明	毛旭明	毛建华	毛峥嵘	方　红	方马荣	方向明	邓甬川
厉有名	叶　娟	田　炯	田　梅	白雪莉	包爱民	包家立	主鸿鹄	冯友军
吕卫国	吕中法	吕志民	吕时铭	朱依敏	朱建华	朱益民	朱海红	朱善宽
任跃忠	刘　伟	刘　丽	刘志红	刘鹏渊	江米足	汤永民	祁　鸣	许正平
那仁满都拉	孙　洁	孙文均	孙启明	孙秉贵	纪俊峰	严　杰	严　盛	
严　敏	严世贵	杜立中	李　君	李　晓	李　雯	李兰娟	李永泉	李江涛
李学坤	李晓东	李晓明	李继承	李惠春	杨　巍	杨亚波	杨蓓蓓	肖永红
吴　明	吴　健	吴　健	吴志英	吴希美	吴育连	吴南屏	吴息凤	吴继敏
吴瑞瑾	邱　爽	佟红艳	余运贤	余雄杰	邹　键	应可净	应颂敏	闵军霞
汪　洌	汪　浩	沈　朋	沈　颖	沈华浩	沈岳良	张　力	张　丹	张　兴
张　宏	张　茂	张红河	张松英	张宝荣	张建民	张咸宁	张晓明	张敏鸣
张鸿坤	陆　燕	陆林宇	陈　力	陈　伟	陈　伟	陈　岗	陈　坤	陈　晓
陈　高	陈　烨	陈　智	陈　鹏	陈　新	陈丹青	陈亚岗	陈光弟	陈江华
陈志敏	陈丽荣	陈学群	陈晓冬	陈益定	邵吉民	范伟民	范顺武	林　俊
欧阳宏伟		罗　巍	罗本燕	金　帆	金　洁	金永堂	金洪传	周　韧
周天华	周以侹	周志慧	周建英	周煜东	周嘉强	郑　伟	郑　敏	郑　敏
郑树森	项美香	赵小英	赵正言	赵伟平	赵经纬	胡　汛	胡　坚	胡　虎
胡小君	胡少华	胡兴越	胡红杰	胡济安	胡振华	胡海岚	胡新央	胡薇薇
柯越海	段树民	俞云松	俞惠民	施育平	祝向东	祝胜美	姚玉峰	袁　瑛
晋秀明	夏　强	夏大静	钱文斌	徐　骁	徐　耕	徐　晗	徐　雯	徐立红
徐志豪	徐荣臻	徐清波	高向伟	高志华	高利霞	郭国骥	黄　河	黄　建
黄丽丽	曹　江	曹　倩	曹利平	曹越兰	龚方戚	龚哲峰	康利军	章　京
章爱斌	梁　平	梁　霄	梁　黎	梁廷波	董　研	董辰方	董恒进	蒋萍萍
韩春茂	程　浩	傅君芬	傅国胜	舒　强	鲁林荣	温小红	谢　幸	谢万灼

人　物

谢立平	谢安勇	谢鑫友	楼 敏	赖蒽茵	虞燕琴	詹仁雅	詹金彪	蔡 真
蔡志坚	蔡秀军	蔡建庭	管文军	管敏鑫	滕理送	潘冬立	潘宏铭	戴 宁
戴一扬								

药学院

王 毅	王龙虎	朱 虹	刘龙孝	刘雪松	孙翠荣	杜永忠	杨 波	连晓媛
吴永江	何俏军	余露山	应美丹	应晓英	张翔南	陈 忠	陈 勇	陈枢青
陈建忠	范骁辉	胡富强	侯廷军	俞永平	袁 弘	高建青	戚建华	崔孙良
董晓武	蒋惠娣	程翼宇	曾 苏	游 剑	瞿海斌			

直属单位

Xiao Yan(肖岩)	干 钢	马景娣	王 健	王人民	王靖华	王慧泉	毛一国
毛碧增	方 强	尹兆正	厉小润	厉晓华	叶均安	叶凌云	史红兵	吕森华
朱 凌	刘震涛	杜永均	李 宁	李肖梁	杨 捷	杨 毅	杨建华	杨晓鸣
肖志斌	吴 杰	吴叶海	余东游	余祖国	邹晓东	汪自强	汪志平	汪炳良
汪海峰	沈 杰	沈 金	沈建福	张 炜	张彩妮	陆 激	陈 波	陈子辰
陈志强	陈益君	罗安程	金更达	周晓军	赵 军	赵美娣	胡东维	胡慧珠
胡慧峰	宣海军	秦从律	袁亚春	贾惠娟	钱铁群	徐礼根	徐海圣	徐铨彪
殷 农	唐晓武	黄 晨	黄争舸	黄宝忠	龚淑英	崔海瑞	梁建设	董丹申
董晓虹	董辉跃	蒋君侠	傅 强	舒妙安	鲁东明	鲁兴萌	蒙 涛	楼兵干
楼锡锦	虞力宏	廖 敏	黎 冰	潘雯雯				

机关党委

王立忠	叶 民	叶桂方	包迪鸿	冯建跃	朱 慧	朱天飚	朱世强	任少波
邬小撑	刘继荣	许洪伟	严建华	吴朝晖	何莲珍	应 飚	张宏建	罗卫东
罗建红	郑 强	胡素英	夏文莉	蒋笑莉	谢振发	楼成礼	雷群芳	褚超孚

其他单位

Hardy Feng Xinhua(冯新华)			He Xiangwei(何向伟)			马银亮	王 勤
王立铭	王跃明	方 东	方征平	叶 升	叶存奇	朱永平	朱永群	任艾明
刘培东	杜立民	李 冬	杨 兵	吴 健	佟 超	邹大挺	汪方炜	沈 立
宋 海	张 龙	张韶岷	陆华松	陈卫东	范衡宇	林世贤	林盛达	金建平
周 青	周 杰	周 琦	周谷平	郑爱平	郑能干	赵 斌	胡征宇	茹 衡
祝赛勇	夏顺仁	徐 瀛	徐平龙	徐旭荣	徐金强	郭 行	姬峻芳	黄 俊
梅乐和	董雪兵	蒋 超	谢新宇	靳 津				

附属第一医院

于吉人	马文江	马跃辉	马 量	王仁定	王 平	王华芬	王春林	王奎荣
王临润	王悦虹	王 跃	王 敏	王逸民	王照明	王慧萍	王 薇	方丹波
方雪玲	方维佳	方 强	孔海莹	孔海深	卢晓阳	卢震亚	叶 丹	叶琇锦
叶 锋	申屠建中	史红斐	冯立民	冯智英	冯 强	冯靖祎	吕国才

朱海斌	朱 彪	朱慧勇	乔建军	伍峻松	任国平	任菁菁	邬一军	邬志勇
刘小孙	刘小丽	刘凡隆	刘 忠	刘建华	刘 剑	刘 彧	刘晓艳	刘 犇
安肖霞	许国强	许 毅	阮 冰	阮凌翔	阮黎明	孙军辉	孙 柯	孙益兰
牟 芸	麦文渊	严 卉	严森祥	苏 群	杜持新	李成江	李伟栋	李任远
李 岚	李 谷	李 君	李夏玉	李雪芬	李 霞	杨大干	杨小锋	杨云梅
杨仕贵	杨 芊	杨 青	杨益大	杨 毅	来江涛	肖文波	吴仲文	吴丽花
吴国生	吴国琳	吴 炜	吴 炜	吴建永	吴福生	吴慧玲	何剑琴	何静松
余国友	余国伟	余 建	邹晓晖	汪国华	汪晓宇	汪 朔	汪超军	沈月洪
沈向前	沈丽萍	沈 岩	沈建国	沈柏华	沈 晔	沈 萍	沈毅弘	宋朋红
张 匀	张文瑾	张冰凌	张芙荣	张幸国	张 珉	张 哲	张娟文	张 萍
张 勤	张 微	张 磊	张德林	陆中杰	陆远强	陈卫星	陈水芳	陈文斌
陈 军	陈李华	陈作兵	陈春晓	陈 俭	陈 峰	陈海红	陈 瑜	邵乐文
邵荣雅	范 骏	林 山	林文琴	林向进	林 军	林 进	林建江	尚云鹏
罗 依	季 峰	金百冶	金晓东	周云晓	周水洪	周东辉	周建娅	周新惠
周燕丰	郑伟燕	郑旭宁	郑秀珏	郑良荣	郑杰胜	郑 临	郑哲岚	郑祥义
郑 霞	孟海涛	孟雪芹	项 尊	赵青威	赵雪红	赵 葵	胡云珍	胡晓晟
柯庆宏	柯 青	钟紫凤	俞文娟	俞 军	饶跃峰	施继敏	间夏轶	姜力骏
姜玲玲	姜 海	姜赛平	姚永兴	姚 华	姚航平	姚雪艳	姚 磊	耿 磊
夏 丹	夏淑东	夏雅仙	顾新华	柴 亮	钱建华	倪一鸣	徐三中	徐小微
徐亚萍	徐向明	徐 农	徐凯进	徐建红	徐盈盈	徐 萍	徐靖宏	凌志恒
高丹忱	高丽娟	高顺良	高 原	郭晓纲	陶谦民	黄红光	黄丽华	黄明珠
黄建荣	黄洪锋	黄素琴	黄 健	黄朝阳	黄满丽	曹红翠	盛吉芳	崔红光
章 宏	章梅云	章渭方	梁 辉	屠政良	彭文翰	彭志毅	董凤芹	董孟杰
蒋天安	蒋建文	蒋智军	韩 飞	韩 伟	韩 阳	韩威力	喻成波	程 军
傅佩芬	童剑萍	童 鹰	谢小军	谢旭东	谢 珏	谢海洋	楼定华	楼险峰
裘云庆	虞朝辉	阙日升	谭付清	谭亚敏	滕晓东	潘志杰	潘 昊	潘剑威
魏国庆	瞿婷婷							

附属第二医院

丁礼仁	丁美萍	马 骥	马岳峰	王 平	王 坚	王 良	王 林	王 勇
王永健	王华林	王志康	王连聪	王利权	王苹莉	王国凤	王建伟	王建安
王选锭	王祥华	王跃东	王彩花	毛建山	毛善英	方肖云	方河清	邓甬川
石 键	占宏伟	卢蕴容	叶小云	叶招明	申屠形超		史燕军	白福鼎
冯 刚	冯建华	兰美娟	朱 莹	朱永坚	朱永良	朱君明	邬伟东	刘 进
刘凤强	刘伦飞	刘雁鸣	刘微波	江 波	汤业磊	许 璟	许东航	许晓华
孙 勇	孙 梅	孙 婷	孙立峰	孙伟莲	孙建忠	孙朝晖	严世贵	严伟琪
严君烈	劳力民	苏兆安	杜 勤	杜传军	杜新华	李 军	李 杭	李 珉

李 星	李天琊	李方财	李立斌	李伟栩	李志宇	杨旭燕	杨蓓蓓	肖家全
吴 丹	吴 群	吴立东	吴华香	吴贤杰	吴育连	吴祖群	吴晓华	吴浩波
吴琼华	吴勤动	吴燕岷	别晓东	邱培瑾	邱福铭	何荣新	余 红	余日胜
谷 卫	应淑琴	汪四花	汪慧英	沈 宏	沈 虹	沈 钢	沈伟锋	沈华浩
沈肖曹	沈惠云	宋水江	宋永茂	宋剑平	宋震亚	张 宏	张 勇	张 嵘
张 赛	张士更	张片红	张冯江	张召才	张仲苗	张建民	张哲伟	张根生
张晓红	张敏鸣	陆新良	陈 力	陈 军	陈 兵	陈 鸣	陈 健	陈 高
陈 焰	陈巧珍	陈正英	陈芝清	陈志华	陈丽荣	陈其昕	陈国贤	陈佳兮
陈佩卿	陈学军	陈莉丽	陈继民	陈维善	邵哲人	苗旭东	范军强	范国康
茅晓红	林 铮	林 秾	林志宏	林季建	郁丽娜	岳 岚	金 敏	金红颖
金晓滢	金静芬	周 权	周建维	周 峰	郑 伟	郑 敏	郑 超	郑 强
郑一春	单建贞	单鹏飞	封秀琴	赵小纲	赵小英	赵百亲	赵国华	赵学群
赵锐祎	胡 汛	胡 颖	胡未伟	胡学庆	胡颖红	俞申妹	施小宇	施小燕
施钰岚	洪 远	洪玉蓉	姚 克	姚梅琪	秦光明	袁 晖	柴 莹	晁 明
徐 刚	徐 旸	徐 昕	徐 侃	徐 栋	徐 峰	徐小红	徐文鸿	徐根波
徐晓俊	徐雷鸣	徐慧敏	殷鑫浈	翁 燕	高 峰	唐 喆	陶志华	陶惠民
黄 建	黄 曼	黄建瑾	黄品同	黄晓丹	龚永光	常惠玉	崔 巍	麻亚茜
章燕珍	梁 赟	董 颖	董爱强	蒋 峻	蒋 飚	蒋正言	蒋国平	蒋定尧
韩春茂	韩跃华	程海峰	傅伟明	谢小洁	谢传高	楼 敏	楼洪刚	裘益青
虞 军	满孝勇	蔡迅梓	蔡建庭	蔡思宇	蔡绥勍	颜小锋	潘小宏	潘志军
薛 静	戴平丰	戴海斌	戴雪松	魏启春	魏建功			

附属邵逸夫医院

丁国庆	丁献军	万双林	马 珂	马 亮	马立彬	马晓旭	王 平	王 达
王 娴	王 谨	王义荣	王先法	王观宇	王青青	王林波	王建国	王敏珍
毛伟芳	方 青	方 勇	方力争	方向前	方红梅	邓丽萍	叶 俊	叶志弘
田素明	冯丽君	冯金娥	吕 文	吕芳芳	朱 江	朱 涛	朱一平	朱文华
朱可建	朱先理	朱军慧	朱玲华	朱洪波	朱越锋	任 宏	庄一渝	刘志伟
刘玮丽	汤建国	许 斌	许力为	孙晓南	孙继红	孙蕾民	芮雪芳	严春燕
苏关关	李 达	李 红	李立波	李华(女)		李华(男)		李建华
李恭会	李新伟	杨 进	杨 明	杨丽黎	杨建华	杨树旭	肖 芒	吴 皓
吴加国	吴峥嵘	吴晓虹	吴海洋	何 红	何正富	何启才	何非方	余大敏
汪 勇	沈 波	宋向阳	宋章法	张 钧	张 剑	张 舸	张 蓓	张 楠
张 雷	张 瑾	张力三	张志根	张建锋	张锦华	陆秀娥	陈 炜	陈 钢
陈 瑛	陈文军	陈丽英	陈定伟	陈恩国	陈毅力	邵宇权	林 伟	林 辉
林小娜	金 梅	周 伟	周 畔	周 强	周大春	周海燕	周斌全	周道扬
於亮亮	郑伟良	郑芬萍	郑雪咏	项伟岚	赵 晖	赵 蕊	赵凤东	赵文和

赵林芳	赵博文	胡吉波	胡伟玲	胡孙宏	胡建斌	郦志军	俞 欣	施培华
闻胜兰	姜支农	洪玉才	洪德飞	祝继洪	夏肖萍	钱希明	钱浩然	徐 勇
徐玉斓	徐秋萍	翁少翔	高 力	高 敏	郭 丰	谈伟强	黄 东	黄 昕
黄 悦	黄 鬷	黄中柯	黄迪宇	黄金文	黄学锋	盛列平	盛洁华	章士正
章锐锋	梁峰冰	葛慧青	董雪红	蒋 红	蒋晨阳	韩咏梅	鲁东红	谢 磊
谢树夺	谢俊然	楼 岑	楼伟建	楼颂梅	楼海舟	裘文亚	裘利君	虞 洪
虞和君	虞海燕	蔡柳新	潘孔寒	潘红英	戴红蕾			

附属妇产科医院

丁志明	万小云	上官雪军		王正平	王军梅	王建华	王桂娣	王新宇
毛愉燕	方 勤	龙景培	叶英辉	田其芳	白晓霞	冯素文	邢兰凤	朱小明
朱宇宁	庄亚玲	江秀秀	阮 菲	孙 革	李 晓	李娟清	杨小福	吴明远
邱丽倩	何赛男	余晓燕	邹 煜	应伟雯	张 珂	张 慧	张信美	张晓飞
陈凤英	陈亚侠	陈晓端	陈新忠	林开清	季银芬	金杭美	周庆利	周坚红
郑 斐	郑彩虹	赵小环	胡东晓	胡燕军	贺 晶	钱志大	钱洪浪	徐 键
徐开红	徐向荣	徐丽丽	徐建云	徐凌燕	徐鑫芬	翁炳焕	高惠娟	黄秀峰
黄夏娣	梁朝霞	董旻岳	韩秀君	程 蓓	程晓东	傅云峰	鲁 红	鲁惠顺
谢臻蔚	楼航英	缪敏芳	潘永苗					

附属儿童医院

马 鸣	马晓路	王 翔	王财富	王颖硕	毛姗姗	方 罗	石淑文	卢美萍
叶 芳	叶 盛	叶菁菁	付 勇	吕 华	华春珍	刘爱民	江克文	江佩芳
汤宏峰	阮文华	苏吉梅	李 荣	李 筠	李月舟	李甫棒	李建华	李海峰
杨子浩	杨世隆	杨茹莱	杨翠微	吴 芳	吴 苔	吴 蔚	吴秀静	吴妙莲
余钟声	邹朝春	汪 伟	汪天林	沈红强	沈辉君	宋 华	张园园	张泽伟
张洪波	张晨美	陈 安	陈 洁	陈小友	陈飞波	陈英虎	陈学军	陈朔晖
陈理华	邵 沾	林 茹	尚世强	岁社声	竺智伟	周雪连	周雪娟	郑 焜
郑季彦	赵水爱	赵国强	胡智勇	钭金法	俞建根	施丽萍	施珊珊	祝国红
袁天明	袁哲锋	夏永辉	夏哲智	钱云忠	倪韶青	徐卫群	徐亚萍	徐红贞
徐美春	高 峰	高志刚	唐兰芳	唐达星	诸纪华	谈林华	黄 轲	黄寿奖
黄晓磊	黄新文	章毅英	董关萍	蒋优君	蒋国平	傅海东	童 凡	童美琴
楼金吐	楼金玕	楼晓芳	赖 灿	解春红	熊启星	戴宇文	魏 健	

附属口腔医院

邓淑丽	刘 蔚	李志勇	李晓军	何 虹	何福明	张 凯	陈学鹏	周艺群
胡 军	俞雪芬	施洁珺	章伟芳	程志鹏	傅柏平	谢志坚	樊立洁	

附属第四医院

尹 丽	闫俊梁	杨 杰	杨泽山	吴建国	梁翠霞

浙江大学 2019 年新增兼职教授名录

姓名	聘请单位	聘用职务	工作单位
金祥荣	经济学院	教授	宁波大学
范 必	能源工程学院	教授	国务院办公厅督查室
Qing Shen（沈青）	建筑工程学院	教授	美国华盛顿大学
罗远明	医学院	教授	呼吸疾病国际重点实验室
毛光烈	工程师学院	教授	浙江省人民代表大会常务委员会
宋征宇	控制科学与工程学院	教授	中国运载火箭技术研究院
李占国	光华法学院	教授	浙江省高级人民法院
贾 宇	光华法学院	教授	浙江省人民检察院
朱庆育	光华法学院	教授	南京大学
王云兵	高分子科学与工程学系	教授	四川大学
李飞飞	计算机科学与技术学院	教授	阿里巴巴集团
张 磊	计算机科学与技术学院	教授	阿里巴巴集团
Xianfeng Ding（丁险峰）	计算机科学与技术学院	教授	阿里巴巴集团
蒲 宇	计算机科学与技术学院	教授	美国达摩院计算技术实验室
陆 全	计算机科学与技术学院	教授	中国淘宝软件有限公司
陈晓红	管理学院	教授	湖南商学院
周仲荣	机械工程学院	教授	西南交通大学
齐念民	生命科学学院	教授	上海泰因生物技术有限公司
Peter John Cleall	建筑工程学院	教授	卡迪夫大学
Yong Rui（芮勇）	计算机科学与技术学院	教授	联想集团
陈小前	先进技术研究院	教授	军事科学院国防科技创新研究院

姓名	聘请单位	聘用职务	工作单位
刘曙光	艺术与考古学院	教授	国家文物局
宋志平	管理学院	教授	中国建材集团有限公司
周志成	机械工程学院	教授	中国航天科技集团公司五院
孙玉胜	传媒与国际文化学院	教授	中央广播电视台
单霁翔	管理学院	教授	故宫学院
张春生	建筑工程学院	教授	华东院有限公司、国家能源局大坝安全督查中心（兼）
周东华	控制科学与工程学院	教授	山东科技大学
魏 强	控制科学与工程学院	教授	中国人民解放军战略支援部队信息工程大学
Guido Marcucci	医学院	教授	Gehr Family Center for Leukemia Research
王宁国	机械工程学院	教授	原长鑫存储技术有限公司
葛均波	医学院	教授	中国科学技术大学附属第一医院
周勤业	管理学院	教授	上海证券交易所
杨功流	先进技术研究院	教授	北京航空航天大学
孙建杭	管理学院	研究员	中央党校国际战略研究院
王 驹	建筑工程学院	研究员	核工业北京地质研究院
许丽人	海洋学院	研究员	北京应用气象研究所
张新建	计算机科学与技术学院	研究员	中国电信集团浙江省电信公司
李银生	能源工程学院	研究员	日本原子能研究开发机构
邓有奇	航空航天学院	研究员	中国空气动力研究与发展中心
胡 德	经济学院	研究员	中国信达浙江省分公司
罗文华	材料科学与工程学院	研究员	中国工程物理研究院
周建军	海洋学院	研究员	浙江舟山群岛新区

续表

姓名	聘请单位	聘用职务	工作单位
刘晓春	材料科学与工程学院	研究员	中国航空工业集团济南特种结构研究所
王春仁	化学工程与生物工程学院	研究员	中国食品药品检定研究院生物材料室
Jongseong Lim（林钟城）	工程师学院	研究员	杭州坤幕科技有限公司
蒋利军	材料科学与工程学院	研究员	北京有色金属研究总院
马卫华	先进技术研究院	研究员	北京航天自动控制研究所
禹春梅	先进技术研究院	研究员	北京航天自动控制研究所
柳嘉润	先进技术研究院	研究员	北京航天自动控制研究所
陈竹梅	海洋学院	研究员	中国电子科技集团公司电子科学研究院
吴贤锡	光华法学院	研究员	大韩商事仲裁院
陈建玉	能源工程学院	研究员	兰州兰石集团公司
吴　辉	能源工程学院	研究员	中核苏阀科技实业股份有限公司
顾海东	先进技术研究院	研究员	中国船舶重工集团公司第七一五研究所
吴护林	先进技术研究院	研究员	中国兵器工业第五九研究所
肖卫国	先进技术研究院	研究员	西北核技术研究所
许　冰	先进技术研究院	研究员	中国科学院光电技术研究所

大事记

一月

1月1日　浙江大学全面停止远程高等学历教育招生。

1月4日　浙江省副省长、省公安厅厅长王双全率队来到浙江大学玉泉校区,调研浙江大学网络空间安全研究中心的工作。

1月4日　校领导邹晓东、吴朝晖、严建华、张宏建、王立忠在紫金港校区为到场的112名退休教职工颁发银质退休纪念章。

1月4日—6日　全国高校辅导员学习贯彻全国教育大会精神研讨会暨第十届全国高校辅导员工作创新论坛在浙江大学紫金港校区举行。

1月7日　南京大学党政代表团在浙江大学紫金港校区调研浙大在"双一流"建设中办学治校的创新理念和经验做法。

1月8日　中国出版协会年鉴工作委员会公布《关于第六届年鉴编纂出版质量评比结果的公告》(中版协〔2019〕第1号),《浙江大学年鉴2017》获得综合奖二等奖1项;分别获条目编写、装帧设计2个单项一等奖,以及框架设计、检索、编校质量和出版时效2个单项二等奖。

1月8日　中共中央、国务院在北京人民大会堂举行国家科学技术奖励大会。浙江大学作为第一完成单位2018年度获国家科学技术进步奖一等奖、二等奖各1项、国家技术发明奖二等奖2项。

1月12日　浙江大学与郑州市人民政府共建浙江大学中原研究院签约仪式在河南郑州举行。

1月21日　浙江大学与温州市政府签订战略合作框架协议,共建浙江大学温州研究院。

二月

2月27日　浙江大学医学院、求是高等研究院双聘教授胡海岚主持的"揭示抑郁发生及氯胺酮快速抗抑郁机制"项目入选科技部 2018 年度"中国科学十大进展"。

2月28日　杭州市人民政府与浙江大学在杭州国际博览中心签署协议,共建"浙江大学杭州国际科创中心"。

三月

3月1日　浙江大学在紫金港校区召开 2019 年全面从严治党工作会议。

3月4日　由共青团浙江省委、省文明办、省教育厅等主办、浙江大学团委承办的"青春志愿行奉献新时代"浙江志愿者关爱农村留守儿童专项行动启动仪式在浙江大学紫金港校区举行。

3月4日　第二届国际高等教育研讨会在浙大国际联合学院(海宁国际校区)举行。会上,浙江大学与爱丁堡大学、伊利诺伊大学厄巴纳香槟校区(UIUC)分别签署合作谅解备忘录,并与 UIUC 签署了博士生合作培养协议。浙江大学与爱丁堡大学将共建生物医学与大健康转化研究中心,浙江大学与 UIUC 将建立联合研究中心,浙江大学生命科学学院和爱丁堡大学生物科学学院将共建工程生物学联合研究中心。

3月6日　浙江大学举行纪念"三八"国际妇女节暨先进表彰会,对获得 2018 年度"全国三八红旗集体"荣誉称号的浙大医学院附属第二医院护理部,17 位浙江省教育系统第十五届"事业家庭兼顾型"先进个人,以及 69 位浙江大学第十五届"事业家庭兼顾型"先进个人等进行表彰。

3月14日　浙江大学与默克公司在紫金港校区签署谅解备忘录,正式建立CRISPR 核心合作伙伴关系,深化与国际一流研究伙伴在基因组编辑领域的合作。

3月16日　浙江大学"新时代人才培养战略伙伴中学"专家研讨会在紫金港校区举行。浙江大学校长吴朝晖院士致辞并逐一为新时代人才培养战略伙伴中学授牌。

3月18日　浙江大学在紫金港校区召开会议,传达贯彻全国"两会"精神。

3月20日　中共中央组织部、教育部在浙大紫金港剧场召开教师干部大会上,宣布任少波任浙江大学党委书记。

3月20日　知名华人科学家吴息凤全职加盟浙江大学,受聘为公共卫生学院院长。

3月20日　浙江省副省长高兴夫来到浙江大学工程师学院(浙江工程师学院)调研座谈。

3月20日　陶松锐校友向浙江大学教育基金会捐赠,专项支持杭州经济技术开发区前沿科技专修学校"弘毅班"教学事业。

2月22日　中国高等教育学会在杭州正式发布 2014—2018 年中国高校创新人才培养暨学科竞赛评估结果,浙江大学以总分 100 分位居全国高校第一。

3月22日　浙江大学 2019 年"师生健康中国健康"主题教育活动启动仪式暨"舒鸿杯"环紫金港师生接力赛在紫金港校区举行。

3月27日　浙江大学在紫金港校区为 2019 届赴国防军工单位就业毕业生举行欢送会。

3月27日　浙江大学举行调研座谈会,专题学习贯彻习近平总书记在学校思想政治理论课教师座谈会上的重要讲话精神。

3月29日　共青团中央书记处第一书记贺军科赴浙江大学调研,并参观浙江大学创新创业教育成果展。

3月30日 浙江大学2019年春季研究生毕业典礼暨学位授予仪式在紫金港校区体育馆举行。本期共有2200余名研究生毕业。

3月31日 首届中法创新创业管理双硕士项目毕业典礼暨双学位授予仪式在浙江大学紫金港校区举行。

四月

4月1日 在雄安新区设立2周年之际,由浙江大学和雄安新区管理委员会共同指导的浙江大学雄安发展论坛在北京举行。在开幕式上浙江大学雄安发展中心揭牌。

4月6日 香港海鸥助学团有限公司在紫金港校区向浙江大学教育基金会捐赠150万元,并与150位受资助的同学结对。

4月11日 浙江大学与北京字节跳动网络技术有限公司在紫金港校区签署战略合作意向书。

4月11日 全国人大常委会副委员长、民盟中央主席丁仲礼调研浙江大学。在调研地球科学学院时,丁仲礼充分肯定学院近年来的发展,并回忆起在浙大求学的美好时光。

4月15日 第47届瑞士日内瓦国际发明展闭幕。由浙江大学工业技术转化研究院(国家大学科技园管委会)组织推荐参展的3个项目分获1金、1银和1铜。

4月18日 中共浙江省委常委、杭州市委书记周江勇一行来到浙江大学调研、座谈,考察市校合作和学校建设发展情况。

4月19日 浙江大学第八届教职工代表大会、第二十二届工会会员代表大会第二次会议在紫金港校区剧场召开。

4月22—24日 校党委书记任少波赴云南省景东彝族自治县开展调研,并举行浙江大学—景东县定点帮扶座谈会。

4月26日 浙江紫金港智慧健康大数据研究院向浙江大学教育基金会捐赠签约仪式在紫金港校区校友楼举行,其捐资将用于支持在浙江大学健康医疗大数据国家研究院框架下成立母婴健康研究中心。

4月26日 浙江大学学科会聚系列论坛之"双脑计划"——"意识、脑与人工智能"圆桌论坛在浙江大学紫金港校区举行。

4月27日 以"生命科学与人类健康"为主题的浙江大学长三角论坛在上海举行,浙江大学校友总会大健康产业校友分会在会上揭牌。

4月27日 由《教育研究》杂志社主办、浙江大学教育学院承办的"《教育研究》论坛2019"在杭州开幕。

4月29日 由教育部联合14个部委和单位共同主办的"六卓越一拔尖"计划2.0启动大会在天津大学召开。大会现场举办了"新工科、新医科、新农科、新文科建设专题成果展"等展览,浙江大学文化遗产研究院文物数字化团队的工作成果,作为3项参展高校新文科建设代表性成果之一,也应邀在现场展示。

4月30日 浙江大学共青团员、青年学生在各个校区集体收看在人民大会堂举行的"纪念五四运动100周年大会"实况。

五月

5月2日 泰晤士高等教育(Times

Higher Education)公布2019年亚洲大学排名和首届"亚洲大奖"。浙江大学获首届"泰晤士亚洲大奖"五大奖项之一的"年度国际战略奖"（International Strategy of the Year）。

5月7日 浙江大学社会治理研究院成立揭牌仪式暨《"最多跑一次"改革：浙江经验，中国方案》首发式在紫金港校区求是大讲堂举行。

5月7日 控制科学与工程学院2016级硕士研究生屠德展获评第十四届中国大学生年度人物。

5月8日 天津市党政代表团来浙江大学调研科技创新有关情况。

5月10日 浙江大学召开党委理论学习中心组学习会，深入学习习近平总书记在纪念五四运动100周年大会上的重要讲话精神。教育部党组书记、部长陈宝生出席并讲话。

5月13日 为迎接新中国成立70周年，由中共浙江省委宣传部、浙江大学、嘉兴市委联合主办的"红船精神万里行"大型图片展在浙大紫金港校区开展。南湖革命纪念馆"浙江大学党建教育基地"同时揭牌。

5月14日 2018年度浙江省科学技术奖励大会在浙江省人民大会堂举行。浙江大学以第一单位获一等奖13项、二等奖20项、三等奖11项。

5月15日 中国航天科工集团有限公司与浙江大学在紫金港校区签署战略合作协议，并举行"国企公开课"进浙大活动。

5月15日 浙江大学与天津市人民政府在天津签署战略合作框架协议，还与天津市滨海高新区管委会签署深化合作协议。

5月16日 第四届全国海洋技术学术会议在浙大舟山校区召开。

5月16日 第四届材料微结构与性能国际会议在浙江大学玉泉校区举行。

5月18—25日 第21届CUBA中国大学生篮球一级联赛全国三十二强赛在浙江大学举行。

5月19日 浙江大学经济学院劳动经济学系成立仪式暨劳动经济研讨会在紫金港校区举行。

5月20日 上海遂真投资管理有限公司董事长、浙江大学校友洪钢向浙江大学教育基金会捐赠，支持浙江大学数学高等研究院建设。浙江大学教育基金会数学高等研究院发展基金同时成立。

5月20日 浙江大学艺术与考古学院在紫金港校区成立，白谦慎教授为首任院长。

5月20—21日 浙江大学生命科学学院建院90周年纪念活动暨第二届校友学术论坛在紫金港校区举行。

5月21日 浙江大学纪念建校122周年暨文琴舞蹈团专场晚会在紫金港校区剧场举行。

5月21日 中国工程院—浙江大学创新引领发展学术论坛在紫金港校区举行。

5月21日 附属儿童医院获批国家儿童健康与疾病临床医学研究中心。

5月22日 由浙江大学倡议，联合复旦大学、上海交通大学、南京大学、中国科学技术大学等高校共同发起的长三角研究型大学联盟在安徽芜湖举行的长三角一体化发展高层论坛上签约成立。

5月23日 浙江大学2018年度十大学术进展颁奖典礼在紫金港校区举行。"敦煌与丝路文明"等10项获2018年度十大学术进展项目，"学术地图发布平台"等10项获2018年度十大学术进展提名项目。

5月27日　浙江省医疗保障局与浙江大学在省人民大会堂签署建立局校合作共建共享机制备忘录。浙江省副省长成岳冲出席仪式并见证签约。

六月

6月1—2日　首届长三角地区仲英青年学者论坛在浙江大学紫金港校区举行。

6月3日　浙江大学首次发布本校通识教育白皮书，披露了浙江大学未来通识教育的具体路径和一揽子举措。

6月12日　中国工程院院士王金南受聘浙江大学求是讲座教授。

6月13日　"建行杯"第五届中国"互联网＋"大学生创新创业大赛合作协议签约仪式在浙江大学紫金港校区举行。根据协议，浙大与建行将合作办好本届大赛。

6月13日　教育部在浙江大学召开第五届中国"互联网＋"大学生创新创业大赛新闻发布会。

6月13日　《浙江大学郑州大学关于推进部省合建高校对口合作工作协议》签约仪式在郑州大学举行。

6月14日　浙江省高校党外知识分子宣讲团2019启动仪式在浙江大学举行，浙江大学教师唐睿康、田梅结合自身经历讲述知识分子报效祖国、开拓创新的事例。

6月14日　"启真杯"浙江大学2019年度学生十大学术新成果和新成果提名奖在紫金港校区揭晓。

6月17日　浙江大学—京博控股集团中长期创新战略合作框架协议签订仪式在紫金港校区举行。

6月19日　长三角一体化高峰论坛暨浙江大学长三角一体化研究中心成立仪式在紫金港校区举行。

6月21日　北京安德医智科技有限公司向浙江大学教育基金会捐赠签约仪式在紫金港校区校友活动中心举行。捐资将用于支持浙江大学脑科学和医学人工智能领域的研究与人才培养。

6月23日　第二届"数字化转型——数据赋能"高峰论坛在浙江大学紫金港校区举行。

6月24日　浙江大学与临沂市共建浙江大学山东（临沂）现代农业研究院签约仪式在山东省临沂市举行。

6月25日　浙江大学2019年研究生社会实践出征仪式在紫金港校区举行。当天，浙江大学DMB全球竞争力发展中心正式成立。

6月26日　浙江省副省长、民盟浙江省委会主委成岳冲调研走访地球科学学院及实验室建设情况。

6月27日　浙江大学与阳泉煤业（集团）有限责任公司中长期战略合作协议、浙江大学山西技术转移中心协议签约暨揭牌仪式在紫金港校区举行。

6月27日　中国科学院院士、发展中国家科学院院士江桂斌受聘为浙江大学求是讲座教授。

6月28日　2019年全国电气工程博士生论坛开幕式在浙江大学玉泉校区举行。

6月28日　浙江大学在紫金港校区召开庆祝中国共产党成立98周年大会，公布首批"全校党建工作标杆院级党组织"和"全校党建工作样板支部"培育创建单位。

6月29日　浙江大学2019年夏季研究生毕业典礼暨学位授予仪式在紫金港校区

体育馆举行。本期毕业生 3700 余人。

6 月 30 日 浙江大学 2019 届本科生毕业典礼暨学位授予仪式在紫金港校区体育馆举行。本期毕业生 6000 余人。

七月

7 月 2 日 全国人大常委会委员、浙江省人大常委会副主任姒健敏率领高等教育执法检查组,到浙江大学开展调研。

7 月 4 日 浙江大学—蚂蚁金服校企战略合作框架协议签署仪式在浙大紫金港校区举行。

7 月 4 日 "浙江大学文科领军人才"董燕萍教授欢迎仪式在紫金港校区举行。

7 月 7 日 由浙江大学出版社出版的"良渚文明丛书"在紫金港校区首发。

7 月 12 日 浙江大学—浙江省商务厅共建浙江省中国特色自由贸易港研究院签约仪式在紫金港校区举行。

7 月 12 日 中共福建省委常委、厦门市委书记胡昌升到浙江大学调研科技创新等有关情况,并与浙江大学签署战略合作协议。

7 月 13 日 第四届决策与脑研究国际研讨会暨第三届全国决策心理学学术年会在浙江大学紫金港校区举办。

7 月 15 日 国际脑研究组织——凯默理(IBRO-Kemali)基金会评奖委员会宣布:第 12 届 IBRO-Kemali 国际奖的获得者为中国浙江大学医学院神经科学研究中心的胡海岚教授。这是该奖自 1998 年设立以来,首次颁发给欧洲和北美洲以外的科学家。

7 月 19 日 全国学生资助管理中心主任陈希原一行到浙江大学调研,并与相关部门负责人座谈,了解学校资助育人工作开展情况。

7 月 31 日 图书馆获 2018 年中国图书馆学会"全民阅读示范基地"称号。

八月

8 月 9 日 青山实业董事局主席项光达访问浙江大学,并举行青山慈善基金会向浙江大学教育基金会捐赠仪式。

8 月 14 日 由国务院侨务办公室、中华海外联谊会主办的第 72 期海外中青年侨领研习班在浙江大学紫金港校区开班。

8 月 18 日 浙江大学 2019 级本科新生开学典礼在紫金港校区体育馆举行。本期新生 6300 余名。

8 月 19 日 "为友谊行走"——2019 麦克·贝茨勋爵夫妇徒步中国启动仪式在浙江大学玉泉校区举行。

8 月 19 日 《浙江大学杭州国际科创中心建设合作协议》签约仪式暨区校第一次联席会议在萧山举行,科创中心进入了实质性建设阶段。

8 月 26 日 由中国力学学会与浙江大学联合主办、浙江大学航空航天学院承办的"中国力学大会—2019"在杭州国际博览中心开幕。来自全国各大高校和研究机构的 20 余位院士等 4300 位国学工作者参会,会议设会场 23 个、专题研讨会 95 个。会期三天。

8 月 29 日 浙江大学发布"意识、脑与人工智能"十大科学问题。

九月

9月3日 浙江省大中学校团员青年"不忘初心、牢记使命"思政公开课暨开学季专场活动在浙江大学紫金港校区举行。

9月3日 浙江大学医学院附属妇产科医院联合中国移动杭州分公司打造5G+VR新生儿远程探视平台正式上线。

9月4日 浙江大学与浙商总会在紫金港校区签署战略合作框架协议。

9月7日 长三角研究型大学联盟项目发布暨"数字长三角战略"论坛在浙江大学紫金港校区举行。浙江大学发布了《数字长三角战略》(2019)。

9月8日 浙江大学艺术与考古博物馆在紫金港校区正式开馆,面向社会公众及师生开放。

9月8日 浙江大学2019级研究生开学典礼在紫金港校区举行,并同时在玉泉校区、舟山校区和宁波校区设分会场。本期研究生新生一万余人。

9月9日 浙江大学召开"不忘初心、牢记使命"主题教育动员部署会,校党委书记任少波出席会议并作动员部署,校长吴朝晖主持会议并讲话。中央第三指导组组长、十三届全国政协委员诸葛彩华出席会议并讲话。

9月9日 中国作家协会副主席、著名作家王安忆女士受聘为浙大"驻校作家"。

9月10—13日 校长吴朝晖院士率团访问位于瑞士的世界经济论坛总部、国际电信联盟、联合国训练研究所,分别与国际电信联盟、联合国训练研究所签署合作谅解备忘录,受邀成为世界经济论坛全球大学校长论坛新成员。

9月11日 浙江大学经济与商业学科(Economics & Business)进入ESI(基本科学指标)全球前1%。

9月12日 浙江大学"不忘初心、牢记使命"主题教育专题报告会在紫金港校区临水报告厅举行,并在舟山、海宁、宁波"五位一体"校区设立视频分会场。

9月12日 浙江大学机器人工程专业成立暨首届新生欢迎仪式在紫金港校区举行。

9月17日 机械工程学院杨华勇院士团队"TBM硬岩掘进机"项目获2019中国国际工业博览会科技创新大奖。

9月20日 中共浙江大学委员会浙江大学(党委发〔2019〕62号)发文成立杭州国际科创中心,列为学校直属单位。

9月25日 在浙江大学—巴黎顶尖高校数学研讨会上,宣布启动中法数学拔尖班。

9月25日 浙江大学与中国疾病预防控制中心战略合作协议签署仪式在紫金港校区举行。

9月26日 "我和我的祖国"浙江省青少年庆祝中华人民共和国成立70周年主题歌会在浙江大学紫金港校区体育馆举行。

9月30日 在喜迎新中国七十华诞之际,浙江大学在紫金港校区举行庆祝中华人民共和国成立70周年座谈会。

9月30日 浙大师生代表在紫金港校区子三园举行烈士公祭活动,还在玉泉校区、华家池校区、万松岭等地向费巩烈士塑像、于子三烈士墓、何友谅烈士纪念碑、曹仲兰烈士塑像等敬献鲜花。

9月30日 浙江省国家区域医疗中

心、重点培育专科建设项目目标管理任务书签订仪式在杭举行，浙江大学校长吴朝晖和浙江省卫生健康委党委书记、主任张平代表双方签订了《浙江省卫生健康委员会 浙江大学战略合作协议》。

9月30日 附属儿童医院获批国家儿童区域医疗中心牵头建设单位。

十月

10月1日 在中华人民共和国成立70周年之际，浙江大学在紫金港校区体育馆举行国庆升旗仪式。

10月9日 中共浙江省委常委、杭州市委书记周江勇到浙江大学调研建行杯第五届中国"互联网＋"大学生创新创业大赛筹备情况。建行杯第五届中国"互联网＋"大学生创新创业大赛由浙江大学和杭州市人民政府承办。

10月9日—11日 以"面向第四次工业革命"为主题的联合国教科文组织第八届创业教育国际会议在紫金港校区举行。

10月11日 经浙江省科学技术厅认定，"浙江省地学大数据与地球深部资源重点实验室"为浙江省重点实验室。11月11日获批浙江省微纳卫星研究重点实验室。

10月12日—15日 由教育部等12个中央部委单位和浙江省人民政府共同主办、浙江大学和杭州市人民政府承办的"建行杯"第五届中国"互联网＋"大学生创新创业大赛总决赛在浙江大学紫金港校区举行。浙江大学在大赛中获7金3银，囊括亚军、季军，主赛道、"青年红色筑梦之旅"赛道高校集体总分全国第一。

10月13日 "建行杯"第五届"互联网＋"大学生创新创业大赛——"对话浙商"论坛在紫金港校区举行。

10月14日 世界汉诗协会副会长、浙江省辞赋学会副会长、洛阳辞赋研究院副院长、中国楹联学会辞赋研究院副院长、浙江大学校友李牧童向浙江大学图书馆、档案馆、校友总会、人文学院赠送个人作品。

10月14日 "建行杯"第五届"互联网＋"大学生创新创业大赛同期活动对话2049未来科技论坛在紫金港校区剧场举办。中国工程院院士潘云鹤、中国科学院院士薛其坤作论坛主旨演讲。

10月14—15日 中共中央政治局委员、国务院副总理孙春兰在浙江大学出席中国"互联网＋"大学生创新创业大赛有关活动。

10月15日 中国教师发展基金会在浙江大学举行杰出教学奖、教学大师奖和创新创业英才奖颁发仪式。

10月15日 "建行杯"第五届"互联网＋"大学生创新创业大赛——浙商文化之旅体验活动在杭州举行。

10月16日 浙江省副省长王文序来到浙江大学紫金港校区，调研她所联系的国家重大科技基础设施项目超重力离心模拟与实验装置，并走访了联系的高层次人才、生物系统工程与食品科学学院刘东红教授。

10月16日 中共浙江省委常委、常务副省长冯飞调研浙江大学杭州国际科创中心，参观考察科创中心规划布局及建设情况。

10月22日 浙江大学北京研究院（筹）成立。

10月24日 浙江大学与义乌市人民政府共建浙江大学"一带一路"国际医学院

签约仪式在浙大举行。

10 月 25 日 浙江大学 2019 年运动会举行。

10 月 29 日 由国家留学基金管理委员会和浙江大学联合举办的 UN Job Fair 首届联合国机构宣讲咨询活动在浙江大学紫金港校区举行，20 家联合国机构代表轮流宣讲并设展台开展现场咨询。

10 月 30 日 浙江大学与中国农业银行浙江省分行签署全面战略合作协议

10 月 30 日 杭州市卫生健康委员会、浙江大学关于合作共建非直属附属医院的签约仪式在杭州市民中心举行。根据协议，双方将共建杭州市第一人民医院、杭州市第三人民医院、杭州市肿瘤医院、杭州市红十字会医院、杭州市西溪医院、杭州市第七医院等 6 家非直属附属医院。

10 月 31 日 中央主题教育办公室来校调研，听取浙江大学及浙江省高校主题教育开展情况汇报。

10 月 31 日—11 月 3 日 浙江大学青年教师在浙江省第十一届高校青年教师教学竞赛决赛中分别获得 2 个特等奖、4 个一等奖和 1 个二等奖。

十一月

11 月 1 日 浙江大学在紫金港校区召开会议传达学习党的十九届四中全会精神。

11 月 1 日 曹锦炎教授出席纪念甲骨文发现 120 周年座谈会。

11 月 3—6 日 浙江大学 2019 全国化学工程前沿博士研究生学术论坛在浙江省衢州市举办。

11 月 6 日 中共中央第三指导组联系高校主题教育推进会在浙江大学召开。

11 月 8 日 由浙江大学汉藏佛教艺术研究中心与法国多学科佛教研究中心合作承办的"高原与丝路：9 至 13 世纪西藏、于阗与敦煌佛教艺术交流"国际学术讨论会在浙大紫金港校区举行。

11 月 8—10 日 2019 全国生态学科"双一流"建设论坛在浙江大学召开。

11 月 11 日 教育部在浙江大学召开新时代高校党建示范创建和质量创优工作推进会。

11 月 11 日 江苏恒瑞医药股份有限公司向浙江大学教育基金会捐赠签约仪式在浙大举行。

11 月 12 日 与发展中国家科学院理事会、中国科学技术协会共同举办的"面向未来社会的科学"报告会在浙大紫金港校区举行，有 12 个国家的 13 位院士参会。

11 月 15 日 "献礼新中国成立 70 周年"浙江大学党史知识竞赛决赛在求是大讲堂拉开帷幕。

11 月 15 日 浙江大学与海南省人民政府在海口市签署全面战略合作协议。

11 月 16 日 浙江大学经济学院在紫金港校区剧场庆祝建院 90 周年。诺贝尔经济学奖获得者、哈佛大学教授 Eric Maskin 在纪念会上作主旨演讲。

11 月 18 日 由浙江大学作为法人单位承担建设的国家重大科技基础设施超重力离心模拟与实验装置（CHIEF）建设研讨会与启动仪式在杭州举行。浙江省副省长高兴夫、教育部科学技术司副司长檀勤良等到会致辞。

11 月 19 日 浙江大学与浙江省出入境边防检查总站签署战略合作协议。

11月20日 浙江省政协副主席、民革省委会主委吴晶到浙江大学调研民革组织建设情况。

11月22日 材料科学与工程学院教授叶志镇当选中国科学院院士，化学工程与生物工程学院教授任其龙当选中国工程院院士。

11月22日 浙江大学龙泉办学80周年纪念大会在浙江省龙泉市召开。浙江大学龙泉市创新中心揭牌。

11月22—24日 由中国自动化学会、杭州市人民政府和浙江省科学技术协会联合主办，由浙江大学、杭州萧山区人民政府和浙江省自动化学会共同承办的2019中国自动化大会在杭州国际博览中心召开，来自全国各大高校和研究机构的专家学者3000余人，共同探讨智能自动化的现在与未来。大会设有8个专题和18个卫星会议。

11月23日 浙江大学俄语专业设立70周年纪念活动在紫金港校区举行。

11月24日 浙江大学参赛的6个项目在"英特尔杯"第一届中国研究生人工智能创新大赛全国总决赛中分别获得大赛一、二、三等奖。

11月26日 浙江大学与云南大学部省合建高校对口合作座谈会暨签约仪式在云南大学举行。

11月26日 浙江大学与北京快手科技有限公司战略合作意向书签约仪式在紫金港校区举行。

11月27日 浙江大学智能创新药物研究院签约仪式暨首届校友钱塘论坛在杭州举行。

11月27日 浙江大学与中国国家博物馆签约共建中国梦研究中心。

11月27日 中共浙江省委书记车俊在浙江大学宣讲党的十九届四中全会精神和省委十四届六次全会精神。

11月29日 2019浙江大学"全球治理周"开幕式暨浙江大学学生国际化能力培养基地揭牌仪式在紫金港校区举行。

11月30日 "科协人的纪念日"——浙江大学学生科协人大会暨第十二届"蒲公英"大学生创业大赛启动仪式在紫金港校区举行。

十二月

12月1日 由浙江大学牵头、联合全国高校和有志于大学生创业服务的社会组织机构共同发起的"中国高校众创空间联盟"成立大会在浙大紫金港校区举行，并发布了中国高校众创空间联盟专属创投基金和"北斗星"导师计划。

12月1日 浙江大学与英国剑桥大学首度签署校级合作备忘录。

12月2日 杭州市和浙江大学共建浙江大学附属实验学校揭牌仪式在杭州市公益中学举行，杭州市公益中学成为浙江大学附属实验学校。

12月5日 浙江大学工程教育创新中心与普渡大学工程教育系签署战略合作协议。

12月6—8日 中国高校智能机器人创意大赛设立的第一个省级大赛——浙江省首届智能机器人创意大赛在浙江大学举行。

12月7—9日 中国农业工程学会成立40周年学术报告会暨2019年学术年会在杭州举行。

12月8日　浙江大学校友总会首届浙江大学校友创新创业年度盛典暨第五届校友创业大赛颁奖仪式在海宁国际校区举行。

12月8日　由浙江大学公共卫生学院、浙江大学医学院附属第二医院、浙江大学健康医疗大数据国家研究院共同举办的"2019智慧大健康国际会议"在浙江大学紫金港校区举行。

12月8日　中国高校航空航天学院院长联席会2019年会在浙江大学召开，航空航天学院作为轮值主席单位主办此次会议。

12月8日　由公共管理学院、杭州市数据管理局、新加坡国立大学城市与地产研究院联合主办的2019未来城市·杭州论坛在浙江大学紫金港校区举行。国务院参事、中国城市科学研究会理事长仇保兴出席并作主题演讲。

12月10日　韩国科学技术院副校长朴玄旭访问浙大，并签署产学研合作协议。

12月12日　深圳市菲凡数据有限公司向浙江大学教育基金会捐赠仪式在紫金港校区举行，由其捐款支持的浙江大学数学科学学院—菲凡数据联合实验室在捐赠仪式上揭牌。

12月11—13日　由中国教育学会教育史分会主办，浙江大学教育学院承办的中国教育学会教育史分会第二十届年会在杭州召开。

12月12日　浙江大学成立国家制度研究院，是专门以中国特色社会主义制度体系为研究对象的智库机构。

12月17日　由"中国区域经济50人论坛"和浙江大学主办的"中国区域经济50人论坛"第十四次专题研讨会在浙江大学紫金港校区举行，本次主题为"长三角一体化与东西互动"。

12月17日　浙江大学第六届学生节启动仪式在紫金港校区举行。

12月18日　朱生豪先生逝世75周年纪念展开展仪式暨中华译学馆《中华翻译家代表性译文库·朱生豪卷》首发式在浙江大学紫金港校区举行。

12月18日　浙江大学与浙江省文化和旅游厅在紫金港校区签署战略合作协议。

12月19日　浙江晶盛机电股份有限公司向浙江大学教育基金会捐赠仪式在紫金港校区举行。

12月23日　浙江大学原创话剧《速写林俊德》在紫金港校区剧场首演。

12月23日　浙大联合10所高校相关院系成立马兰精神联合研究中心。

12月23日　浙江省副省长高兴夫来到浙江大学玉泉校区调研人工智能协同创新研究，并看望他所联系的计算机科学与技术学院庄越挺教授。

12月24日　工程力学专业获批2019年度国家级一流本科专业建设点。

12月25日　浙江大学医疗保障大数据和政策研究中心揭牌。

12月25日　浙江大学青年教授联谊会换届大会在紫金港校区求是大讲堂举行。

12月24日　浙江大学在紫金港校区召开2019年全球开放发展大会，为首批浙江大学"全球合作大使"颁发聘书。

12月26日　浙江大学与富春控股集团有限公司在余杭区签署战略合作框架协议，并成立浙江大学教育基金会富春专项基金，用于支持浙大医学及相关学科的发展和浙江大学医学院附属第一医院的学科建设与发展。

12月27日　浙江大学医学院脑科学与脑医学学院（脑科学与脑医学系）在紫金

港校区成立。

12月27日 中共浙江大学第十四届委员会第六次全体会议在浙江大学紫金港校区召开。全会听取并审议了学校党委常委会和学校纪委工作报告,审议通过了修订后的学校党委领导下的校长负责制实施办法、党委全委会、常委会和校务会议议事规则。

12月28日 浙江大学2020"五洲聚浙大"中外学生嘉年华举行。

12月30日 浙江大学第五届学生人文社会科学研究优秀成果奖颁奖典礼在艺术与考古博物馆报告厅举行。

12月30日 2020"大学之声"第十三届浙江大学新年音乐会精彩上演。

12月31日 浙江大学在紫金港校区举行2018—2019学年优秀学生表彰大会。

浙江大学年鉴

大事记